Investimento em Ações Para leigos

Você está investindo em ações — excelente! Para obter o máximo de seu dinheiro e de suas escolhas, aprenda a fazer investimentos com confiança e inteligência, familiarize-se com os recursos online disponíveis para ajudá-lo a avaliar as ações e a encontrar maneiras de proteger o dinheiro que ganhar. Além disso, faça sua lição de casa antes de investir em ações de qualquer empresa.

©shutter_o/Shutterstock.com

CB007718

OS DEZ PRINCIPAIS PONTOS SOBRE O INVESTIMENTO EM AÇÕES

Se estiver empenhado em investir em ações, tenha os seguintes pontos em mente ao fazer suas escolhas e colher os frutos. Afinal, investir em ações é divertido e assustador, lógico e louco, complicado e simples — e para manter o foco, alguns lembretes são necessários.

1. Você não está comprando uma ação; está comprando uma empresa.
2. O principal motivo para investir em uma ação é a empresa ter lucro e você participar do sucesso dela em longo prazo.
3. Comprar uma ação quando a empresa não está tendo lucro não é investir — é especular.
4. Uma ação (ou ações em geral) nunca deve representar 100% de seus ativos.
5. Em alguns casos (como um bear market severo, também conhecido como mercado com quedas de preço prolongadas), as ações não são um bom investimento. Um bear market, entretanto, pode oferecer oportunidades de compra para empresas lucrativas.
6. O preço de uma ação depende da empresa, que, por sua vez, depende do ambiente, o que inclui sua base de clientes, o setor, a economia geral e a situação política.
7. O bom senso e a lógica podem ser tão importantes para a escolha de uma boa ação quanto o conselho de qualquer especialista em investimentos.
8. Sempre tenha respostas bem fundamentadas para perguntas como: "Por que você está investindo em ações?" e "Por que está investindo em determinada ação?"
9. Se você não tem ideia sobre as perspectivas de uma empresa (e às vezes até mesmo se pensa que tem), use ordens de stop-loss ou stop móvel.
10. Mesmo que sua filosofia seja comprar e manter ações por um longo prazo, continue monitorando suas ações e considere vendê-las se não estiverem valorizando ou se as condições econômicas gerais mudarem.

Investimento em Ações

Para
leigos

Investimento em Ações
Para leigos

Tradução da 6ª Edição

Paul Mladjenovic

ALTA BOOKS
GRUPO EDITORIAL
Rio de Janeiro, 2023

Investimento em Ações Para Leigos

Copyright © 2023 da Starlin Alta Editora e Consultoria Eireli.
ISBN: 978-65-5520-864-1

Translated from original No bad parts. Copyright © 2020 by John Wiley & Sons, Inc. ISBN 978-1-119-66076-7. This translation is published and sold by permission of John Wiley & Sons, Inc., the owner of all rights to publish and sell the same. PORTUGUESE language edition published by Starlin Alta Editora e Consultoria Eireli, Copyright © 2023 by Starlin Alta Editora e Consultoria Eireli.

Impresso no Brasil — 1a Edição, 2023 — Edição revisada conforme Acordo Ortográfico da Língua Portuguesa de 2009.

Todos os direitos estão reservados e protegidos por Lei. Nenhuma parte deste livro, sem autorização prévia por escrito da editora, poderá ser reproduzida ou transmitida. A violação dos Direitos Autorais é crime estabelecido na Lei nº 9.610/98 e com punição de acordo com o artigo 184 do Código Penal.

A editora não se responsabiliza pelo conteúdo da obra, formulada exclusivamente pelo(s) autor(es).

Marcas Registradas: Todos os termos mencionados e reconhecidos como Marca Registrada e/ou Comercial são de responsabilidade de seus proprietários. A editora informa não estar associada a nenhum produto e/ou fornecedor apresentado no livro.

Erratas e arquivos de apoio: No site da editora relatamos, com a devida correção, qualquer erro encontrado em nossos livros, bem como disponibilizamos arquivos de apoio se aplicáveis à obra em questão.

Acesse o site **www.altabooks.com.br** e procure pelo título do livro desejado para ter acesso às erratas, aos arquivos de apoio e/ou a outros conteúdos aplicáveis à obra.

Suporte Técnico: A obra é comercializada na forma em que está, sem direito a suporte técnico ou orientação pessoal/exclusiva ao leitor.

A editora não se responsabiliza pela manutenção, atualização e idioma dos sites referidos pelos autores nesta obra.

Dados Internacionais de Catalogação na Publicação (CIP) de acordo com ISBD

M685i   Mladjenovic, Paul
         Investimento em Ações Para Leigos: Tradução da 6a Edição / Paul Mladjenovic ; traduzido por Carolina Palha. - Rio de Janeiro : Alta Books, 2023.
         400 p. ; 16cm x 23cm.

         Tradução de: Stock Investing For Dummies
         Inclui índice e apêndice.
         ISBN: 978-65-5520-864-1

         1. Economia. 2. Investimentos. I. Palha, Carolina. II. Título.

                                                               CDD 332.024
2022-3651   CDU 330.567.2

Elaborado por Vagner Rodolfo da Silva - CRB-8/9410

Índice para catálogo sistemático:
1. Economia : Investimentos 332.02
2. Economia : Investimentos 330.567.2

Produtor da Obra
Thiê Alves

Produtores Editoriais
Illysabelle Trajano
Maria de Lourdes Borges
Paulo Gomes
Thales Silva

Equipe Comercial
Adenir Gomes
Ana Carolina Marinho
Ana Claudia Lima
Daiana Costa
Everson Sete
Kaique Luiz
Luana Santos
Maira Conceição
Natasha Sales

Equipe Editorial
Ana Clara Tambasco
Andreza Moraes
Arthur Candreva
Beatriz de Assis
Beatriz Frohe

Betânia Santos
Brenda Rodrigues
Erick Brandão
Elton Manhães
Fernanda Teixeira
Gabriela Paiva
Henrique Waldez
Karolayne Alves
Kelry Oliveira
Lorrahn Candido
Luana Maura
Marcelli Ferreira
Mariana Portugal
Matheus Mello
Milena Soares
Patricia Silvestre
Viviane Corrêa
Yasmin Sayonara

Marketing Editorial
Amanda Mucci
Guilherme Nunes
Livia Carvalho
Pedro Guimarães
Thiago Brito

Produção Editorial
Grupo Editorial Alta Books

Diretor Editorial
Anderson Vieira
anderson.vieira@altabooks.com.br

Editor
José Ruggeri
j.ruggeri@altabooks.com.br

Gerência Comercial
Claudio Lima
claudio@altabooks.com.br

Gerência Marketing
Andréa Guatiello
marketing@altabooks.com.br

Coordenação Comercial
Thiago Biaggi

Coordenação de Eventos
Viviane Paiva
comercial@altabooks.com.br

Coordenação ADM/Finc.
Solange Souza

Direitos Autorais
Raquel Porto
rights@altabooks.com.br

Atuaram na edição desta obra:

Tradução
Carolina Palha

Copidesque
Eveline Machado

Revisão Gramatical
Alessandro Thomé
Rafael Fontes

Diagramação
Lucia Quaresma

Editora afiliada à: ASSOCIADO

ALTA BOOKS
GRUPO EDITORIAL

Rua Viúva Cláudio, 291 — Bairro Industrial do Jacaré
CEP: 20.970-031 — Rio de Janeiro (RJ)
Tels.: (21) 3278-8069 / 3278-8419
www.altabooks.com.br — altabooks@altabooks.com.br
Ouvidoria: ouvidoria@altabooks.com.br

Sobre o Autor

Paul Mladjenovic é Planejador Financeiro Certificado (Certified Financial Planner — CFP), palestrante, educador, escritor e consultor nacional. Desde 1981, é especializado em investimento, planejamento financeiro e negócios domésticos. Durante essas quatro décadas, ajudou milhares de alunos e leitores a construir riqueza por meio de seus seminários, workshops, conferências e programa de treinamento nos EUA. Paul é CFP desde junho de 1985 (ou seja, há mais de 35 anos).

Além deste livro (e de todas as edições originais anteriores), Paul escreveu *High-Level Investing For Dummies*, *Micro-Entrepreneurship For Dummies*, *Zero-Cost Marketing*, *Precious Metals Investing For Dummies* e *The Job Hunter's Encyclopedia*. Em 2019, foi coautor de *Affiliate Marketing For Dummies*. Seus seminários nacionais (e online) incluem "The $50 Wealth-Builder", "Ultra-Investing with Options" e "Home Business Goldmine", entre outros. Os detalhes completos sobre seus seminários em áudio (para download) sobre finanças e startups, em inglês, estão em: www.RavingCapitalist.com. Há uma página nesse site (www.RavingCapitalist.com/stocks) com recursos e visualizações para ajudar os leitores a navegar pelos mercados incertos de hoje e um fórum para perguntas. Seus cursos online, em inglês, também estão em plataformas educacionais como Udemy.com, Skillshare. com, Freeu.com e MtAiryLearningTree.org.

Desde 2000, Paul construiu uma reputação de especialista em economia e previsão de mercado. Seu longo histórico inclui previsões precisas sobre a bolha imobiliária, a crise energética, a grande recessão, o aumento de metais preciosos e muito mais. Foi entrevistado e citado por várias fontes de mídia, como Comcast, CNN, MarketWatch, Bloomberg, OANN, Fox Business, revista *Futures*, Kitco, GoldSeek.com, Investopedia, Minyanville. com, FinancialSense.com, PreciousMetalsInvesting.com e outros meios de comunicação.

Veja o perfil de Paul em www.linkedin.com/in/paulmladjenovic/ e siga-o em www.twitter.com/paulmlad; há ainda sua página de autor em www. amazon.com/author/paulmladjenovic. Os leitores podem enviar perguntas ou dúvidas por e-mail diretamente para paul@mladjenovic.com ou por meio da página bio em www.RavingCapitalist.com.

Agradecimentos do Autor

Antes de tudo, vanglorio e agradeço profundamente ao pessoal maravilhoso da Wiley. Foi um prazer lidar com uma organização de alto nível que trabalha arduamente para criar produtos que oferecem aos leitores valor e informações tremendos. Desejo a todos vocês sucesso contínuo! A Wiley tem pessoas notáveis que quero destacar.

Michelle Hacker, minha gerente de projeto, é a profissional sensacional que me guiou durante todo o processo. Agradeço sinceramente por sua orientação profissional (e paciência!), que me ajudou nesta 6ª edição. Obrigado por ser fantástica!

Um agradecimento muito especial a Georgette Beatty, minha editora de desenvolvimento, que é uma profissional magnífica com quem tive o prazer e a honra de trabalhar em vários livros. Agradeço a você por ser tão boa comigo e para mim!

Christy Pingleton, agradeço a essa grande editora de texto por pegar minhas palavras e transformá-las em mensagens preciosas.

O editor técnico James Taibleson foi muito detalhista e pontual com suas sugestões e comentários construtivos — não é de admirar que ele seja um consultor financeiro e educador fantástico!

Com profunda e alegre gratidão, agradeço a Tracy Boggier, minha excelente editora de aquisições. Muito obrigado por ser minha campeã na Wiley e conduzir mais um *Para Leigos* meu. Não posso expressar agradecimento suficiente por tudo o que você faz. Os *Para Leigos* são fenomenais, e só aparecem na sua estante por meio do planejamento e dos esforços de profissionais do mercado editorial como Tracy.

Agradeço às minhas agentes literárias Sheree Bykofsky e Janet Rosen, duas das melhores profissionais do planeta! Sua orientação e assistência fizeram com que este livro (e muitos outros) chegasse ao universo Wiley, e agradeço por tudo o que elas fazem.

Fran, Lipa Zyenska, obrigado a vocês e aos meus meninos, Adam e Joshua, de todo o coração, por seu apoio e por terem sido meus fãs número um ao longo da escrita deste livro. Agradeço por ter vocês ao meu lado sempre! Agradeço a Deus por ter vocês na minha vida, eu amo vocês além das palavras!

Por fim, quero agradecer a você, leitor. Ao longo dos anos, você fez da série *Para Leigos* os livros populares e indispensáveis que são hoje. Obrigado, desejo-lhe sucesso cada vez maior!

Sumário Resumido

Introdução 1

Parte 1: O Básico do Investimento em Ações 5

CAPÍTULO 1: Desbravando o Mundo das Ações. 7

CAPÍTULO 2: Situação Financeira Atual e Objetivos .15

CAPÍTULO 3: Definindo Abordagens para Investir em Ações. 33

CAPÍTULO 4: Reconhecendo o Risco e a Volatilidade 43

CAPÍTULO 5: Investindo em Ações com ETFs 63

Parte 2: Antes de Comprar 73

CAPÍTULO 6: Juntando Informações 75

CAPÍTULO 7: Escolhendo a Corretora. 95

CAPÍTULO 8: Investindo para o Longo Prazo. 109

CAPÍTULO 9: Investindo para Obter Renda e Fluxo de Caixa. 121

CAPÍTULO 10: Análise Técnica e Investidores em Ações 137

Parte 3: Desfile das Campeãs 153

CAPÍTULO 11: Escolhendo Campeãs com Princípios Básicos
da Contabilidade 155

CAPÍTULO 12: Decodificando os Documentos 173

CAPÍTULO 13: Setores Emergentes e Oportunidades na Indústria. 187

CAPÍTULO 14: Small Caps, IPOs e Motifs. 199

CAPÍTULO 15: O Quadro Geral Econômico e Político. 211

Parte 4: Estratégias e Táticas de Investimento. . . 223

CAPÍTULO 16: Ferramentas de Triagem 225

CAPÍTULO 17: Tipos de Ordens e Técnicas de Trade. 239

CAPÍTULO 18: Investindo em Ações Internacionais .257

CAPÍTULO 19: Saindo na Frente com DPPs, DRPs e DCA... PDQ 267

CAPÍTULO 20: Corporações *versus* Governo: Insiders 279

CAPÍTULO 21: Mantendo Mais do Seu Dinheiro 291

Parte 5: A Parte dos Dez. 305

CAPÍTULO 22: Luz, Câmera, Ações 307
CAPÍTULO 23: Dez Formas de Lucrar no Bear Market. 315
CAPÍTULO 24: Dez Investimentos e Estratégias que Combinam com Ações . 323
CAPÍTULO 25: Dez Armadilhas e Desafios de 2020–2030. 331

Parte 6: Apêndices. 337

Apêndice A: Recursos do Investidor em Ações. 339

Apêndice B: Índices Financeiros. 357

Índice. 367

Sumário

INTRODUÇÃO. 1

Sobre Este Livro. 2
Penso que... 3
Ícones Usados Neste Livro 4
Além Deste Livro 4
De Lá para Cá, Daqui para Lá 4

PARTE 1: O BÁSICO DO INVESTIMENTO EM AÇÕES. . . . 5

CAPÍTULO 1: **Desbravando o Mundo das Ações 7**

Compreendendo o Básico. 8
Preparando-se para Comprar Ações. 9
Escolhendo as Campeãs 10
Reconhecendo o valor da ação 10
Compreendendo como a capitalização do mercado
afeta o valor das ações 11
Melhorando as habilidades de investimento. 12

CAPÍTULO 2: **Situação Financeira Atual e Objetivos 15**

Estabelecendo um Ponto de Partida Preparando um Balanço . . 16
Etapa 1: Tenha um fundo de emergência 17
Etapa 2: Liste seus ativos em ordem decrescente
de liquidez 18
Etapa 3: Liste seus passivos 20
Etapa 4: Calcule seu patrimônio líquido 23
Etapa 5: Analise seu balanço patrimonial. 24
Financiando Seu Programa de Ações 25
Etapa 1: Calculando sua renda. 27
Etapa 2: Somando as despesas 28
Etapa 3: Demonstração do fluxo de caixa 29
Etapa 4: Análise do fluxo de caixa 30
Outra opção: Encontrando dinheiro para investir na
economia de impostos 30
Definindo Sua Visão sobre Metas Financeiras. 31

CAPÍTULO 3: **Definindo Abordagens para Investir em Ações.................... 33**

Combinando Ações e Estratégias com Suas Metas 34

Investindo Conforme Seu Futuro........................... 35

　Focando o curto prazo................................. 35

　Considerando metas de médio prazo.................... 37

　Preparando-se para o longo prazo 38

Investindo Conforme um Propósito.......................... 38

　Ganhando muito dinheiro rapidamente:
　　Investimento em crescimento 39

　Dinheiro constante: Investindo em receitas............. 39

Investindo Conforme Seu Estilo Pessoal..................... 41

　Investimento conservador............................. 41

　Investimento agressivo 42

CAPÍTULO 4: **Reconhecendo o Risco e a Volatilidade 43**

Explorando Diferentes Tipos de Risco....................... 44

　Risco financeiro..................................... 44

　Risco das taxas de juros.............................. 46

　Riscos de mercado 50

　Risco de inflação 51

　Risco tributário 51

　Risco político e governamental........................ 52

　Risco pessoal 52

　Risco emocional.................................... 54

A Bendita Volatilidade.................................... 56

Minimizando Seu Risco................................... 57

　Adquirindo conhecimento............................. 57

　Mantendo-se fora até conseguir prática.................. 58

　Colocando as finanças em ordem 58

　Diversificando seus investimentos...................... 59

Pesando Risco e Retorno.................................. 61

CAPÍTULO 5: **Investindo em Ações com ETFs............. 63**

Comparando Fundos Negociados em Bolsa com
　Fundos de Investimento 64

　As diferenças 64

　As semelhanças.................................... 66

Elegendo o Fundo Negociado em Bolsa 66

　ETFs de bull 67

　ETFs de bear...................................... 69

Anotando os Índices..................................... 70

xiv　　**Investimento em Ações Para Leigos**

PARTE 2: ANTES DE COMPRAR 73

CAPÍTULO 6: **Juntando Informações** **75**

Caçando Respostas nas Bolsas de Valores. 76
Aprendendo os Fundamentos de Contabilidade e Economia ... 77
Contabilidade: Um gostinho da empresa 78
Sacando como a economia afeta as ações 79
Estando no Topo das Notícias. 83
As ações da empresa também importam 83
Novidades do setor. 84
Economia: A casa está em ordem? 84
Atento a políticos e burocratas. 85
Buscando tendências na sociedade, na cultura
e no entretenimento 85
Entendendo as Tabelas de Cotações. 86
Máxima de 52 semanas. 86
Mínima de 52 semanas 87
Nome e código 87
Dividendo 88
Volume 88
Yield. 89
P/E 90
Último dia. 90
Variação líquida. 91
Notícias sobre Dividendos. 91
Fique atento às datas importantes 91
Entendendo a importância de certas datas. 93
Avaliando Dicas de Investimentos 93

CAPÍTULO 7: **Escolhendo a Corretora** **95**

Corretoras: Para que Lhes Quero?. 96
Corretoras Full-service e de Desconto 97
Corretoras full-service: À disposição 98
Só o basicão: Corretoras de desconto 100
Escolhendo uma Corretora. 101
Tipos de Contas de Corretagem. 102
Contas de dinheiro. 102
Contas de margem. 103
Contas de opções. 104

Sumário XV

Recomendações de Corretoras 104

    Entendendo as recomendações básicas 104

    Algumas questões importantes 105

CAPÍTULO 8: **Investindo para o Longo Prazo 109**

Tornando-se um Investidor de Crescimento
Orientado para o Valor 110

Escolhendo Ações de Crescimento com Algumas Dicas Úteis . . 111

    Procurando líderes nas megatendências 113

    Comparando os crescimentos da empresa e do setor 113

    Considerando uma empresa de nicho forte 114

    Verificando os fundamentos 114

    Avaliando a gestão de uma empresa 115

    Percebendo quem está comprando e/ou
    recomendando as ações de uma empresa 117

    Mantendo o bom desempenho 118

    As lições de investimento da história 119

CAPÍTULO 9: **Investindo para Obter Renda e
Fluxo de Caixa 121**

Compreendendo as Ações de Renda 122

    Dividendos e suas taxas 122

    Para quem as ações de renda são? 123

    Avaliando as vantagens das ações de renda 124

    Desvantagens das ações de renda 125

Analisando a Ação de Renda 126

    Identificando suas necessidades 126

    Verificando o yield 127

    O índice de pagamento 129

    Estudando o rating da empresa 130

    Diversificando as ações 131

Explorando as Ações de Renda Típicas 131

    Eletrizante! Serviços públicos 132

    Fundos de investimento imobiliário (REITs) 132

    Empresas de desenvolvimento de negócios (BDCs) 134

Lançamento Coberto Visando Renda 135

Lançando Puts Visando Renda 136

CAPÍTULO 10 **Análise Técnica e Investidores em Ações... 137**

Análise Técnica e Fundamentalista 138

Desbravando a análise técnica.......................... 138

O bom e o ruim da análise técnica 139

O melhor dos dois mundos 141

Usando ferramentas técnicas........................... 142

Na Crista da Onda.................................... 143

Distinguindo diferentes tendências........................ 143

Observando a duração de uma tendência................. 145

Usando linhas de tendência 145

Buscando resistência e suporte........................ 145

Informações sobre Gráficos Técnicos 147

Verificando tipos de gráficos........................... 147

Escolhendo padrões de gráfico 148

O Índice de Força Relativa 151

PARTE 3: DESFILE DAS CAMPEÃS 153

CAPÍTULO 11 **Escolhendo Campeãs com Princípios Básicos da Contabilidade 155**

Reconhecendo o Valor Quando O Vir 156

Compreendendo diferentes tipos de valor 156

Juntando as peças.................................. 159

Contabilizando o Valor 160

Detalhando o balanço patrimonial 161

Olhando a demonstração de resultados 164

Trabalhando com índices 168

CAPÍTULO 12 **Decodificando os Documentos........... 173**

Mensagem dos Figurões: Leia o Relatório Anual.............. 174

Analisando os relatórios anuais 175

Examinando os documentos de procuração.............. 179

Obtendo uma Segunda Opinião.......................... 180

Documentos arquivados na SEC 180

Value Line... 182

Standard & Poor's.................................. 182

Serviço de Investimento Moody's...................... 183

Relatórios de corretagem: Mais de três elementos em conflito................................ 183

Faça Você Mesmo: Compile Seu Departamento de Pesquisa... 185

Sumário xvii

CAPÍTULO 13 **Setores Emergentes e Oportunidades na Indústria** **187**

Distinguindo Setor e Indústria 188
Interrogando Setores e Indústrias.......................... 189
Em que categoria a indústria se enquadra?............... 189
O setor está crescendo? 191
A demanda por produtos e/ou serviços do setor
terá um crescimento de longo prazo? 192
De que o crescimento da indústria depende?............ 193
A indústria depende de outra indústria? 193
Quais são as empresas líderes da indústria?............. 193
A indústria é alvo de ação governamental? 194
Descrevendo os Principais Setores e Indústrias 194
Robótica e inteligência artificial 195
E-commerce.. 195
Investimento em maconha 196
Commodities 196
Metais preciosos................................... 197
Oportunidades de criptomoeda...................... 197
Dirigindo para casa................................ 198

CAPÍTULO 14 **Small Caps, IPOs e Motifs**................. **199**

Explorando Small Caps.................................. 200
Verifique se a ação está gerando dinheiro............... 201
Analisando as ações antes de investir................... 201
O sucesso das small caps 202
Encontrando small caps únicas 204
Investigando IPOs 205
Motif Investing 206
O que você ganha com os motifs...................... 207
Focando recursos de motifs 207
Considerando categorias de motifs.................... 209
Entendendo os riscos............................... 209

CAPÍTULO 15 **O Quadro Geral Econômico e Político**...... **211**

Enredando Política e Ações............................... 212
Vendo os efeitos gerais da política sobre o
investimento em ações 212
Determinando o clima político 214
Distinguindo entre efeitos não sistêmicos e sistêmicos 214
Compreendendo os controles de preços................ 216
Olhando o papel dos bancos centrais.................. 217
Cutucando os Recursos Políticos.......................... 218
Relatórios do governo e outros a serem observados 218
Sites nos quais navegar 222

xviii   Investimento em Ações Para Leigos

PARTE 4: ESTRATÉGIAS E TÁTICAS DE INVESTIMENTO......223

CAPÍTULO 16 **Ferramentas de Triagem** 225

Compreendendo o Básico das Ferramentas de Triagem 226

Escolhendo a categoria 226

Distinguindo "min" ***versus*** "max" 227

Definindo intervalos de valores 227

Pesquisa independente da entrada 227

Ferramenta de Triagem de Ações 228

Antes de começar: Rastreadores.........................228

Primeiro: As categorias principais 229

O evento principal: Filtros específicos...................230

Ferramentas de Triagem de ETF...........................233

Classe de ativos.......................................234

Atributos...235

Emissor..235

Estrutura...235

Despesas e dividendos 235

Liquidez e início......................................235

Retornos...236

Pontuações ESG 236

Fluxos de fundos......................................237

Risco 237

Saldo 237

Temas 237

Alguns Pontos a Considerar 238

CAPÍTULO 17 **Tipos de Ordens e Técnicas de Trade** 239

Verificando os Tipos de Ordens 240

De olho no relógio: Ordens relacionadas ao tempo........240

A seu comando: Ordens relacionadas a condições 242

As alegrias da tecnologia: Ordens avançadas 249

Comprando na Margem...................................249

Examinando os resultados da margem 250

Mantendo o equilíbrio 251

Buscando o sucesso na margem........................252

Comprando e Saindo na Frente 253

Configurando uma venda a descoberto..................254

Ops! Venda quando os preços subirem..................255

Sentindo a pressão....................................255

Sumário xix

CAPÍTULO 18 **Investindo em Ações Internacionais....... 257**

Investigando os Fundamentos do Investimento Internacional.. 258

A maneira mais fácil de investir: American Depositary Receipts (ADRs)............................ 258

Antes de comprar: Considerações políticas.............. 260

Uma distinção importante: Mercados desenvolvidos *versus* emergentes 261

Investindo em Ações Internacionais com Fundos Negociados em Bolsa............................... 262

ETFs globais 262

ETFs específicos das regiões........................... 263

ETFs específicos do país........................... 265

ETFs internacionais criativos.................... 266

Recursos de Investimento Internacional.................... 266

CAPÍTULO 19 **Saindo na Frente com DPPs, DRPs e DCA... PDQ 267**

Sendo Direto com Compras Diretas 268

Investindo em um DPP.............................. 268

Encontrando DPPs alternativos 269

Reconhecendo as desvantagens 271

Planos de Reinvestimento de Dividendos.................. 271

Obtendo pistas sobre composição 272

Riqueza e pagamentos opcionais 273

Verificando as vantagens de custo 273

Pesando prós e contras.......................... 274

Dois Coelhos com uma Cajadada: Média de Custo do Dólar e DRPs 276

CAPÍTULO 20 **Corporações *versus* Governo: Insiders 279**

Rastreando Trades Privilegiados 280

Olhando as Transações Internas 282

Detalhando a compra de insiders 282

Pegando dicas de vendas internas 283

Considerando a Recompra 285

Por que uma empresa recompra ações.................. 285

O lado negativo da recompra....................... 287

Desdobrando: Que Nem Pinto no Lixo.................... 288

Desdobramento ordinário de ações.................... 288

Desdobramento reverso de ações 289

De Olho no Congresso 290

CAPÍTULO 21 ## Mantendo Mais do Seu Dinheiro **291**

Tributação de Diferentes Investimentos 292

    Renda ordinária e ganhos de capital 292

    Menos impostos sobre ganhos de capital 294

    Lidando com perdas de capital 295

    Avaliação de cenários de ganhos e perdas 296

Compartilhando Seus Ganhos com o IRS 297

    Preenchendo formulários 297

    Dançando conforme a música 299

O Lado Bonzinho do IRS: Deduções Fiscais para Investidores . . 299

    Juros de investimentos 300

    Despesas diversas 300

    Doações de ações para a caridade 301

    Itens não dedutíveis 301

Aposentadoria e Vantagens Fiscais 301

    IRAS 302

    Planos 401(k) 303

PARTE 5: A PARTE DOS DEZ 305

CAPÍTULO 22: ## Luz, Câmera, Ações **307**

A Empresa Tem Lucros Crescentes 307

A Empresa Tem Vendas Crescentes 308

A Empresa Tem Poucos Passivos 309

Ações a Preço de Banana 310

Os Dividendos Estão Crescendo 311

O Mercado Está Crescendo 312

Ações com Alta Barreira de Entrada 312

A Empresa Tem Perfil Político Discreto 313

A Ação É Opcional 313

A Ação Se Beneficia de Megatendências Favoráveis 314

CAPÍTULO 23: ## Dez Formas de Lucrar no Bear Market **315**

Encontrando Boas Ações para Comprar 316

Caçando os Dividendos 316

Desenterrando Joias com Avaliações de Títulos 317

Rotacionando os Setores 317

Vendendo Ações Ruins a Descoberto 318

Usando a Margem com Cuidado 318

Comprando uma Opção de Compra 319

Vendendo Opções de Compra Coberta 320

Gerando Renda com Opções de Venda 321

Sendo Paciente 321

CAPÍTULO 24: Dez Investimentos e Estratégias que Combinam com Ações. **323**

Opções de Compras Cobertas 324
Opções de Venda 324
Dinheiro. 325
Títulos EE. 326
Títulos de Inflação 326
Fundos de Investimento Setoriais 327
Motif Investing 327
Fundos Negociados em Bolsa de Baixa 328
Fundos Negociados em Bolsa de Rendimento de Dividendos . . 329
Fundos Negociados em Bolsa de Bens de Consumo Básicos. . . 330

CAPÍTULO 25: Dez Armadilhas e Desafios de 2020–2030 . . **331**

Deficiências de Pensões de Trilhões 331
Crises Europeias 332
A Bolha de Títulos e Dívidas. 332
Uma Reviravolta Demográfica. 333
Deficits e Dívidas Federais 333
O Acerto de Contas da Previdência 334
Terrorismo 334
Potencial Crise Monetária 335
A Bomba-relógio dos Derivativos 336
Socialismo. 336

PARTE 6: APÊNDICES 337

APÊNDICE A: RECURSOS DO INVESTIDOR EM AÇÕES 339

Recursos para Planejamento Financeiro. 339
A Linguagem do Investimento. 340
Recursos Textuais sobre Investimento 340
Sites sobre Investimento 344
Associações e Organizações 347
Câmbio de Ações. 347
Encontrando Corretoras 348
Fontes Pagas sobre Investimentos 349
Fundos Negociados em Bolsa. 351
Reinvestimento de Dividendos 351
Fontes para Análise. 351
Benefícios e Obrigações Fiscais 355
Fraudes 356

APÊNDICE B: ÍNDICES FINANCEIROS 357

Índices de Liquidez 358
Liquidez corrente 358
Índice de liquidez imediata 359
Índices de Operação 359
Retorno sobre o patrimônio líquido (ROE) 359
Retorno sobre os ativos (ROA) 360
Índice de vendas para contas a receber (SR) 361
Índices de Solvência 361
Índice dívida/patrimônio líquido 362
Capital de giro 362
Índices de Tamanho Comum 362
Índices de Valuation 363
Índice preço/lucro (P/E) 364
Índice preço/vendas (PSR) 365
Índice preço/valor contábil (PBR) 365

ÍNDICE 367

xxiv   Investimento em Ações Para Leigos

Introdução

Estou muito feliz que você esteja lendo a tradução da 6ª edição de *Investimento em Ações Para Leigos*, e é um privilégio, mais uma vez, ser o autor dela. Lembro-me de terminar a primeira edição na noite anterior ao nascimento do meu filho Adam, em março de 2002, e essa 6ª rodada saiu quando o mercado de ações entrava em um território político e econômico emocionante (2020, quando o original foi lançado, era ano de eleição presidencial nos EUA).

O mercado de ações encerrou 2019 com o Dow Jones Industrial Average, o S&P 500 e o Nasdaq em território recorde. Como sempre, ninguém saberia precisar se 2020–2021 veriam novos recordes ou se uma quebra do mercado ou um bear market viria; mas escolhendo ações com sabedoria, você sempre pode prosperar e ter mais lucros. Acho que "escolher com sabedoria" diz tudo — e é algo que esta edição busca. Sim, espero solavancos e hematomas ao longo do caminho — retrações do mercado, quedas, correções, dias de alta fabulosa e baixa assustadora —, mas isso significa que focar ações de empresas de qualidade e fundos negociados em bolsa (ETFs) é mais importante do que nunca. Lembre-se de que, se você tivesse comprado ações de qualidade pouco antes do crash de 2008, hoje estaria sentado em um fantástico retorno total (ganhos de capital e dividendos também), apesar daquele evento feio e catastrófico de bear market. Portanto, tenha ânimo — o investimento prudente e de longo prazo (*versus* negociação, especulação ou adivinhação) fará com que você saia na frente e derrote os investidores que não leram este livro!

O investimento em ações bem-sucedido exige trabalho diligente e conhecimento adquirido, como qualquer outra atividade bem-feita. Este livro definitivamente o ajudará a evitar os erros que as outras pessoas cometem e lhe indicará a direção certa. Ele apresenta informações sobre tendências e condições encontradas em alguns outros guias de investimento em ações. Explore as páginas deste livro e encontre os tópicos que mais lhe interessarem sobre o mundo dos investimentos em ações. Espremi mais de 25 anos de experiência, educação e conhecimento aqui. Meu histórico é tão bom (ou melhor) quanto o de muitos especialistas que alardeiam seus sucessos. Mais importante, compartilho informações para evitar erros comuns (alguns dos quais eu mesmo cometi!). Entender o que não fazer é tão importante quanto descobrir o que fazer.

Em todos os anos em que aconselhei e instruí investidores, a única diferença entre sucesso e fracasso, entre ganho e perda, resumiu-se a duas palavras: conhecimento aplicado. Use este livro como seu primeiro passo em uma aventura de aprendizado vitalício.

Sobre Este Livro

O mercado de ações é a pedra angular do programa passivo de construção de riqueza do investidor há mais de um século e continua nessa função. Os últimos anos têm sido uma grande montanha-russa para os investidores em ações. Fortunas foram feitas, e outras, perdidas. Com toda a atenção da mídia, o público investidor ainda não evitou perder trilhões em desastres históricos no mercado de ações. Infelizmente, mesmo os ditos especialistas que entendem de ações não viram as forças econômicas e geopolíticas que agiram como um tsunami no mercado. Com apenas um pouco mais de conhecimento e algumas técnicas de preservação de riqueza, mais investidores poderiam ter mantido suas fortunas conquistadas a duras penas no mercado de ações. Mas, anime-se: este livro é um aviso prévio sobre as megatendências e os eventos que afetarão seu portfólio de ações. Embora haja outros livros que tratam sobre ações, este é sobre o desempenho e a condição financeira das empresas, e como os preços das ações são afetados.

Este livro foi elaborado para apresentar uma abordagem realista para ganhar dinheiro com ações. Ele traz a essência das estratégias sólidas e práticas de investimento em ações e percepções que foram testadas e comprovadas em mais de cem anos de história no mercado de ações. Não espero que você o leia de capa a capa, mesmo que isso fosse me deixar encantado! Em vez disso, este livro foi projetado como uma ferramenta de referência. Sinta-se à vontade para ler os capítulos na ordem de sua escolha. Você pode ir para as seções e os capítulos de seu interesse ou para aqueles que incluem tópicos sobre os quais precisa saber mais.

Os boxes deste livro fornecem uma visão mais aprofundada sobre determinado tópico. Embora iluminem ainda mais um ponto específico, eles não são cruciais para a compreensão do restante do livro. Sinta-se à vontade para lê-los ou ignorá-los. Claro, eu adoraria que você lesse todos, mas meus sentimentos não serão feridos se decidir pulá-los.

Os textos que acompanham o ícone Papo de Especialista (veja a próxima seção, "Ícones Usados Neste Livro") também podem ser ignorados. Os textos neles apresentam detalhes técnicos sobre o investimento em ações, interessantes e informativos, mas cujas informações não são fundamentais para o entendimento geral.

Investimento em Ações Para Leigos, tradução da 6ª edição, também é bem diferente dos títulos "fique rico com ações" que lotam as estantes nos últimos anos. Não é necessária uma abordagem padrão para o tópico; não presuma que as ações são algo garantido e o ponto alto da construção de riqueza. Na verdade, às vezes neste livro digo a você para não investir em ações (ou mesmo para apostar contra elas!).

Este livro o ajudará a ter sucesso não apenas em mercados em alta, mas também naqueles em baixa. Bull markets e bear markets vêm e vão, mas o investidor bem instruído continuará ganhando dinheiro de qualquer maneira. Para lhe dar uma vantagem extra, incluí informações sobre o ambiente de investimento para ações. Quer se trate de política ou furacões (ou ambos), você precisa saber como o quadro geral afeta suas decisões de investimento em ações.

Uma última observação: neste livro, você notará que alguns endereços da web se dividem em duas linhas de texto. Se desejar visitar alguma dessas páginas, basta digitar o endereço exatamente como aparece, como se a quebra de linha não existisse.

Penso que...

Acho que você escolheu este livro por um ou mais dos seguintes motivos:

» Você é iniciante e quer um intensivo de fácil leitura sobre investimento em ações.

» Já é investidor em ações e precisa de um livro que lhe permita ler apenas os capítulos que cobrem tópicos específicos de seu interesse.

» Precisa revisar sua situação com as informações deste livro para ver se deixou alguma coisa passar quando investiu naquela ação quente que seu cunhado recomendou.

» Precisa de um grande presente! Quando o tio Mo, o campeão puro-sangue norte-americano, estiver chateado com as escolhas ruins de ações, dê a ele este livro para ele se recuperar financeiramente. Obtenha uma cópia para seu corretor também. (Provavelmente, foi ele quem fez tal escolha.)

Introdução 3

Ícones Usados Neste Livro

Ícones úteis aparecem nas margens deste livro; aqui está o que significam.

LEMBRE-SE

Neste ícone, eu lembro de algumas informações que você deve sempre manter na memória, seja um novo investidor ou um profissional experiente.

PAPO DE ESPECIALISTA

O texto junto a este ícone pode não ser crucial para seu sucesso como investidor, mas pode permitir que você converse com gurus do investimento e compreenda melhor as páginas financeiras de sua publicação ou site de negócios favorito.

DICA

Este ícone sinaliza um conselho específico que lhe dará uma vantagem sobre outros investidores.

CUIDADO

Preste uma atenção especial a este ícone, porque o aviso pode prevenir dores de cabeça, de cotovelo e financeiras.

Além Deste Livro

Além deste livro que você está lendo agora, *Investimento em Ações Para Leigos*, tradução da 6ª edição, vem com outro ótimo conteúdo disponível online. Para obter a Folha de Cola, acesse www.altabooks.com.br e pesquise pelo título do livro ou ISBN na barra de pesquisa.

De Lá para Cá, Daqui para Lá

Você pode não precisar ler todos os capítulos para ficar mais confiante como investidor em ações, portanto, fique à vontade para pular partes de modo que atenda às suas necessidades pessoais. Como cada capítulo é projetado para ser o mais independente possível, não fará mal nenhum escolher o que realmente deseja ler. Mas se você é como eu, ainda pode querer verificar todos os capítulos, porque nunca se sabe quando encontrará uma nova dica ou um recurso que fará uma diferença lucrativa em seu portfólio de ações. Quero que você tenha sucesso, para que eu possa me gabar de você na próxima edição!

1
O Básico do Investimento em Ações

NESTA PARTE. . .

Descubra o que fazer antes de investir seu primeiro centavo em ações. Avalie seus objetivos financeiros e sua situação atual.

Conheça as diferentes abordagens para investir em ações e quais podem ser as certas para você.

Descubra os riscos de investir em ações e as melhores maneiras de contorná-los. Compreenda o conceito de volatilidade.

Invista nas melhores ações com uma única compra de fundos operados em bolsa (ETF).

NESTE CAPÍTULO

» Conhecendo os fundamentos do investimento em ações

» Preparando-se para comprar ações

» Usando o que você sabe para escolher ações de sucesso

Capítulo **1**

Desbravando o Mundo das Ações

Quando escrevi isto, o mercado de ações estava perto de um recorde (cerca de 29 mil), e a economia se recuperava para picos de geração de empregos e um retorno à prosperidade melhorada para a Main Street America sem precedentes em décadas, o que é um bom augúrio em curto prazo para os investidores em ações. Penso que há grandes oportunidades de investimento em ações praticamente a todo momento — mesmo para iniciantes. Existem ótimas ações para ajudá-lo a construir sua riqueza (ou fornecer uma receita de dividendos) nos mercados em alta e em baixa. Na verdade, um bear market (um mercado em baixa) pode ser um ótimo momento para comprar ações, porque ficam mais baratas (pense em "promoção!"). O segredo é saber o que fazer (e até por quê), mas é para isso que serve este livro!

O mercado de ações de hoje é um tanto intrigante, mas ainda pode ser recompensador. Só posso prometer que, se você ler este livro a sério, será *muito* melhor que o investidor médio. Observe que paciência e disciplina contam agora mais do que nunca.

O objetivo deste livro não é apenas falar sobre os fundamentos do investimento em ações, mas também apresentar estratégias sólidas que o ajudarão a lucrar com o mercado de ações. Antes de investir, você precisa entender os fundamentos do investimento em ações, que apresento neste capítulo. A seguir, tenha uma visão geral de como colocar seu dinheiro onde ele será mais bem utilizado.

Compreendendo o Básico

Os princípios básicos do investimento em ações são tão elementares que poucas pessoas os reconhecem. Quando você perde o controle do básico, perde o motivo de ter investido. A Parte 1 deste livro o ajuda a compreender estes princípios básicos:

» **Conhecer o risco e a volatilidade envolvidos:** Talvez o conceito mais fundamental (e, portanto, o mais importante) a entender seja o risco de colocar seu dinheiro suado em um investimento como uma ação. Relacionado ao conceito de risco está o de volatilidade. *Volatilidade* refere-se a uma condição na qual há um movimento rápido no preço de determinada ação (ou outro título); os investidores usam esse termo em particular quando há uma queda repentina no preço em um período relativamente curto. Saiba mais sobre risco e volatilidade no Capítulo 4.

» **Avaliar sua situação financeira:** Você precisa ter uma consciência firme sobre seu ponto de partida e de para onde deseja ir. O Capítulo 2 o ajuda a fazer um balanço de sua situação financeira atual e objetivos.

» **Compreender abordagens para investir:** É preciso abordar o investimento da forma que melhor funcione para você. O Capítulo 3 define as abordagens mais comuns para investir.

» **Ver o que os fundos negociados em bolsa têm a oferecer:** Os fundos negociados em bolsa (ETFs) são como fundos de investimento, mas podem ser negociados como ações. Acredito que todo investidor em ações deve considerar os ETFs como uma adição positiva a suas estratégias de portfólio. Veja no Capítulo 5 mais informações sobre ETFs.

LEMBRE-SE

O resultado final do investimento em ações não deve ser enviar imediatamente o dinheiro para uma conta de corretora ou ir a um site e clicar em "Comprar ações". A primeira coisa a fazer é descobrir o máximo que puder sobre as ações e como usá-las para atingir seus objetivos de construção de riqueza.

Antes de continuar, quero esclarecer exatamente o que é uma ação. *Ação* é um tipo de título que indica a propriedade de uma empresa e representa uma parte definida (medida em ações) do sucesso futuro dessa empresa. Os dois tipos principais de ações são ordinárias e preferenciais:

» **Ação ordinária:** Esse tipo de ação, que abordarei ao longo do livro, dá ao proprietário o direito de votar nas assembleias de acionistas e receber quaisquer dividendos que a empresa emita.

» **Ações preferenciais:** Esse tipo de ação não confere direitos de voto, mas inclui alguns direitos que excedem os das ações ordinárias. Os acionistas preferenciais têm tratamento preferencial em certas condições, como o recebimento de dividendos antes dos acionistas ordinários no caso de liquidação ou falência de uma empresa. Além disso, as ações preferenciais procuram operar de forma semelhante a um título para investidores que buscam uma renda estável. (Neste livro, abordo principalmente as ações ordinárias.)

Além das ações ordinárias, nesta edição também abordo os fundos negociados em bolsa (ETFs), porque são uma parte valiosa do portfólio do investidor em ações.

Preparando-se para Comprar Ações

A coleta de informações é crítica em suas atividades de investimento. Colete informações sobre suas escolhas de ações duas vezes: antes e depois de investir. Obviamente, você deve ficar mais informado antes de investir seu primeiro centavo, mas também precisa se manter informado sobre o que está acontecendo na empresa cujas ações comprar, bem como no setor e na economia em geral. Para encontrar as melhores fontes de informação, veja o Capítulo 6.

Quando estiver pronto para investir, você precisa abrir uma conta de corretora. Como saber qual usar? O Capítulo 7 fornece algumas respostas e recursos para ajudá-lo a escolher uma corretora. Depois de abrir uma conta de corretora, vale a pena se familiarizar com os tipos de ordens que você pode implementar nessa conta; descubra mais no Capítulo 17.

CAPÍTULO 1 **Desbravando o Mundo das Ações** 9

Escolhendo as Campeãs

Quando passar do básico, chegará ao ponto principal da escolha da ação. Fazer essa escolha ser bem-sucedida não é mistério, exige tempo, esforço e análise. E o esforço vale a pena, porque as ações são uma parte conveniente e importante do portfólio da maioria dos investidores. Leia as seções a seguir e pule para os capítulos relevantes para obter informações privilegiadas sobre ações importantes.

Reconhecendo o valor da ação

Imagine que você goste de ovos e os compre no supermercado. No exemplo, os ovos são as empresas, e os preços, o que você pagaria pelas ações delas. O supermercado é o mercado de ações. E se duas marcas de ovos forem semelhantes, mas uma custar R$8,99, e a outra, R$12,99? Qual você escolheria? É provável que considere as duas marcas, julgue sua qualidade e, se forem realmente semelhantes, pegue os ovos mais baratos. Os ovos a R$12,99 estão superfaturados. O mesmo se aplica às ações. E se compararmos duas empresas semelhantes em todos os aspectos, mas com preços de ações diferentes? Se tudo for igual, o preço mais barato representa uma compra melhor para o investidor.

Mas o exemplo do ovo tem uma contraparte. E se a qualidade das duas marcas de ovos for significativamente diferente, mas os preços, os mesmos? Se uma marca de ovos estivesse passada, tivesse baixa qualidade e custasse R$8,99, e a outra fosse fresca, de qualidade superior e também custasse R$8,99, qual você compraria? Eu escolheria a marca boa, porque seus ovos são melhores. Talvez os ovos inferiores fossem uma compra aceitável por R$5,99, mas o preço está caro, R$8,99. A analogia funciona com ações. Uma empresa mal gerida não é uma boa escolha se você pode comprar uma empresa melhor no mercado pelo mesmo preço — ou até melhor.

LEMBRE-SE

Comparar o valor dos ovos parece simplista, mas toca no ponto principal do investimento em ações. Ovos e seus preços são tão variados quanto os preços das empresas e das ações. Como investidor, seu trabalho é encontrar o melhor valor para o investimento financeiro. (Do contrário, você pisará em ovos.)

Compreendendo como a capitalização do mercado afeta o valor das ações

O valor de uma empresa (e, portanto, o de suas ações) é determinado de várias maneiras. A maneira mais básica é observar o valor de mercado da empresa, também conhecido como capitalização de mercado. *Capitalização de mercado* é simplesmente o valor que você obtém ao multiplicar todas as ações em circulação de uma ação pelo preço de uma única ação. Calcular a capitalização de mercado é fácil; por exemplo, se uma empresa tem 1 milhão de ações em circulação e o preço delas é R$10, seu valor de mercado é R$10 milhões.

Capitalização baixa, média e alta (Small cap, mid cap e large cap) se referem ao tamanho de uma empresa, medido por seu valor de mercado. Aqui estão as cinco categorias básicas de ações de capitalização de mercado:

- » **Microcapitalização (menos de US$300 milhões):** Essas ações são as menores e, portanto, as mais arriscadas. (Há até uma subdivisão, a *nanocapitalização*, que se refere a ações abaixo de US$50 milhões, mas não se aplicam a este livro.)

- » **Capitalização baixa (de US$300 milhões a US$2 bilhões):** Essas ações se saem melhor do que as microcapitalizações e têm potencial de crescimento. A palavra-chave é "potencial". O Capítulo 14 cobre baixas e microcapitalizações.

- » **Capitalização média (de US$2 bilhões a US$10 bilhões):** Para muitos investidores, essa categoria é um bom meio-termo entre a capitalização baixa e a alta. Essas ações têm parte da segurança das grandes empresas e retêm parte do potencial de crescimento das pequenas.

- » **Capitalização alta (de US$10 bilhões a US$200 bilhões):** Essa categoria é reservada para investidores conservadores, que desejam uma valorização estável com maior segurança. As ações dessa categoria são as *blue chips*.

- » **Ultra ou megacapitalização (mais de US$200 bilhões):** Essas ações obviamente se referem a empresas maiores do que as grandes. Ações como as do Google e as da Apple são exemplos.

LEMBRE-SE

Do ponto de vista da segurança, o tamanho e o valor de mercado de uma empresa são importantes. Se todas as coisas forem iguais, as ações de large cap são consideradas mais seguras do que as de baixa. No entanto, ações de small cap têm maior potencial de crescimento. Compare-as com as árvores: qual árvore é mais resistente, uma sequoia gigante ou um pequeno carvalho com apenas um ano? Em uma grande tempestade, a sequoia se mantém, enquanto a árvore menor passa por maus bocados. Mas você também precisa se perguntar qual árvore tem mais oportunidades de crescimento. A sequoia pode não ter muito mais crescimento, mas o pequeno carvalho tem muito crescimento pela frente.

Para os investidores iniciantes, comparar a capitalização de mercado às árvores é mais natural. Você quer que seu dinheiro se ramifique, não que vá embora ao vento.

LEMBRE-SE

Embora seja importante considerar a capitalização de mercado, não invista com base apenas nela. É só uma medida de valor. É preciso examinar vários fatores para determinar se uma ação é um bom investimento. Continue lendo — este livro está repleto de informações para ajudá-lo a decidir.

Melhorando as habilidades de investimento

Os investidores que analisam as empresas conseguem avaliar melhor o valor das ações delas e lucrar com a compra e venda. Seu maior ativo ao investir em ações é o conhecimento (e um pouco de bom senso). Para ter sucesso no mundo do investimento em ações, tenha em mente estes fatores-chave de sucesso:

» **Entenda por que você deseja investir em ações.** Você está buscando valorização (ganhos de capital) ou renda (dividendos)? Veja nos Capítulos 8 e 9 mais informações sobre esses tópicos.

» **O tempo de compra e venda é importante.** Termos como *sobrecomprado* e *sobrevendido* lhe dão uma vantagem na hora de decidir comprar ou vender uma ação. A *análise técnica* é uma forma de analisar os títulos por meio de sua atividade de mercado (preços e volume anteriores) para encontrar padrões que sugiram para onde esses investimentos podem ser direcionados em curto prazo. Para obter mais informações, veja o Capítulo 10.

» **Pesquise.** Analise a empresa cujas ações você está considerando para ver se é um negócio lucrativo, digno do investimento. Os Capítulos 11 e 12 o ajudam a examinar as empresas. Se está considerando ações de small cap, leia o Capítulo 14.

» **Entenda e identifique o quadro geral.** Afinal, é um mundo pequeno, e você deve estar ciente de como o mundo afeta seu portfólio de ações. Todos, desde os burocratas na Europa até os políticos no Capitólio dos Estados Unidos, podem afetar uma ação ou um setor como um fósforo em um palheiro seco. Os Capítulos 13 e 15 fornecem muitas orientações sobre as oportunidades do setor, as megatendências e, sim, o panorama (econômico e político). Uma excelente maneira de investir em ações é por meio de *temas*, o que abordo no Capítulo 14.

» **Use estratégias profissionais de investimento.** O Capítulo 16 fornece informações detalhadas sobre as ferramentas de triagem de ações que muitos profissionais usam, o que o ajudará a encontrar ótimas ações rapidamente. Sou adepto de estratégias como stop móvel e ordens limitadas, e, felizmente, a tecnologia atual oferece ainda mais ferramentas para ajudá-lo a aumentar e a proteger seu dinheiro, portanto, vá para o Capítulo 17 para ter ideias sobre como transacionar ações.

» **Procure oportunidades fora do mercado dos EUA.** É mais fácil do que nunca lucrar com ações oferecidas em todo o mundo! Saiba mais sobre como investir em ações internacionais por meio de American Depositary Receipts (ADRs) e ETFs internacionais. Obtenha os detalhes no Capítulo 18.

» **Considere comprar em quantidades menores.** Comprar ações nem sempre significa que você deve comprar por meio de uma corretora e 100 ações por vez. Você pode comprar ações por apenas US$25 usando programas como planos de reinvestimento de dividendos. O Capítulo 19 conta mais sobre isso.

» **Faça o que os outros fazem, não o que dizem.** Às vezes, o que as pessoas dizem para você fazer com as ações não é tão revelador quanto o que elas estão realmente fazendo. É por isso que gosto de olhar os insiders da empresa antes de comprar ou vender uma ação específica. Chego até a falar de informações privilegiadas do Congresso. Para saber mais sobre compra e venda de informações privilegiadas, leia o Capítulo 20.

» **Guarde mais do dinheiro que você ganha.** Depois de todo o seu grande trabalho em obter as ações certas e ganhar muito dinheiro, você deve saber como manter mais dos frutos de seus investimentos. Cubro os impostos no Capítulo 21.

Cada capítulo deste livro oferece orientações valiosas sobre alguns aspectos essenciais do fantástico mundo das ações. O conhecimento que você adquire e aplica contidos nestas páginas foi testado ao longo de quase um século de seleção de ações. A experiência de investimento do passado — de todos os tipos — existe para o seu benefício. Use essas informações para ganhar muito dinheiro (e me deixar orgulhoso!). E não se esqueça de verificar os Apêndices, onde ofereço uma ampla variedade de recursos de investimento e índices financeiros.

CAPÍTULO 1 **Desbravando o Mundo das Ações** 13

14   PARTE 1 **O Básico do Investimento em Ações**

> **NESTE CAPÍTULO**
>
> » **Preparando o balanço pessoal**
>
> » **Olhando o demonstrativo de fluxo de caixa**
>
> » **Definindo objetivos financeiros**

Capítulo 2

Situação Financeira Atual e Objetivos

Sim, você quer fazer muito dinheiro. Ou talvez apenas queira recuperar o dinheiro que perdeu em ações durante o *bear market* (um longo período de queda de preços) da infame crise financeira global de 2008-2009. (Os investidores que seguiram as diretrizes das edições anteriores deste livro se saíram muito melhor do que a multidão!) De qualquer forma, você deseja que seu dinheiro cresça, para que tenha uma vida melhor. Mas, antes de fazer reservas para aquele cruzeiro pelo Caribe com o qual sonhou, mapeie seu plano de ação para chegar lá. As ações são um ótimo componente da maioria dos programas de construção de riqueza, mas primeiro você deve fazer algumas lições de casa sobre um tópico com o qual precisa se familiarizar — você. Isso mesmo. Compreender sua situação financeira atual e definir claramente objetivos financeiros são os primeiros passos para um investimento bem-sucedido.

Darei um exemplo. Conheci um investidor em um de meus seminários que tinha ações da Procter & Gamble (PG) no valor de US$1 milhão e estava se aposentando. Ele me perguntou se deveria vendê-las e se voltar para o crescimento, investindo em um lote de ações de *small cap* (ações de empresas de US$250 milhões a US$1 bilhão; veja mais informações no Capítulo 1). Como, na época, ele já tinha bens suficientes para se aposentar, eu disse que ele não precisava ficar mais agressivo. Na verdade, disse que ele tinha muitas ações vinculadas a uma única ação, embora fosse uma empresa grande e sólida. O que aconteceria com seus ativos se surgissem problemas na PG? Dizer a ele para encolher o portfólio de ações e colocá-lo em outro lugar — pagando dívidas ou adicionando títulos com grau de investimento para diversificar, por exemplo — parecia óbvio.

Este capítulo é, sem dúvida, um dos mais importantes do livro. A princípio, você pode achar que é um capítulo mais adequado para um livro geral sobre finanças pessoais. Errado! A maior fraqueza dos investidores malsucedidos é não entender sua situação financeira e como as ações se encaixam nela. Com frequência, aconselho as pessoas a saírem do mercado de ações se não estiverem preparadas para as responsabilidades de investir nelas, como revisar regularmente as demonstrações financeiras e o progresso das empresas em que investem.

LEMBRE-SE

Investir em ações exige equilíbrio. Os investidores às vezes prendem muito dinheiro em ações, colocando-se em risco de perder uma parte significativa de sua riqueza se o mercado despencar. Por outro lado, outros investidores colocam pouco ou nenhum dinheiro em ações e, portanto, perdem excelentes oportunidades de aumentar sua riqueza. Os investidores devem fazer com que as ações integrem seus portfólios, mas a palavra-chave é *divisão*. As ações devem ocupar apenas uma *parte* do seu dinheiro. Um investidor disciplinado também tem dinheiro em contas bancárias, títulos de grau de investimento, metais preciosos e outros ativos que ofereçam oportunidades de crescimento ou renda. A diversificação é a chave para minimizar o risco. (Para saber mais sobre riscos, veja o Capítulo 4. Até menciono volatilidade nele.)

Estabelecendo um Ponto de Partida Preparando um Balanço

Quer você já tenha ações quer esteja procurando entrar no mercado de ações, precisa descobrir quanto dinheiro pode investir. Não importa o que espera realizar com seu plano de investimento em ações, o primeiro passo que deve dar é descobrir quanto tem e quanto deve. Para fazer isso, prepare e analise seu balanço patrimonial pessoal. Um *balanço patrimonial* é simplesmente uma lista dos ativos, passivos e o que cada item vale atualmente para que você possa chegar a seu patrimônio líquido. Seu *patrimônio líquido* é o total de ativos menos o de passivos. (Eu sei que esses termos soam como uma bobagem contábil, mas conhecer seu patrimônio líquido é importante para o sucesso financeiro futuro, então faça isso.)

A composição do balanço é simples. Use um programa de planilha como o Excel ou pegue um lápis e um pedaço de papel. Reúna todos os documentos financeiros, como extratos bancários e de corretagem, e outros do tipo; você precisa dos números nesses documentos. Em seguida, siga as etapas que descrevo nas seções a seguir. Atualize o balanço pelo menos uma vez por ano para monitorar seu progresso financeiro (seu patrimônio líquido está aumentando ou diminuindo?).

Observação: O seu balanço pessoal não difere dos balanços que as empresas gigantescas preparam. (A principal diferença são alguns zeros, mas você pode usar meus conselhos neste livro para mudar isso.) Na verdade, quanto mais você descobre sobre seu próprio balanço, mais fácil fica entender o das empresas nas quais deseja investir. Veja no Capítulo 11 detalhes sobre a revisão dos balanços patrimoniais das empresas.

Etapa 1: Tenha um fundo de emergência

Primeiro, liste o dinheiro em seu balanço. O objetivo é ter uma reserva de pelo menos três a seis meses das despesas brutas de vida em dinheiro e equivalentes a dinheiro. O dinheiro é importante porque lhe dá proteção. O valor de três a seis meses geralmente é suficiente para superar as formas mais comuns de perturbação financeira, como perda de emprego.

LEMBRE-SE

Se as despesas mensais (ou *saídas*) são de US$2 mil, você deve ter pelo menos US$6 mil, e, preferencialmente, algo mais perto de US$12 mil, em uma conta bancária segura, segurada pela FDIC e com juros (ou outro veículo seguro com juros, como um fundo do mercado monetário). Considere essa conta como um fundo de emergência, não como um investimento. Não use esse dinheiro para comprar ações.

Muitos norte-americanos não têm um fundo de emergência, o que significa que eles se colocam em risco. Andar por uma rua movimentada com uma venda nos olhos é um ótimo exemplo de se colocar em risco, e, nos últimos anos, os investidores têm feito o equivalente financeiro. Os investidores acumulam dívidas enormes, colocam muito em investimentos (como ações) que não entendem e mantêm pouca ou nenhuma poupança. Um dos maiores problemas durante a última década foi o de que a poupança estava caindo a níveis recordes, enquanto os níveis de dívida atingiam novos patamares. As pessoas então venderam muitas ações, porque precisavam de fundos para — adivinha — pagar contas e dívidas.

CAPÍTULO 2 **Situação Financeira Atual e Objetivos** 17

CUIDADO

Resista à tentação de começar a pensar em seu investimento em ações como uma conta poupança que gera mais de 20% ao ano. É um pensamento perigoso! Se os investimentos despencarem ou se você perder o emprego, terá dificuldades financeiras, e isso afetará seu portfólio de ações; talvez você precise vender algumas ações só para conseguir dinheiro para pagar contas. Um fundo de emergência o ajuda a enfrentar uma crise financeira temporária.

Etapa 2: Liste seus ativos em ordem decrescente de liquidez

Ativos líquidos não se referem a cervejas e refrigerantes (a menos que você seja a Anheuser-Busch InBev). Em vez disso, *liquidez* se refere à rapidez com que você pode converter determinado *ativo* (algo que você possui e que tem valor) em dinheiro. Se conhece a liquidez de seus ativos, incluindo investimentos, tem algumas opções quando precisar de dinheiro para comprar algumas ações (ou pagar algumas contas). Muitas vezes, as pessoas estão com pouco dinheiro e muita riqueza *não líquida* presa em investimentos como o imobiliário. *Não líquido* é apenas uma maneira elegante de dizer que você não tem dinheiro imediato para atender a uma necessidade urgente. (Ei, todos nós já passamos por esses momentos!) Revise seus ativos e tome medidas para garantir que uma quantidade suficiente deles seja líquida (junto dos ativos não líquidos).

DICA

Listar os ativos em ordem de liquidez em seu balanço oferece uma imagem imediata de quais ativos você pode converter rapidamente em dinheiro e quais não pode. Se você precisa de dinheiro *agora*, verá que o dinheiro em mãos, sua conta-corrente e conta poupança estão no topo da lista. Os itens em ordem de liquidez são óbvios; são coisas como imóveis e outros ativos que podem levar muito tempo para serem convertidos em dinheiro.

CUIDADO

Vender imóveis, mesmo em um mercado de vendedores, leva meses. Os investidores que não têm ativos líquidos adequados correm o risco de ter que vender ativos rapidamente e com a possibilidade de prejuízo, pois se esforçam para acumular dinheiro para suas obrigações financeiras de curto prazo. Para os investidores em ações, essa confusão pode incluir a venda prematura de ações que pretendiam manter como investimentos de longo prazo.

A Tabela 2-1 mostra uma lista típica de ativos em ordem de liquidez. Use-a como um guia para fazer sua própria lista de ativos.

TABELA 2-1   # Ativos Pessoais em Ordem Decrescente de Liquidez

Item do Ativo	Valor de Mercado	% de Crescimento Anual
Ativos circulantes		
Dinheiro em caixa e em cheques	US$150	
Poupanças e certificados de depósito bancário	US$5 mil	1%
Ações	US$2 mil	11%
Fundos de investimentos	US$2.400	9%
Outros ativos (colecionáveis e assim por diante)	US$240	
Ativos circulantes totais	**US$9.790**	
Ativos de longo prazo		
Automóvel	US$1.800	-10%
Residência	US$150 mil	5%
Investimentos imobiliários	US$125 mil	6%
Itens pessoais (como joias)	US$4 mil	
Total de ativos de longo prazo	**US$280.800**	
Ativos totais	**US$290.590**	

Veja como decompor as informações da Tabela 2–1:

» **A primeira coluna** descreve o tipo de ativo. Você pode converter rapidamente *ativos circulantes* em dinheiro — eles são líquidos. *Ativos de longo prazo* têm valor, mas não são convertidos em dinheiro rapidamente — não são líquidos.

   Observação: Tenho ações listadas como de curto prazo na tabela. A razão é que esse balanço lista os itens por ordem de liquidez. A liquidez é mais bem entendida com a pergunta: "Com que rapidez posso transformar este ativo em dinheiro?" Como uma ação pode ser vendida e convertida em dinheiro muito rapidamente, é um bom exemplo de ativo líquido. (No entanto, esse não é o objetivo principal da compra de ações.)

» **A segunda coluna** apresenta o valor de mercado atual para aquele item. Lembre-se de que esse valor não é o preço de compra nem o valor original; é a quantia que você obteria de forma realista se vendesse o ativo no mercado vigente naquele momento.

CAPÍTULO 2 **Situação Financeira Atual e Objetivos** 19

» **A terceira coluna** informa o desempenho desse investimento em comparação com o ano anterior. Se a porcentagem for de 5%, esse item vale 5% a mais hoje do que valia há um ano. Você precisa saber como todos seus ativos estão indo. Por quê? Porque assim pode ajustar os ativos para o crescimento máximo ou se livrar dos que estão perdendo dinheiro. Mantenha os ativos que estão indo bem (e considere aumentar sua participação neles) e examine os ativos com valor baixo para ver se são candidatos a remoção. Talvez você possa vendê-los e reinvestir o dinheiro em outro lugar. Além disso, a perda realizada tem benefícios fiscais (veja o Capítulo 21).

DICA

Calcular a taxa de crescimento anual (na terceira coluna) como porcentagem não é difícil. Digamos que você compre 100 ações da Gro-A-Lot Corp. (GAL) em 31 de dezembro de 2019, e que o valor de mercado na data seja de US$50 por ação para um valor de mercado total de US$5 mil (100 ações multiplicadas por US$50 por ação). Quando você verifica seu valor em 31 de dezembro de 2020, descobre que a ação está em US$60 por ação para um valor de mercado total de US$6 mil (100 ações multiplicadas por US$60). A taxa de crescimento anual é de 20%. Você calcula essa porcentagem pegando o valor do lucro (US$60 por ação - US$50 por ação = US$10 de ganho por ação), que é de US$1.000 (100 ações vezes o ganho de US$10), e dividindo-o pelo valor do início do período (US$5 mil). Nesse caso, você obtém 20% (US$1.000 divididos por US$5 mil).

DICA

» E se a GAL também gerar um dividendo de US$2 por ação durante esse período — e agora? Nesse caso, a GAL gera um retorno total de 24%. Para calcular o retorno total, adicione a valorização (US$10 por ação multiplicados por 100 ações = US$1.000) e a receita de dividendos (US$2 por ação multiplicados por 100 ações = US$200), e divida essa soma (US$1.000 mais US$200, ou US$1.200) pelo valor no início do ano (US$50 por ação multiplicados por 100 ações ou US$5 mil). O retorno total é de US$1.200 sobre o valor de mercado de US$5 mil ou 24%.

» **A última linha** lista o total de todos os ativos e o valor de mercado atual.

Etapa 3: Liste seus passivos

Passivos são simplesmente as contas que você é obrigado a pagar — sua dívida. Quer se trate de uma fatura de cartão de crédito ou de um pagamento de financiamento, passivo é uma quantia de dinheiro que você tem que pagar volta e meia (geralmente com juros). Se não controlar seus passivos, poderá acabar pensando que tem mais dinheiro do que realmente tem.

A Tabela 2-2 lista alguns passivos comuns. Use-a como modelo ao listar os seus. Liste-os de acordo com o prazo de pagamento. As faturas de cartões de crédito tendem a ser passivos de curto prazo, enquanto os financiamentos, de longo prazo.

TABELA 2-2   Passivos Pessoais

Passivo	Valor	% de Taxa de Pagamento
Cartões de crédito	US$4 mil	18%
Empréstimos pessoais	US$13 mil	10%
Financiamento	US$100 mil	4%
Total de passivos	US$117 mil	

Aqui está um resumo das informações da Tabela 2-2:

LEMBRE-SE

» **A primeira coluna** nomeia o tipo de dívida. Não se esqueça de incluir empréstimos estudantis e empréstimos para automóveis, se os tiver.

Nunca evite listar um passivo por ficar com vergonha de ver o quanto realmente deve. Seja honesto consigo mesmo — isso o ajudará a melhorar sua saúde financeira.

» **A segunda coluna** mostra o valor atual (ou saldo atual) dos passivos. Liste o saldo mais atual para avaliar sua situação com os credores.

» **A terceira coluna** reflete os juros que você está pagando por ter essa dívida. Essas informações são um lembrete importante sobre como a dívida pode destruir a riqueza. A dívida do cartão de crédito pode ter uma taxa de juros de 18% ou mais e, para piorar a situação, nem é dedutível do imposto de renda. Usar um cartão de crédito para fazer até mesmo uma pequena compra lhe custa um saldo mensal se você não o pagar. Dentro de um ano, um suéter de R$50, a 18%, custa R$59 quando você adiciona os potenciais juros anuais ao valor pago.

DICA

Se comparar seus passivos na Tabela 2-2 e seus ativos na Tabela 2-1, descobrirá oportunidades para reduzir o valor que paga pelos juros. Digamos que você pague 18% sobre uma fatura de cartão de crédito de R$4 mil, mas também tenha um ativo de R$5 mil em uma poupança bancária que rende 2% de juros. Nesse caso, pode considerar retirar R$4 mil da conta poupança para pagar a fatura do cartão de crédito. Isso lhe economiza R$640; os R$4 mil no banco estavam gerando apenas R$80 (2% de R$4 mil), enquanto você estava pagando R$720 na fatura do cartão de crédito (18% de R$4 mil). Pagar sua dívida o mais rápido possível deve sempre ser sua primeira consideração.

CAPÍTULO 2 **Situação Financeira Atual e Objetivos**   21

DEVO, NÃO PAGO, NEGO ENQUANTO PUDER

Obviamente, controlar as dívidas é importante em nossa situação financeira pessoal, mas as dívidas podem afetá-lo indiretamente. Se você for empregado de uma empresa que está perdendo dinheiro e, consequentemente, endividada, isso pode afetar seu emprego. Além disso, pode afetar seus investimentos, o que, por sua vez, tem um efeito adverso em seus planos de construção de riqueza de longo prazo.

O endividamento excessivo desempenhou um papel importante na dolorosa queda do mercado de ações em 2008 e 2009. A economia geral e os mercados financeiros ainda são muito vulneráveis aos perigos relacionados à dívida em 2020 e além. Se indivíduos e empresas administrassem seus passivos com mais responsabilidade, a economia geral ficaria muito melhor.

De acordo com a Bloomberg.com, a dívida mundial era de espantosos US$244 trilhões no início de 2019. Para efeito de comparação, o PIB mundial durante esse período (de acordo com o WorldBank.org) foi de cerca de US$850 trilhões. A maior parte dessa dívida vem do setor público. Nos EUA, as dívidas federal, estadual e municipal estão em níveis históricos. Todos têm que lidar com essa dívida indiretamente, porque ela é contraída por políticos e burocratas do governo, mas afeta a todos. A pressão está aumentando por impostos de renda, imobiliários e outros mais altos. Credo! (Agora eu sei por que algumas pessoas se tornam eremitas em cavernas.) E, sim, o mercado de ações (e as ações de seu portfólio) será afetado! Uma boa forma de acompanhar o "panorama da dívida" dos EUA, em inglês, é pelo site: `www.usdebtclock.org`.

Se você não pode pagar dívidas com juros altos, pelo menos procure maneiras de minimizar o custo de mantê-las. As formas mais óbvias incluem:

» **Substitua os cartões de juros altos por cartões de juros baixos.** Muitas empresas oferecem incentivos aos consumidores, incluindo a assinatura de cartões com taxas favoráveis (até abaixo de 10%) que podem ser usados para pagar cartões de juros altos (normalmente, de 12% a 18%, ou até mais).

» **Substitua a dívida não garantida pela garantida.** Cartões de crédito e empréstimos pessoais são *não garantidos* (você não colocou nenhuma garantia ou outro ativo para garanti-la); portanto, têm taxas de juros mais altas, porque esse tipo de dívida é considerado mais arriscado para o credor. Fontes de *dívida garantida* (como contas de home equity e de corretagem) são um meio para substituir sua dívida de juros altos por dívida de juros mais baixos. Você obtém taxas de juros mais baixas com dívidas garantidas porque é menos arriscado para o credor — a dívida é garantida por sua casa ou ações, por exemplo.

» **Substitua a dívida a juros variáveis por uma a juros fixos.** Pense em como os proprietários de imóveis foram surpreendidos quando seus pagamentos

22 PARTE 1 **O Básico do Investimento em Ações**

> mensais de financiamentos com taxas ajustáveis aumentaram drasticamente na esteira da bolha imobiliária que estourou durante 2005-2008. Se você não pode reduzir sua dívida, pelo menos torne-a fixa e previsível.

CUIDADO

Em 2019, muitas categorias de dívida atingiram níveis históricos. A dívida pessoal, corporativa e, especialmente, do governo estava alta, enquanto as taxas de juros atingiram mínimos históricos. Acho que aqueles com dívidas pesadas deveriam ser gratos pelos níveis (temporariamente!) baixos das taxas de juros... mas e quando as condições mudam? O que acontece quando alguém não consegue mais carregar sua dívida? Acredito que os níveis maciços e generalizados de dívida terão um impacto nefasto tanto na economia quanto no mercado de ações; todos devemos ser diligentes na redução de nossas dívidas pessoais para reduzir nossa vulnerabilidade financeira. Ofereço detalhes sobre os desafios da dívida para investidores em ações no Capítulo 25.

Faça um esforço diligente para controlar e reduzir sua dívida, do contrário, ela poderá ficar muito pesada. Se não a controlar, poderá ter que vender suas ações só para permanecer líquido. Lembre-se, a Lei de Murphy afirma que você as *venderá* no pior momento possível! Não vá por esse caminho.

Etapa 4: Calcule seu patrimônio líquido

Seu *patrimônio líquido* indica sua riqueza total. Calcule-o com esta equação básica: ativos totais (Tabela 2-1) menos passivos totais (Tabela 2-2) são iguais ao patrimônio líquido (ativos líquidos ou patrimônio líquido).

A Tabela 2-3 mostra essa equação com um patrimônio líquido de US$173.590 — um número respeitável. Para muitos investidores, o simples fato de estarem em uma posição em que os ativos excedem os passivos (um patrimônio líquido positivo) é uma ótima notícia. Use a Tabela 2-3 como modelo para analisar sua situação financeira. Sua missão (se você decidir aceitá-la — e deve) é garantir que seu patrimônio líquido aumente de ano para ano à medida que progride em direção a suas metas financeiras (discuto-as posteriormente neste capítulo).

TABELA 2-3 **Calculando Seu Valor Líquido Pessoal**

Total	Valores	Aumento em relação ao ano anterior
Total de ativos (da Tabela 2-1)	US$290.590	+5%
Total de passivos (da Tabela 2-2)	(US$117 mil)	-2
Patrimônio líquido (ativos totais menos passivos totais)	US$173.590	+3%

CAPÍTULO 2 **Situação Financeira Atual e Objetivos** 23

Etapa 5: Analise seu balanço patrimonial

Depois de criar um balanço (com base nas etapas das seções anteriores) para ilustrar suas finanças atuais, observe-o atentamente e identifique quaisquer mudanças possíveis para aumentar seu patrimônio. Às vezes, alcançar os objetivos financeiros é tão simples quanto reorientar os itens de seu balanço (use a Tabela 2-3 como orientação geral). Aqui estão alguns pontos a serem considerados:

» **O dinheiro do fundo de emergência (das vacas magras) está depositado em uma conta ultrassegura e rendendo os maiores juros disponíveis?** Recomenda-se a utilização de contas bancárias ou fundos do mercado monetário. Nos EUA, o tipo mais seguro de conta é um fundo do mercado monetário do Tesouro. Os bancos são garantidos pela Federal Deposit Insurance Corporation (FDIC), enquanto os títulos do tesouro dos EUA são garantidos por "fé e crédito total" do governo federal. Pesquise as melhores taxas em: `www.bankrate.com`, `www.lendingtree.com` e `www.lowermybills.com` (conteúdos em inglês).

» **Há como substituir ativos depreciados por ativos em apreciação?** Digamos que você tenha dois sistemas estéreo. Por que não vender um e investir? Você pode dizer: "Mas o comprei há 2 anos por R$500 e agora só vale R$300." A escolha é sua. Você precisa decidir o que ajuda mais sua situação financeira — um item de R$500 que continua diminuindo de valor (*depreciação do ativo*) ou R$300 que podem aumentar em valor se investidos (*apreciação do ativo*).

» **Você pode substituir investimentos de baixo rendimento por investimentos de alto rendimento?** Talvez você tenha R$5 mil em um certificado de depósito bancário (CD) rendendo 3%. Você certamente pode procurar uma taxa melhor em outro banco, mas também pode buscar alternativas que ofereçam um rendimento mais alto, como títulos de capitalização dos EUA ou fundos de títulos de curto prazo. Lembre-se de que, se você já tiver um CD e retirar os fundos antes do vencimento, poderá ser penalizado (como perder alguns juros).

» **Você pode pagar qualquer dívida com juros altos com fundos de ativos com juros baixos?** Se, por exemplo, você tem R$5 mil ganhando 2% em uma conta bancária tributável e tem R$2.500 em um cartão de crédito cobrando 18% (que não é dedutível do imposto), também pode pagar o saldo do cartão de crédito e economizar nos juros.

» **Se está endividado, com esse dinheiro você obtém um retorno de investimento maior do que os juros pagos?** Fazer um empréstimo com uma taxa de juros de 8% é aceitável se o dinheiro estiver rendendo mais de 8% em outro lugar. Suponha que você tenha R$6 mil em uma conta de corretora. Se você se qualificar, pode fazer uma compra de ações superior a R$6 mil usando *uma margem* (essencialmente, um empréstimo da corretora). Você pode comprar R$12 mil em ações com os R$6 mil em dinheiro, com o restante financiado pela corretora. Claro, você paga juros sobre esse empréstimo de margem. Mas e se a taxa for de 6%, e a ação em que investiu tiver um dividendo que rende 9%? Nesse caso, o dividendo o ajudará a pagar o empréstimo de margem, e você ficará com a receita adicional. (Para ter mais informações, veja o Capítulo 17.)

» **Você pode vender qualquer coisa pessoal por dinheiro?** Você pode substituir ativos improdutivos por dinheiro de vendas de garagem e sites de leilão.

» **Você pode usar o valor da sua casa para saldar dívidas do consumidor?** O empréstimo da sua casa tem taxas de juros mais favoráveis, e esses juros ainda são dedutíveis do imposto de renda.

CUIDADO

Pagar dívidas do consumidor usando fundos do empréstimo para a sua casa é uma ótima maneira de limpar a lousa. Que alívio se livrar da fatura do cartão de crédito! Apenas não contraia a dívida do consumidor novamente. Você pode ficar sobrecarregado e sofrer uma ruína financeira (para não mencionar a falta de moradia). Não cai muito bem.

O ponto importante a lembrar é que você pode assumir o controle de suas finanças com disciplina (e com os conselhos que ofereço neste livro).

Financiando Seu Programa de Ações

Se você vai investir dinheiro em ações, a primeira coisa de que precisa é... dinheiro! Onde consegue esse dinheiro? Se está esperando o recebimento de uma herança, pode ter que esperar muito tempo, considerando todos os avanços feitos na área da saúde. (Quê?! Você investiria em ações de saúde? Irônico!) No entanto, o desafio ainda é como financiar seu programa de ações.

Muitos investidores podem realocar investimentos e ativos para resolver o caso. *Realocar* significa simplesmente vender alguns investimentos e ativos e reinvestir esse dinheiro em outra coisa (como ações). Tudo se resume a decidir qual investimento ou ativo vender ou liquidar. Considere os investimentos e ativos que oferecem um baixo retorno sobre seu dinheiro (ou nenhum retorno). Se você tem uma combinação complicada de investimentos e ativos, considere rever suas opções com um planejador financeiro. A realocação é apenas parte da resposta; seu fluxo de caixa é a outra.

PONTOCOM E VAI

Se você estivesse publicando um livro sobre fluxo de caixa negativo, poderia procurar os funcionários de qualquer uma das cem empresas pontocom para escrevê-lo. Suas qualificações incluem trabalhar para uma empresa que voou alto em 1999 e caiu em 2000 e 2001. Empresas como eToys.com, Pets.com e DrKoop. com receberam milhões, mas não conseguiram obter lucro e acabaram fechando. Você também pode chamá-las de "pontocom e vai". Você pode aprender com seus erros. (Na verdade, eles poderiam ter aprendido com você.) Da mesma forma que o lucro é o elemento mais essencial em um negócio, um fluxo de caixa positivo é importante para as finanças em geral e para financiar seu programa de investimento em ações em particular.

Você já se perguntou por que resta tanto mês no final do dinheiro? Considere seu fluxo de caixa. O *fluxo de caixa* refere-se a quanto dinheiro está entrando (receita) e quanto está sendo gasto (saída). O resultado líquido é um fluxo de caixa positivo ou negativo, dependendo de suas habilidades de manejo de caixa. Manter um fluxo de caixa positivo (mais dinheiro entrando do que saindo) ajuda a aumentar o patrimônio líquido. Em última análise, um fluxo de caixa negativo esgota sua riqueza e elimina seu patrimônio líquido se você não o reverte de imediato.

As seções a seguir mostram como calcular e analisar o fluxo de caixa. O primeiro passo é fazer uma demonstração do fluxo de caixa. Com ela, você se pergunta:

» **Que dinheiro é esse entrando?** Em sua demonstração de fluxo de caixa, anote todas as fontes de receita. Calcule a renda do mês e, depois, do ano. Isso inclui tudo: salário, vencimentos, juros, dividendos, e assim por diante. Some todos eles e obtenha o total geral da receita.

» **Qual é a sua despesa?** Escreva todas as coisas em que você gasta dinheiro. Liste todas as despesas. Se possível, categorize-as como essenciais e não essenciais. Você pode ter uma ideia de todas as despesas que pode reduzir sem afetar seu estilo de vida. Mas, antes de fazer isso, faça uma lista o mais completa possível daquilo em que gasta seu dinheiro.

» **O que sobrou?** Se sua receita for maior do que sua despesa, você tem dinheiro pronto e disponível para investir em ações. Não importa se parece pequena, ela definitivamente ajuda. Já vi fortunas construídas quando as pessoas começaram a investir diligentemente de R$25 a R$50 por semana ou por mês. Se sua despesa for maior do que sua receita, é melhor apontar o lápis. Reduza os gastos desnecessários e/ou aumente sua receita. Se seu orçamento estiver um pouco apertado, suspenda o investimento em ações até que o fluxo de caixa melhore.

26   PARTE 1 **O Básico do Investimento em Ações**

LEMBRE-SE

Não confunda uma demonstração de fluxo de caixa com uma demonstração de resultados (também chamada de *demonstrativo de resultados* ou *declaração de receitas e despesas*). Uma demonstração de fluxo de caixa é simples de calcular, porque você pode rastrear facilmente o que entra e o que sai. As declarações de renda são um pouco diferentes (especialmente para empresas), porque levam em consideração coisas que não são tecnicamente o fluxo de caixa (como depreciação ou amortização). Saiba mais sobre as declarações de renda no Capítulo 11.

DICA

Considere tratar os pequenos investimentos regulares em ações como uma despesa em seu orçamento. Muitos investidores criaram o hábito de pagar R$25, R$50 ou mais por mês em um plano de reinvestimento de dividendos para construir convenientemente um portfólio de ações com quantias relativamente pequenas de dinheiro, e o fazem com uma abordagem disciplinada. Para obter mais informações sobre os planos de reinvestimento de dividendos, veja o Capítulo 19.

Etapa 1: Calculando sua renda

Usando a Tabela 2-4 como planilha, liste e calcule o dinheiro entrando. A primeira coluna descreve a origem do dinheiro; a segunda, o valor mensal de cada fonte respectiva; e a última, o valor projetado para um ano inteiro. Inclua todas as receitas, como salários, receitas de negócios, dividendos, receitas de juros etc. Em seguida, projete esses valores para um ano (multiplique por 12) e insira-os na terceira coluna.

TABELA 2-4   Listando Sua Renda

Item	Valor Mensal	Valor Anual
Salário e pagamentos		
Receita de juros e dividendos		
Renda líquida da empresa (após impostos)		
Outras receitas		
Receita total		

LEMBRE-SE

Sua renda total é a quantidade de dinheiro com que você tem que trabalhar. Para garantir sua saúde financeira, não gaste mais do que esse valor. Esteja sempre atento e gerencie cuidadosamente sua receita.

Etapa 2: Somando as despesas

Usando a Tabela 2-5 como planilha, liste e calcule o dinheiro que está saindo. Quanto você está gastando e em quê? A primeira coluna descreve a origem da despesa; a segunda, o valor mensal; e a terceira, o valor projetado para o ano inteiro. Inclua todo o dinheiro que você gasta: cartão de crédito e outros pagamentos de dívidas; despesas domésticas, como alimentação, contas de serviços públicos e despesas médicas; e despesas não essenciais, como videogame e guarda-chuva de elefantinho.

TABELA 2-5   Listando Suas Despesas (Saídas)

Item	Valor Mensal	Valor Anual
Impostos sobre a folha de pagamento		
Aluguel ou financiamento		
Serviços públicos		
Alimento		
Vestuário		
Seguro (médico, automóvel, residencial etc.)		
Telefone/internet		
Tributos imobiliários		
Despesas de automóveis		
Caridade		
Recreação		
Pagamentos via cartão de crédito		
Pagamentos de empréstimos		
Outros		
Despesa total		

DICA

Impostos sobre os salários é apenas uma categoria na qual agrupar todos os vários impostos que o governo desconta do seu salário. Sinta-se à vontade para colocar cada imposto em uma linha isolada, se preferir. O importante é criar uma lista abrangente e significativa para você.

LEMBRE-SE

Note que a despesa não inclui itens como pagamentos para um plano de aposentadoria e outros veículos de poupança. Sim, esses itens afetam seu fluxo de caixa, mas não são despesas; os valores que você investe (ou que seu empregador investe para você) são essencialmente ativos que beneficiam sua situação financeira, em vez de despesas que não o ajudam a acumular riqueza. Para contabilizar o plano de aposentadoria, simplesmente o deduza do pagamento bruto antes de fazer a planilha anterior (Tabela 2-5). Se, por exemplo, seu pagamento bruto for de R$2 mil e sua contribuição para o plano de aposentadoria for de R$300, use R$1.700 como valor de sua renda.

Etapa 3: Demonstração do fluxo de caixa

Ok, você está quase no fim. A próxima etapa é criar uma demonstração do fluxo de caixa para ver (tudo em um só lugar) como seu dinheiro se move — quanto entra, quanto sai e para onde vai.

Insira o valor de sua receita total (da Tabela 2-4) e o valor das despesas totais (da Tabela 2-5) na planilha da Tabela 2-6 para ver seu fluxo de caixa. Você tem um fluxo de caixa positivo — mais entrando do que saindo — para começar a investir em ações (ou outros investimentos), ou as despesas estão superando sua receita? Fazer uma demonstração do fluxo de caixa não é apenas encontrar dinheiro em sua situação financeira para financiar seu programa de ações. Em primeiro lugar, trata-se do seu bem-estar financeiro. Você está administrando bem suas finanças?

TABELA 2-6 **Olhando Seu Fluxo de Caixa**

Item	Valor Mensal	Valor Anual
Receita total (da Tabela 2-4)		
Despesa total (da Tabela 2-5)		
Entrada/saída líquida		

LEMBRE-SE

Quando escrevi este livro, 2019 parecia ser mais um ano recorde para dívidas pessoais, governamentais e empresariais. As dívidas e as despesas pessoais excediam em muito qualquer receita que gerassem. É outro lembrete para observar seu fluxo de caixa; mantenha sua renda crescendo e suas despesas e dívidas o mais baixas possível.

Etapa 4: Análise do fluxo de caixa

Use sua demonstração do fluxo de caixa na Tabela 2-6 para identificar fontes de fundos para seu programa de investimento. Quanto mais você aumentar sua receita e diminuir as despesas, melhor. Examine seus dados. Onde você pode melhorar os resultados? Aqui estão algumas perguntas para se fazer:

» Como aumentar sua renda? Você tem hobbies, interesses ou habilidades que podem gerar dinheiro extra?

» Você pode receber mais horas extras no trabalho? Que tal uma promoção ou mudança de emprego?

» Quais despesas você pode cortar?

» Você classificou suas despesas como "necessárias" ou "não essenciais"?

» Você pode reduzir o pagamento das dívidas refinanciando ou consolidando empréstimos e saldos de cartão de crédito?

» Já procurou preços mais baixos de seguro ou de telefone?

» Analisou as retenções de impostos em seu contracheque para ter certeza de que não está pagando a mais (apenas para receber de volta o pagamento maior no próximo ano como reembolso)?

Outra opção: Encontrando dinheiro para investir na economia de impostos

De acordo com a Tax Foundation (www.taxfoundation.org), o cidadão norte-americano médio paga mais em impostos do que em alimentos, roupas e moradia juntos. Converse com seu consultor tributário e busque maneiras de reduzir seus impostos. Um negócio domiciliar, por exemplo, é uma ótima maneira de obter novas receitas e aumentar suas deduções fiscais, resultando em uma carga tributária menor. Seu consultor tributário lhe fará recomendações úteis.

DICA

Nos EUA, uma estratégia fiscal a ser considerada é investir em ações em uma conta protegida por impostos, como uma conta de aposentadoria individual tradicional (IRA) ou uma conta individual de aposentadoria Roth (Roth IRA). Novamente, verifique com seu consultor tributário as deduções e as estratégias disponíveis para você no Brasil. Para obter mais informações sobre as implicações fiscais do investimento em ações, veja o Capítulo 21.

Definindo Sua Visão sobre Metas Financeiras

Considere as ações como ferramentas para viver, assim como qualquer outro investimento — apenas isso. As ações estão entre as muitas ferramentas que você usa para realizar algo — atingir um objetivo. Sim, investir com sucesso em ações é o objetivo que você provavelmente está almejando se está lendo este livro. No entanto, complete a seguinte frase: "Quero ter sucesso em meu programa de investimento em ações para conseguir _____." Considere o investimento em ações como um meio para um fim. Quando as pessoas compram um computador, não pensam (ou não deveriam) pensar em comprar um computador apenas para ter um. As pessoas compram um computador porque isso as ajuda a alcançar um resultado específico, como ser mais eficiente nos negócios, jogar jogos divertidos ou ter um peso de papel bacana (tsk, tsk).

Saiba a diferença entre os objetivos de longo, médio e curto prazo, e em seguida defina alguns para cada um (veja o Capítulo 3 para obter mais informações):

- » **Metas de longo prazo** se referem a projetos ou metas financeiras que precisam de financiamento daqui a cinco ou mais anos.
- » **Metas de médio prazo** se referem a metas financeiras que precisam de financiamento de dois a cinco anos a partir de agora.
- » **Metas de curto prazo** precisam de financiamento de até dois anos.

As ações, em geral, são mais adequadas para objetivos de longo prazo:

- » Alcançar a independência financeira (pense em fundos de aposentadoria).
- » Pagar os custos futuros da faculdade.
- » Pagar qualquer despesa ou projeto de longo prazo.

Algumas categorias de ações (como conservadora ou de alta capitalização) são adequadas para objetivos financeiros de médio prazo. Se, por exemplo, você se aposentar daqui a quatro anos, ações conservadoras poderão ser apropriadas. Se você for otimista (ou *bull*) sobre o mercado de ações e estiver confiante de que os preços das ações subirão, vá em frente e invista. No entanto, se for negativo sobre o mercado (*bear* ou acredita que os preços das ações cairão), espere até que a economia comece a traçar um caminho claro.

CUIDADO

As ações geralmente não são adequadas para objetivos de investimento de curto prazo porque os preços delas podem se comportar de forma irracional em um curto período. As ações flutuam de um dia para o outro, então você não sabe quanto valerá a ação no futuro próximo. Você pode acabar com menos dinheiro do que esperava. Para investidores que buscam acumular dinheiro de forma confiável para as necessidades de curto prazo, certificados de depósito bancário de curto prazo ou fundos do mercado monetário são mais apropriados.

LEMBRE-SE

Nos últimos anos, os investidores buscaram lucros rápidos e de curto prazo negociando e especulando com ações. Atraídos pelos retornos fantásticos gerados pelo mercado de ações durante 2009-2019, os investidores viram as ações como um esquema para enriquecimento rápido. É muito importante que você entenda as diferenças entre *investir*, *economizar* e *especular*. Qual quer ouvir primeiro? Saber a resposta para essa pergunta é crucial para seus objetivos e aspirações. Os investidores que não sabem a diferença tendem a se queimar. Aqui estão algumas informações para ajudá-lo a distinguir essas três alternativas:

» **Investir é o ato de colocar seus fundos atuais em valores mobiliários ou ativos tangíveis com a finalidade de obter valorização futura, receita ou ambos.** Você precisa de tempo, conhecimento e disciplina para investir. O preço do investimento flutua, mas você o escolhe pelo potencial de longo prazo.

» **Economizar é o acúmulo seguro de fundos para uso futuro.** A poupança não oscila e geralmente está isenta de risco financeiro. A ênfase está na segurança e na liquidez.

» **Especular é o equivalente do mundo financeiro ao jogo.** Um investidor que especula está buscando lucros rápidos obtidos com movimentos de preços de curto prazo em determinado ativo ou investimento. Nos últimos anos, muitas pessoas têm negociado ações (comprando e vendendo em curto prazo com frequência), o que está no reino da especulação de curto prazo.

Esses conceitos distintos são frequentemente confundidos, mesmo entre os chamados especialistas financeiros. Sei de um consultor financeiro que colocou o dinheiro do fundo da faculdade de uma criança em um fundo de ações da internet, apenas para perder mais de US$17 mil em menos de dez meses! Para ter mais informações sobre risco, vá para o Capítulo 4.

NESTE CAPÍTULO

» **Combinando estratégias de ações com metas de investimento**

» **Decidindo que prazo se adapta à sua estratégia de investimento**

» **Vendo o propósito do investimento: Crescimento *versus* receita**

» **Definindo o estilo de investimento: Conservador *versus* agressivo**

Capítulo **3**

Definindo Abordagens para Investir em Ações

"Investir em longo prazo" não é apenas um slogan de investimento superficial de uma era passada; é tão válido hoje quanto era há muito tempo. É o ápice de uma experiência comprovada no mercado de ações que remonta a muitas décadas. Infelizmente, os hábitos de compra e venda dos investidores se deterioraram nos últimos anos devido à impaciência. Os investidores de hoje pensam que o curto prazo é medido em dias; o médio, em semanas; e o longo, em meses. Shh! Não é de admirar que tantas pessoas estejam reclamando de retornos de investimentos ruins. Os investidores perderam a lucrativa arte da paciência!

O que fazer? Torne-se um investidor com um horizonte de tempo superior a um ano (a ênfase está em "superior"). Dê tempo para que seus investimentos cresçam. Todo mundo sonha em ter o mesmo sucesso de alguém como Warren Buffett, mas poucos têm sua paciência (uma grande parte de seu sucesso de investimento).

As ações são ferramentas para aumentar sua riqueza. Quando usadas com sabedoria, para o propósito certo e no ambiente certo, fazem um ótimo trabalho. Mas quando aplicadas incorretamente, podem levar ao desastre. Neste capítulo, mostro como escolher os tipos certos de investimentos com base em objetivos financeiros de curto, médio e longo prazos. Também mostro como decidir o propósito de seu investimento (em crescimento ou renda) e estilo de investir (conservador ou agressivo).

Combinando Ações e Estratégias com Suas Metas

Há várias ações por aí, bem como várias abordagens de investimento. O segredo para o sucesso no mercado de ações é combinar o tipo certo de ação com o tipo certo de situação de investimento. Escolha a ação e a abordagem que correspondam a suas metas. (O Capítulo 2 tem mais informações para definir suas metas financeiras.)

LEMBRE-SE

Antes de investir em uma ação, pergunte-se: "Quando quero atingir minha meta financeira?" As ações são um meio para um fim. Seu trabalho é descobrir qual é esse fim ou, mais importante, quando. Você quer se aposentar em dez anos ou no ano que vem? Você pagará a educação universitária do seu filho no próximo ano ou em dezoito anos a partir de agora? O tempo que você tem antes de precisar do dinheiro que espera ganhar com o investimento em ações determina quais ações comprar. A Tabela 3-1 fornece algumas diretrizes para escolher o tipo de ação mais adequado para o tipo de investidor que você é e as metas que tem.

TABELA 3-1 Tipos de Investidores, de Metas Financeiras e de Ações

Tipo de Investidor	Cronograma das Metas Financeiras	Tipo de Ação Mais Adequada
Conservador (baixa tolerância ao risco)	Longo prazo (mais de 5 anos)	Ações de large e mid cap.
Agressivo (alta tolerância ao risco)	Longo prazo (mais de 5 anos)	Ações de small e mid cap.
Conservador (baixa tolerância ao risco)	Médio prazo (de 2 a 5 anos)	Ações de large cap, de preferência com dividendos.
Agressivo (alta tolerância ao risco)	Médio prazo (de 2 a 5 anos)	Ações de small e mid cap.
Curto prazo	1 a 2 anos	Ações não são adequadas para o curto prazo. Em vez disso, considere poupanças e fundos do mercado monetário.

Tipo de Investidor	Cronograma das Metas Financeiras	Tipo de Ação Mais Adequada
Curtíssimo prazo	Menos de 1 ano	Ações? Nem pense! Bem... você *pode* investir em ações por menos de um ano, mas, falando sério, isso não é investir — é operar ou especular em curto prazo. Em vez disso, use contas de poupança e fundos do mercado monetário.

DICA

Dividendos são pagamentos feitos a um proprietário de ação (diferentemente de *juros*, que são o pagamento a um credor). Os dividendos são uma ótima forma de receita, e as empresas que os emitem tendem a ter também preços mais estáveis de ações. Para obter mais informações sobre ações que pagam dividendos, veja a seção "Dinheiro constante: Investindo em receitas", bem como o Capítulo 9.

LEMBRE-SE

A Tabela 3-1 apresenta orientações gerais, mas nem todo mundo se encaixa em determinados perfis. Cada investidor tem uma situação única, um conjunto de metas e um nível de tolerância ao risco. Os termos *large cap*, *mid cap* e *small cap* referem-se ao tamanho da empresa (ou à *capitalização de mercado*, também conhecida como *valor de mercado*). Todos os fatores sendo iguais, as grandes empresas são mais seguras (menos arriscadas) do que as pequenas. Para obter mais informações sobre valores de mercado, veja a seção "Investindo Conforme Seu Estilo Pessoal", bem como o Capítulo 1.

Investindo Conforme Seu Futuro

Seus objetivos são de longo ou de curto prazo? Ações individuais podem ser escolhas ótimas ou terríveis, dependendo do período em que deseja se concentrar. Geralmente, o período que você planeja investir em ações pode ser de curto, médio ou longo prazo. As seções a seguir descrevem quais tipos de ações são mais apropriados para cada período.

LEMBRE-SE

Investir em ações de qualidade torna-se menos arriscado à medida que o prazo aumenta. Os preços das ações tendem a flutuar diariamente, mas tendem a subir ou descer durante um longo período. Mesmo que você invista em uma ação que caia em curto prazo, é provável que ela suba e, possivelmente, exceda seu investimento, se tiver paciência para esperar e deixar que o preço dela se valorize.

Focando o curto prazo

Curto prazo representa o período de até um ano, embora algumas pessoas o estendam para até dois anos. Investir em curto prazo não significa fazer

CAPÍTULO 3 **Definindo Abordagens para Investir em Ações** 35

um dinheirinho rápido com ações — isso se refere a quando você pode precisar do dinheiro.

Toda pessoa tem objetivos de curto prazo. Alguns são modestos, como reservar dinheiro para tirar férias no mês que vem ou pagar contas médicas. Outras metas de curto prazo são mais ambiciosas, como acumular fundos para a entrada de uma nova casa em seis meses. Qualquer que seja a despesa ou a compra, você precisa de um acúmulo previsível de dinheiro em breve. Se essa for a sua situação, fique longe do mercado de ações!

CUIDADO

Como as ações podem ser bastante imprevisíveis em curto prazo, são uma escolha ruim para considerações de curto prazo. Eu me divirto com analistas de mercado na TV dizendo coisas como: "Por R$25 a ação, XYZ é um investimento sólido, e acreditamos que suas ações atingirão nosso preço-alvo de R$40 dentro de 6 a 9 meses." Você sabe que um investidor ansioso ouve isso e diz: "Puxa, por que se preocupar com 1% no banco quando essa ação subirá mais de 50%? É melhor eu ligar para a minha corretora." Ela pode atingir o valor desejado (ou ultrapassá-lo) ou não. Na maioria das vezes, a ação não atinge o preço-alvo, e o investidor fica desapontado. A ação pode até cair!

A razão pela qual os preços-alvo são frequentemente perdidos é que é difícil imaginar o que milhões de investidores farão em curto prazo. O curto prazo pode ser irracional, porque muitos investidores têm tantos motivos para comprar e vender, que isso dificulta a análise. Se você investir em uma necessidade importante de curto prazo, perderá um dinheiro muito importante mais rápido do que pensa.

PAPO DE ESPECIALISTA

Durante o mercado em alta de 2002-2007, os investidores observaram algumas ações de alto perfil subirem de 20% a 50% em questão de meses. Ei, quem precisa de uma conta poupança ganhando uma taxa de juros miserável quando as ações crescem assim! É claro que, quando o bear market de 2008-2009 atingiu o mercado, e essas mesmas ações caíram de 50% a 85%, uma conta poupança rendendo uma taxa de juros miserável de repente não parecia tão ruim. O Dow Jones Industrial Average atingiu 29 mil em janeiro de 2020, mas a mensagem e os pontos deste capítulo são igualmente válidos.

LEMBRE-SE

O investimento em ações de curto prazo é imprevisível. As ações — mesmo as melhores — oscilam em curto prazo. Em um ambiente negativo, são voláteis. Ninguém prevê com precisão o movimento dos preços (a menos que tenha alguma informação privilegiada), então as ações são definitivamente inadequadas para qualquer objetivo financeiro que você precise alcançar dentro de um ano. Atenda melhor às suas metas de curto prazo com investimentos estáveis que rendem juros, como certificados de depósito em seu banco local. Veja a Tabela 3-1 para ter sugestões sobre estratégias de curto prazo.

CURTO PRAZO = ESPECULAÇÃO

Meus arquivos de casos estão repletos de exemplos de investidores em ações de longo prazo que se transformaram em especuladores de curto prazo. Conheço um sujeito que tinha US$80 mil, se preparava para se casar em doze meses e, em seguida, deu entrada em uma nova casa para ele e sua noiva. Ele queria surpreendê-la usando seu pecúlio rapidamente para que eles pudessem ter um casamento mais vistoso e uma entrada maior. O que aconteceu? O dinheiro encolheu para US$11 mil à medida que suas ações caíram drasticamente. Ai! O que fazer? Ah... para os mais ricos ou os mais pobres? Tenho certeza de que eles tiveram que ajustar os planos. Lembro-me de algumas das ações que ele escolheu e que, agora, anos depois, se recuperaram e atingiram novas máximas.

O resultado final é que investir em ações de curto prazo nada mais é do que especular. Sua única estratégia possível é a sorte.

Considerando metas de médio prazo

O *médio prazo* refere-se às metas financeiras que você planeja alcançar em dois a cinco anos. Por exemplo, se deseja acumular fundos para aplicar dinheiro em investimentos imobiliários daqui a quatro anos, alguns investimentos voltados para o crescimento são adequados. (Discuto o investimento em crescimento com mais detalhes posteriormente neste capítulo.)

Embora algumas ações *possam* ser apropriadas para um período de dois ou três anos, nem todas são bons investimentos de médio prazo. Algumas ações são razoavelmente estáveis e mantêm bem seu valor, como as das empresas grandes e estabelecidas que pagam dividendos. Outras ações têm preços que saltam para todos os lugares, como as de empresas que não existem há tempo suficiente para desenvolver um histórico consistente.

DICA

Se você planeja investir no mercado de ações para cumprir metas de médio prazo, considere empresas grandes e estabelecidas ou pagadoras de dividendos em setores que atendem às necessidades cotidianas básicas (como o setor de alimentos e bebidas ou de eletricidade). No ambiente econômico de hoje, acredito firmemente que as ações vinculadas a empresas que atendem às necessidades humanas básicas devem ter uma presença importante na maioria dos portfólios de ações. Elas são especialmente adequadas para objetivos de investimento de médio prazo.

LEMBRE-SE

Só porque determinada ação é rotulada como apropriada para o médio prazo, não significa que você deva se livrar dela até a meia-noite em cinco anos a partir de agora. Afinal, se a empresa está indo bem e forte, você pode continuar detendo suas ações indefinidamente. Quanto mais tempo você der às ações de uma empresa lucrativa e bem posicionada para crescer, melhor se sairá.

CAPÍTULO 3 **Definindo Abordagens para Investir em Ações** 37

Preparando-se para o longo prazo

O investimento em ações é mais adequado para ganhar dinheiro em longo prazo. Normalmente, quando você mede as ações em relação a outros investimentos em termos de cinco a (preferencialmente) dez anos ou mais, elas se destacam. Até mesmo investidores que compraram ações durante as profundezas da Grande Depressão viram um crescimento lucrativo em seus portfólios ao longo de um período de dez anos. Na verdade, se você examinar qualquer período de dez anos nos últimos cinquenta anos, verá que as ações superaram outros investimentos financeiros (como títulos ou investimentos bancários) em quase todos os períodos quando medidos pelo retorno total (levando em consideração o reinvestimento e a composição de ganhos de capital e dividendos)!

É claro que seu trabalho não para na decisão de fazer um investimento de longo prazo. Você ainda precisa fazer sua lição de casa e escolher as ações com sabedoria, porque, mesmo em tempos bons, pode perder dinheiro se investir em empresas que fecham. A Parte 3 deste livro mostra como avaliar empresas e setores específicos, e alerta sobre fatores da economia em geral que afetam o comportamento das ações. O Apêndice A apresenta muitos recursos aos quais recorrer.

LEMBRE-SE

Como há muitos tipos e categorias de ações disponíveis, praticamente qualquer investidor com uma perspectiva de longo prazo deve adicionar ações a seu portfólio de investimentos. Quer você queira economizar para o fundo da faculdade de um filho pequeno, quer para futuras metas de aposentadoria, ações cuidadosamente selecionadas provaram ser um investimento superior de longo prazo.

Investindo Conforme um Propósito

Quando alguém perguntou à senhora por que ela pulou de bungee jump da ponte que atravessava uma enorme ravina, ela respondeu: "Porque é divertido!" Quando alguém perguntou ao sujeito por que ele mergulhou em uma piscina cheia de crocodilos e cobras, ele respondeu: "Porque me empurraram!" Você não deve investir em ações a menos que tenha um propósito que entenda, como investir para crescimento ou renda. Lembre-se de que ações são um meio para um fim — descubra o fim desejado, então defina os meios. As seções a seguir o ajudarão.

DICA

Mesmo que um consultor o incentive a investir, certifique-se de que ele lhe dê uma explicação de como cada alternativa de ação se ajusta a seu propósito. Conheço uma idosa muito simpática que tinha um portfólio repleto de ações de crescimento agressivo porque tinha uma corretora arrogante. Seu propósito deveria ser conservador, e ela deveria ter escolhido investimentos que preservassem sua riqueza, em vez de aumentá-la. Obviamente, os interesses da corretora a atrapalharam. (Para saber mais sobre como lidar com corretoras, vá para o Capítulo 7.)

Ganhando muito dinheiro rapidamente: Investimento em crescimento

Quando os investidores querem que seu dinheiro cresça (em vez de apenas tentar preservá-lo), procuram investimentos que se valorizarão. *Valorizar* é apenas outra maneira de dizer *crescer*. Se você comprou uma ação por R$8 cada e agora seu valor é R$30, o investimento cresceu R$22 por ação — isso é valorização. Eu sei que eu apreciaria isso.

A valorização também é conhecida como ganho de capital (*ganho de capital* é mais comumente usado quando se trata de impostos) e é provavelmente o principal motivo pelo qual as pessoas investem em ações. Poucos investimentos têm potencial para aumentar sua riqueza de forma tão conveniente quanto ações. Se você deseja que o mercado de ações gere muito dinheiro (e se pode assumir alguns riscos), veja o Capítulo 8, que examina em profundidade o investimento para o crescimento.

CUIDADO

Ações são uma ótima maneira de aumentar sua riqueza, mas não a única. Muitos investidores procuram formas alternativas de ganhar dinheiro, mas muitas delas são mais agressivas do que as ações e acarretam significativamente mais risco. Você pode ter ouvido falar de pessoas que fizeram fortunas rápidas em áreas como commodities (como trigo, barriga de porco e metais preciosos), opções e outras mais — veículos de investimento sofisticados. Lembre-se de que você deve limitar esses investimentos mais arriscados a apenas uma pequena parte do seu portfólio, como 5% ou 10% dos fundos que podem ser investidos. Investidores experientes podem aumentar um pouco mais.

Dinheiro constante: Investindo em receitas

Nem todos os investidores querem correr o risco necessário para ganhar dinheiro. (Ei... sem coragem, sem glória!) Algumas pessoas querem apenas investir no mercado de ações como um meio de fazer uma renda estável. Elas não precisam de valores estratosféricos de ações. Em vez disso, precisam de ações que tenham um bom desempenho consistente.

Se o objetivo de investir em ações é gerar renda, escolha ações que paguem dividendos. Os dividendos são normalmente pagos trimestralmente aos acionistas registrados em datas específicas. Como saber se o dividendo que está sendo pago é maior (ou menor) do que outros veículos (como títulos)? As seções a seguir o ajudam a descobrir.

CAPÍTULO 3 **Definindo Abordagens para Investir em Ações** 39

Distinguindo entre dividendos e juros

Não confunda dividendos com juros. A maioria das pessoas está familiarizada com os juros porque é assim que seu dinheiro cresce no banco ao longo dos anos. A diferença importante é que *juros* são pagos aos credores, e *dividendos*, aos proprietários (o que significa *acionistas* — e, se você possui ações, é acionista, porque as ações representam a propriedade de uma empresa de capital aberto).

LEMBRE-SE

Quando você compra ações, compra um pedaço de uma empresa. Quando coloca dinheiro em um banco (ou compra títulos), você basicamente empresta seu dinheiro. Você se torna um credor, e o banco, ou o emissor do título, é o devedor; como tal, ele devolve o seu dinheiro com juros.

Reconhecendo a importância do yield de uma ação de renda

Ao investir para obter renda, considere o rendimento do seu investimento e compare-o com as alternativas. *Yield* (rendimento) é o pagamento de um investimento (payout) expresso como uma porcentagem do valor do investimento. Analisar o rendimento é uma forma de comparar a receita que você espera receber de um investimento com a receita esperada de outros. A Tabela 3-2 mostra alguns rendimentos comparativos.

TABELA 3-2   Comparando Yields de Vários Investimentos

Investimento	Tipo	Valor	Tipo de Pagamento	Payout	Yield
Smith Co.	Ação	US$50/ação	Dividendo	US$2,50	5%
Jones Co.	Ação	US$100/ação	Dividendo	US$4	4%
Banco Acme	CD de banco	US$500	Juros	US$5	1%
Banco Acme	CD de banco	US$2.500	Juros	US$31,25	1,25%
Banco Acme	CD de banco	US$5 mil	Juros	US$75	1,50%
Brown Co.	Título	US$5 mil	Juros	US$300	6%

LEMBRE-SE

Para calcular o yield, use a seguinte fórmula:

yield = payout ÷ valor do investimento

Para simplificar, o exercício a seguir é baseado em um rendimento percentual anual (a composição aumentaria o rendimento).

Jones Co. e Smith Co. são ações típicas que pagam dividendos. Olhando a Tabela 3-2 e presumindo que ambas as empresas são semelhantes em muitos aspectos, exceto por seus dividendos, como você pode dizer se a ação de US$50 com um dividendo anual de US$2,50 é melhor (ou pior) do que a de US$100 com um dividendo de US$4? O rendimento lhe diz. Embora a Jones Co. pague um dividendo mais alto (US$4), a Smith Co. tem um rendimento mais alto (5%). Portanto, se você tiver que escolher entre essas duas ações como um investidor de renda, escolha a Smith Co. Obviamente, se realmente deseja maximizar sua receita e não precisa realmente valorizar muito seu investimento, provavelmente deve escolher o título da Brown Co., pois ele oferece um rendimento de 6%.

LEMBRE-SE

As ações que pagam dividendos têm a capacidade de aumentar de valor. Elas podem não ter o mesmo potencial de valorização que as ações de crescimento, mas, pelo menos, têm um potencial maior de ganho de capital do que CDs ou títulos. Abordo as ações que pagam dividendos (boas para investir e obter renda) no Capítulo 9.

Investindo Conforme Seu Estilo Pessoal

Seu estilo de investimento não é um debate entre jeans e terno. Refere-se à sua abordagem para investir em ações. Você quer ser conservador ou agressivo? Prefere ser a tartaruga ou a lebre? Sua personalidade de investidor depende muito do seu propósito e do prazo no qual planeja investir (veja as duas seções anteriores). As seções a seguir descrevem os dois estilos de investimento mais gerais.

Investimento conservador

Investimento conservador significa colocar seu dinheiro em algo comprovado, testado e verdadeiro. Você investe seu dinheiro em lugares seguros e protegidos, como bancos e títulos apoiados pelo governo. Mas como isso se aplica às ações? (A Tabela 3-1 dá algumas sugestões.)

DICA

Se você é um investidor conservador em ações, deve investir seu dinheiro em empresas que apresentem algumas das seguintes características:

» **Desempenho comprovado:** As empresas devem ter mostrado vendas e lucros crescentes ano após ano. Não exige nada espetacular — apenas um desempenho forte e estável.

CAPÍTULO 3 **Definindo Abordagens para Investir em Ações** 41

- » **Grande tamanho do mercado:** Invista em empresas de *large cap*. Em outras palavras, elas devem ter um valor de mercado de, pelo menos, US$5 a US$25 bilhões. Os investidores conservadores supõem que quanto maior, mais seguro é o investimento.
- » **Liderança de mercado comprovada:** Procure empresas líderes em seus setores.
- » **Poder de permanência percebido:** As empresas devem ter um poder financeiro e uma boa posição para enfrentar as incertezas do mercado e das condições econômicas. O que acontece na economia ou quem é eleito não as deveria afetar.

LEMBRE-SE

Como investidor conservador, você não se importa se os preços das ações das empresas dispararem (quem se importaria?), mas está mais preocupado com o crescimento estável em longo prazo.

Investimento agressivo

Investidores agressivos podem planejar em longo prazo ou olhar apenas o médio prazo, mas, em qualquer caso, buscam ações que se assemelhem a lebres — aquelas que demonstram um potencial para revolucionar o mercado.

Se você é um investidor agressivo em ações, deve investir seu dinheiro em empresas que apresentem algumas das seguintes características:

- » **Grande potencial:** Escolha empresas que tenham produtos, serviços, ideias ou formas de fazer negócios superiores em comparação com a concorrência.
- » **Possibilidade de ganhos de capital:** Nem pense em dividendos. Na verdade, você não gosta de dividendos. Você sente que o dinheiro distribuído na forma de dividendos é mais bem reinvestido na empresa. Isso, por sua vez, estimula um maior crescimento.
- » **Inovação:** Encontre empresas que têm tecnologias, ideias ou métodos inovadores ou disruptivos que as diferenciam das outras.

LEMBRE-SE

Investidores agressivos procuram ações de small cap, porque têm muito potencial de crescimento. Veja o exemplo da árvore: uma sequoia gigante pode ser forte, mas não cresce muito mais, enquanto uma muda nova tem muito crescimento pela frente. Por que investir em empresas grandes e enfadonhas quando você pode investir em empresas menores que podem se tornar as líderes de amanhã? Os investidores agressivos não têm problemas em comprar ações de empresas duvidosas, porque esperam que elas se tornem outra Apple ou McDonald's. Saiba mais sobre o investimento em crescimento (growth) no Capítulo 8, e sobre as ações de small cap no Capítulo 14.

NESTE CAPÍTULO

» **Considerando os tipos de risco**

» **Lidando com a volatilidade**

» **Reduzindo o risco**

» **Ponderando risco e retorno**

Capítulo **4**

Reconhecendo o Risco e a Volatilidade

O s investidores enfrentam muitos riscos, e neste capítulo abordo a maioria deles. A definição mais simples de *risco* é "a possibilidade de seu investimento perder parte (ou todo) de seu valor". No entanto, você não precisa temer o risco se o compreende e planeja. Entenda a equação mais antiga do mundo dos investimentos — risco *versus* retorno. Essa equação diz o seguinte:

> Se você deseja um retorno maior do seu dinheiro, precisa tolerar mais riscos. Se não deseja tolerar mais riscos, tolere uma taxa de retorno mais baixa.

Esse ponto sobre risco foi mais bem ilustrado em um de meus seminários sobre investimentos. Um dos participantes disse que tinha dinheiro no banco, mas não estava satisfeito com a taxa de retorno. Ele lamentou:

"O rendimento do meu dinheiro no banco é lamentável! Quero fazer meu dinheiro crescer." Perguntei a ele: "Que tal investir em ações ordinárias? Ou que tal fundos de investimento de growth? Eles têm um histórico de crescimento sólido e de longo prazo." Ele questionou: "Ações? Não quero colocar meu dinheiro nisso. É arriscado demais." Então tá. Se você não quer tolerar mais riscos, não reclame de ganhar menos com seu dinheiro. O risco (em todas as suas formas) influencia todas as suas preocupações e objetivos financeiros. É por isso que entendê-lo antes de investir é tão importante.

Esse homem — como o resto de nós — precisa se lembrar de que risco não é uma palavra de cinco letras. (Bem, é, mas você entendeu.) O risco está presente, não importa o que você faça com seu dinheiro. Mesmo que enfie seu dinheiro no colchão, há risco envolvido — vários, na verdade. Você corre o risco de incêndio. E se sua casa pegar fogo? Você corre o risco de roubo. E se os ladrões encontrarem o dinheiro? Você também tem risco social. (Ou seja, e se seus parentes o encontrarem?)

Esteja ciente dos diferentes tipos de risco que descrevo neste capítulo, para planejar facilmente e manter seu dinheiro crescendo. E não se esqueça do irmão mais novo do risco — a volatilidade! Ela se refere ao movimento rápido em um curto período (como um único dia de trade) de compra ou venda, o que faz com que os preços das ações subam ou caiam rápido. Tecnicamente, a volatilidade é uma condição "neutra", mas está associada a um rápido movimento de queda das ações, porque significa uma perda repentina para os investidores e causa ansiedade.

Explorando Diferentes Tipos de Risco

Pense em todas as maneiras como um investimento pode gerar perdas de dinheiro. São tantas possibilidades, que você pode pensar: "Caramba! Por que investir?"

Não se deixe assustar pelo risco. Afinal, a própria vida é arriscada. Apenas compreenda os diferentes tipos de risco nas seções a seguir antes de começar a navegar no mundo dos investimentos. Esteja atento ao risco e descubra os efeitos dele em seus investimentos e objetivos financeiros pessoais.

Risco financeiro

O risco financeiro de investir em ações é perder dinheiro se a empresa cujas ações você compra perder dinheiro ou falir. Esse tipo de risco é o mais óbvio, porque as empresas vão à falência.

44   PARTE 1 **O Básico do Investimento em Ações**

LEMBRE-SE

Compense o risco financeiro pesquisando bastante e escolhendo ações com cuidado (o que este livro o ajudará a fazer — veja a Parte 3 para obter detalhes). O risco financeiro é uma preocupação real, mesmo quando a economia está indo bem. Algumas pesquisas diligentes, um pouco de planejamento e uma dose de bom senso ajudam a reduzi-lo.

Na obsessão de investir em ações, do final da década de 1990, milhões de investidores (com muitos gurus de investimentos bem conhecidos) ignoraram alguns riscos financeiros óbvios de muitas ações então populares. Os investidores colocaram cegamente seu dinheiro em ações que eram más escolhas. Considere os investidores que o colocaram no DrKoop.com, um site de informações sobre saúde, em 1999, e que o mantiveram durante 2000. Essa empresa não obteve lucro e estava superendividada. O DrKoop.com teve uma parada cardiorrespiratória quando caiu de US$45 por ação para US$2 em meados de 2000. Quando as ações chegaram ao DOA, os investidores perderam milhões. RIP (Risco de Investir, Poxa!).

As ações da internet e de tecnologia encheram o cemitério de catástrofes do mercado de ações durante 2000-2001 porque os investidores não viram (ou não quiseram ver?) os riscos envolvidos com empresas que não ofereciam um registro sólido de resultados (lucros, vendas, e assim por diante). Quando você investe em empresas que não têm um histórico comprovado, não está investindo, mas especulando.

Volte a 2008. Novos riscos surgiam à medida que as manchetes criticavam a crise de crédito de Wall Street e o fiasco do subprime após o estouro da bolha imobiliária. Pense em como essa crise impactou os investidores à medida que o mercado passava por sua montanha-russa de revirar o estômago. Um bom exemplo de vítima com que você não iria querer se envolver foi o Bear Stearns (BSC), pego no subprime. O Bear Stearns estava nas alturas com US$170 por ação no início de 2007, mas caiu para US$2 em março de 2008. Credo! Os problemas surgiram da superexposição maciça a dívidas inadimplentes, mas se os investidores tivessem feito algumas pesquisas (os dados públicos eram reveladores!), teriam evitado as ações.

Os investidores que fizeram seu dever de casa sobre as condições financeiras de empresas como as ações da internet (e Bear Stearns, entre outras) descobriram que elas tinham as marcas do risco financeiro — dívidas altas, lucros baixos (ou nenhum) e muita concorrência. Eles mantiveram o controle, evitando enormes perdas financeiras. Os investidores que não fizeram o dever de casa foram atraídos pelo status dessas empresas e pegos de calças curtas.

É claro que os investidores individuais que perderam dinheiro investindo nessas empresas da moda e de alto perfil não merecem toda a responsabilidade por suas tremendas perdas financeiras; alguns analistas de alto nível e fontes de mídia também deveriam saber disso. O final da década de 1990 pode, algum dia, ser um estudo de caso de como a euforia e a mentalidade de rebanho (em vez da boa e velha pesquisa e do bom senso) dominaram o dia (temporariamente). A empolgação de fazer fortunas às vezes levam o melhor das pessoas, e elas jogam a cautela ao vento. Os historiadores podem olhar para trás e dizer: "O que *estavam* pensando?" Alcançar a verdadeira riqueza exige trabalho diligente e análise cuidadosa.

LEMBRE-SE

Em termos de risco financeiro, o resultado final é... bem... o resultado final! Um resultado financeiro saudável significa que a empresa está ganhando dinheiro. E se uma empresa está ganhando dinheiro, você pode ganhar dinheiro investindo em suas ações. No entanto, se uma empresa não está ganhando dinheiro, você não ganhará dinheiro se investir nela. O lucro é a força vital de qualquer empresa. Veja no Capítulo 11 mais informações sobre como determinar se os resultados financeiros de uma empresa são saudáveis.

Risco das taxas de juros

Você pode perder dinheiro em um investimento aparentemente sólido por causa de algo tão inofensivo quanto uma mudança nas taxas de juros. Esse risco parece estranho, mas, na verdade, é uma consideração comum para os investidores. Esteja ciente de que as taxas de juros mudam regularmente, causando alguns momentos de desafio. Os bancos definem as taxas de juros, e a principal instituição a ser observada nos EUA é o Federal Reserve (o Fed), que é, na verdade, o banco central do país. O Fed aumenta ou diminui as taxas de juros, o que faz com que os bancos aumentem ou diminuam suas taxas de juros. As mudanças nas taxas de juros afetam consumidores, empresas e, claro, investidores.

Aqui está uma introdução genérica sobre como o risco de flutuação das taxas de juros afeta os investidores em geral: suponha que você compre um título corporativo de longo prazo e alta qualidade e obtenha um rendimento de 6%. Seu dinheiro está seguro, e seu retorno, bloqueado em 6%. Nossa! Seis por cento! Nada mal, hein?! Mas o que acontecerá se, depois de comprometer seu dinheiro, as taxas de juros aumentarem para 8%? Você perderá a oportunidade de obter esses juros extras de 2%. A única maneira de se livrar do título de 6% é vendendo-o pelos valores atuais de mercado e usando o dinheiro para reinvestir a uma taxa mais alta.

O único problema com esse cenário é que o valor do título de 6% provavelmente cairá, porque as taxas de juros aumentaram. Por quê? Digamos que o investidor seja Bob e o título com rendimento de 6% seja um título corporativo emitido pela Lucin-Muny (LM). De acordo com o contrato de fiança, LM deve pagar 6% (*taxa de face* ou *taxa nominal*) durante a vida do título e, no vencimento, pagar o principal. Se Bob comprar US$10 mil de títulos LM no dia em que forem emitidos, receberá US$600 (de juros) todos os anos enquanto tiver os títulos. Se os mantiver até o vencimento, receberá de volta seus US$10 mil (o principal). Até aí tudo bem, certo? A trama se complica, no entanto.

Digamos que ele decida vender os títulos muito antes do vencimento e que, no momento da venda, as taxas de juros do mercado tenham subido para 8%. E agora? A realidade é a de que ninguém desejará seus títulos de 6% se o mercado estiver oferecendo títulos a 8%. O que Bob deve fazer? Ele não pode mudar a taxa nominal de 6% nem o fato de que apenas US$600 são pagos a cada ano durante a vida dos títulos. O que precisa mudar para que os investidores atuais obtenham o *equivalente* ao rendimento de 8%? Se você disse "O valor dos títulos tem que cair", bingo! Nesse exemplo, o valor de mercado dos títulos precisa cair para US$7.500 para que os investidores que compram os títulos obtenham um rendimento equivalente a 8%. (Para simplificar, deixei de fora o tempo que leva para eles vencerem.) Veja como funciona.

Novos investidores ainda recebem US$600 por ano. No entanto, US$600 é igual a 8% de US$7.500. Portanto, embora os investidores obtenham a taxa nominal de 6%, obtêm um rendimento de 8%, porque o valor real do investimento é de US$7.500. No exemplo, pouco ou nenhum risco financeiro está presente, mas você vê como o risco da taxa de juros se apresenta. Bob descobre que você pode ter uma boa empresa com um bom título, mas, ainda assim, perder US$2.500 por causa da mudança na taxa de juros. Claro, se Bob não vender, não perceberá essa perda.

LEMBRE-SE

Historicamente, o aumento das taxas de juros teve um efeito adverso sobre os preços das ações. Descrevo várias razões nas seções a seguir. Como nossa sociedade está sobrecarregada de dívidas, o aumento das taxas de juros é um risco óbvio que ameaça tanto as ações quanto os títulos de renda fixa.

Prejudicando as finanças de uma empresa

O aumento das taxas de juros tem um impacto negativo sobre as empresas que carregam uma grande carga de dívida atual ou que precisam contrair mais dívidas, porque, quando as taxas de juros sobem, o custo dos empréstimos também aumenta. Em última análise, a lucratividade e a capacidade de crescimento da empresa são reduzidas. Quando os lucros (ou os ganhos) de uma empresa caem, suas ações se tornam menos desejáveis, e o preço de suas ações cai.

CAPÍTULO 4 **Reconhecendo o Risco e a Volatilidade** 47

Afetando os clientes de uma empresa

O sucesso de uma empresa vem da venda de produtos ou serviços. Mas o que acontece se o aumento das taxas de juros impacta os clientes (especificamente, outras empresas que compram deles)? A saúde financeira dos clientes afeta diretamente a capacidade da empresa de aumentar as vendas e os lucros.

Para um bom exemplo, considere o Home Depot (HD) durante 2005–2008. A empresa teve vendas e lucros crescentes durante 2005 e no início de 2006, quando o boom imobiliário atingiu seu ponto alto (vendas recordes, construção, e assim por diante). À medida que a bolha imobiliária estourou e as indústrias de habitação e construção entraram em um declínio agonizante, a sorte da Home Depot seguiu o exemplo, porque seu sucesso está diretamente ligado à construção, ao reparo e à melhoria de residências. No final de 2006, as vendas e os lucros da HD estavam caindo à medida que o setor imobiliário se afundava ainda mais em sua depressão. Essa era uma má notícia para os investidores em ações. As ações da HD passaram de mais de US$44, em 2005, para US$21 em outubro de 2008 (uma queda de cerca de 52%). Ai! Não deu para "reformar" nada.

O ponto a ser lembrado é que, como as fortunas da Home Depot estão ligadas ao setor imobiliário, e esse setor é muito sensível e vulnerável ao aumento das taxas de juros, de forma indireta — mas significativa —, a Home Depot também é vulnerável. Em 2015, a HD foi uma das poucas ações de varejo que subiu devido à recuperação do mercado imobiliário.

Nos anos anteriores a 2020, as taxas de juros diminuíram. Quando escrevi este livro, havia rumores sobre "taxas de juros negativas", um conceito perigoso. Em qualquer caso, taxas de juros mais baixas são um bom presságio para ações e imóveis (o que significa que são positivas para empresas como a HD).

Impacto na tomada de decisão dos investidores

Quando as taxas de juros sobem, os investidores começam a repensar suas estratégias de investimento, gerando um de dois resultados:

> » Os investidores podem vender quaisquer ações sensíveis a juros que possuam. Os setores sensíveis a juros incluem o financeiro, de imóveis e de concessionárias de energia elétrica. Embora o aumento das taxas de juros prejudique esses setores, o inverso também é verdadeiro: a queda

das taxas de juros impulsiona os mesmos setores. Lembre-se de que essas mudanças afetam alguns setores mais do que outros.

» Os investidores que favorecem o aumento da renda atual (em vez de esperarem que o valor do investimento cresça para vender com lucro mais tarde) são definitivamente atraídos por veículos de investimento que oferecem um rendimento mais alto. Taxas de juros mais altas fazem com que os investidores mudem de ações para títulos ou certificados de depósito bancário.

Prejudicando os preços das ações indiretamente

Taxas de juros altas ou crescentes têm um impacto negativo no quadro financeiro total de qualquer investidor. O que acontece quando um investidor luta com dívidas pesadas, como um segundo financiamento, dívida de cartão de crédito ou *dívida de margem* (empréstimo para ações em uma conta de corretora)? Ele pode vender algumas ações para pagar parte de sua dívida de juros altos, uma prática comum que, feita de modo coletivo, prejudica os preços das ações.

Enquanto escrevo isto, em 2019, a economia dos EUA parece sólida, os índices de mercado (como o Dow Jones Industrial Average) estão em máximas históricas, e as taxas de juros, em mínimas recordes, mas nuvens de tempestade se formam. Em termos de produto interno bruto (PIB), o tamanho da economia é de cerca de US$20 trilhões (mais ou menos US$100 bilhões), mas o nível de dívida é de mais de US$80 trilhões (pessoal, corporativo, financiamentos, ensino e governo). Essa já enorme quantia não inclui os mais de US$120 trilhões em passivos, como a Previdência Social e o Medicare. Além disso (caramba! Mais?), algumas instituições financeiras dos EUA detêm mais de US$1,1 quatrilhão em derivativos. Estes podem ser veículos de investimento muito complicados e arriscados. Os derivativos afundaram algumas grandes organizações (como a Enron, em 2001; o Bear Stearns, em 2008; e a Glencore, em 2015), e os investidores devem estar cientes disso. Basta verificar os relatórios financeiros da empresa. (Descubra mais no Capítulo 12.)

LEMBRE-SE

Por causa dos efeitos das taxas de juros sobre os portfólios de ações, diretos e indiretos, os investidores bem-sucedidos monitoram regularmente as taxas de juros tanto na economia geral quanto em suas situações pessoais. Embora as ações tenham se mostrado um investimento de longo prazo superior (quanto mais longo for o prazo, melhor), todo investidor deve manter um portfólio equilibrado que inclua outros veículos de investimento. Um investidor diversificado tem um pouco de dinheiro em veículos que se saem

CAPÍTULO 4 **Reconhecendo o Risco e a Volatilidade** 49

bem quando as taxas de juros sobem. Esses veículos incluem fundos do mercado monetário, títulos de capitalização dos EUA (série I) e outros investimentos de taxa variável cujas taxas de juros aumentam quando as taxas de mercado sobem. Esses tipos de investimentos adicionam uma medida de segurança contra o risco da taxa de juros a seu portfólio de ações. (Discuto a diversificação com mais detalhes posteriormente neste capítulo.)

Riscos de mercado

As pessoas falam sobre *o mercado* e como ele sobe e desce, fazendo com que pareça uma entidade monolítica, em vez do que realmente é — um grupo de milhões de indivíduos tomando decisões diárias para comprar e vender ações. Não importa o quão modernos sejam nossa sociedade e o sistema econômico, não se escapa às leis de oferta e demanda. Quando um grande número de pessoas deseja comprar determinada ação, ela passa a ser solicitada, e seu preço aumenta. Esse preço sobe mais porque a oferta de ações é limitada. Por outro lado, se ninguém está interessado em comprar uma ação (e há pessoas vendendo suas ações), o preço cai. A oferta e a demanda são a natureza do risco de mercado. O preço das ações que você compra pode subir e cair no capricho inconstante da demanda do mercado.

Milhões de investidores comprando e vendendo a cada minuto todo dia de trade afetam o preço das ações. Esse fato torna impossível julgar de que maneira suas ações se moverão amanhã ou na próxima semana, e essa imprevisibilidade e aparente irracionalidade são o motivo pelo qual as ações não são adequadas para o crescimento financeiro de curto prazo.

Os mercados são voláteis por natureza; eles sobem e descem, e os investimentos precisam de tempo para crescer. A volatilidade do mercado é uma condição cada vez mais comum com a qual todos têm que conviver (veja a seção posterior "A Bendita Volatilidade"). Os investidores devem estar cientes do fato de que as ações em geral, especialmente no mercado de hoje, não são adequadas para metas de curto prazo (até um ano) (veja nos Capítulos 2 e 3 mais informações sobre metas de curto prazo). Apesar de algumas empresas serem fundamentalmente sólidas, todos os preços das ações estão sujeitos às oscilações do mercado e precisam de tempo para subir.

CUIDADO

Investir requer trabalho e pesquisa diligentes para buscar investimentos de qualidade com uma perspectiva de longo prazo. Especular é tentar obter um lucro rápido monitorando os movimentos de preço de curto prazo de determinado investimento. Os investidores procuram minimizar o risco, enquanto os especuladores não se importam com ele, porque ele também aumenta os lucros. Especular e investir têm diferenças, mas os investidores às vezes se tornam especuladores e, no final das contas, colocam a si próprios e sua riqueza em risco. Fuja!

Considere o casal que se aproxima da aposentadoria e decidiu jogar com seu dinheiro vislumbrando um futuro mais confortável. Eles pegaram emprestado uma quantia considerável, com sua casa como garantia para investir no mercado de ações. (A casa deles, quitada, qualificou-se para tal.) O que eles fizeram com esses fundos? Você adivinhou; investiram nas ações em alta da época, que eram ações de alta tecnologia e internet. Em oito meses, eles perderam quase todo o dinheiro.

CUIDADO

Entender o risco de mercado é especialmente importante para pessoas tentadas a colocar seus fundos de emergência em investimentos voláteis, como ações de crescimento (ou fundos de investimento que investem em ações de crescimento ou veículos de investimento agressivos semelhantes). Lembre-se de que você pode perder tudo.

Risco de inflação

Inflação é a expansão artificial da quantidade de dinheiro, de modo que muito dinheiro seja usado em troca de bens e serviços. Para os consumidores, ela aparece na forma de preços mais altos de bens e serviços. O risco de inflação também é conhecido como *risco do poder de compra.* Esse termo significa apenas que seu dinheiro não compra tanto quanto antes. Por exemplo, um dinheiro que comprava um sanduíche em 1980 mal comprava uma barra de chocolate alguns anos depois. Para você, investidor, esse risco significa que o valor do seu investimento (uma ação que não se valoriza muito, por exemplo) pode não acompanhar a inflação.

Digamos que você tenha dinheiro em uma conta poupança ganhando 4% (em 2019, a taxa de juros do banco estava muito mais baixa). Essa conta tem flexibilidade — se a taxa de juros do mercado subir, a taxa que você ganha em sua conta sobe. Sua conta está protegida contra risco financeiro e risco da taxa de juros. Mas e se a inflação estiver em 5%? Nesse ponto, você está perdendo dinheiro. Menciono a inflação no Capítulo 15.

Risco tributário

Os impostos (como imposto de renda ou imposto sobre ganhos de capital) não afetam diretamente seu investimento em ações, mas obviamente podem afetar quanto dinheiro (parte do seu lucro) você consegue manter. Como todo o objetivo do investimento em ações é construir riqueza, você precisa entender que os impostos retiram uma parte da riqueza que você está tentando construir. Os impostos podem ser arriscados, porque, se você fizer o movimento errado com suas ações (vendê-las na hora errada, por exemplo), pagará impostos mais altos do que o necessário. Como as leis tributárias mudam com frequência, o risco tributário também faz parte da equação risco *versus* retorno.

Vale a pena entender como os impostos impactam seu programa de construção de riqueza antes de tomar decisões de investimento. O Capítulo 21 aborda o impacto dos impostos em mais detalhes, e nele, também menciono as últimas mudanças na legislação tributária que podem afetá-lo.

Risco político e governamental

Se as empresas fossem peixes, a política e as políticas governamentais (como impostos, leis e regulamentos) seriam o lago. Da mesma forma que peixes morrem em um lago tóxico ou poluído, a política e as políticas governamentais podem matar empresas. Obviamente, se você possui ações de uma empresa exposta a riscos políticos e governamentais, precisa estar ciente deles. Um único novo regulamento ou lei é suficiente para levar algumas empresas à falência, bem como ajudá-las a aumentar as vendas e os lucros.

E se você investir em empresas ou setores que se tornam alvos políticos? Considere vender suas ações (você sempre pode comprá-las de volta mais tarde) ou colocar ordens de stop-loss nelas (veja o Capítulo 17). Por exemplo, as empresas de tabaco foram alvos de tempestades políticas que abalaram os preços de suas ações. Concordar ou discordar das maquinações políticas de hoje não é o problema. Como investidor, você deve se perguntar: "Como a política afeta o valor de mercado e as perspectivas atuais e futuras do investimento escolhido?" (O Capítulo 15 dá algumas dicas sobre como a política afeta o mercado de ações.)

Lembre-se de que risco político significa risco geopolítico. Muitas empresas têm operações em muitos países, e eventos geopolíticos têm um grande impacto sobre as empresas que vão desde riscos governamentais (como ocorreu com a Venezuela em 2019) a guerras e distúrbios (como no Oriente Médio), recessões e crises econômicas em países amigos (como na Europa Ocidental). O Apêndice A contém recursos para ajudá-lo no investimento internacional.

DICA

Se investimento internacional lhe interessa, e você vê isso como uma boa maneira de diversificar mais (além do mercado de ações local), considere os fundos negociados em bolsa (ETFs) como uma maneira conveniente de fazê-lo. Saiba mais sobre ETFs internacionais no Capítulo 5.

Risco pessoal

Comumente, o risco envolvido em investir no mercado de ações não está diretamente relacionado ao investimento, mas às circunstâncias do investidor.

Suponha que o investidor Ralph coloque US$15 mil em um portfólio de ações ordinárias. Imagine que o mercado sofra uma queda nos preços naquela semana e as ações de Ralph caiam para um valor de mercado de US$14 mil. Como ações são boas para o longo prazo, esse tipo de redução geralmente não é um incidente alarmante. As probabilidades são as de que essa queda seja temporária, em particular se Ralph escolher cuidadosamente empresas de alta qualidade. Aliás, se um portfólio de ações de alta qualidade *sofre* uma queda temporária no preço, pode ser uma grande oportunidade para obter mais ações a um bom preço. (O Capítulo 17 cobre as ordens que você pode fazer junto a sua corretora para isso.)

LIÇÕES DE INVESTIMENTO DO 11 DE SETEMBRO

O 11 de Setembro, em 2001, foi um dia terrível, que ficou gravado em nossa mente e não será esquecido. Aqueles atos de terrorismo ceifaram mais de 3 mil vidas e causaram dor e tristeza incalculáveis. Um efeito colateral muito menos importante foram as duras lições que os investidores aprenderam. O terrorismo lembra que o risco é real e nunca devemos baixar a guarda. Que lições os investidores aprendem com os piores atos de terrorismo ocorridos? Aqui estão algumas dicas:

- **Diversifique o portfólio.** Claro, os eventos do 11 de Setembro foram sur-reais e inesperados. Mas, antes que ocorressem, os investidores deveriam ter o hábito de avaliar suas situações e ver se tinham vulnerabilidades. Os investidores em ações sem dinheiro fora do mercado estão sempre em maior risco. Manter o portfólio diversificado é uma estratégia atemporal e mais relevante do que nunca. (Discuto a diversificação posteriormente neste capítulo.)

- **Revise e realoque.** O 11 de Setembro provocou quedas no mercado geral, mas setores específicos, como companhias aéreas e hotéis, foram atingidos de maneira particularmente forte. Além disso, alguns setores, como defesa e alimentos, viram os preços das ações subirem. Monitore seu portfólio e se pergunte se ele depende demais ou está exposto a eventos em setores específicos. Nesse caso, realoque-os para diminuir sua exposição ao risco.

- **Verifique se há sinais de problemas.** Técnicas como stop móvel (que explico no Capítulo 17) são muito úteis quando suas ações despencam devido a eventos inesperados. Mesmo se você não as usa, pode criar o hábito de verificar suas ações em busca de sinais de problemas, como dívidas ou índices P/E muito altos. Se notar sinais de problemas, considere vendê-las.

CAPÍTULO 4 **Reconhecendo o Risco e a Volatilidade** 53

Em longo prazo, é provável que Ralph verá o valor de seu investimento crescer substancialmente. Mas e se Ralph passar por dificuldades financeiras e precisar de dinheiro rápido durante um período em que suas ações estiverem em declínio? Ele pode ter que vender suas ações para conseguir algum dinheiro.

Esse problema ocorre com frequência para investidores que não têm um fundo de emergência para lidar com despesas grandes e repentinas. Você nunca sabe quando sua empresa pode despedi-lo ou seu porão pode inundar, deixando-o com uma enorme conta de reparos. Acidentes de carro, emergências médicas e outros eventos imprevistos fazem parte das surpresas da vida — de qualquer pessoa.

LEMBRE-SE

Você provavelmente não ficará muito feliz em saber que as perdas de ações são dedutíveis de impostos — uma perda é uma perda (veja mais informações sobre impostos no Capítulo 21). No entanto, é possível evitar o tipo de perda resultante de ter que vender prematuramente suas ações se mantiver um fundo de caixa de emergência. Um bom lugar para ele é uma conta poupança ou um fundo do mercado monetário, para não ser forçado a liquidar prematuramente seus investimentos em ações para pagar contas de emergência. (O Capítulo 2 fornece mais orientações sobre como ter ativos líquidos para emergências.)

Risco emocional

O que o risco emocional tem a ver com ações? As emoções são considerações de risco importantes, porque os investidores são seres humanos. Lógica e disciplina são fatores críticos para o sucesso do investimento, mas mesmo o melhor investidor pode permitir que as emoções assumam as rédeas da gestão do dinheiro e causem perdas. Para investir em ações, você provavelmente será desviado por três emoções principais: ganância, medo e paixão. Entenda suas emoções e a que tipos de risco elas o expõem. Se ficar muito apegado a uma ação em baixa, você não precisa de um livro de investimentos em ações, mas de um terapeuta!

Pagando o preço pela ganância

Em 1998-2000, milhões de investidores jogaram a cautela ao vento e perseguiram ações pontocom altamente duvidosas e arriscadas. Cifrões surgiram em seus olhos (como ocorre nos caça-níqueis) quando viram que a Easy Street estava repleta de ações pontocom dobrando e triplicando em pouco tempo. Quem se importa com as relações preço/lucro (P/E) quando se pode simplesmente comprar ações, fazer uma fortuna e sair com milhões? (Claro, *você* se preocupa em ganhar dinheiro com ações, portanto, veja no Capítulo 11 e no Apêndice B os índices P/E.)

CUIDADO

Infelizmente, a isca do dinheiro fácil transforma atitudes saudáveis sobre o crescimento da riqueza em uma ganância doentia que cega os investidores e descarta o bom senso. Evite a tentação de investir para obter ganhos de curto prazo em ações duvidosas em alta, em vez de fazer sua lição de casa e comprar ações de empresas sólidas com fundamentos sólidos e foco de longo prazo, como explico na Parte 3.

Reconhecendo o papel do medo

A ganância é um problema, mas o medo é o outro extremo. Pessoas que temem perder evitam investimentos adequados e acabam se conformando com uma taxa de retorno baixa. Se for sucumbir a uma dessas emoções, pelo menos, o medo o expõe a menos perdas.

Além disso, lembre-se de que o medo é um sintoma de falta de conhecimento sobre o que está acontecendo. Se vir suas ações caindo e não entender por quê, o medo assumirá o controle, e você agirá irracionalmente. Quando os investidores em ações são afetados pelo medo, tendem a vender suas ações e se dirigir às saídas e aos botes salva-vidas. Quando um investidor vê suas ações caírem 20%, o que passa por sua cabeça? Investidores experientes e bem informados percebem que nenhum bull market sobe diretamente. Até o touro mais forte sobe em ziguezague. Por outro lado, nem o bear market cai diretamente; ele ziguezagueia para baixo. Por medo, investidores inexperientes vendem boas ações quando as veem cair temporariamente (*correção*), enquanto os experientes veem esse movimento temporário de queda como uma boa oportunidade de compra para aumentar suas posições.

Procurando paixão nos lugares errados

Ações são veículos inanimados e sem sentimentos, mas as pessoas podem procurar paixão nos lugares mais estranhos. O risco emocional ocorre quando os investidores se apaixonam por uma ação e se recusam a vendê-la, mesmo quando está despencando e apresentando sinais de piora. O risco emocional também ocorre quando os investidores são atraídos por más escolhas de investimento porque parecem boas, são populares ou por pressão de família e amigos. Amor e apego são ótimos em relações, mas terríveis com investimentos. Para lidar com essa emoção, os investidores precisam implantar técnicas que removam a emoção. Por exemplo, use tipos de ordens (como stop móvel e ordens limitadas; veja o Capítulo 17), que podem acionar automaticamente as transações de compra e venda e mitigar a agonia. Ei, o investimento disciplinado pode se tornar sua nova paixão!

A Bendita Volatilidade

Quantas vezes você já ouviu um cara do financeiro dizer na TV: "Bem, parece um dia volátil, pois os mercados despencaram 700 pontos..." Oh, céus... passe-me o antiácido! A volatilidade ganhou uma má reputação porque montanhas-russas e estômagos fracos não se misturam — especialmente quando seu futuro financeiro parece agir como uma pipa em um tornado.

As pessoas podem pensar na volatilidade como um "risco com esteroides", mas entenda o que realmente é. Ela não é inerentemente boa ou ruim (embora geralmente esteja associada a movimentos ruins no mercado). *Volatilidade* é o movimento rápido no preço de um ativo (ou de todo o mercado) para baixo (ou para cima) devido a uma grande venda (ou compra) em um período muito curto.

POR QUE MAIS VOLATILIDADE?

As pessoas sempre ficarão boquiabertas com as ocasionais altas ou baixas do dia, mas a volatilidade é mais prevalente hoje do que, digamos, dez ou vinte anos atrás. Por quê? Existem vários fatores:

- Primeiro, o investidor de hoje tem as vantagens de comissões mais baratas e tecnologia mais rápida. Anos atrás, se um investidor quisesse vender, tinha que ligar para a corretora — durante o horário comercial. Além disso, a comissão era de US$30 ou mais. Isso desencorajava muitos trades rápidos. Hoje, negociar não é apenas mais barato (com corretoras de desconto na web), mas qualquer um pode fazer isso de casa com alguns cliques do mouse em um site, 24 horas por dia, 7 dias por semana.

- Além disso, grandes organizações — que variam de instituições financeiras a entidades patrocinadas pelo governo, como fundos soberanos — fazem grandes negócios ou grandes quantias de dinheiro, nacional ou globalmente, em fração de segundos. O rápido movimento de grandes quantias de dinheiro entrando e saindo de uma ação ou de um mercado inteiro significa que a volatilidade é alta e provavelmente continuará conosco por muito tempo.

- Por último, o mundo agora é mais um mercado global, e nossos mercados reagem mais a eventos internacionais do que no passado. Com as novas tecnologias e a internet, as notícias viajam mais longe e mais rápido do que nunca.

A volatilidade tende a estar associada a uma ideia negativa por causa da psicologia da multidão. As pessoas são mais propensas a agirem rapidamente (vender!) por medo do que por outros motivadores (como a ganância; veja a seção anterior "Risco emocional" para ter mais informações). Mais pessoas correm para as saídas do que para a entrada, por assim dizer.

Nem todas as ações são iguais no que diz respeito à volatilidade. Algumas são muito voláteis, enquanto outras são bastante estáveis. Uma boa maneira de determinar a volatilidade de uma ação é observar seu beta. *Beta* é uma medida estatística que dá ao investidor uma pista de quão volátil uma ação pode ser. É determinado pela comparação da volatilidade potencial de determinada ação com o mercado em geral. O mercado (representado por, digamos, o Standard & Poor's 500) recebe o valor beta 1. Qualquer ação com um beta maior que 1 é considerada mais volátil do que o mercado de ações geral, enquanto qualquer uma com um beta menor que 1 é considerada menos volátil. Se uma ação tem um beta 1,5, por exemplo, é considerada 50% mais volátil do que o mercado geral. Enquanto isso, uma ação com beta 0,85 é considerada 15% menos volátil do que o mercado de ações em geral. Em outras palavras, essa ação cairia 8,5% se o mercado caísse 10%.

DICA

Portanto, se você não quiser engolir mais antiácido, considere ações que tenham um beta menor que 1. O beta é encontrado nas páginas do relatório de ações fornecidas pelos principais sites financeiros, em inglês, como o Yahoo! Finance (finance.yahoo.com) e o MarketWatch (www.marketwatch.com). (Veja mais sites sobre finanças no Apêndice A.)

Minimizando Seu Risco

Agora, antes que você enlouqueça pensando que investir em ações traz tantos riscos que é melhor nem sair da cama, respire fundo. Minimizar o risco de investir em ações é mais fácil do que se pensa. Embora a construção de riqueza por meio do mercado de ações não ocorra sem um nível de risco, você pode praticar as dicas a seguir para maximizar os lucros e ainda manter seu dinheiro seguro.

Adquirindo conhecimento

LEMBRE-SE

Algumas pessoas passam mais tempo analisando o menu de um restaurante para escolher uma entrada de R$20 do que analisando onde colocar seus próximos R$5 mil. A falta de conhecimento constitui o maior risco para novos investidores, portanto, diminuir esse risco começa com o ganho de conhecimento. Quanto mais familiarizado você estiver com o mercado de ações — como ele funciona, fatores que afetam o valor das ações, e assim por diante —, melhor poderá atravessar suas armadilhas e maximizar os lucros. O mesmo conhecimento que lhe permite aumentar sua riqueza também lhe permite minimizar seu risco. Antes de colocar seu dinheiro em qualquer lugar, aprenda o máximo que puder. Este livro é um ótimo lugar para começar — veja no Capítulo 6 um resumo das informações que você deseja saber antes de comprar ações, bem como os recursos que podem fornecer as informações de que precisa para investir com sucesso.

Mantendo-se fora até conseguir prática

Se você não entende de ações, não invista! Sim, sei que este livro é sobre investimento em ações e acho que alguma medida de investimento em ações é uma boa ideia para a maioria das pessoas. Mas isso não significa que você deva investir 100%, 100% do tempo. Se não entende determinada ação (ou não entende ações, ponto), afaste-se até que entenda. Em vez disso, dê a si mesmo uma soma imaginária de dinheiro, como R$100 mil, dê a si mesmo razões para investir e apenas faça de conta (uma prática chamada de *investimento em ações simulado*). Escolha algumas ações que acha que aumentarão de valor, acompanhe-as por um tempo e veja o desempenho delas. Comece a entender como o preço de uma ação sobe e desce e observe o que acontece com as ações escolhidas quando ocorrem vários eventos. À medida que descobrir mais sobre o investimento em ações, sua escolha de ações individuais melhorará, sem arriscar — ou perder — nenhum dinheiro durante o período de aprendizado.

DICA

Um bom lugar para fazer seu investimento imaginário é em sites como o How the Market Works (www.howthemarketworks.com), em inglês. Você pode projetar um portfólio de ações e acompanhar seu desempenho com milhares de outros investidores para ver se está se saindo bem.

Colocando as finanças em ordem

Conselhos sobre o que fazer antes de investir dariam um livro inteiro por si só. O resultado final é você ter certeza de que está, antes de mais nada, financeiramente seguro antes de mergulhar no mercado de ações. Se não tiver certeza sobre sua segurança financeira, examine sua situação com um planejador financeiro. (Você encontra mais sobre planejadores financeiros no Apêndice A.)

LEMBRE-SE

Antes de comprar sua primeira ação, aqui estão algumas coisas que pode fazer para colocar suas finanças em ordem:

» **Guarde dinheiro.** Reserve de três a seis meses de suas despesas brutas de vida em algum lugar seguro, como uma conta bancária ou fundo do mercado monetário do tesouro, para uma emergência (veja os detalhes no Capítulo 2).

» **Reduza sua dívida.** O excesso de dívidas foi o pior problema econômico pessoal para muitos norte-americanos no final da década de 1990, e essa prática continuou nos últimos anos. A partir de 2019, a dívida atingiu novos máximos. Esforce-se para ter dívida zero no cartão de crédito; as taxas de juros dos cartões de crédito são muito altas, portanto, chegar a zero o mais rápido possível é uma estratégia segura de construção de riqueza!

» **Certifique-se de que seu trabalho seja o mais seguro possível.** Você está mantendo suas habilidades atualizadas? A empresa para a qual trabalha é forte e está crescendo? O setor em que trabalha é forte e está crescendo?

» **Tenha um seguro adequado.** Você precisa de seguro suficiente para cobrir suas necessidades e as de sua família em caso de doença, morte, invalidez, e assim por diante.

Diversificando seus investimentos

Diversificação é uma estratégia para reduzir o risco, espalhando seu dinheiro por diferentes investimentos. É uma maneira elegante de dizer: "Não coloque todos os ovos na mesma cesta." Mas como dividir seu dinheiro e distribuí-lo entre diferentes investimentos?

MAIS SORTE DA PRÓXIMA VEZ!

Pouco conhecimento é muito arriscado. Considere a história verídica de um sujeito "sortudo" que jogou na loteria da Califórnia em 1987. Ele descobriu que tinha um bilhete vencedor, com o primeiro prêmio de US$412 mil. Logo encomendou um Porsche, reservou uma luxuosa viagem para o Havaí com a família e ofereceu à esposa e aos amigos um jantar com champanhe em um restaurante chique de Hollywood. Quando ele finalmente foi receber seu prêmio, descobriu que tinha que o dividir com mais de 9 mil outros jogadores que também tinham os mesmos números vencedores. Na verdade, sua parte no prêmio foi de apenas US$45! Felizmente, ele investiu aquela quantia razoável com base em seu maior conhecimento sobre risco. (Essa história sempre me deixa louco!)

CUIDADO

A maneira mais fácil de entender a diversificação adequada é olhar o que você *não* deveria fazer:

» **Não coloque todo seu dinheiro em uma ação.** Claro, se escolher sabiamente e selecionar uma ação importante, pode ganhar muito, mas as chances estão tremendamente contra você. A menos que seja um verdadeiro especialista em determinada empresa, é uma boa ideia ter pequenas porções de seu dinheiro em várias ações diferentes. Como regra, o dinheiro que você amarra em uma única ação deve ser aquele sem o qual você pode viver.

» **Não coloque todo seu dinheiro em um setor.** Conheço pessoas que possuem várias ações, mas todas do mesmo setor. Novamente, se você for um especialista nesse setor específico, pode funcionar. Mas entenda que isso não é diversificar. Se um problema atingir todo um setor, você poderá se machucar.

» **Não coloque todo seu dinheiro em um tipo de investimento.** As ações podem ser um grande investimento, mas você precisa ter dinheiro em outro lugar. Títulos, contas bancárias, títulos do tesouro, imóveis e metais preciosos são alternativas perenes para complementar o portfólio de ações. Algumas dessas alternativas podem ser encontradas em fundos de investimento ou fundos negociados em bolsa (ETFs). *ETF* é um fundo com um portfólio fixo de ações ou outros títulos, que acompanha um índice específico, mas é negociado como ação. A propósito, adoro ETFs e acho que todo investidor sério deveria considerá-los; veja mais informações no Capítulo 5.

LEMBRE-SE

Ok, agora que você sabe o que *não deve* fazer, o que *deve*? Até que se torne mais experiente, siga estes conselhos:

» **Mantenha apenas de 5% a 10% (ou menos) do dinheiro de seu investimento em uma única ação.** Você precisa de uma diversificação adequada, não uma superexposição a uma única ação. Os investidores agressivos podem pôr 10% ou até mais, mas os conservadores, até 5%.

» **Invista em quatro ou cinco (e não mais de dez) ações diferentes de setores diferentes.** Quais? Escolha setores que ofereçam produtos e serviços que apresentam uma demanda forte e crescente. Para tomar essa decisão, use o bom senso. Pense nos setores de que as pessoas precisam, independentemente do que aconteça na economia em geral, como alimentos, energia e outras necessidades do consumidor. Veja no Capítulo 13 mais informações sobre a análise de setores e indústrias.

Pesando Risco e Retorno

Quanto risco é apropriado para você e como você lida com isso? Antes de descobrir quais riscos acompanham suas escolhas de investimento, analise-se. Aqui estão alguns pontos para ter em mente ao pesar risco e retorno em sua situação:

» **Objetivo financeiro:** Em cinco minutos, com uma calculadora financeira, você vê facilmente de quanto dinheiro precisará para se tornar financeiramente independente (presumindo que esse seja seu objetivo). Digamos que você precise de R$500 mil em dez anos para uma aposentadoria sem preocupações, e que seus ativos financeiros (como ações, títulos, e assim por diante) valham atualmente R$400 mil. Nesse cenário, seus ativos precisam crescer apenas 2,25% para atingir sua meta. Obter investimentos que crescem 2,25% com segurança é fácil, porque é uma taxa de retorno relativamente baixa.

O importante é que você não precisa se perder tentando dobrar seu dinheiro com investimentos arriscados e ambiciosos; alguns investimentos bancários comuns servirão bem. Alguns investidores assumem mais riscos do que o necessário. Descubra qual é seu objetivo financeiro para saber de que tipo de retorno precisa. Veja detalhes nos Capítulos 2 e 3 sobre como determinar metas financeiras.

» **Perfil do investidor:** Você está se aposentando ou acabou de sair da faculdade? Sua situação de vida é importante quando se trata de olhar risco e retorno:

- Se você está começando seus anos de trabalho, pode tolerar um risco maior do que alguém que está se aposentando. Mesmo se perder muito, ainda terá muito tempo para recuperar seu dinheiro e voltar aos trilhos.

- No entanto, se estiver a cinco anos da aposentadoria, investimentos arriscados ou agressivos fazem mais mal do que bem. Se perder dinheiro, não terá muito tempo para recuperar seu investimento, e é provável que precise do dinheiro do investimento (e de sua capacidade de geração de renda) para cobrir suas despesas pessoais depois de deixar de trabalhar.

» **Alocação de ativos:** Nunca digo aos aposentados para colocar uma grande parte do dinheiro da aposentadoria em ações de alta tecnologia ou outro investimento volátil. Mas se eles ainda quiserem especular, não vejo problema, desde que limitem esses investimentos a 5% de seus ativos totais. Contanto que o grosso do dinheiro esteja são e salvo em

LEMBRE-SE

investimentos seguros (como títulos do Tesouro dos EUA), posso dormir bem (sabendo que *eles* podem dormir bem!).

A alocação de ativos acena de volta à diversificação, que discuto no início deste capítulo. Para pessoas na faixa dos 20 a 30 anos, ter 75% de seu dinheiro em um portfólio diversificado de ações de crescimento (como ações de mid e small cap; veja o Capítulo 1) é aceitável. Para pessoas na casa dos 60 e 70 anos, não é aceitável. Elas podem, em vez disso, considerar investir no máximo 20% de seu dinheiro em ações (de mid e large cap são preferíveis). Fale com seu consultor financeiro para encontrar a combinação certa para sua situação específica.

NESTE CAPÍTULO

» **Distinguindo ETFs e fundos de investimento**

» **Escolhendo um ETF de bull ou de bear**

» **Obtendo os fundamentos dos índices**

Capítulo **5**

Investindo em Ações com ETFs

uando se trata de investir em ações, há mais de uma maneira de fazê--lo. Comprar ações diretamente é bom; às vezes, comprar ações indiretamente é igualmente bom (ou até melhor) — sobretudo se você for avesso ao risco. Comprar uma boa ação é o sonho de todo investidor em ações, mas, por vezes, você se depara com ambientes de investimento que tornam a busca por uma ação vencedora arriscada. Em 2020-2021, os investidores prudentes tiveram que considerar a adição de fundos negociados em bolsa a seu arsenal de construção de riqueza.

Um *fundo negociado em bolsa* (ETF) é basicamente um fundo de investimento alocado em uma cesta fixa de títulos, mas com algumas variações. Neste capítulo, mostro como os ETFs são semelhantes (e diferentes) aos fundos de investimento (fundos), dou algumas dicas sobre como escolher ETFs e observo os fundamentos dos índices de ações (que estão ligados aos ETFs).

CAPÍTULO 5 **Investindo em Ações com ETFs** 63

Comparando Fundos Negociados em Bolsa com Fundos de Investimento

Para muitas pessoas e por muitos anos, a única opção além de investir diretamente em ações era investir indiretamente por meio de fundos de investimento (fundos). Afinal, por que comprar uma única ação pelos mesmos poucos milhares de dólares se você pode comprar um fundo de investimento e obter benefícios como gerenciamento profissional e diversificação?

Para os pequenos investidores, optar por fundos de investimento não é uma alternativa ruim. Os investidores juntam seu dinheiro com o de outros e obtêm uma gestão financeira profissional de maneira acessível. Mas os fundos também têm desvantagens. Taxas de fundos de investimento, que incluem taxas de gestão e despesas de performance (as *loads*), devoram os ganhos, e os investidores não têm escolha sobre os investimentos depois de entrarem em um fundo de investimento. Os investidores do fundo têm que tolerar o que o administrador do fundo compra, vende ou retém, simples assim. A escolha de investimento é limitada a estar nele... ou fora dele.

Mas agora, com o advento dos ETFs, os investidores têm mais opções do que nunca, um cenário que abre caminho para a inevitável comparação entre fundos e ETFs. As seções a seguir abordam as diferenças e as semelhanças entre ETFs e fundos.

As diferenças

Em termos simples, em um fundo de investimento, ações e títulos são constantemente comprados, vendidos e mantidos (em outras palavras, o fundo é *gerenciado ativamente*). Um ETF detém títulos semelhantes, mas o portfólio normalmente não é gerenciado ativamente. Em vez disso, um ETF mantém uma cesta fixa de títulos que podem refletir um índice ou uma determinada indústria ou setor (veja o Capítulo 13). *Índice* é um método de medir o valor de um segmento do mercado de ações. É uma ferramenta usada por gestores financeiros e investidores para comparar o desempenho de determinada ação com um padrão amplamente aceito; veja a seção posterior "Anotando os Índices" para obter mais detalhes.

Por exemplo, um ETF que visa refletir o S&P 500 buscará manter um portfólio de títulos que espelhe a composição do S&P 500 o mais fielmente possível. Aqui está outro exemplo: um ETF de concessionárias de água pode conter as 35 ou 40 maiores empresas de água de capital aberto. Bem, já deu para entender o cenário.

LEMBRE-SE

O ponto em que os ETFs são marcadamente diferentes dos fundos (e em que são realmente vantajosos, na minha opinião) é que podem ser comprados e vendidos como ações. Além disso, você pode fazer com ETFs o que pode fazer com ações (mas geralmente não com fundos): você pode comprar lotes de ações, como 1, 50, 100 ou mais. Os fundos, por outro lado, são comprados em valores monetários, como US$1 mil ou US$5 mil. O valor em dinheiro que você pode investir inicialmente é definido pelo gerente do fundo de investimento em particular.

Veja algumas outras vantagens: você pode colocar várias ordens de compra/venda de corretagem em ETFs (veja o Capítulo 17), e muitos ETFs são *opcionais* (o que significa que você pode comprar/vender opções de venda e compra com eles; discuto algumas estratégias com opções nos Capítulos 23 e 24). Fundos normalmente não são opcionais. Cubro opções de compra e venda extensivamente em meu livro *High-Level Investing For Dummies* (Wiley).

CUIDADO

Lembre-se de que as opções de compra e venda são normalmente muito especulativas, portanto, use-as com moderação e descubra o máximo possível sobre seus prós e contras antes de usá-las em sua conta de investimento em ações. Lembre-se de que a maioria das estratégias de opções geralmente não é permitida em portfólios de ações/ETFs em contas de aposentadoria.

Além disso, muitos ETFs são *financiados* (o que significa que você pode pedi-los emprestado com algumas limitações em sua conta de corretora). Os fundos não têm financiamento quando comprados diretamente (embora seja possível se estiverem dentro dos limites de uma conta de corretora de valores). Para saber mais sobre margem, veja o Capítulo 17.

LEMBRE-SE

Às vezes, um investidor vê prontamente o grande potencial de determinado setor, mas é pressionado a obter aquela única ação realmente boa que tirará proveito das possibilidades de lucro daquele segmento específico do mercado. A grande vantagem de um ETF é fazer esse investimento com muita facilidade, sabendo que, se não tiver certeza sobre ele, pode implementar estratégias que o protejam do lado negativo (como ordens de stop-loss ou stop móvel). Dessa forma, você pode dormir com mais tranquilidade!

CAPÍTULO 5 **Investindo em Ações com ETFs**

As semelhanças

Embora ETFs e fundos de investimento tenham algumas diferenças importantes, eles compartilham algumas semelhanças:

» Primeiro, os ETFs e os fundos são semelhantes no sentido de que não são investimentos diretos; são "conduítes" de investimento, o que significa que agem como uma conexão entre o investidor e os investimentos.

» Tanto os ETFs quanto os fundos agrupam o dinheiro dos investidores, e o pool torna-se o "fundo", que, por sua vez, investe em um portfólio de investimentos.

» Tanto os ETFs quanto os fundos oferecem a grande vantagem da diversificação (embora a realizem de maneiras diferentes).

» Os investidores não têm escolha sobre o que compõe o portfólio do ETF ou do fundo. O ETF tem uma cesta fixa de títulos (o gestor que supervisiona o portfólio faz essas escolhas), e, é claro, os investidores não controlam as escolhas feitas em um fundo de investimento.

DICA

Para os investidores que desejam assistência mais ativa ao fazer escolhas e administrar um portfólio, o fundo pode muito bem ser o caminho a percorrer. Para aqueles que se sentem mais confortáveis fazendo suas próprias escolhas em termos de índice ou indústria/setor em que desejam investir, o ETF é melhor.

Elegendo o Fundo Negociado em Bolsa

Comprar uma ação é um investimento em determinada empresa, mas um ETF é uma oportunidade de investir em um bloco de ações. Da mesma forma que alguns cliques do mouse podem comprar uma ação em um site de corretora de valores, esses mesmos cliques podem comprar praticamente uma indústria ou um setor inteiro (ou pelo menos as ações de primeira linha).

Para os investidores que se sentem confortáveis com suas próprias escolhas e fazem a devida diligência (due diligence), uma ação vencedora é o melhor (embora mais agressivo) caminho a seguir. Para os investidores que desejam fazer suas próprias escolhas, mas não estão tão confiantes em escolher ações vencedoras, um ETF é definitivamente a melhor opção.

Em algum momento, você acaba descobrindo que escolher um ETF não é um "cara ou coroa". Existem considerações a saber, algumas das quais estão mais ligadas à sua perspectiva e às preferências pessoais do que ao portfólio subjacente do ETF. Apresento as informações de que você precisa sobre ETFs de bull e de bear nas seções a seguir.

DICA

Escolher uma indústria ou um setor vencedor é mais fácil do que encontrar uma grande empresa na qual investir. Portanto, o investimento em ETF anda de mãos dadas com a orientação apresentada no Capítulo 13.

ETFs de bull

Você pode acordar um dia e dizer: "Acho que o mercado de ações se sairá muito bem a partir de hoje." E tudo bem se você pensa assim. Talvez sua pesquisa sobre economia geral, perspectivas financeiras e considerações políticas o façam se sentir mais otimista do que um homem faminto em um navio de cruzeiro. Mas você simplesmente não sabe (ou não se importa em pesquisar) quais ações se beneficiariam melhor com os bons movimentos do mercado que ainda estão por vir. Ok!

Nas seções a seguir, abordarei as estratégias de ETF para cenários de alta, mas, felizmente, as estratégias de ETF para cenários de baixa também existem. Cubro-as mais tarde neste capítulo.

ETFs relacionados a índices principais de mercado

Por que não investir em ETFs que refletem um importante índice geral de mercado, como o S&P 500? ETFs como o SPY constroem seus portfólios para rastrear a composição do S&P 500 o mais próximo possível. Como se costuma dizer, por que tentar vencer o mercado quando você pode igualá-lo? É uma ótima opção quando o mercado está tendo uma boa alta. (Veja a seção posterior "Anotando os Índices" para conhecer os fundamentos.)

Quando o S&P 500 foi detonado, no final de 2008 e início de 2009, o ETF para o S&P 500, claro, refletiu esse desempenho e atingiu o fundo do poço em março de 2009. Mas daquele momento até 2015, o S&P 500 (e os ETFs que o rastrearam) se saiu extraordinariamente bem. Pagou para resistir ao sentimento de baixa do início de 2009. É claro que foi necessário algum senso contrário para fazê-lo, mas, pelo menos, houve o benefício de todo o portfólio de ações do S&P 500, que tinha mais diversificação do que uma única ação ou uma única subseção do mercado. Claro, quando o S&P 500 entrou no bull market de 2009-2015, os ETFs de bull que espelhavam o S&P 500 se saíram muito bem, enquanto os ETFs inversos ao S&P 500 (apostando em um movimento de baixa) diminuíram no mesmo período.

ETFs relacionados a necessidades humanas

Alguns ETFs cobrem setores como alimentos e bebidas, água, energia e outras coisas que as pessoas continuarão comprando, não importa quão boa ou ruim esteja a economia. Sem precisar de uma bola de cristal ou de uma determinação ferrenha, um investidor em ações pode simplesmente colocar dinheiro em ações — ou, nesse caso, em ETFs — vinculadas às necessidades humanas. Esses ETFs podem até ter um desempenho melhor do que os ETFs vinculados aos principais índices de mercado (veja a seção anterior).

Veja um exemplo: no final de 2007 (poucos meses antes do grande crash do mercado de 2008-2009), o que teria acontecido se você tivesse investido 50% do seu dinheiro em um ETF que representasse o S&P 500 e 50% em um ETF que representasse produtos básicos (como ações de alimentos e bebidas)? Fiz essa comparação e foi bastante revelador notar que, no final de 2015, o ETF básico do consumidor (para constar, usei um com o símbolo de títulos PBJ) na verdade superou o ETF S&P 500 em mais de 45% (não incluindo dividendos). Muito interessante!

ETFs que incluem ações que pagam dividendos

Os ETFs não precisam necessariamente estar vinculados a uma indústria ou um setor específico; podem ser vinculados a um tipo específico ou uma subcategoria de ação. Se todas as coisas forem iguais, quais categorias básicas de ações você acha que seriam melhores em tempos difíceis: ações sem dividendos ou as que os pagam? (Acho que a resposta é óbvia; é mais ou menos como perguntar "Qual tem o gosto melhor: torta de maçã ou arame farpado?") Embora alguns setores sejam conhecidos por serem bons pagadores de dividendos, como serviços públicos (e há alguns bons ETFs que o cobrem), alguns ETFs cobrem ações que atendem a critérios específicos.

Você pode encontrar ETFs que incluem ações com um alto rendimento de dividendos (3,5% ou mais), bem como ETFs que incluem ações de empresas que não necessariamente pagam dividendos elevados, mas têm um longo histórico de aumentos de dividendos que atendem ou excedem a taxa de inflação.

DICA

Dados esses ETFs que pagam dividendos, fica claro qual é bom para qual tipo de investidor em ações:

> » Se eu fosse um investidor em ações atualmente aposentado, escolheria o ETF de ações com altos dividendos. Os ETFs de ações que pagam dividendos são mais estáveis do que os que não pagam, e os dividendos são importantes para a renda da aposentadoria.

» Se eu estivesse na "pré-aposentadoria" (alguns anos antes, mas a planejando), escolheria o ETF com ações com um forte histórico de aumento no pagamento de dividendos. Dessa forma, essas mesmas ações que pagam dividendos cresceriam no curto prazo e proporcionariam um melhor rendimento durante a aposentadoria.

Para obter mais informações sobre estratégias de investimento em dividendos (e outras ideias de receita), veja o Capítulo 9.

LEMBRE-SE

Lembre-se de que as ações que pagam dividendos se enquadram nos critérios de investimento de necessidade humana, porque essas empresas tendem a ser grandes e estáveis, com bons fluxos de caixa, o que lhes dá meios contínuos para pagar bons dividendos.

DICA

Para saber mais sobre ETFs em geral e obter mais detalhes sobre os ETFs que menciono neste capítulo (SPY, PBJ e SH), acesse sites como `www.etfdb.com` e `www.etfguide.com`, ambos em inglês. Muitos dos recursos no Apêndice A também cobrem ETFs.

ETFs de bear

A maioria dos ETFs é de bull por natureza, pois investem em um portfólio de títulos que esperam subir no devido tempo. Mas alguns têm foco de baixa. ETFs de bear (também chamados de *ETFs de baixa*) mantêm um portfólio de títulos e de estratégias concebidas para seguir o caminho oposto dos títulos subjacentes ou visados. Em outras palavras, esse tipo de ETF sobe quando os títulos subjacentes caem (e vice-versa). Os ETFs de baixa empregam títulos como *opções de venda* (e derivados semelhantes) e/ou estratégias como "operar vendido" (veja o Capítulo 17).

Veja o S&P 500, por exemplo. Se olhasse esse índice com uma abordagem bull, você poderia escolher um ETF como o SPY. No entanto, se usasse a bear e quisesse buscar ganhos apostando que ele cairia, poderia escolher um ETF como o SH.

Há duas abordagens a adotar com ETFs de bear:

» **Esperar uma queda:** Se você está especulando sobre uma queda em um mercado decadente, um ETF de bear é uma boa consideração. Com essa abordagem, você procura obter lucro com base em suas expectativas. Pessoas que entraram agressivamente em ETFs de baixa durante o início ou meados de 2008 tiveram alguns lucros espetaculares durante a queda tumultuada do final de 2008 e início de 2009.

CAPÍTULO 5 **Investindo em Ações com ETFs** 69

» **Proteger-se contra uma queda:** Uma abordagem mais conservadora é usar ETFs de bear em uma extensão mais moderada, principalmente como uma forma de hedge, em que o ETF de bear atua como um seguro no evento indesejável de uma retração ou uma quebra significativa do mercado. Digo "indesejável" porque você não a está esperando; está apenas tentando se proteger com um modo modesto de diversificação. Nesse contexto, diversificação significa uma mistura de posições de alta e, em menor medida, de baixa.

Anotando os Índices

Para os investidores em ações, os ETFs com tendência de alta ou de baixa são, em última análise, vinculados aos principais índices do mercado. Você deve dar uma olhada rápida nos índices para entendê-los melhor (e os ETFs vinculados a eles).

Sempre que você ouve comentários na mídia ou boatos nas áreas sociais da empresa sobre "como o mercado está indo", eles normalmente se referem a um proxy de mercado, como um índice. Você ouvirá mencionarem "o Dow", talvez "o S&P 500". Certamente, há outros índices relevantes de mercado e muitas medidas menos populares, mas ainda interessantes, como o Dow Jones Transportation Average. Índices e médias tendem a ser usados indistintamente, mas são entidades diferentes.

A maioria das pessoas usa esses índices basicamente como padrões de desempenho de mercado para ver se estão se saindo melhor ou pior do que um padrão para fins de comparação. Elas querem saber se suas ações, ETFs, fundos ou portfólios gerais estão tendo um bom desempenho.

DICA

O Apêndice apresenta recursos para ajudá-lo a obter uma compreensão mais completa dos índices. Há também excelentes recursos online, como `www.dowjones.com`, `www.spindices.com` e `www.investopedia.com`, que fornecem o histórico e a composição dos índices. Para seus propósitos, estes são os principais:

» **Dow Jones Industrial Average (DJIA):** É o índice mais amplamente observado (tecnicamente, não é um índice, mas é utilizado como um). Ele rastreia trinta ações de large cap de propriedade ampla e, ocasionalmente, é reequilibrado para descartar (e substituir) uma ação que não está acompanhando o nível das demais.

» **Nasdaq Composite:** Cobre uma seção transversal de ações da Nasdaq. Geralmente, é considerado uma combinação de ações que são empresas de alto crescimento (mais arriscadas) com uma super-representação de ações de tecnologia.

» **Índice S&P 500:** Esse índice rastreia quinhentas empresas líderes de capital aberto, consideradas amplamente detidas. A editora Standard & Poor's criou esse índice (aposto que você adivinhou).

» **Wilshire 5000:** Esse índice é considerado a amostra mais ampla de ações em todo o mercado de ações em geral e, portanto, uma medida mais precisa do movimento do mercado de ações.

DICA

Se você não quiser enlouquecer tentando "vencer o mercado", considere um ETF que se correlacione intimamente com qualquer um dos índices mencionados na lista anterior. Às vezes é melhor se juntar a eles do que os vencer. Os recursos do Apêndice A o ajudarão a encontrar um índice que você acredita ser adequado para seu caso. Busque ETFs que rastreiam ou espelham os índices anteriores em sites como o `www.etfdb.com`, em inglês.

SIMPLIFICANDO O INVESTIMENTO INTERNACIONAL

Tem interesse em investir em ações no cenário internacional? A Europa, a China ou a Índia lhe interessam? Talvez Cingapura ou Austrália lhe seja atraente, mas encontrar uma boa ação parece assustador. Por que não fazer isso de forma mais segura, por meio de ETFs? (A propósito, o investimento internacional é abordado no Capítulo 18.) Muitos ETFs investem em uma seção transversal das principais ações de determinados países. Então por que comprar uma ação individual quando você pode obter as quarenta ou cinquenta mais importantes do mercado de ações daquele país?

Neste capítulo, você descobre as vantagens dos ETFs, portanto, incluir um lote de ações internacionais em seu portfólio é mais fácil do que nunca. Para encontrar os principais ETFs internacionais, vá para `www.etfdb.com` e use o nome do país em sua pesquisa por palavra-chave. Apenas lembre-se de fazer sua lição de casa naquele país (riscos geopolíticos e assim por diante) com a ajuda do CIA World Fact Book (`www.ciaworldfactbook.us`) e do *Financial Times* (`www.ft.com`). Há outros recursos no Apêndice A. Claro, se você ficar receoso sobre como manter tais ETFs, pode minimizar os riscos com técnicas como ordens de stop-loss, que abordo no Capítulo 17.

CAPÍTULO 5 **Investindo em Ações com ETFs** 71

72   PARTE 1 **O Básico do Investimento em Ações**

Antes de Comprar 2

NESTA PARTE...

Conheça as melhores fontes de informação para encontrar boas ações.

Escolha uma boa corretora de valores.

Entenda os principais fatores de uma ação de crescimento.

Obtenha fluxo de caixa com uma ação pagadora de dividendos consistente e entenda como emitir calls cobertos.

Familiarize-se com os indicadores técnicos fundamentais para analisar movimentos de curto prazo.

> **NESTE CAPÍTULO**
>
> » **Usando bolsas de valores para analisar investimentos**
>
> » **Contabilizando investimentos**
>
> » **Ficando por dentro das notícias financeiras**
>
> » **Decifrando painéis de ações**
>
> » **Entendendo as datas dos dividendos**
>
> » **Reconhecendo as boas dicas de investimentos (e as ruins)**

Capítulo **6**

Juntando Informações

Conhecimento e informação são fatores decisivos para investir em ações. (E para viver, não?) Pessoas que pulam de cabeça em ações sem conhecer o mercado e ficar por dentro das atualidades aprendem logo a lição do afobado que esqueceu de verificar a profundidade do lago (ai!). Ansiosos para aproveitar as oportunidades de ouro, os investidores costumam perder dinheiro.

LEMBRE-SE

Oportunidades para *lucrar* no mercado de ações sempre existirão, não importa a situação da economia ou do mercado. Essa história de estrela cadente das ações é conversa, então tire da sua cabeça essa ideia de que existe um momento mágico para comprar ou vender.

Para desenvolver a melhor abordagem para investir em ações, adquira conhecimento e busque informações de qualidade antes de ir com muita sede ao pote. Antes de comprar, certifique-se de que a empresa em que está investindo:

» Seja financeiramente sólida e esteja em crescimento.

» Ofereça produtos e/ou serviços que tenham boa demanda.

» Integre um setor (e uma economia) robusta e em crescimento.

Por onde começar e que tipo de informação adquirir? Continue a leitura.

Caçando Respostas nas Bolsas de Valores

Antes de investir em ações, você deve se familiarizar com os conceitos básicos. Resumidamente, investir em ações significa usar seu dinheiro para comprar uma parte de uma empresa, que lhe retornará valor sob a forma de apreciação ou receita (ou os dois). Para nossa alegria, existem muitos recursos que facilitam a compreensão do investimento em ações. E nessa lista estão as bolsas de valores.

Bolsas de valores são mercados organizados para compra e venda de ações (e outras securities). A Bolsa de Valores de Nova York (NYSE, também conhecida como *Big Board*), a principal bolsa de valores, fornece uma estrutura para compradores e vendedores de ações efetuarem suas operações. A NYSE ganha dinheiro não apenas com uma porcentagem de cada operação, mas também com taxas (como taxas de listagem) cobradas de empresas e corretoras que fazem parte de suas bolsas. Em 2007, a NYSE se fundiu com a Euronext, uma importante bolsa europeia, mas isso não muda muito a vida dos investidores de ações. Em 2008, a American Stock Exchange (Amex) foi adquirida (e totalmente incorporada) pela NYSE. O novo nome, então, passou a ser NYSE American.

A maioria dos investidores de ações considera como principais bolsas a NYSE e a Nasdaq. Tecnicamente, a Nasdaq não é uma bolsa, mas um mercado formal que, na prática, atua como bolsa. Como tanto a NYSE quanto a Nasdaq se beneficiam do aumento da popularidade das ações e da crescente demanda por elas, ambas oferecem uma grande variedade de recursos e informações gratuitos (ou de baixo custo) para os investidores. Acesse o site delas para encontrar recursos como os seguintes:

» Tutoriais sobre como investir em ações, estratégias de investimento comuns etc.

» Glossários e informações para facilitar a linguagem, a prática e o objetivo de investir em ações.

76 PARTE 2 **Antes de Comprar**

» Uma grande variedade de notícias, comunicados à imprensa, dados financeiros e outras informações sobre empresas listadas na bolsa ou no mercado, geralmente acessadas por meio de um mecanismo de pesquisa no site.

» Análises e notícias de setores específicos.

» Cotações de ações e outras informações relacionadas aos movimentos diários do mercado de ações, incluindo dados como volume, novas máximas, novas mínimas etc.

» Acompanhamento gratuito do seu portfólio de ações (você pode inserir um portfólio de amostra ou as ações que tem para ver como está se saindo).

DICA

O que a bolsa/mercado oferece está sempre mudando e sendo atualizado, então verifique regularmente os respectivos sites:

» Bolsa de Valores de Nova York: `www.nyse.com`.

» Nasdaq: `www.nasdaq.com`.

Aprendendo os Fundamentos de Contabilidade e Economia

Ações representam participação nas empresas. Antes de comprar ações, estude as empresas cujas ações está considerando e informe-se a respeito de suas atividades. Parece uma tarefa assustadora, mas você pegará a ideia quando perceber que as empresas não são tão diferentes de seus investidores. Os gestores tomam decisões diariamente, assim como você.

Considere como você cresce e prospera como indivíduo ou família. Questões similares afetam as empresas e a forma como crescem e prosperam. Lucros baixos e dívidas altas são exemplos de dificuldades financeiras que afetam pessoas e empresas. Entenda o aspecto financeiro das empresas pesquisando informações acerca de dois conceitos básicos: contabilidade e economia. Essas duas disciplinas, que abordo nas seções a seguir, desempenham um papel significativo na compreensão do desempenho das ações de uma empresa.

CAPÍTULO 6 **Juntando Informações** 77

Contabilidade: Um gostinho da empresa

LEMBRE-SE

Contabilidade. Que chato! Mas convenhamos: contabilidade é a linguagem dos negócios, e, acredite ou não, você já está familiarizado com os conceitos contábeis mais importantes! Basta verificar os três princípios a seguir:

» **Ativos menos passivos resultam no patrimônio líquido.** Em outras palavras, pegue o que possui (seus *ativos*), subtraia o que deve (seus *passivos*), e o resto é o que você tem (seu *patrimônio líquido*)! Suas finanças pessoais funcionam da mesma maneira que as da Microsoft (exceto pelo fato de que as suas têm menos dígitos). Veja o Capítulo 2 para entender como calcular seu patrimônio líquido.

O *balanço patrimonial* indica o patrimônio líquido em um momento específico (como 31 de dezembro, por exemplo). O patrimônio líquido de uma empresa é o resultado final de seu quadro de ativos e passivos e indica se a empresa está *solvente* (tem a capacidade de pagar as dívidas sem sair do mercado). O patrimônio líquido de uma empresa bem-sucedida cresce regularmente. Para verificar se sua empresa é bem-sucedida, compare o patrimônio líquido atual com o patrimônio líquido do mesmo período do ano anterior. Uma empresa com patrimônio líquido de US$4 milhões em 31 de dezembro de 2018 e US$5 milhões em 31 de dezembro de 2019 está indo bem, pois o patrimônio líquido aumentou 25% (US$1 milhão) em um ano.

» **A receita menos as despesas resulta em receita líquida.** Em outras palavras, pegue o que você faz (a *renda*), subtraia o que você gasta (as *despesas*), e o restante é sua *receita líquida* (*lucro líquido* — os ganhos).

A lucratividade de uma empresa é o ponto principal de investir em ações. À medida que lucra, o negócio se torna mais valioso, e, por sua vez, o preço das ações sobe. Para descobrir o lucro líquido de uma empresa, examine sua demonstração de resultados. Considere se a empresa usa seus ganhos com sabedoria, reinvestindo-os para o crescimento contínuo ou pagando dívidas.

» **Faça uma análise financeira comparativa.** Parece um palavrão, mas é só uma maneira chique de comparar o desempenho de uma empresa com um período anterior ou uma empresa semelhante.

Se você constatou que determinada empresa teve lucro líquido de US$50 mil no ano, surge a questão: "Tá, mas isso é bom ou ruim?" Obviamente, ter lucro líquido é um ponto positivo, mas você deve comparar esse resultado. Se a empresa teve um lucro líquido de US$40 mil no ano anterior, você sabe que a lucratividade está aumentando. Mas, se uma empresa semelhante teve um lucro líquido de US$100 mil no ano anterior e, no atual, teve US$50 mil, evite a empresa com o menor lucro ou verifique o que motivou o resultado.

Contabilidade é simples. Se você entender esses três pontos básicos, estará à frente da maioria (tanto em investimentos quanto em suas finanças pessoais). Para obter mais informações sobre como usar os demonstrativos financeiros de uma empresa para escolher boas ações, veja os Capítulos 11 e 12.

Sacando como a economia afeta as ações

Economia. Piorou! Não, você não precisa entender "a inelasticidade dos agregados de demanda" (graças a Deus!) ou a "utilidade marginal" (oi?). Mas ter conhecimento prático de economia básica é importante (muito importante) para seu sucesso e proficiência como investidor em ações. O mercado de ações e a economia são unha e carne. As coisas boas (e as ruins) que acontecem a um têm efeito direto no outro. As seções a seguir apresentam informações gerais.

Entrando no ritmo dos conceitos básicos

LEMBRE-SE

Infelizmente, muitos investidores se perdem em meio aos conceitos econômicos básicos (assim como alguns dos chamados especialistas que você vê na TV). Meu sucesso em investimentos é devido ao diploma de economia que tenho. Compreender o básico sobre economia me ajuda (e ajudará você) a filtrar as notícias financeiras para separar as informações relevantes das irrelevantes, a fim de tomar melhores decisões de investimento. Tenha em mente estes conceitos econômicos importantes:

- » **Oferta e demanda:** Como alguém pode pensar em economia sem pensar no conceito eterno de oferta e demanda? *Oferta e demanda* é basicamente a relação entre o que está disponível (oferta) e o que as pessoas estão dispostas a comprar (demanda). Essa equação é o principal propulsor da atividade econômica e é de extrema importância para analisar investimentos em ações e tomar decisões. Isto é, você realmente quer comprar ações de uma empresa que fabrica porta-guarda-chuvas com pés de elefante sendo que há um excesso de oferta e ninguém quer comprá-los nem de graça?

- » **Causa e efeito:** Se uma manchete diz "empresas do setor de mesas preveem queda nas vendas", você investe em empresas que vendem cadeiras ou toalhas de mesa? Considerar causa e efeito é um exercício de lógica, e, acredite, a lógica é um componente importante de um pensamento econômico sólido.

  Quando você ler notícias de negócios, analise-as. Que pontos positivos (ou negativos) podemos esperar, dados os acontecimentos? Se você está procurando um efeito como "quero uma ação cujo preço continue

CAPÍTULO 6 **Juntando Informações** 79

subindo", é bom entender também a causa. Aqui estão alguns eventos comuns que podem causar o aumento do preço de uma ação:

- **Notícias positivas sobre a empresa:** Se a notícia informa que a empresa registrou aumento das vendas ou está tendo sucesso com um novo produto.

- **Notícias positivas sobre o setor da empresa:** Se a mídia destaca que o setor está prestes a ter um bom desempenho.

- **Notícias positivas sobre os clientes da empresa:** É possível que a empresa esteja no setor A, mas os clientes estejam no setor B. Assim, boas notícias sobre o setor B podem ser boas para suas ações.

- **Notícias negativas sobre os concorrentes da empresa:** Se os concorrentes estiverem com problemas, os clientes podem buscar alternativas de compra, como a sua empresa.

» **Efeitos econômicos das ações do governo:** Ações políticas e governamentais têm consequências econômicas. Na verdade, nada exerce mais influência sobre os investimentos e a economia do que o governo. Por ações do governo entendemos impostos, leis ou regulamentos. Contudo, podem também ser algo mais sinistro, como uma guerra ou uma ameaça de guerra. O governo pode intencionalmente (ou até mesmo acidentalmente) levar uma empresa à falência, interromper todo um setor ou mesmo causar uma depressão. O governo controla a oferta de moeda, o crédito e todos os mercados de títulos públicos. Para obter mais informações sobre os efeitos políticos, veja o Capítulo 15.

Aprendendo com os erros do passado

A maioria dos investidores ignorou alguns conceitos básicos da economia no final da década de 1990, perdendo trilhões entre 2000 e 2002. No período entre 2000 e 2008, os EUA vivenciaram o mair crescimento da dívida total da história, com uma expansão recorde da oferta de moeda. O Federal Reserve (ou "Fed"), que é o banco central do governo dos EUA, controla os dois. Esse crescimento da dívida e da oferta de moeda resultou em mais empréstimos, gastos e investimentos de consumidores e empresas. A dívida e os gastos que hiperestimularam o mercado de ações durante o final da década de 1990 (as ações subiram 25% ao ano durante cinco anos consecutivos nesse período) retornaram com força total depois desse período.

Quando a bolha do mercado de ações estourou, entre 2000 e 2002, foi logo substituída pela imobiliária, de 2005 e 2006. E fevereiro de 2020 testemunhou uma grande correção (o Dow Jones, por exemplo, caiu mais de 11% durante os cinco dias de operação que terminaram em 28 de fevereiro) devido aos temores causados pelo coronavírus originário da China, que promoveram pânico mundial.

Claro que um retorno de 25% ao ano não é nada mau. O problema é que isso é insustentável e potencializa a especulação. Essa estimulação artificial implementada pelo Fed resultou no seguinte:

» Inúmeras pessoas esgotaram suas economias. Afinal, por que se contentar com um rendimento de menos de 1% no banco quando você pode ganhar muito mais no mercado de ações?

» Cada vez mais pessoas compraram a crédito (como empréstimos para automóveis, empréstimos com margem de corretagem etc.) Se a economia está crescendo, por que não comprar agora e pagar depois? O crédito ao consumidor atingiu recordes históricos.

» O número de hipotecas de imóveis subiu drasticamente. Por que não pegar um empréstimo e ficar rico agora? "Posso quitar minha dívida depois", era o que as pessoas pensavam.

» Inúmeras empresas venderam mais produtos à medida que os consumidores tiravam mais férias, compravam SUVs, eletrônicos etc. As empresas então fizeram empréstimos para financiar a expansão, abrir novas lojas etc.

» Mais e mais empresas abriram capital e ofereceram ações para aproveitar o capital que fluía dos bancos e de outras instituições financeiras.

Moral da história: os gastos começaram a desacelerar porque consumidores e empresas ficaram muito endividados. Essa desaceleração, por sua vez, fez com que as vendas de bens e serviços diminuíssem. As empresas acumularam despesas indiretas, capacidade e dívidas porque haviam se expandido demais. A essa altura, as empresas ficaram em um beco sem saída. Em uma economia em desaceleração, dívidas e despesas demais se traduzem em diminuição ou desaparecimento dos lucros. Para permanecer no mercado, as empresas precisaram fazer o óbvio — cortar despesas. E, geralmente, o que gera mais despesa para as empresas? As pessoas! Diversas organizações começaram a demitir funcionários. Como resultado, os gastos do consumidor caíram ainda mais porque mais pessoas foram demitidas ou se sentiram ameaçadas com relação à própria segurança no emprego.

Como as pessoas tinham poucos fundos e dívidas demais, tiveram de vender suas ações para pagar as contas. Essa tendência foi a principal razão pela qual as ações começaram a cair por volta de 2000. Os lucros começaram a cair por causa da diminuição das vendas em uma economia em declínio. À medida que os lucros caíram, os preços das ações também caíram.

CAPÍTULO 6 **Juntando Informações** 81

Com alguns solavancos pelo caminho, o mercado de ações se reergueu desde o início de 2000, e o Dow Jones ultrapassou o nível de 29 mil pontos no início de 2020. Contudo, investidores devem ser tão cautelosos ao surfar a crista dos mercados quanto quando estão em baixa, pois toda alta é seguida por uma baixa. Os mercados de ações em fevereiro de 2020 fizeram uma severa correção (uma queda de 10% ou mais é uma correção, uma queda de 20% ou mais é um mercado em baixa) e ofereceram uma oportunidade de compra para investidores atentos.

LEMBRE-SE

As lições das décadas de 1990, 2000 e 2010 sintetizam os seguintes aprendizados:

» Ações não substituem a poupança. Sempre deixe dinheiro no banco.

» Ações jamais devem constituir 100% dos investimentos.

» Quando alguém (incluindo um especialista) lhe disser que a economia continuará crescendo indefinidamente, seja cético e pesquise diversas fontes.

» Se as ações tiverem bons resultados em seu portfólio, considere protegê-las (tanto o investimento inicial quanto os rendimentos) com ordens de stop-loss. Veja o Capítulo 17 para obter mais informações sobre essas estratégias.

» Mantenha as dívidas e despesas no mínimo possível.

» Se a economia estiver em alta, certamente ocorrerá um declínio à medida que o ciclo de negócios da economia entrar em fluxo e refluxo.

CONHECE-TE A TI MESMO ANTES DE INVESTIR EM AÇÕES

Por estar lendo este livro, acredito que você almeje se tornar um investidor de sucesso. É fato que, para ser um investidor bem-sucedido, você precisa de boas ações, mas uma compreensão realista da própria situação financeira e de seus objetivos é igualmente importante. Lembro-me de um investidor que perdeu US$10 mil em ações especulativas. A perda não foi tão ruim porque a maior parte de seu dinheiro estava guardada em segurança em outro lugar. Ele também entendeu que sua situação financeira geral era segura e o dinheiro que ele perdeu era dinheiro de "brinquedo" — a perda não teria um efeito drástico em sua vida. Contudo, muitos investidores perdem parcelas importantes de suas economias. Pode até ser que você possa se dar ao luxo de perder US$10 mil, mas, ainda assim, dedique um tempo para entender a si mesmo, sua própria imagem financeira e seus objetivos pessoais antes de optar por ações. Veja o Capítulo 2 para obter mais orientações.

82 PARTE 2 **Antes de Comprar**

Estando no Topo das Notícias

Ler as notícias do mundo financeiro o ajuda a decidir em que investir. Diversos jornais, revistas e sites oferecem boas informações sobre o mundo financeiro. Obviamente, quanto mais informado estiver, melhor, mas você não precisa ler tudo. A explosão de informações dos últimos anos gera uma grande sobrecarga, divergindo seu foco do que realmente importa, que é investir. Nas seções a seguir, descrevo os tipos de informações que você deve extrair das notícias de finanças.

DICA

O Apêndice A deste livro apresenta mais informações sobre os recursos seguintes e um pote de ouro com algumas ótimas publicações, recursos e sites para ajudar:

» As publicações mais óbvias de interesse dos investidores de ações são as do *Wall Street Journal* (www.wsj.com) e do *Investor's Business Daily* (www.investors.com). Suas excelentes publicações mostram as notícias e os dados das ações do dia de operações anterior.

» Alguns dos sites mais conhecidos são o MarketWatch (www.marketwatch.com), Yahoo! Finance (http://finance.yahoo.com), Bloomberg (www.bloomberg.com) e Investing.com (www.investing.com). Esses sites fornecem notícias e dados de ações em poucos minutos após a ocorrência de um evento.

» Não se esqueça dos sites das bolsas que listei na seção anterior "Caçando Respostas nas Bolsas de Valores".

As ações da empresa também importam

Antes de investir, você deve saber o que está acontecendo com a empresa pretendida. Ao ler a respeito, seja nas declarações da empresa (como seu relatório anual), seja nas mídias, obtenha respostas para algumas perguntas pertinentes:

» **A empresa está tendo mais lucro líquido do que no ano passado?** Invista em empresas que estão crescendo.

» **As vendas da empresa foram maiores do que no ano anterior?** Lembre-se de que você não ganhará dinheiro se a empresa não o estiver.

» **A empresa está divulgando comunicados à imprensa sobre novos produtos, serviços, inovações ou negócios?** Todas essas conquistas indicam uma empresa forte e robusta.

CAPÍTULO 6 **Juntando Informações** 83

Saber a quantas anda a empresa, independentemente do que esteja acontecendo com a economia geral, é determinante. Para entender melhor como as empresas funcionam, veja os Capítulos 11 e 12.

Novidades do setor

Ao considerar a compra de ações, saiba o que está acontecendo no setor do qual a empresa faz parte. Se estiver indo bem, é provável que as ações também tenham um bom desempenho. Contudo, o inverso também se aplica.

Sim, já vi investidores escolherem boas ações em um setor decadente, mas esses casos são excepcionais. Em geral, é mais fácil ter sucesso com ações cujo setor está indo bem. Ao assistir às notícias, ler sobre finanças ou visitar sites, verifique se o setor é forte e dinâmico. Veja o Capítulo 13 para obter informações sobre a análise de setores e megatendências.

Economia: A casa está em ordem?

Ainda que a economia registre um bom desempenho geral, é de bom tom verificar seu progresso ao longo do tempo. É mais provável que o valor das ações continue subindo quando a economia está estável ou crescendo. O inverso também vale: se a economia está se contraindo ou declinando, é mais difícil que o valor das ações se mantenha. Eis alguns itens básicos para monitorar a situação geral:

» **Produto interno bruto (PIB):** O PIB é o valor aproximado da produção de determinada nação, medido em dólares de bens e serviços. É relatado trimestralmente e, quando em alta, é um bom presságio. Um crescimento anual de 3% ou mais significa crescimento sólido. Um crescimento inferior a 3%, embora positivo, não é lá isso tudo (medíocre). Um PIB abaixo de zero (valor negativo) significa que a economia está se retraindo (caminhando para uma recessão).

» **Index of leading economic indicators (LEI):** É o retrato de um conjunto de estatísticas que mede a atividade econômica geral. Cada estatística ajuda a entender a economia assim como barômetros (e janelas) ajudam a entender o clima. Os economistas não analisam apenas uma estatística específica, mas um conjunto delas, obtendo uma imagem mais completa do que está acontecendo.

O Capítulo 15 mostra mais detalhes sobre economia e seu efeito no preço das ações.

84   PARTE 2 **Antes de Comprar**

Atento a políticos e burocratas

Estar informado sobre as decisões dos governantes é vital para seu sucesso como investidor em ações. Como os governos federal, estadual e municipal aprovam milhares de leis, medidas e decretos anualmente, monitorar o cenário político é fundamental para ter sucesso. À medida que a mídia divulgar as decisões do presidente e do Congresso, pergunte-se: "Como essa nova lei, imposto ou medida afeta meus investimentos?"

DICA

Você encontra as leis que estão sendo propostas ou promulgadas pelo governo federal dos EUA na página do Congresso (www.congress.gov). Além disso, algumas grandes organizações informam a respeito das leis tributárias e seu impacto, como a National Taxpayers Union (www.ntu.org) e a Fundação Fiscal (www.taxfoundation.org). O Capítulo 15 oferece mais informações sobre política e seus efeitos no mercado de ações.

Buscando tendências na sociedade, na cultura e no entretenimento

Por mais estranho que pareça, as tendências da sociedade, da cultura popular e do entretenimento afetam seus investimentos, direta ou indiretamente. Por exemplo, ao ver a seguinte manchete "Número de millennials supera o de baby boomers", você deve se ater a seus hábitos de compra, assim como aos produtos e aos serviços que preferem. Compreender os fundamentos das mudanças demográficas amplia sua percepção, facilitando escolhas mais sábias para seu portfólio de ações em longo prazo. Com base nessa manchete, é fácil deduzir que empresas bem posicionadas para atender aos desejos e às necessidades desse mercado em crescimento se sairão bem — em seguida, você sabe o que fazer.

Fique atento às tendências emergentes na sociedade. Acompanhe as fontes que cobrem tais assuntos (como a revista *Time*, a CNN etc. Veja outras mídias no Apêndice A). Que tendências estão em evidência agora? Você consegue prever os desejos e as necessidades da sociedade de amanhã? Estar atento é estar um passo à frente do público. Assim, você tem uma vantagem na hora de escolher ações, sobrepondo-se aos outros investidores. Ações de uma empresa sólida, com vendas e lucros crescentes, chamam a atenção de outros investidores. À medida que mais investidores compram as ações da sua empresa, você é premiado com o aumento dos preços.

Entendendo as Tabelas de Cotações

As tabelas de cotações das principais publicações de negócios, como as do *Wall Street Journal* e do *Investor's Business Daily*, estão cheias de informações que o ajudam a se tornar um investidor experiente — *se*, e apenas se, você souber interpretá-las. Você precisa das informações das tabelas de cotações mais do que encontrar oportunidades de investimento promissoras. Também precisa consultar as cotações depois de ter investido, monitorando o desempenho de suas ações.

Analisar as tabelas de cotações sem saber o que está procurando ou por que está procurando é o equivalente a ler *Guerra e Paz* de trás para a frente com um caleidoscópio — tudo fica confuso. Vou ajudá-lo a caminhar sob essa sombra (iluminando o caminho das tabelas de cotações). A Tabela 6-1 mostra cotações simples. Cada item fornece dicas sobre o estado atual de negócios da empresa em particular. As seções seguintes descrevem cada coluna para ajudá-lo a entender o que está vendo.

TABELA 6-1   Exemplo de Tabela de Cotação

Máxima de 52 Semanas	Mínima de 52 Semanas	Nome (Código)	Div.	Vol.	Yield.	P/E	Últ. Dia	Var. Líq.
21,50	8	SkyHighCorp (SHC)		3.143		76	21,25	+0,25
47	31,75	LowDownInc (LDI)	2,35	2.735	5,9	18	41	−0,50
25	21	ValueNowInc (VNI)	1	1.894	4,5	12	22	+0,10
83	33	DoinBadlyCorp (DBC)		7.601			33,50	−0,75

LEMBRE-SE

As tabelas variam entre as fontes, mas fornecem basicamente as mesmas informações. Atualizadas diariamente, essas tabelas não são o ponto de partida da sua busca por uma boa ação, mas geralmente onde sua pesquisa termina. As tabelas de cotações são o que há de melhor quando você já comprou ou sabe o que deseja comprar e precisa simplesmente verificar o preço mais recente.

Máxima de 52 semanas

A coluna na Tabela 6-1 chamada "Máxima de 52 Semanas" fornece o preço mais alto que determinada ação atingiu no período de 52 semanas mais recente. Saber esse preço permite a comparação entre o valor atual e a máxima mais recente. As ações da SkyHighCorp (SHC) chegaram a US$21,50, enquanto seu último preço (mais recente) foi de US$21,25, o número listado na coluna "Último Dia". (Veja a seção posterior "Último Dia" para obter mais informações sobre como entender essa informação.) As ações da SkyHighCorp estão em alta agora, pois estão perto de sua máxima de 52 semanas.

Agora, dê uma olhada no preço das ações da DoinBadlyCorp (DBC). Parece que algo aconteceu aqui. O preço de suas ações teve uma máxima de US$83 nas últimas 52 semanas, mas atualmente estão sendo negociadas a US$33,50. Algo não está certo aqui. Durante as últimas 52 semanas, o preço das ações da DBC caiu drasticamente. Se você está pensando em investir nessa empresa, descubra por que o preço das ações caiu tanto. Se for uma empresa forte, é uma boa oportunidade para comprar ações a um preço mais baixo. Se a empresa está passando por momentos difíceis, não compre. Em todo caso, pesquise e descubra por que as ações dela caíram. (Os Capítulos 11 e 12 fornecem os fundamentos da pesquisa de empresas.)

Mínima de 52 semanas

A coluna "Mínima de 52 Semanas" fornece o preço mais baixo que determinada ação atingiu no período de 52 semanas mais recente. Essa informação também é crucial para analisar o desempenho da ação no período. Observe a DBC na Tabela 6-1 e perceba que seu preço de negociação atual de US$33,50 na coluna "Último dia" está perto de sua mínima de 52 semanas, que foi de US$33.

LEMBRE-SE

Lembre-se de que as máximas e as mínimas fornecem apenas uma faixa de quanto o preço de determinada ação variou nas últimas 52 semanas. Elas distinguem uma empresa à margem da falência de uma pechincha. A leitura das colunas "Máxima de 52 Semanas" e "Mínima de 52 Semanas", por si só, não é suficiente para determinar qual desses dois cenários está em voga. Basicamente, elas indicam o caminho a seguir antes de comprometer seu dinheiro.

Nome e código

A coluna "Nome (Código)" é a mais simples na Tabela 6-1. Ele informa o nome da empresa, geralmente abreviado, e o código das ações da empresa.

DICA

Quando estiver de olho em uma ação, tenha em mente seu código. Isso facilita a localização de suas ações nas tabelas financeiras, que listam as ações em ordem alfabética pelo nome da empresa (ou código, dependendo da fonte). Os códigos de ações são a linguagem dos investimentos em ações. Você fará seu uso em todas as etapas, desde obter uma cotação na corretora até comprar ações pela internet.

Dividendo

Os dividendos (mostrados na coluna "Div." na Tabela 6-1) são basicamente pagamentos aos proprietários (acionistas). Se uma empresa paga um dividendo, ele é mostrado na coluna de dividendos. O valor mostrado é o dividendo anual cotado por ação. Veja a LowDownInc (LDI) na Tabela 6-1 e perceba que o valor anual dos dividendos por ação é de US$2,35. As empresas geralmente pagam dividendos trimestrais. Assim, se eu possuo 100 ações da LDI, a empresa me paga um dividendo trimestral de US$58,75 (US$235 anualmente). Uma empresa saudável se dedica a preservar ou aumentar os dividendos para os acionistas anualmente. (Falo mais sobre dividendos posteriormente neste capítulo.)

O dividendo é muito importante para os investidores que buscam receita com seus investimentos em ações. Para obter mais informações sobre como investir para obter receita, veja o Capítulo 9. Os investidores compram ações de empresas que não pagam dividendos principalmente para crescer. Para obter mais informações sobre ações de crescimento, veja o Capítulo 8.

Volume

Normalmente, quando você ouve a palavra "volume" no noticiário, estão se referindo a quantas ações são compradas e vendidas em todo o mercado: "Bem, hoje o mercado estava pegando fogo. O volume de ações comercializadas na Bolsa de Valores de Nova York bateu dois bilhões de ações." É importante observar o volume, pois as ações em que você está investindo se encontram em algum lugar no meio disso. A coluna "Vol." na Tabela 6-1, entretanto, refere-se ao volume de cada ação.

O *volume* informa quantas ações daquela empresa foram negociadas durante o dia. Se apenas 100 ações forem negociadas em um dia, o volume de negociação será 100. A SHC teve 3.143 ações negociadas durante o dia representado na Tabela 6-1. Bom ou ruim? Nem um nem outro. Normalmente, a mídia menciona o volume de determinada ação apenas quando é excepcionalmente alto. Se uma ação costuma ter volume entre 5 mil e 10 mil e, de repente, sobe abruptamente para 87 mil, é bom ficar de olho.

LEMBRE-SE

Lembre-se de que volume baixo para uma ação pode ser volume alto para outra. Não compare aleatoriamente os volumes de ações negociadas. As ações de grande capitalização, como a IBM ou a Microsoft, normalmente têm volumes na casa dos milhões de ações quase todos os dias, enquanto ações de empresas menores e menos ativas costumam ter uma média de volume muito inferior.

O principal ponto a ser considerado é que um volume muito superior à faixa normal é sinal de que algo está acontecendo. Pode ser negativo ou positivo, mas está acontecendo. Se for positivo, o aumento do volume é resultado de mais pessoas comprando a ação. Se for negativo, o volume aumentado provavelmente é resultado de mais pessoas vendendo as ações. Que eventos comuns causam aumento de volume? Eis alguns deles:

» **Bons relatórios de ganhos:** A empresa anuncia lucros bons (ou melhores do que o esperado).

» **Um novo negócio:** A empresa anuncia um negócio favorável, como uma joint venture, ou consegue um grande cliente.

» **Um novo produto ou serviço:** O departamento de pesquisa e desenvolvimento da empresa cria um novo produto potencialmente lucrativo.

» **Benefícios indiretos:** A empresa pode se beneficiar com o desenvolvimento da economia ou uma lei aprovada pelo Congresso.

Dentre os motivos negativos que causam variação no volume de negociação de determinada ação estão os seguintes:

» **Relatórios de ganhos ruins:** O lucro é a força vital de uma empresa. Quando seus lucros caem ou desaparecem, o volume aumenta.

» **Problemas governamentais:** A empresa está sendo alvo de uma ação governamental, como uma ação judicial ou uma investigação da Securities and Exchange Commission (SEC).

» **Problemas de responsabilidade:** A mídia informa que a empresa tem um produto com defeito ou problema semelhante.

» **Problemas financeiros:** Analistas independentes relatam que a saúde financeira da empresa está se deteriorando.

LEMBRE-SE

Verifique o que está acontecendo quando perceber variações de volume fora do normal (principalmente se já possui as ações).

Yield

Em geral, o rendimento é o retorno do dinheiro investido. No entanto, nas tabelas de cotação, *rendimentos* ("Yield." na Tabela 6-1) é uma referência à porcentagem desse dividendo em função do preço das ações. É mais importante para investidores que almejam renda. É calculado com a divisão dos dividendos anuais pelo preço das ações. Na Tabela 6-1, perceba que o yield

CAPÍTULO 6 **Juntando Informações** 89

do dia da ValueNowInc (VNI) é de 4,5% (dividendo de US$1 dividido pelo preço das ações, US$22). Observe que muitas empresas não apresentam yield, assim, seu rendimento é zero.

LEMBRE-SE

Lembre-se de que os yields informados nos sites financeiros mudam diariamente à medida que o preço das ações muda. O yield é sempre relatado como se você estivesse comprando as ações no dia. Se você comprar a VNI no dia representado na Tabela 6-1, seu yield será de 4,5%. Mas e se o preço das ações da VNI subir para US$30 no dia seguinte? Os investidores que compram ações a US$30 por ação terão um yield de apenas 3,3% (dividendo de US$1 dividido pelo novo preço da ação, que é de US$30). Obviamente, como você comprou as ações por US$22, pegou o yield anterior de 4,5%. Mandou bem, toca aqui.

P/E

LEMBRE-SE

O *índice P/E* é a relação entre o preço de uma ação e os lucros da empresa. As relações P/E são amplamente seguidas e constituem barômetros importantes de valor no mundo dos investimentos em ações. O índice P/E (também chamado de *ganhos múltiplos* ou apenas *múltiplo*) é frequentemente usado para determinar se uma ação está cara (está com bom valor). Os investidores de valor (como é o seu caso) consideram os índices P/E essenciais para analisar uma ação como investimento potencial. Como regra, o P/E deve estar entre 10 e 20 para ações de large cap ou renda. Para ações de crescimento, um P/E entre 30 e 40 é preferível. (Veja o Capítulo 11 e o Apêndice B para saber mais sobre os índices P/E.)

Nos índices P/E relatados nas tabelas de cotações, *preço* refere-se ao custo de uma única ação da empresa. *Earnings* refere-se ao lucro por ação da empresa nos últimos quatro trimestres. O índice P/E é o preço dividido pelo lucro. Na Tabela 6-1, a VNI tem um P/E de 12, que é considerado baixo. Observe como a SHC tem um P/E relativamente alto (76). Essa ação é considerada muito cara, pois se pagará um preço equivalente a 76 vezes o lucro. Observe também que a DBC não apresenta índice P/E. Normalmente, essa ausência indica que a empresa relatou prejuízo nos últimos quatro trimestres.

Último dia

A coluna "Últ. Dia" informa o valor das ações na hora do fechamento do dia representado. Na Tabela 6-1, o valor das ações da LDI fechou em US$41. Alguns jornais divulgam as máximas e as mínimas do dia, além do preço de fechamento.

Variação líquida

As informações na coluna "Var. Líq." respondem à seguinte pergunta: "Qual a relação entre o preço de fechamento de hoje e o do dia anterior?" A Tabela 6-1 mostra que as ações da SHC fecharam com alta de US$0,25 (a US$21,25). Essa coluna informa que a SHC fechou o dia anterior a US$$21. A VNI fechou o dia a US$22 (US$0,10 a mais). Logo, pode-se dizer que o dia anterior fechou a US$21,90.

Notícias sobre Dividendos

Ler e entender as notícias de dividendos é essencial se você é um *investidor de renda* (alguém que investe em ações como meio de gerar renda regular; veja o Capítulo 9 para obter mais detalhes). As seções a seguir explicam alguns princípios que você deve saber a respeito dos dividendos.

DICA

Você encontra notícias e informações sobre dividendos em jornais como o *Wall Street Journal*, *Investor's Business Daily* e *Barron's*. É possível acessá-los com seu navegador favorito ou checar o Apêndice A.

LEMBRE-SE

Fique atento às datas importantes

Para entender como a compra de ações que pagam dividendos o beneficia como investidor, você precisa saber como as empresas relatam e pagam dividendos. Algumas datas importantes são as seguintes:

» **Data de declaração:** É a data em que uma empresa relata um dividendo trimestral e as datas de pagamento subsequentes. Em 15 de janeiro, por exemplo, uma empresa relata que "tem o prazer de anunciar um dividendo trimestral de US$0,50 por ação aos acionistas registrados até 10 de fevereiro". Fácil, não é? A data da declaração é simplesmente a data do anúncio. Se você compra as ações antes, no dia ou após a data da declaração, não importa. A data que importa é a data de registro (veja esse tópico mais adiante nesta lista).

» **Data de execução:** É o dia em que você realmente inicia a transação com ações (compra ou venda). Se você liga para uma corretora (ou a contata online) hoje para comprar (ou vender) determinada ação, hoje é a data de execução ou a data em que você executa a operação. Você não recebe as ações na data de execução, é apenas o dia em que coloca a ordem. Para ver um exemplo, pule para o tópico seguinte.

» **Data de fechamento (data de liquidação):** É a data em que a operação é finalizada, o que geralmente ocorre um dia útil (dois dias úteis no Brasil) após a data de execução. A data de fechamento da ação é semelhante ao fechamento de um imóvel. Na data de fechamento, você passa a ser oficialmente o orgulhoso novo proprietário (ou feliz vendedor) da ação.

» **Data ex-dividendo:** *Ex-dividendo* significa *sem dividendos.* Como leva um dia para que a compra da ação seja processada, você deve se qualificar (ou seja, deve possuir ou comprar as ações) *antes* do período de um dia. Esse período de um dia é denominado "período ex-dividendo". Quando você compra ações durante esse curto período, não entra nos livros de registro, pois a data de fechamento (ou liquidação) cai após a data de registro. No entanto, você poderá comprar as ações por um preço menor para compensar o valor do dividendo. Veja a próxima seção para entender o efeito que a data ex-dividendo tem sobre um investidor.

» **Data de registro:** É usada para identificar quais acionistas se qualificam para receber o dividendo declarado. Ações são compradas e vendidas todos os dias, então, como a empresa sabe quais investidores pagar? A empresa estabelece uma data limite declarando uma data de registro. Todos os investidores que forem acionistas oficiais na data declarada do registro recebem o dividendo na data do pagamento, mesmo que planejem vender as ações a qualquer momento entre a data da declaração e a data do registro.

» **Data de pagamento:** A data em que uma empresa emite e envia seus cheques de dividendos aos acionistas. Já era hora!

Para dividendos típicos, os eventos da Tabela 6-2 acontecem quatro vezes por ano.

TABELA 6-2 ## A Vida do Dividendo Trimestral

Evento	Data da Amostra	Comentários
Data de declaração	15 de janeiro	A data em que a empresa declara o dividendo trimestral.
Data ex-dividendo	9 de fevereiro	Inicia o período de um dia durante o qual, se você comprar as ações, não se qualificará para o dividendo.
Data de registro	10 de fevereiro	A data a partir da qual você deve estar nos livros de registro para se qualificar para o dividendo.
Data de pagamento	27 de fevereiro	A data em que o pagamento é feito (um cheque de dividendos é emitido e enviado aos acionistas que estavam registrados a partir de 10 de fevereiro).

Entendendo a importância de certas datas

LEMBRE-SE

Passa um dia útil entre a data de execução e a data de fechamento (no Brasil o prazo é de dois dias úteis). Passa um dia útil (dois dias úteis no Brasil) entre a data ex-dividendo e a data do registro. Essas informações são importantes para saber se você se qualifica para receber um dividendo futuro. O tempo é importante, e, se entender essas datas, você saberá quando comprar ações e se está qualificado para receber os dividendos.

Por exemplo, digamos que você queira comprar a ValueNowInc (VNI) a tempo de se qualificar para o dividendo trimestral de US$0,25 por ação. Suponha que a data de registro (a data em que você deve ser um proprietário oficial das ações) seja 10 de fevereiro. Você deve executar a operação (comprar as ações) o mais tardar em 8 de fevereiro para ter certeza do dividendo. Se executar o direito de operação em 9 de fevereiro (a data ex-dividendo), não se qualificará para o dividendo porque a liquidação ocorrerá após a data de registro.

Mas e se você executar a negociação em 10 de fevereiro, um dia depois? Bem, a data de fechamento da operação é 11 de fevereiro, o que ocorre *depois* da data do registro. Como você não consta como acionista na data do registro, não receberá aquele dividendo trimestral. Nesse exemplo, o período de 9 a 10 de fevereiro é chamado de *período ex-dividendo*.

DICA

Felizmente, para quem compra as ações no período ex-dividendo, as ações são negociadas a um preço ligeiramente inferior para descontar o valor do dividendo. Se você não pode receber o dividendo, pode economizar na compra das ações. Nada mal, hein?

Avaliando Dicas de Investimentos

Agora se liga que eu tenho uma dica de ações para você. Chega mais! Já sacou qual é? Pesquisar! O que estou dizendo é para você nunca investir só porque recebeu uma dica quente de alguém. Uma boa seleção de investimentos é fruto da análise de várias fontes antes de decidir. Não existe atalho. Assim, pedir a opinião de outras pessoas não é ruim — apenas analise cuidadosamente as informações. Aqui estão alguns pontos importantes que você deve ter em mente ao avaliar dicas e conselhos alheios:

> » **Avalie a fonte.** Frequentemente as pessoas compram ações com base nas opiniões de algum estrategista ou analista de mercado. As pessoas

CAPÍTULO 6 **Juntando Informações** 93

CUIDADO

veem um analista sendo entrevistado em um programa sobre finanças e julgam as opiniões e os conselhos como válidos. O perigo é o analista ser tendencioso por causa de algum fator não divulgado. Os analistas são obrigados a comunicar conflitos de interesse nos canais de negócios.

Acontece na TV com muita frequência. O apresentador do programa entrevista o analista U.R. Kiddingme, da firma de investimentos Foollum & Sellum. O analista diz: "A Implosion Corp. é uma boa compra com potencial de valorização sólido e de longo prazo." Mais tarde, você descobre que o empregador do analista recebe taxas do banco de investimento da Implosion Corp. Você realmente acha que esse analista algum dia emitiria um relatório negativo sobre uma empresa que paga suas contas? Pouco provável.

» **Considere vários pontos de vista.** Não baseie suas decisões de investimentos em apenas uma fonte de informação, a menos que tenha os melhores motivos do mundo para pensar que essa fonte é excelente e confiável. Uma abordagem melhor seria vasculhar as questões em voga entre as publicações financeiras independentes, como o *Barron's* ou a revista *Money*, entre outras publicações e sites listados no Apêndice A.

» **Analise os dados da SEC.** Quando quiser obter informações mais objetivas sobre uma empresa, por que não consultar os relatórios que as empresas devem apresentar à SEC? Esses relatórios são os mesmos que os analistas e os repórteres financeiros leem. Sem dúvida, o relatório mais valioso que você pode analisar é o 10K. O 10K é um relatório que todas as empresas de capital aberto devem apresentar à SEC. Ele fornece informações valiosas sobre as operações da empresa e os dados financeiros do ano mais recente, e é provável que seja menos tendencioso do que as informações que uma empresa inclui em outros relatórios corporativos, como um relatório anual. O próximo documento mais importante da SEC é o 10Q, que fornece ao investidor informações detalhadas semelhantes, mas de um único trimestre. (Veja o Capítulo 12 para obter mais informações sobre esses documentos.)

DICA

Para acessar os relatórios 10K e 10Q, visite o site da SEC (`www.sec.gov`). A partir daí, você pode encontrar o extenso banco de dados de arquivamentos públicos da SEC, denominado EDGAR (que é um sistema eletrônico de coleta, análise e recuperação de dados). Ao pesquisar o EDGAR, você encontrará balanços, declarações de renda e outras informações similares que viabilizam a verificação do que foi dito. Assim, você obtém uma imagem mais completa do que uma empresa está fazendo, bem como sua condição financeira.

> **NESTE CAPÍTULO**
>
> » **Descobrindo o que corretoras fazem**
>
> » **Comparando corretoras full-service e de desconto**
>
> » **Escolhendo uma corretora**
>
> » **Entendendo os tipos de contas de corretagem**
>
> » **Avaliando as recomendações das corretoras**

Capítulo **7**

Escolhendo a Corretora

Quando você estiver pronto para mergulhar de cabeça nas ações, deve escolher uma corretora. É como comprar um carro: você pode pesquisar muito e saber exatamente que tipo de carro deseja, mas ainda precisará de uma concessionária para efetuar a compra de fato. Da mesma forma, quando quer comprar ações, você faz todas as pesquisas para escolher a empresa na qual deseja investir. Ainda assim, é preciso uma corretora para comprar as ações na prática, por telefone ou online. Neste capítulo, apresento as complexidades do relacionamento entre investidor e corretora.

DICA

Para conhecer os vários tipos de ordens que você pode pedir à corretora, como ordens a mercado, ordens de stop-loss, dentre outras, veja o Capítulo 17.

Corretoras: Para que Lhes Quero?

A principal função da corretora é servir como meio de compra e venda de ações. Quando falo sobre corretoras, estou me referindo a empresas como Charles Schwab, TD Ameritrade, E*TRADE e outras organizações que podem comprar ações em seu nome. Os corretores também podem ser indivíduos que trabalham para essas empresas. Embora seja possível comprar ações diretamente da empresa que as emite (discuto compra direta no Capítulo 19), para comprar a maioria das ações, você precisa de uma conta em uma corretora listada na bolsa.

LEMBRE-SE

A distinção entre corretoras institucionais e pessoais é importante:

» **Corretoras institucionais** lucram com as taxas de investimento pagas por instituições e empresas por meio de bancos de investimentos e taxas de securities (como ofertas públicas iniciais e ofertas secundárias), serviços de consultoria e outros serviços de corretagem.

» **Corretoras pessoais** geralmente oferecem os mesmos serviços a pessoas físicas e pequenas empresas.

Embora a principal tarefa das corretoras seja a compra e a venda de securities (a palavra *security* refere-se a investimentos financeiros em geral, e as ações são apenas parte desse mundo), elas oferecem outros serviços, como os seguintes:

» **Serviços de consultoria:** Os investidores pagam às corretoras uma taxa por consultorias de investimentos. Os clientes também têm acesso às pesquisas da empresa.

» **Serviços bancários limitados:** As corretoras oferecem recursos como contas com rendimento, emissão de cheques, depósitos e saques em caixas eletrônicos, e cartões de crédito ou débito.

» **Corretagem de outras securities:** Além de ações, algumas corretoras negociam títulos, fundos de investimento, opções, fundos negociados em bolsa (ETFs, veja o Capítulo 5) e outros investimentos.

As corretoras pessoais ganham dinheiro com investidores particulares por meio de várias taxas, como as seguintes:

» **Comissões de corretagem:** Essa taxa é para compra e/ou venda de ações e outros títulos.

> » **Juros sobre margem:** Esses juros são cobrados dos investidores pelos empréstimos realizados para fins de investimentos. (Discuto as contas de margem com mais detalhes posteriormente neste capítulo.)
>
> » **Taxas de serviço:** Esses encargos são para cobrir a execução de tarefas administrativas e outras funções. As corretoras cobram taxas dos investidores por contas de aposentadoria (IRAs) e pelo envio de ações na forma de certificado.

LEMBRE-SE

Qualquer corretora (algumas corretoras agora são chamadas de *conselheiros financeiros*) deve ser registrada na Financial Industry Regulatory Authority (FINRA) e na Securities and Exchange Commission (SEC). Além disso, para proteger seu dinheiro depois de depositá-lo em uma conta da corretora, essa corretora deve ser membro do Securities Investor Protection Corporation (SIPC). O SIPC não o protege das perdas de mercado, mas protege seu dinheiro no caso de a corretora falir ou em caso de fraudes na corretora. Para saber se a corretora está registrada em alguma dessas organizações, entre em contato com a FINRA (www.finra.org), a SEC (www.sec.gov) ou o SIPC (www.sipc.org). Veja o Apêndice A para obter mais informações sobre essas organizações.

Corretoras Full-service e de Desconto

As corretoras da bolsa se enquadram em duas categorias básicas, que discuto nas seções a seguir: full-service e de desconto. A melhor opção depende do tipo de investidor que você é. Aqui estão as diferenças resumidas:

> » **Corretoras full-service** são adequadas para investidores que precisam de mais orientação e suporte técnico.
>
> » **Corretoras de desconto** são indicadas para investidores mais independentes e experientes, que precisam do mínimo de suporte (geralmente por meio do site da corretora).

DICA

Antes de operar com uma corretora (full-service ou de desconto), obtenha um relatório da FINRA gratuito sobre a corretora ligando para 800-289-9999 ou pelo site www.finra.org. Seu serviço denominado BrokerCheck oferece relatórios de corretoras institucionais e particulares. Veja mais detalhes sobre esse e outros serviços (como cursos para investidores) em www.finra.org. A FINRA informa em seu relatório se alguma reclamação ou penalidade foi apresentada.

Corretoras full-service: À disposição

Corretoras full-service são exatamente o que o nome indica [do inglês serviço completo, em tradução livre]. Elas fornecem o máximo de serviços possível aos investidores. Quando você abre uma conta em uma corretora, um representante é associado à sua conta. Esse representante geralmente é chamado de *executivo de contas*, *assessor de investimentos* ou *conselheiro financeiro*. Essa pessoa geralmente tem uma licença de valores mobiliários (o que significa que está registrada na FINRA e na SEC) e entende tanto de ações quanto de investimentos em geral.

Exemplos de corretoras full-service são a Goldman Sachs e a Morgan Stanley. Como é de se esperar, praticamente todas as corretoras têm sites bem completos para fornecer informações sobre seus serviços. Informe-se o máximo possível antes de abrir sua conta em uma corretora, pois sua função é ajudá-lo a construir riqueza, não o transformar em corretor.

Aí eu vi vantagem

Seu assessor de investimentos é responsável por auxiliá-lo, respondendo a perguntas sobre sua conta e as securities em seu portfólio, bem como por executar suas ordens de compra e venda. Algumas coisas que as corretoras full-service fazem:

» **Oferecem orientação e conselhos:** A maior diferença entre corretoras full-service e de desconto é a atenção que você recebe de seu assessor de investimentos. Você é chamado pelo primeiro nome e tem espaço para falar sobre suas finanças e objetivos financeiros. O assessor faz recomendações sobre ações e fundos que sejam adequados ao seu perfil.

» **Fornecem acesso à pesquisa:** As corretoras full-service fornecem acesso ao seu departamento de pesquisa, que apresenta informações e análises detalhadas sobre as empresas. Essas informações são muito valiosas, mas tome cuidado com as armadilhas. (Veja a seção posterior "Recomendações de Corretoras".)

» **Ajudam você a atingir seus objetivos de investimento:** Um bom assessor conhece você e seus objetivos de investimento e, somente *então*, oferece conselhos e responde às suas perguntas sobre como investimentos e estratégias específicas o ajudam a atingir seus objetivos.

» **Tomam decisões em seu nome:** Diversos investidores não querem ser incomodados quando se trata de decisões de investimento. Se você autorizar, as corretoras full-service podem tomar decisões por você (isso também é conhecido como conta *discricionária*, embora muitas corretoras aceitem essa estratégia em contas comuns). Esse serviço é bom, mas exija que as corretoras justifiquem suas escolhas.

Por que se preocupar?

Embora as corretoras full-service sejam bastante atenciosas e facilitem a vida do investidor, lembre-se de alguns pontos importantes para evitar problemas:

- » Corretoras e assessores de investimentos são vendedores. Não importa o quão bem tratem você, eles ainda são remunerados com base em sua capacidade de gerar receita para a corretora. Eles ganham comissões e taxas de acordo com o que você compra. (São pagos para lhe vender coisas.)

LEMBRE-SE

- » Sempre que seu assessor fizer uma sugestão ou uma recomendação, pergunte o motivo e solicite uma resposta completa que inclua a razão da recomendação. Um bom consultor é capaz de explicar claramente o raciocínio por trás de cada sugestão. Se você não compreender ou não concordar com a indicação, não a siga.

- » Trabalhar com uma corretora full-service custa mais do que trabalhar com uma corretora de desconto. As corretoras de desconto são pagas simplesmente para comprar ou vender ações. Corretoras full-service fazem isso e prestam mais serviços, como aconselhar e orientar. Devido a isso, as corretoras full-service são mais caras (cobrando mais comissões de corretagem e taxas de consultoria mais altas). E ainda, a maioria das corretoras full-service espera que você invista entre US$5 mil e US$10 mil apenas para abrir uma conta, embora muitas exijam mais.

- » Transferir a responsabilidade da decisão para seu assessor pode ser uma péssima ideia, pois deixar que outros tomem decisões financeiras por você é sempre arriscado — principalmente quando usam *seu* dinheiro. Se fizerem escolhas erradas de investimento que causem perdas, você não poderá reclamar, pois os autorizou a agir em seu nome.

CUIDADO

- » Algumas corretoras praticam uma atividade chamada *churning*, que é basicamente comprar e vender ações com o único propósito de gerar comissões. A rotatividade é ótima para as corretoras, mas ruim para os clientes. Se sua conta apresenta muita atividade, peça justificativas. Comissões, principalmente em corretoras full-service, arrancam uma boa parte dos seus rendimentos, portanto, não tolere o churning ou outras atividades suspeitas.

CAPÍTULO 7 **Escolhendo a Corretora**

Só o basicão: Corretoras de desconto

Pode ser que você não precise andar de mãos dadas com a corretora (afinal, as pessoas adoram uma fofoca). Se você sabe o que quer e consegue tomar as próprias decisões, tudo de que precisa é de uma maneira conveniente de emitir suas ordens de compra ou venda. Nesse caso, procure uma corretora de desconto. Ela não oferece consultoria ou serviços premium — apenas o básico necessário para negociar ações.

Corretoras de desconto, como o nome sugere, são mais baratas de contratar do que corretoras full-service. Como você mesmo está se aconselhando (ou recebendo conselhos e informações de terceiros, como boletins, linhas diretas ou consultores independentes), pode economizar nos custos que teria se usasse uma corretora full-service.

LEMBRE-SE

Se você optar por uma corretora de desconto, deve saber o máximo possível sobre seus objetivos e suas necessidades. Como a responsabilidade é maior, conduzir pesquisas adequadas para fazer boas seleções de ações significa estar preparado para aceitar o resultado, seja ele qual for. (Veja o restante da Parte 2 para obter as informações necessárias antes de começar e a Parte 3 para obter detalhes sobre como escolher ações.)

Durante muito tempo, os investidores tiveram apenas dois tipos de corretoras de desconto para escolher: as convencionais e as online. Hoje elas são basicamente sinônimos, então não vale a pena discutir as diferenças. Como o setor se consolidou, a maioria das corretoras convencionais tem site com recursos completos, enquanto as corretoras online se adaptaram adicionando mais serviços telefônicos e presenciais.

Charles Schwab e TD Ameritrade são exemplos de corretoras de desconto convencionais que se adaptaram bem à era da internet. As corretoras online, como a E*TRADE (us.etrade.com), Ally (www.ally.com), TradeStation (www.tradestation.com) e Fidelity (www.fidelity.com) adicionaram serviços mais convencionais.

Aí eu vi vantagem

As corretoras de desconto oferecem algumas vantagens significativas em relação às corretoras full-service, como as seguintes:

» **Custo mais baixo:** Esse custo mais baixo geralmente é resultado de comissões mais baixas e é o principal benefício de usar corretoras de desconto.

» **Serviço imparcial:** Como não oferecem aconselhamento, as corretoras de desconto não têm interesse em vender a você nenhuma ação específica.

» **Acesso à informação:** Corretoras de desconto consolidadas oferecem diversos cursos em seus escritórios ou sites.

Por que se preocupar?

Claro, negociar com corretoras de desconto também tem desvantagens, como as seguintes:

» **Falta de orientação:** Como você escolheu uma corretora de desconto, *sabe* que não deve esperar orientação, mas não custa deixar isso claro. Se você é um investidor experiente, falta de aconselhamento não é um problema — tudo na mesma.

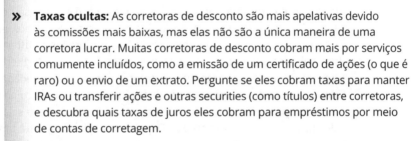
CUIDADO

» **Taxas ocultas:** As corretoras de desconto são mais apelativas devido às comissões mais baixas, mas elas não são a única maneira de uma corretora lucrar. Muitas corretoras de desconto cobram mais por serviços comumente incluídos, como a emissão de um certificado de ações (o que é raro) ou o envio de um extrato. Pergunte se eles cobram taxas para manter IRAs ou transferir ações e outras securities (como títulos) entre corretoras, e descubra quais taxas de juros eles cobram para empréstimos por meio de contas de corretagem.

» **Atendimento mínimo:** Se você operar com uma corretora online, verifique sua capacidade de atendimento ao cliente. Se não conseguir operar no site, obtenha o número de atendimento ao cliente.

Escolhendo uma Corretora

Antes de escolher uma corretora, analise seu perfil de investimento (conforme explico no Capítulo 3), em seguida encontre o tipo de corretora que se adapta às suas necessidades. É quase como comprar sapatos: se você não souber seu tamanho, não terá um bom ajuste (e sofrerá com o desconforto).

LEMBRE-SE

Ao escolher uma corretora, tenha em mente os seguintes aspectos:

» Escolha uma corretora que cobre a menor taxa pelos serviços que você usará com mais frequência.

» Compare os custos de compra, venda e manutenção de ações e outros títulos entre as corretoras. Não compare apenas o valor das comissões, mas também outros custos, como juros de margem e outras taxas de serviço (veja a seção anterior "Corretoras: Para que Lhes Quero?" para obter mais informações sobre esses custos).

> Use os serviços de comparação de corretoras disponíveis em publicações financeiras como *Kiplinger's Personal Finance* e *Barron's* (e, claro, seus sites), bem como fontes online.

DICA

Encontrar corretoras é fácil. Elas estão listadas na Yellow Pages (ou em sites de diretórios como o www.superpages.com), em diversas publicações de investimento e também em sites financeiros. Comece sua pesquisa usando as fontes do Apêndice A, que inclui uma lista das principais corretoras.

Tipos de Contas de Corretagem

Quando você começa a investir no mercado de ações, precisa de fato *pagar* pelas ações que compra. A maioria das corretoras oferece aos investidores vários tipos de contas, cada uma servindo a um propósito diferente. Apresento três dos tipos mais comuns nas seções a seguir. A diferença básica se resume a como determinadas corretoras veem sua capacidade de crédito quando se trata de compra e venda de títulos. Caso seu crédito não seja bom, sua única opção será uma conta limitada ao seu saldo. Caso seja bom, você pode abrir uma conta de margem. Depois de se qualificar para uma conta de margem, pode (com aprovação da corretora) atualizá-la para operar opções.

LEMBRE-SE

Para abrir uma conta, você deve preencher um formulário e enviar um cheque ou uma ordem de pagamento no valor mínimo necessário requerido.

Contas de dinheiro

Uma *conta em dinheiro* (também conhecida como *conta Tipo 1*) significa exatamente o que o nome diz. Você deve depositar uma quantia em dinheiro ao abrir a conta para começar a operar. O valor de seu depósito inicial varia de corretora para corretora. Algumas corretoras aceitam US$10 mil como valor mínimo, outras permitem que você abra uma conta com apenas US$500. Há corretoras que oferecem contas em dinheiro sem depósito mínimo para promover seus serviços. Use os recursos do Apêndice A para ajudá-lo a efetuar as operações. Qualificar-se para uma conta em dinheiro costuma ser fácil, basta ter dinheiro e estar vivo.

Em uma conta em dinheiro, o capital deve ser depositado antes da data de fechamento (ou liquidação) de qualquer operação. O fechamento ocorre dois dias úteis após a data em que você fez a operação (*data de execução*). Pode ser que você precise ter o dinheiro na conta antes mesmo da data de execução. Veja o Capítulo 6 para obter mais detalhes sobre essas e outras datas importantes.

Em outras palavras, se você ligar para sua corretora na segunda-feira, 10 de outubro, e pedir 50 ações da CashLess Corp. a US$20 por ação, na quarta-feira, 12 de outubro, deverá ter US$1 mil em dinheiro na conta (mais as comissões).

CUIDADO

Além disso, pergunte à corretora quanto tempo o dinheiro depositado (como um cheque) leva para ficar disponível para ser investido. Algumas corretoras suspendem os cheques por até dez dias úteis (ou mais), independentemente de quando o cheque compensa (é de enlouquecer!)

DICA

Veja se sua corretora paga juros sobre o dinheiro parado em conta. Algumas corretoras oferecem um rendimento equivalente às taxas do mercado monetário, e você pode até escolher entre uma conta normal baseada no mercado monetário e uma conta municipal livre de impostos desse mercado.

Contas de margem

Uma *conta de margem* (também chamada de *conta Tipo 2*) permite empréstimos aos títulos para comprar mais ações. Como você pode fazer empréstimos em uma conta de margem, precisa ser qualificado e aprovado pela corretora. Depois de aprovado, esse crédito recém-descoberto lhe permite mais alavancagem para que você compre mais ações ou venda a descoberto. (Veja mais sobre compra com margem e venda a descoberto no Capítulo 17.)

Para operar ações, o limite de margem é de 50%. Por exemplo, se você planeja comprar US$10 mil em ações com margem, precisa de pelo menos US$5 mil em dinheiro (ou títulos) em sua conta. A taxa de juros paga varia dependendo da corretora. A maioria cobra uma taxa vários níveis acima da própria taxa de empréstimo.

Por que usar margem? A margem está para ações como a hipoteca está para a compra de um imóvel. Você pode comprar um imóvel à vista, mas usar fundos emprestados pode ser positivo se não tem dinheiro suficiente ou simplesmente prefere não pagar tudo de uma vez. Com margem, você pode, por exemplo, comprar US$10 mil em ações com apenas US$5 mil em conta. O valor restante é coberto pela margem que a corretora oferece.

CUIDADO

Pessoalmente, não sou um grande fã de margem, então uso com moderação. A margem é uma forma de alavancagem que funciona bem se você acerta, mas é muito perigosa se o mercado se move contra você. Ela funciona melhor com ações estáveis e pagadoras de dividendos. Assim, os dividendos ajudam a pagar os juros da margem.

Contas de opções

Uma *conta de opções* (também conhecida como *conta Tipo 3*) oferece todos os recursos de uma conta de margem (que, por sua vez, também oferece os recursos de uma conta em dinheiro) e também a possibilidade de operar opções de ações e índices de ações. Para atualizar sua conta de margem para uma conta de opções, a corretora costuma pedir que você assine uma declaração de que conhece as opções e está familiarizado com os riscos associados a elas.

DICA

As opções podem ser um recurso muito eficaz para a gama de ferramentas de investimento de geração de riqueza de um investidor em ações. Uma abordagem mais abrangente sobre opções está disponível no livro *Trading de Opções Para Leigos*, 3ª edição, de Joe Duarte. Pessoalmente, adoro usar opções (assim como meus clientes e alunos) e acho que são uma ótima ferramenta em seu arsenal de geração de riqueza. Por isso, ofereço uma ampla cobertura de opções de compra e venda em meu livro *High-Level Investing For Dummies* (sem publicação no Brasil).

Recomendações de Corretoras

Nos últimos anos, os norte-americanos se apaixonaram por um novo esporte: avaliação de ações por corretoras em programas financeiros de TV. Esses programas costumam apresentar um estrategista de mercado habilidoso falando sobre determinada ação. É comum algumas ações saltarem significativamente logo após um analista influente emitir uma recomendação de compra. A especulação e as opiniões dos analistas são muito interessantes, e inúmeras pessoas levam seus pontos de vista muito a sério. No entanto, a maioria dos investidores deve ser muito cautelosa quando os analistas, principalmente os tagarelas da TV, fazem recomendações. Muitas vezes é só falação. Nas seções a seguir, resumo as recomendações básicas de corretoras e listo algumas considerações importantes para as avaliar.

Entendendo as recomendações básicas

As corretoras emitem suas recomendações (conselhos) como um resumo de quanta credibilidade atribuem à determinada ação. A lista a seguir apresenta as recomendações (ou as avaliações) básicas e seu significado:

» **Compre muito e compre:** Eita moleque! É aqui que você tem que ir. Os analistas adoram essa, e você, como bom investidor que é, deve comprar um monte de ações. O que se deve ter em mente, no entanto, é que a recomendação de *comprar* é provavelmente a mais comum, porque (convenhamos) as corretoras vendem ações.

» **Acúmulo e desempenho do mercado:** Essa é uma recomendação positiva, mas não com o entusiasmo da anterior. Essa avaliação é semelhante a perguntar a um amigo se ele gosta do seu terno novo e receber a resposta "bacana" em tom monótono. É uma resposta educada, mas você gostaria que a opinião tivesse sido mais enfática. Para algumas corretoras, *o acúmulo* é considerado uma recomendação de *compra*.

» **Seguro ou neutro:** Analistas usam essa expressão quando são pressionados, mas não querem dizer "vende logo isso!" Essa recomendação me lembra minha mãe me dizendo para ser legal e dizer algo positivo, ou então ficar de boca fechada. Nesse caso, essa avaliação é uma forma educada de o analista manter a boca fechada.

» **Venda:** Os analistas deveriam ter emitido essa recomendação durante a baixa dos mercados nos períodos entre 2000 e 2002, e em 2008, mas não o fizeram. Uma pena. Inúmeros investidores perderam dinheiro porque muitos analistas foram legais (deveríamos dizer tendenciosos?) ou só tiveram medo de ser sinceros, quebrar a caixa da alavanca de emergência e dizer "vendam!".

» **Evite a todo custo:** Embora seja brincadeira, essa recomendação deveria existir. Já vi ações que eram investimentos terríveis — ações de empresas que não ganhavam dinheiro, estavam em péssimas condições financeiras e nunca deveriam ter sido consideradas. Mesmo assim, os investidores gastam bilhões de dólares em ações que acabam perdendo o valor.

Algumas questões importantes

Não me entenda mal. A recomendação de um analista é certamente melhor do que a que você receberia do seu barbeiro ou do jornaleiro, mas é bom analisar as recomendações de analistas com os pés no chão. Os analistas têm seus receios, pois seu emprego depende das próprias empresas que são mencionadas. O que deve ser considerado quando uma corretora fala bem de uma ação é o raciocínio que embasa a recomendação. Em outras palavras, pergunte-se: por que a corretora está fazendo essa recomendação?

Lembre-se de que as recomendações dos analistas desempenham um papel importante em suas considerações de investimentos em ações. Se você encontrar uma oportunidade que aparenta ser interessante e, *em seguida*, ouvir boas avaliações dos analistas em relação àquelas ações, está no caminho certo! Veja algumas questões e aspectos a serem considerados:

» **Como o analista chega à classificação?** A abordagem do analista para avaliar uma ação o ajuda a complementar sua pesquisa enquanto você consulta outras fontes, como jornais e serviços de consultoria independentes.

» **Qual abordagem o analista está usando?** Alguns analistas usam a *análise fundamentalista* (veja os Capítulos 8 e 11 para saber mais) — examinando a condição financeira da empresa e os fatores relacionados a seu sucesso, como suas atividades no setor e sua atuação no mercado. Outros analistas usam *a análise técnica* — que consiste em examinar o histórico do preço das ações da empresa e avaliar os movimentos anteriores para ponderar sobre os movimentos futuros (veja o Capítulo 10 para saber mais sobre análise técnica). Muitos analistas usam uma combinação das duas. Então pergunte-se: a abordagem do analista é semelhante à sua ou à das fontes que pesquisa?

» **Qual é o histórico do analista?** O analista tem um histórico consistente nos mercados de alta e baixa? Os principais sites financeiros, como o *Barron's* e o *Hulbert Financial Digest,* além de sites como o `MarketWatch.com`, rastreiam recomendações de analistas e stock pickers conhecidos. Veja algumas fontes desse tipo de informação no Apêndice A.

» **Como o analista lida com os aspectos importantes do desempenho da empresa, como vendas e lucros?** E quanto ao balanço da empresa? A essência de uma empresa saudável é aumentar as vendas e os lucros, ter ativos sólidos e pouco endividamento. (Veja o Capítulo 11 para obter mais detalhes sobre esses tópicos.)

» **O setor em que a empresa está vai bem?** Os analistas que você considera informam sobre essas questões importantes? Uma empresa forte em um setor fraco não continuará forte por muito tempo. Considerar o setor é determinante para investir em ações (para obter mais informações, veja o Capítulo 13).

» **Quais fontes de pesquisa o analista cita?** O analista cita o governo federal ou grupos de comércio da indústria para sustentar sua análise? Essas fontes são importantes, pois ajudam a dar credibilidade às perspectivas de sucesso da empresa. Imagine que você opte por ações de uma empresa forte. E se o governo federal (por meio de agências como a SEC) penalizar a empresa por atividades fraudulentas? E se o setor da empresa estiver encolhendo ou tiver parado de crescer (dificultando o crescimento da empresa)? O investidor astuto pesquisa diversas fontes antes de comprar ações.

» **O analista é racional ao falar do preço-alvo de uma ação?** Quando ele diz "Achamos que essa ação de US$40 chegará a US$100 em 12 meses", apresenta um modelo racional como basear o preço da ação em uma relação entre preço e lucro projetado? (Veja o Capítulo 11 para entender melhor). O analista deve ser capaz de fornecer um cenário lógico

CUIDADO

» **A empresa recomendada tem algum vínculo com o analista ou a empresa do analista?** No período entre 2000 e 2002, o setor financeiro ficou manchado devido a muitos analistas terem recomendado ações de empresas que faziam negócios com as mesmas empresas que os empregavam. Esse conflito de interesses é provavelmente o maior motivo pelo qual analistas erraram em suas recomendações durante esse período. Peça a sua corretora para divulgar qualquer conflito de interesses. Além disso, as corretoras são obrigadas a divulgar se a empresa está envolvida com determinada ação como "formadora de mercado" ou outra função (como atuar como investidora bancária).

» **Qual escola de pensamento econômico o analista segue?** Pode parecer uma pergunta desnecessária e até difícil de responder, mas é bom saber. Se eu tivesse que escolher entre dois analistas muito semelhantes, sendo que o analista A segue a escola keynesiana, e o analista B, a escola austríaca, adivinha? Eu escolheria o Analista B simplesmente porque os seguidores da escola austríaca têm uma compreensão muito melhor da economia que rege o mundo real (o que resulta em melhores escolhas de investimentos em ações).

LEMBRE-SE

O ponto principal das recomendações da corretora é que você não deve usá-las para comprar ou vender ações. Em vez disso, use-as para confrontar a própria pesquisa. Se você compra uma ação com base em suas pesquisas e vê que está sendo comentada em uma plataforma de finanças, está no caminho certo. É ótimo ouvir os especialistas para ampliar as próprias opiniões, mas as avaliações deles não devem substituir suas pesquisas. Dedico a Parte 3 deste livro à pesquisa e à escolha de ações rentáveis. Mas antes de ir com muita sede ao pote, a Parte 2 (incluindo este capítulo) ajuda você a estabelecer as bases para elaborar sua estratégia de investimento em ações.

108   PARTE 2 **Antes de Comprar**

> **NESTE CAPÍTULO**
>
> » **Equilibrando crescimento e valor**
>
> » **Usando estratégias para escolher boas ações de crescimento**

Capítulo **8**

Investindo para o Longo Prazo

Qual é o principal motivo para as pessoas investirem em ações? Aumentar a riqueza (*valorização do capital*). Sim, algumas pessoas investem para obter receita (como dividendos), mas é uma questão diferente (discuto o investimento para obter receita no Capítulo 9). Os investidores em busca de crescimento preferem ver o dinheiro que poderia ter sido distribuído na forma de dividendos ser reinvestido na empresa para que (com sorte) um ganho maior seja obtido quando o preço das ações subir ou se valorizar. Pessoas interessadas em aumentar sua riqueza veem as ações como um modo conveniente de fazê-lo. Ações de crescimento (growth) são mais arriscadas do que de outras categorias, mas oferecem excelentes perspectivas de longo prazo para ganhar muito dinheiro. Se não acredita em mim, pergunte a Warren Buffett, Peter Lynch e outros investidores de longo prazo de sucesso.

Embora alguém como Buffett não seja considerado investidor de crescimento, sua abordagem de longo prazo, orientada para o valor, é uma estratégia de crescimento bem-sucedida. Se tem tempo suficiente para permitir que ações um tanto arriscadas subam ou tem dinheiro suficiente para que uma perda não o consuma, as ações de crescimento são definitivamente para você. Como se costuma dizer, sem coragem, sem glória. O desafio é descobrir quais ações o tornam mais rico mais rápido; neste capítulo dou dicas de como fazer isso.

LEMBRE-SE

Além de começar o próprio negócio, investir em ações é a melhor maneira de lucrar com uma iniciativa comercial. Para ganhar dinheiro com ações de forma consistente em longo prazo, lembre-se de que está investindo em uma *empresa*; comprar ações é apenas um meio de participar do sucesso (ou fracasso) dela. Por que é importante pensar em investir em ações como a compra de uma *empresa*? Invista em uma ação apenas se você estiver tão animado com ela quanto estaria se fosse o CEO da empresa. Se você é o único proprietário da empresa, age de maneira diferente de qualquer outra pessoa em uma legião de acionistas obscuros? Claro que sim! Como proprietário, você tem um interesse maior nela. Você tem um forte desejo de saber como a empresa está indo. Ao investir em ações, faça de conta que você é o proprietário e se interesse pelos produtos, pelos serviços, pelas vendas, pelos lucros da empresa etc. Essa atitude e disciplina aumentam seus objetivos como investidor em ações, e tal abordagem é especialmente importante se sua meta for o crescimento.

Tornando-se um Investidor de Crescimento Orientado para o Valor

Uma *ação de crescimento (growth)* cresce mais rápido e a uma taxa mais alta do que o mercado de ações em geral. Basicamente, ela tem um desempenho melhor do que seus pares em categorias como vendas e lucros. *Ações de valor (value)* têm preços inferiores ao valor da empresa e seus ativos — identifique-as analisando os fundamentos da empresa e observando os principais índices financeiros, como o índice preço/lucro (P/E). (Cubro as finanças da empresa no Capítulo 11, e os índices, no Capítulo 11 e no Apêndice B.) Ações de crescimento tendem a ter melhores perspectivas de crescimento no futuro imediato (de um a quatro anos), mas as de valor tendem a ter menos risco e um crescimento mais estável em um prazo maior.

Ao longo dos anos, um debate acalmou-se silenciosamente na comunidade financeira sobre investimento de crescimento *versus* de valor. Algumas pessoas acreditam que crescimento e valor são excludentes. Elas sustentam o grande número de pessoas comprando ações com crescimento, já que a expectativa tende a elevar o preço das ações em relação ao valor atual da empresa. Os investidores de crescimento não se desanimam por índices P/E de 30, 40 ou mais. Os investidores de valor são tensos demais para comprar ações com índices P/E nesses níveis.

No entanto, você *pode* ter ambos. Uma abordagem orientada para o valor do investimento de crescimento lhe atende melhor. Os investidores em ações de crescimento de longo prazo gastam tempo analisando os fundamentos da empresa para se certificarem de que as perspectivas de crescimento da empresa estão em uma base sólida. Mas e se você tiver que escolher entre uma ação de crescimento e uma de valor? Qual escolheria? Busque valor ao comprar ações e analise as perspectivas de crescimento da empresa. O crescimento inclui, mas não se limita, a saúde e o crescimento do setor específico da empresa, a economia e o clima político gerais (veja os Capítulos 13 e 15).

LEMBRE-SE

O resultado final é que o crescimento é muito mais fácil de alcançar quando você busca empresas sólidas e orientadas para o valor em setores em crescimento. (Para entender melhor as indústrias e os setores, e como afetam o valor das ações, veja o Capítulo 13.) Também vale a pena enfatizar que tempo, paciência e disciplina são fatores-chave para o sucesso — especialmente no ambiente tumultuado e incerto do investimento em ações da época atual (2020-2021). No Capítulo 25 abordo dez questões principais que todos os investidores enfrentarão durante 2020-2030.

PAPO DE
ESPECIALISTA

O investimento de crescimento orientado para o valor tem a mais longa história de sucesso em comparação com a maioria das filosofias de investimento em ações. O histórico de pessoas que usam o investimento de crescimento orientado para o valor é invejável. Warren Buffett, Benjamin Graham, John Templeton e Peter Lynch são alguns dos adeptos mais conhecidos. Cada um pode ter sua própria visão dos conceitos, mas todos aplicaram com sucesso os princípios básicos do investimento de crescimento orientado para o valor ao longo de muitos anos.

Escolhendo Ações de Crescimento com Algumas Dicas Úteis

Embora as informações da seção anterior o ajudem a reduzir suas alternativas de ações de milhares para talvez algumas dezenas ou centenas (dependendo de quão bem o mercado de ações em geral esteja), o objetivo desta seção é ajudá-lo a recusar as ações de crescimento fracas e achar as boas. É hora de cavar mais fundo até as maiores vencedoras em potencial. Lembre-se de que você não encontrará uma ação que satisfaça todos os critérios apresentados aqui. Basta que sua seleção atenda ao máximo de critérios possível. Mas, ei, se encontrar uma ação que atenda a todos os critérios citados, *compre o máximo que puder dela!*

Para constar, minha abordagem para escolher uma ação de crescimento vencedora é provavelmente quase o método inverso de... ahn... aquele cara do dinheiro gritando na TV (não mencionarei o nome dele!). As pessoas assistem a seu programa em busca de "dicas" sobre "ações em alta". O apresentador frenético parece fazer um tratamento rápido das ações em geral. Parece examinar milhares de ações e dizer: "Gosto dessa" e "Não gosto daquela". O espectador tem que decidir. Shiu!

De 80% a 90% de minhas escolhas de ações são lucrativas. As pessoas me perguntam como escolho uma ação vencedora. Digo a elas que não apenas escolho uma ação e espero que ela vá bem. Na verdade, minha pesquisa nem mesmo começa com as ações; primeiro examino o ambiente de investimento (política, economia, demografia etc.) e escolho qual setor se beneficiará dele. Depois começo a analisar e a escolher minhas ações.

Depois de escolher uma ação, espero. Paciência é mais do que apenas uma virtude; paciência é esperar o tempo de uma semente plantada em solo fértil. O lendário Jesse Livermore disse que não fez fortuna no mercado de ações negociando ações; suas fortunas foram feitas "na espera". Por quê?

Quando lhe digo para ter paciência e uma perspectiva de longo prazo, não é porque quero que espere anos ou décadas para que seu portfólio de ações dê frutos. É porque você está esperando que ocorra uma condição específica: que o mercado descubra o que você tem! Quando você tem uma boa ação em um bom setor, leva tempo para o mercado descobrir. Quando uma ação tem mais compradores do que vendedores, ela sobe — simples assim. Conforme o tempo passa, mais compradores encontram sua ação. À medida que ela sobe, atrai mais atenção e, portanto, mais compradores. Quanto mais o tempo passa, mais sua ação atrai o público investidor.

LEMBRE-SE

Ao escolher ações de crescimento, considere investir apenas em uma empresa *se* ela gera lucro, *se* você entende *como* gera esse lucro e de *onde* ele vem. Parte de sua pesquisa é observar a indústria, o setor (veja o Capítulo 13) e as tendências econômicas em geral (veja o Capítulo 15). Verifique o Capítulo 25 para obter mais ajuda.

Procurando líderes nas megatendências

Uma empresa forte em um setor em crescimento é uma receita comum para o sucesso. Se olhar a história dos investimentos em ações, esse ponto surge constantemente. Os investidores precisam estar atentos às megatendências, porque elas ajudam a garantir o sucesso.

Megatendência é um grande desenvolvimento com enormes implicações para grande parte (senão toda) da sociedade por um longo tempo. Bons exemplos são o advento da internet e o envelhecimento dos EUA. Ambas as tendências oferecem desafios e oportunidades significativas para a economia. Veja a internet. Seu potencial de aplicação econômica ainda está em desenvolvimento. Milhões estão migrando para ela por muitas razões. E os dados do censo dizem que os idosos (acima de 65 anos) continuarão a ser um segmento de rápido crescimento da população dos EUA durante os próximos 20 anos. (Os millennials são outro grande grupo demográfico de que os investidores devem estar cientes.) Como o investidor em ações tira proveito de uma megatendência? Descubra mais no Capítulo 13.

Como as pequenas empresas podem ser aquelas com maior potencial de crescimento, veja o Capítulo 14 para entrar antecipadamente no mercado de algumas ações importantes.

Comparando os crescimentos da empresa e do setor

Meça o crescimento de uma empresa em relação a algo para descobrir se sua ação é de crescimento. Normalmente, comparamos o crescimento da empresa com o de outras do mesmo setor ou com o mercado de ações em geral. Em termos práticos, quando você mede o crescimento de uma ação em relação ao mercado de ações, na verdade está comparando-o com um benchmark geralmente aceito, como o Dow Jones Industrial Average (DJIA) ou o Standard & Poor's 500 (S&P 500). Para obter mais informações sobre índices de ações, veja o Capítulo 5.

DICA

Se os ganhos de uma empresa crescem 15% ao ano em 3 anos ou mais, e a taxa média de crescimento do setor no mesmo período é de 10%, então a ação é de crescimento. Calcule facilmente a taxa de crescimento dos lucros comparando os lucros de uma empresa no ano atual com o anterior e computando a diferença como porcentagem. Se o lucro de uma empresa (por ação) foi de US$1 no ano passado e US$1,10 neste ano, cresceu 10%. Muitos analistas também olham o trimestre atual e comparam os lucros com os do mesmo trimestre do ano anterior para ver se estão crescendo.

LEMBRE-SE

Uma ação de crescimento é chamada assim não apenas porque a empresa está crescendo, mas também porque a empresa está tendo um bom desempenho com alguma consistência. Ter um único ano em que seus lucros vão bem em comparação com a média do S&P 500 não basta. O crescimento deve ser consistente.

Considerando uma empresa de nicho forte

As empresas que estabeleceram um nicho forte são consistentemente lucrativas. Procure uma empresa com uma ou mais das seguintes características:

» **Uma marca forte:** Vêm à mente empresas como Coca-Cola e Microsoft. Sim, outras empresas podem fazer refrigerantes ou software, mas uma empresa precisa de muito mais do que um produto semelhante para derrubar empresas que estabeleceram uma identidade quase irrevogável com o público.

» **Grandes barreiras para a entrada:** A United Parcel Service e a Federal Express estabeleceram enormes redes de distribuição e entrega que os concorrentes não conseguem duplicar facilmente. As altas barreiras de entrada oferecem uma vantagem importante para as empresas já estabelecidas. Exemplos de barreiras incluem altos requisitos de capital (precisar de muito dinheiro para começar) e tecnologia especial, que não é facilmente produzida ou adquirida.

» **Pesquisa e desenvolvimento (P&D):** Empresas como Pfizer e Merck gastam muito dinheiro pesquisando e desenvolvendo novos produtos farmacêuticos. Esse investimento vira um novo produto com milhões de consumidores que se tornam compradores fiéis, então a empresa cresce. Descubra quanto as empresas gastam em P&D verificando suas demonstrações financeiras e seus relatórios anuais (leia mais sobre isso nos Capítulos 11 e 12).

Verificando os fundamentos

A palavra *fundamentos* no mundo dos investimentos em ações refere-se à condição financeira, ao desempenho operacional e aos dados relacionados da empresa. Quando os investidores (especialmente os de valor) fazem *uma análise fundamentalista*, examinam os fundamentos da empresa — balanço patrimonial, demonstração de resultados, fluxo de caixa e outros dados operacionais, com fatores externos, como a posição da empresa no mercado, setor e perspectivas econômicas. Essencialmente, os fundamentos indicam a condição financeira da empresa. O Capítulo 11 apresenta mais detalhes sobre a análise da condição financeira de uma empresa. No entanto, os principais números a examinar são:

> » **Vendas:** As vendas da empresa neste ano superam as do ano passado? Como um benchmark decente, as vendas devem ser, pelo menos, 10% mais altas que as do ano passado. Embora mude conforme o setor, 10% é um bom parâmetro.
>
> » **Lucros:** Os lucros são, pelo menos, 10% maiores do que os do ano passado? Eles devem crescer na mesma taxa que as vendas (com sorte, mais).
>
> » **Dívida:** A dívida total da empresa é igual ou inferior à do ano anterior? A sentença de morte de muitas empresas foi uma dívida excessiva.

DICA

A condição financeira de uma empresa tem mais fatores do que mencionei aqui, mas esses números são os mais importantes. Também percebo que 10% parece uma simplificação exagerada, mas você não precisa complicar as coisas desnecessariamente. Sei que o modelo financeiro computadorizado de alguém pode chegar a 9,675% ou talvez 11,07%, mas mantenhamos as coisas simples por enquanto.

Avaliando a gestão de uma empresa

A gestão de uma empresa é fundamental para seu sucesso. Antes de comprar ações, é preciso saber se a administração da empresa está fazendo um bom trabalho. Mas como? Se você ligar para a empresa e perguntar, talvez desliguem de imediato. Como saber se a administração gerencia a empresa de maneira adequada? A melhor maneira é verificar os números. As seções a seguir mostram os números que precisam ser verificados. Se a administração da empresa a está gerindo bem, o resultado final é o aumento do preço das ações.

Retorno sobre o patrimônio

LEMBRE-SE

Embora se possa medir o desempenho da gestão de várias maneiras, verificar o retorno sobre o patrimônio líquido (ROE) da empresa confere um rápido instantâneo da competência de uma equipe de gestão. Calcule o ROE dividindo os lucros pelo patrimônio líquido. A porcentagem resultante dá uma boa ideia de se a empresa está usando seu patrimônio (ou ativos líquidos) de forma eficiente e lucrativa. Basicamente, quanto maior a porcentagem, melhor, mas considere o ROE sólido se a porcentagem for de 10% ou mais. Lembre-se de que nem todos os setores têm ROEs idênticos.

Para saber os lucros de uma empresa, verifique sua demonstração de resultados. A *demonstração de resultados* é uma demonstração financeira simples, que expressa esta equação: vendas (ou receita) menos despesas é igual ao lucro líquido. Veja um exemplo de demonstração de resultados na Tabela 8-1. (Dou mais detalhes sobre isso no Capítulo 11.)

TABELA 8-1   # Demonstração de Resultados da Grobaby, Inc.

	Demonstração de Resultados de 2019	Demonstração de Resultados de 2020
Vendas	US$82 mil	US$90 mil
Despesas	–US$75 mil	–US$78 mil
Lucro líquido	US$7 mil	US$12 mil

Para descobrir o patrimônio de uma empresa, verifique o balanço dela. (Veja no Capítulo 11 mais detalhes sobre os balanços.) O *balanço patrimonial* é, na verdade, uma demonstração financeira simples, que ilustra esta equação: o total de ativos menos o total de passivos é igual ao patrimônio líquido. Para as sociedades anônimas, os ativos líquidos são chamados de *patrimônio líquido* ou simplesmente de *capital próprio*. A Tabela 8-2 mostra um balanço da Grobaby, Inc.

TABELA 8-2   # Balanço Patrimonial da Grobaby, Inc.

	Balanço Patrimonial de 31 de dezembro de 2019	Balanço Patrimonial de 31 de dezembro de 2020
Ativo total (TA)	US$55 mil	US$65 mil
Passivo total (TL)	–US$20 mil	–US$25 mil
Patrimônio líquido (TA menos TL)	US$35 mil	US$40 mil

A Tabela 8-1 mostra que os lucros da Grobaby foram de US$7 mil para US$12 mil. Na Tabela 8-2, veja que a Grobaby aumentou seu patrimônio de US$35 mil para US$40 mil em um ano. O ROE do ano de 2019 é de 20% (US$7 mil em ganhos divididos por US$35 mil em patrimônio líquido), o que é um número sólido. No ano seguinte, o ROE é de 30% (US$12 mil em ganhos divididos por US$40 mil em patrimônio líquido), outro número sólido. Um bom ROE mínimo é de 10%, mas é preferível que ele seja a partir de 15%.

116   PARTE 2 **Antes de Comprar**

Crescimento do patrimônio líquido e dos lucros

Duas métricas adicionais de sucesso são o crescimento de uma empresa em lucros e o crescimento do patrimônio líquido:

» Observe o crescimento dos lucros na Tabela 8-1. Eles aumentaram de US$7 mil (em 2019) para US$12 mil (em 2020), um aumento percentual de 71% (US$12 mil menos US$7 mil é igual a US$5 mil, e US$5 mil divididos por US$7 mil é 71%), o que é excelente. No mínimo, o crescimento dos lucros deve ser igual ou melhor do que a taxa de inflação, mas como esse número nem sempre é confiável, gosto de uma diferença de, pelo menos, 10%.

» Na Tabela 8-2, o patrimônio da Grobaby cresceu US$5 mil (de US$35 mil para US$40 mil), ou 14,3% (US$5 mil divididos por US$35 mil), o que é muito bom — a administração está fazendo coisas boas aqui. Gosto de ver o patrimônio líquido aumentando em 10% ou mais.

Compra de insiders

DICA

Observar a administração enquanto ela administra o negócio é importante, mas outro indicador de como a empresa está indo é verificar se a administração também está comprando ações da própria empresa. Se uma empresa está pronta para o crescimento, quem sabe isso melhor do que a administração? E se a administração está comprando em massa as ações da empresa, isso é um grande indicativo do potencial delas. Veja no Capítulo 20 mais detalhes sobre a compra de insiders.

Percebendo quem está comprando e/ou recomendando as ações de uma empresa

Você pode investir em uma grande empresa e ainda assim ver suas ações irem a lugar nenhum. Por quê? Porque o que faz a ação subir é a demanda — quando há mais compra do que venda. Se escolher uma ação por todos os motivos certos e o mercado percebê-la também, essa atenção fará com que seu preço suba. Os itens a serem observados incluem:

» **Compra institucional:** Os fundos de investimento e os planos de pensão estão comprando as ações de seu interesse? No caso, esse tipo de poder de compra exerce uma enorme pressão de alta sobre o preço delas.

Alguns recursos e publicações rastreiam compras institucionais e como isso afeta qualquer ação específica. (Esses recursos estão no Apêndice A.) Quando um fundo compra uma ação, outros logo o seguem. Apesar de toda a conversa sobre pesquisa independente, ainda existe uma mentalidade de rebanho.

» **Atenção dos analistas:** Os analistas estão falando sobre as ações nos programas financeiros? Por mais que você deva ser cético sobre a recomendação de um analista (considerando o desastre do mercado de ações de 2000–2002 e os problemas do mercado em 2008), isso oferece um reforço positivo para as ações. Não compre apenas com base na recomendação de um analista. Saiba apenas que, se comprar uma ação com base em sua própria pesquisa, e os analistas posteriormente repararem nela, o preço dela aumentará. Uma única recomendação de um analista influente basta para fazer a ação subir.

» **Recomendações de boletins informativos:** Pesquisadores independentes publicam boletins informativos. Se boletins informativos influentes estão divulgando sua escolha, isso é bom para a sua ação. Embora existam alguns boletins informativos excelentes (encontre-os no Apêndice A) e eles ofereçam informações tão boas ou melhores do que as dos departamentos de pesquisa de algumas corretoras, não baseie sua decisão de investimento em uma única dica. No entanto, ver os boletins informativos sobre uma ação que você já escolheu deve fazê-lo se sentir bem.

» **Publicações para consumidores:** Não, você não encontrará conselhos de investimento aqui, o que parece um tanto controverso, mas é uma fonte relevante. Publicações como *Relatórios do Consumidor* olham produtos e serviços e os avaliam de acordo com a satisfação do consumidor. Se as ofertas de uma empresa são bem recebidas pelos consumidores, isso é um forte fator positivo para a empresa. Em última análise, esse tipo de atenção tem um bom efeito nas ações dela.

Mantendo o bom desempenho

A situação financeira de uma empresa muda, e você, como investidor diligente, precisa continuar a olhar os números enquanto as ações dela estão em seu portfólio. Você pode ter escolhido uma ótima ação de uma grande empresa com grandes números em 2018, mas as chances são muito grandes de que os números tenham mudado desde então.

CUIDADO

Grandes ações nem sempre permanecem assim. Uma boa seleção pela qual você é atraído hoje pode se tornar o pária de amanhã. As informações, boas e ruins, movem-se como um raio. Fique de olho nos números da sua empresa de ações! Para ter mais informações sobre os dados financeiros das empresas, veja o Capítulo 11.

As lições de investimento da história

Uma ação em crescimento não é uma criatura como o monstro do Lago Ness — sempre falado, mas raramente visto. As ações de crescimento fazem parte do cenário financeiro há quase um século. Abundam os exemplos que oferecem informações úteis a serem aplicadas ao ambiente atual do mercado de ações. Observe as vencedoras anteriores do mercado, especialmente aquelas durante o bull market do final da década de 1990 e os bear markets de 2000-2010, e pergunte-se: "O que as tornou lucrativas com ações?" Menciono esses dois momentos porque eles mostram um contraste marcante. Os anos 1990 foram tempos de expansão para as ações, enquanto os anos mais recentes foram muito difíceis e pessimistas.

LEMBRE-SE

Estar atento e agir de forma lógica são tão vitais para o sucesso do investimento em ações quanto para qualquer outra atividade. Repetidamente, a história fornece a fórmula para um investimento em ações de sucesso:

» Escolha uma empresa que tenha fundamentos sólidos, incluindo sinais como aumento de vendas, lucros e baixo endividamento. (Veja o Capítulo 11.)

» Verifique se a empresa está em um setor em crescimento. (Veja o Capítulo 13.)

» Participe integralmente de ações que estejam se beneficiando da evolução do bull market na economia em geral. (Veja o Capítulo 15.)

» Durante um bear market ou tendências de baixa, mude mais dinheiro de ações de crescimento (como tecnologia) para ações defensivas (como serviços públicos).

» Monitore as ações. Mantenha as ações que continuam a ter potencial de crescimento e venda aquelas com perspectiva de declínio.

120   PARTE 2 **Antes de Comprar**

NESTE CAPÍTULO

» Familiarizando-se com os fundamentos da ação de renda

» Selecionando ações de renda com alguns critérios em mente

» Obtendo receita de serviços públicos, REITs e BDCs

» Ganhando receita com a emissão de opções de compra e venda

Capítulo 9

Investindo para Obter Renda e Fluxo de Caixa

As ações são bem conhecidas por sua valorização (potencial de ganhos de capital), mas não é dado crédito suficiente à sua capacidade de aumentar receita e fluxo de caixa. Visto que a renda será uma preocupação primária para muitos nos próximos meses e anos (especialmente os baby boomers e outras pessoas preocupadas com aposentadoria, pensões etc.), considero este um capítulo fundamental.

A primeira característica da receita é a óbvia — dividendos! Adoro dividendos, e eles têm aspectos excelentes, que os tornam muito atraentes, como a capacidade de atender ou exceder a taxa de inflação e o fato de estarem sujeitos a impostos mais baixos do que, digamos, juros e salários regulares. As ações que pagam dividendos (também chamadas de ações de renda) merecem um lugar em uma variedade de portfólios, especialmente para os investidores em fase de aposentadoria ou próximos. Além disso, acho que os jovens (como a geração Y) podem obter benefícios financeiros de longo prazo ao reinvestir os dividendos para compor seu crescimento (como os planos de reinvestimento de dividendos, abordados no Capítulo 19). Neste

CAPÍTULO 9 **Investindo para Obter Renda e Fluxo de Caixa** 121

capítulo, mostro como analisar ações de renda com algumas fórmulas úteis e descrevo várias ações de renda típicas.

Os dividendos são o assunto principal aqui, mas cubro muito mais. Muitas ações do seu portfólio têm o poder de fogo para gerar uma receita substancial com opções de compra e venda (ótimo!). A receita de opções (e outras estratégias de receita) virá mais adiante neste capítulo. Vamos aos dividendos primeiro.

Compreendendo as Ações de Renda

Acredito que as ações que pagam dividendos são uma grande consideração para os investidores que buscam maior renda em seus portfólios. Gosto de ações com dividendos acima da média, as *ações de renda.* Essas ações têm um papel duplo, pois podem não apenas se valorizar, mas também fornecer renda regular. As seções a seguir examinam em detalhes os dividendos e as ações de renda.

Dividendos e suas taxas

Quando as pessoas falam sobre obter lucro com ações, estão falando de dividendos. Os dividendos são distribuições pro rata que tratam todos os acionistas da mesma forma. Um *dividendo* nada mais é do que distribuições periódicas pro rata de dinheiro (às vezes ações) para o proprietário da ação. Você compra ações de dividendos para obter renda — não para um potencial de crescimento espetacular.

Os dividendos se confundem com juros. No entanto, os dividendos são pagamentos aos proprietários, enquanto *juros* são pagamentos a credores. Um investidor em ações é considerado coproprietário da empresa em que investe e tem direito aos dividendos quando são emitidos. Um banco, por outro lado, o considera um credor quando você abre uma conta. O banco pega seu dinheiro emprestado e paga juros sobre ele.

Um dividendo é cotado como um valor anual em dinheiro (ou rendimento percentual), mas é pago trimestralmente. Se uma ação paga um dividendo de US$4 por ação, você provavelmente paga US$1 a cada trimestre. Se, no exemplo, tiver 200 ações, receberá US$800 por ano (se o dividendo não mudar durante o período) ou US$200 por trimestre. Receber aquele cheque regular de dividendos a cada três meses (pelo tempo que você mantiver as ações) é um bom privilégio. Se a empresa continua indo bem, esse dividendo pode crescer com o tempo. Uma boa ação de renda tem um dividendo acima da média (normalmente, 4% ou mais).

122   PARTE 2 **Antes de Comprar**

LEMBRE-SE

As taxas de dividendos não são garantidas e estão sujeitas às decisões do conselho de administração do emissor — podem subir ou descer, ou, em alguns casos extremos, o dividendo pode ser suspenso ou mesmo descontinuado. Felizmente, a maioria das empresas que emitem dividendos os mantém indefinidamente e, na verdade, aumentam os pagamentos de dividendos de tempos em tempos. Historicamente, os aumentos de dividendos igualaram (ou excederam) a taxa de inflação.

Para quem as ações de renda são?

Que tipo de pessoa é mais adequado para as ações de renda? Ações de renda são apropriadas para muitos investidores, em particular para:

» **Investidores conservadores e novatos:** Os investidores conservadores gostam de uma abordagem lenta, mas constante, para aumentar seu dinheiro e, ao mesmo tempo, receber cheques regulares de dividendos. Os investidores novatos que querem começar devagar também se beneficiam disso.

» **Aposentados:** O investimento de crescimento (que descrevo no Capítulo 8) é mais adequado para as necessidades de longo prazo, enquanto o investimento de renda, para as necessidades atuais. Os aposentados podem querer algum crescimento em seus portfólios, mas estão mais preocupados com uma renda regular que acompanhe a inflação.

» **Investidores do plano de reinvestimento de dividendos (DRP):** Para os investidores que gostam de capitalizar seu dinheiro com DRPs, as ações de renda são perfeitas. Para obter mais informações sobre DRPs, veja o Capítulo 19.

DICA

Dadas as tendências econômicas recentes e as condições para o futuro (dou dicas sobre muitas delas para 2020-2030 no Capítulo 25), acho que os dividendos devem ser uma parte obrigatória da criação de riqueza do investidor em ações. Isso é especialmente válido para quem está se aposentando ou quase. Investir em ações com um histórico confiável de aumento de dividendos é agora mais fácil do que nunca. Há fundos negociados em bolsa (ETFs) que se concentram em ações com um histórico longo e consistente de aumento de dividendos (em uma base anual). ETFs como o iShares Core High Dividend ETF (símbolo, HDV) detêm 45-50 empresas que aumentaram seus dividendos todos os anos por 10 anos ou mais. O HDV pagou um dividendo de US$0,24 em 2011, indo para US$0,82 em 2019 — um aumento de 241% em 8 anos. ETFs semelhantes estão disponíveis e são encontrados em sites como www.etfdb.com (use termos de pesquisa como "alto dividendo", "crescimento de dividendos" e "rendimento de dividendos" para encontrá-los). Descubra mais sobre ETFs no Capítulo 5.

Avaliando as vantagens das ações de renda

Ações de renda tendem a ser as menos voláteis de todas, e muitos investidores as veem como ações defensivas. *Ações defensivas* são ações de empresas que vendem bens e serviços necessários, independentemente do estado da economia. (Não confunda ações defensivas com *ações de defesa*, especializadas em bens e equipamentos para militares.) Empresas de alimentos, bebidas e serviços públicos são ótimos exemplos de ações defensivas. Mesmo quando a economia está passando por tempos difíceis, as pessoas ainda precisam comer, beber e ter luz. As empresas que oferecem dividendos relativamente altos também tendem a ser grandes empresas em setores estabelecidos e estáveis.

DICA

Algumas indústrias em particular são conhecidas por ações com altos dividendos. Serviços públicos (como eletricidade, gás e água), fundos de investimento imobiliário (REITs) e o setor de energia (fundos de royalties de petróleo e gás) têm boas ações de renda. Sim, há ações com altos dividendos em outros setores, mas há uma concentração maior delas nesses setores. Para obter mais detalhes, veja as seções que destacam esses setores posteriormente neste capítulo.

DIVIDENDOS DE AÇÕES OU DA EMPRESA?

Ouvir a frase "dividendo de ações" é comum em discussões financeiras sobre o mercado de ações. No entanto, a realidade é que eles não são pagos por ações; eles recebem distribuições pro rata de dinheiro pelas empresas. Parece que estou perdendo a cabeça, mas é uma diferença fundamental. Os preços das ações estão sujeitos aos caprichos de compras e vendas no mercado — um dia os preços das ações subirão; no outro, cairão, quando as manchetes assustam o mercado. Como o dividendo não é volátil e é pago com regularidade (trimestralmente), é mais previsível, e acho que os investidores deveriam pensar em "coletar fluxos de caixa", em vez de se preocuparem com a vazante e o fluxo do mercado.

O que isso quer dizer? Se 100 ações de dada ação com pagamento de dividendos fornecem, digamos, US$100 por ano em dividendos anuais, o investidor em ações que se preocupa com a renda deve manter uma contagem contínua dos valores dos dividendos anuais. Dessa forma, continua investindo até atingir o nível de receita desejado (como US$2 mil de receita de dividendos anuais) e se sente confiante de que essa receita de dividendos é relativamente confiável e continuará crescendo à medida que os pagamentos aumentarem com as operações da empresa. Por último, tenha em mente que, tecnicamente, um "dividendo de ações" é, na verdade, uma distribuição pro rata de ações (não em dinheiro).

Desvantagens das ações de renda

Antes de dizer "As ações de renda são ótimas! Vou pegar meu talão de cheques e comprar um lote agora mesmo", dê uma olhada nas possíveis desvantagens a seguir (ugh!). As ações de renda também têm as temidas letrinhas no final.

O que sobe...

As ações de renda tanto podem cair quanto subir, assim como qualquer ação. Os fatores que afetam as ações em geral — política (Capítulo 15), megatendências (Capítulo 13), diferentes tipos de risco (Capítulo 4) etc. — afetam as ações de renda também. Felizmente, as ações de renda não são atingidas tão duramente quanto as outras quando o mercado está em declínio, porque os altos dividendos tendem a atuar como um suporte para o preço das ações. Portanto, os preços das ações de renda caem menos drasticamente do que os das outras em um mercado em declínio.

Sensibilidade da taxa de juros

As ações de renda são sensíveis ao aumento das taxas de juros. Quando as taxas de juros sobem, outros investimentos (como títulos corporativos, títulos do Tesouro dos EUA e certificados de depósito bancário) ficam mais atraentes. Quando sua ação de renda rende 4% e as taxas de juros sobem para 5%, 6% ou mais, você pode pensar: "Hmm. Por que se contentar com um rendimento de 4% quando posso melhorar em outro lugar?" À medida que mais e mais investidores vendem suas ações de rendimento menor, os preços delas caem.

Outro ponto a ser observado é que o aumento das taxas de juros prejudica a solidez financeira da empresa. Se a empresa tiver que pagar mais juros, isso afetará os lucros, o que afetará a capacidade dela de pagar dividendos.

LEMBRE-SE

As empresas pagadoras de dividendos que experimentam uma queda consistente das receitas tendem a cortar os dividendos. *Consistente* significa dois ou mais anos.

O efeito da inflação

Embora muitas empresas aumentem seus dividendos regularmente, algumas não o fazem. Ou, se os aumentam, esse aumento é pequeno. Se a renda é sua principal consideração, esteja ciente desse fato. Se está recebendo o mesmo dividendo ano após ano, e essa renda é relevante para você, o aumento da inflação é um problema.

Digamos que tenha ações XYZ a US$10 por ação com um dividendo anual indicado de US$0,30 (o rendimento é de US$0,30 divididos por US$10, ou 3%). Se você tem um rendimento de 3% em 2 anos consecutivos, como se sente quando a inflação sobe 6% em um ano e 7% no seguinte? Como a inflação significa que seus custos estão aumentando, ela diminui o valor da receita de dividendos que você recebe.

Felizmente, estudos mostram que, em geral, os dividendos têm melhor desempenho em ambientes inflacionários do que títulos e outros investimentos a taxas fixas. Normalmente, os dividendos das empresas que fornecem produtos básicos de consumo (alimentos, energia etc.) atingem e até excedem a taxa de inflação. É por isso que alguns gurus de investimento descrevem empresas que pagam dividendos crescentes como detentoras de ações "melhores do que títulos".

O corte do Tio Sam

O governo tributa os dividendos como receita ordinária. Descubra com seu contador se estão em vigor taxas de imposto potencialmente mais elevadas sobre os dividendos para o ano fiscal corrente ou subsequente. Veja no Capítulo 21 mais informações sobre impostos para investidores em ações.

Analisando a Ação de Renda

Como expliquei na seção anterior, mesmo os investidores conservadores em renda se deparam com diferentes tipos de risco. (O Capítulo 4 cobre o risco e a volatilidade em mais detalhes.) Felizmente, esta seção o ajuda a escolher cuidadosamente ações de renda para minimizar as desvantagens potenciais.

DICA

Olhe as ações de renda da mesma forma que faz com as de crescimento ao avaliar a solidez financeira de uma empresa. A obtenção de bons dividendos sofre uma parada brusca se a empresa não pode pagar por eles. Se seu orçamento depende da receita de dividendos, monitorar a solidez financeira da empresa é muito mais importante. Aplique as mesmas técnicas que listei nos Capítulos 8 e 11 para avaliar a solidez financeira das ações de crescimento à sua avaliação das ações de renda.

Identificando suas necessidades

Você escolhe ações de renda porque deseja ou precisa de renda agora. Como ponto secundário, elas têm potencial para valorização constante e de longo prazo. Portanto, se está investindo para necessidades de aposentadoria que não ocorrerão nos próximos vinte anos, talvez as ações de renda não sejam adequadas — uma escolha melhor é investir em ações de crescimento, porque é mais provável que seu dinheiro cresça mais rápido ao longo de um prazo de investimento maior. (Explico no início deste capítulo quem é mais adequado para as ações de renda.)

Se tiver certeza de que deseja ações de renda, faça um cálculo aproximado para descobrir quanto de seu portfólio será ocupado por elas. Suponha que precise de US$25 mil em investimento de renda para atender suas necessidades financeiras atuais. Se tem títulos que geram US$20 mil em juros e deseja que o resto venha de dividendos de ações de renda, escolha ações que pagam US$5 mil em dividendos anuais. Se tem US$100 mil restantes para investir, você precisa de um portfólio de ações de renda que rende 5% (US$5 mil divididos por US$100 mil é igual a um rendimento de 5%; explico o rendimento em mais detalhes na seção seguinte).

Você pode perguntar: "Por que não comprar US$100 mil em títulos (por exemplo) que rendem, pelo menos, 5%?" Bem, se está satisfeito com aqueles US$5 mil e a inflação no futuro previsível será de zero ou consideravelmente menor que 5%, você tem razão. Infelizmente, a inflação (baixa ou não) provavelmente ficará conosco por muito tempo. Por sorte, o crescimento constante dos dividendos que as ações de renda fornecem é um benefício para você.

DICA

Se tem ações de renda e nenhuma necessidade imediata de dividendos, considere reinvesti-los nas ações da empresa. Para obter mais detalhes sobre esse tipo de reinvestimento, veja o Capítulo 19.

LEMBRE-SE

Cada investidor é diferente. Se não tiver certeza sobre suas necessidades atuais e futuras, sua melhor opção é consultar um planejador financeiro. Vá para o Apêndice A para ler sobre planejamento financeiro e recursos de investimento.

Verificando o yield

Como as ações de renda pagam dividendos — renda —, você precisa avaliar quais ações podem lhe dar a maior renda. Como fazer isso? O principal é observar o *yield*, que é a taxa de retorno percentual paga sobre uma ação na forma de dividendos. Observar o rendimento de dividendos de uma ação é a maneira mais rápida de descobrir quanto dinheiro ganhará em comparação com outras que pagam dividendos (ou mesmo outros investimentos, como uma conta bancária). A Tabela 9-1 ilustra esse ponto. O rendimento de dividendos é calculado assim:

Rendimento de dividendos = Receita de dividendos ÷ Investimento em ações

TABELA 9-1 Comparando o Yield

Investimento	Tipo	Valor do Investimento	Renda Anual do Investimento (Dividendo)	Yield (Renda de Investimento Anual Dividida pelo Montante de Investimento)
Smith Co.	Ação ordinária	US$20 por ação	US$1 por ação	5%
Jones Co.	Ação ordinária	US$30 por ação	US$1,50 por ação	5%
Wilson Bank	Poupança	Depósito de US$1.000	US$10 (juros)	1%

As próximas duas seções usam as informações da Tabela 9-1 para comparar os rendimentos de diferentes investimentos e mostram como essa avaliação o ajuda a escolher a ação que lhe dará mais lucro.

LEMBRE-SE

Não pare de examinar as ações depois de adquiri-las. Você pode fazer uma ótima escolha que lhe dê um ótimo dividendo, mas isso não significa que a ação continuará a ter um bom desempenho indefinidamente. Monitore o progresso da empresa enquanto a ação estiver em seu portfólio usando recursos como www.bloomberg.com e www.marketwatch.com (em inglês; veja mais no Apêndice).

Examinando as mudanças no rendimento

A maioria das pessoas não tem problemas para entender o rendimento quando se trata de contas bancárias. Se eu disser que meu certificado de depósito bancário (CD) tem um rendimento anual de 3,5%, você sabe que, se eu depositar US$1.000 nessa conta, um ano depois terei US$1.035 (um pouco mais, se incluir a capitalização). O valor de mercado do CD nesse exemplo é igual ao do depósito — US$1.000. Isso facilita o cálculo.

LEMBRE-SE

Que tal ações? Quando você vê uma ação listada nas páginas financeiras, o rendimento do dividendo é fornecido, junto com o preço da ação e o dividendo anual. O rendimento do dividendo (dividend yield) nas páginas financeiras é sempre calculado com base no preço de fechamento da ação naquele determinado dia. Basta ter em mente que, com base na oferta e na demanda, os preços das ações flutuarão durante o horário de trade, portanto, o rendimento muda durante o horário de trade também. Então leve em conta as duas coisas a seguir ao examinar o rendimento:

» **O rendimento listado nas páginas financeiras pode não representar o rendimento recebido.** E se você tivesse comprado ações da Smith Co. (veja a Tabela 9-1) há um mês a US$20 por ação? Com um dividendo anual de US$1, seu rendimento é de 5%. Mas e se hoje a Smith Co. estiver vendendo a ação a US$40? Se olhar as páginas financeiras, o rendimento citado é de 2,5%. Ah! O dividendo caiu pela metade?! Não, na verdade. Você ainda recebe 5%, porque comprou as ações por US$20, em vez do preço atual de US$40; o rendimento cotado é para investidores que compram a Smith Co. hoje. Eles pagam US$40 e recebem o dividendo de US$1, presos ao rendimento atual de 2,5%. Embora a Smith Co. tenha sido um bom investimento de renda um mês atrás, não é uma escolha tão boa hoje, porque o preço das ações dobrou, cortando o rendimento pela metade. Mesmo que o dividendo não tenha mudado, o rendimento mudou drasticamente por causa da mudança no preço das ações.

» **O preço das ações afeta a qualidade do investimento que elas podem ter.** Outra forma de avaliar o rendimento é observar o valor do investimento. Usando Smith Co., da Tabela 9-1, como exemplo, o investidor que comprou, digamos, 100 ações quando estavam US$20 por ação pagou apenas US$2 mil (100 ações multiplicadas por US$20 — sem comissões, para simplificar). Se a mesma ação for comprada posteriormente a US$40 por ação, o valor total do investimento será de US$4 mil (100 ações multiplicadas por US$40). Em ambos os casos, o investidor obtém uma receita total de dividendos de US$100 (100 ações multiplicadas por US$1 de dividendo por ação). Qual investimento está rendendo mais — o de US$2 mil ou US$4 mil? Claro, obtém-se melhor renda (US$100, nesse caso) com o investimento menor (um rendimento de 5% é melhor do que um de 2,5%).

Comparando o rendimento de diferentes ações

Com todos os aspectos sendo iguais, escolher Smith Co. ou Jones Co. é um cara ou coroa. Observar sua situação e os fundamentos e perspectivas de cada empresa influenciará você. E se a Smith Co. for uma empresa de automóveis (semelhante à General Motors, em 2008), e a Jones Co., uma concessionária que atende à área metropolitana de Las Vegas? E agora? Em 2008, o setor automotivo lutou tremendamente, mas a concessionária de serviços públicos estava em situação melhor. Nesse cenário, os dividendos da Smith Co. estão em risco, enquanto os da Jones Co. são mais seguros. Outra questão é a taxa de pagamento (veja a próxima seção). Portanto, empresas cujos dividendos têm o mesmo rendimento ainda apresentam riscos diferentes.

O índice de pagamento

Use o *índice de pagamento (payout ratio)* para descobrir qual porcentagem dos lucros de uma empresa está sendo paga na forma de dividendos (lucro = vendas - despesas). Lembre-se de que as empresas pagam dividendos de seus lucros líquidos. (Tecnicamente, o dinheiro vem das contas de capital da empresa, mas esse dinheiro, em última análise, vem do lucro líquido e das infusões de capital.) Sendo assim, o lucro da empresa deve ser sempre superior aos dividendos que paga. Um investidor deve ver o crescimento total dos ganhos que excede o valor total pago pelos dividendos. Veja como calcular o índice de pagamento:

Dividendo (por ação) ÷ Lucro (por ação) = Índice de pagamento

Digamos que a CashFlow Now, Inc. (CFN), tenha um lucro anual (lucro líquido) de US$1 milhão. O total de dividendos é de US$500, e ela tem 1 milhão de ações em circulação. Usando esses números, você sabe que o lucro por ação (EPS) da CFN é de US$1 (US$1 milhão dividido por 1 milhão de ações) e paga um dividendo anual de US$0,50 por ação (US$500 mil divididos por 1 milhão de ações). A taxa de distribuição de dividendos é de 50% (o dividendo de 50 centavos é 50% do EPS de US$1). Esse número é uma proporção saudável de pagamento de dividendos porque, mesmo que os lucros da CFN caiam em 10% ou 20%, ainda haverá muito para pagar dividendos.

DICA

Se está preocupado com a segurança de sua receita de dividendos, observe o índice de pagamento. O índice máximo aceitável é de 80% e uma boa faixa é de 50% a 70%. Uma taxa de pagamento de 60% ou menos é considerada muito segura (quanto menor a porcentagem, mais seguro é o dividendo).

LEMBRE-SE

Quando uma empresa passa por dificuldades financeiras significativas, sua capacidade de pagar dividendos fica comprometida. Bons exemplos de ações que tiveram seus dividendos cortados nos últimos anos devido a dificuldades financeiras são as empresas hipotecárias após o estouro da bolha imobiliária e as consequências do fiasco da dívida subprime. Elas recebiam cada vez menos receita devido à inadimplência das hipotecas, o que forçou a redução dos dividendos à medida que a entrada de caixa diminuía. Portanto, se você precisa da receita de dividendos para pagar suas contas, esteja ciente do índice de pagamento de dividendos.

Estudando o rating da empresa

Rating de um título? Anh?! O que isso tem a ver com ações que pagam dividendos? Na verdade, o rating (classificação) de títulos de uma empresa é muito importante para os investidores em ações de renda. Ela oferece uma visão sobre a solidez financeira da empresa. Os títulos são classificados quanto à qualidade pelos mesmos motivos que as agências de consumo classificam produtos como carros ou torradeiras. A Standard & Poor's (S&P) e a Mood's são as principais agências de rating independentes que analisam os emissores de títulos. Elas olham o emissor do título e perguntam: "Esse emissor do título tem força financeira para pagar o título e os juros, conforme estipulado na escritura do título?"

Para entender por que essa classificação é importante, considere o seguinte:

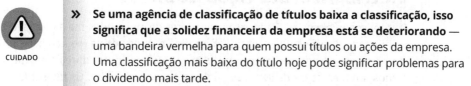

» **Uma boa classificação de títulos significa que a empresa é forte o suficiente para pagar seus passivos.** Esses passivos incluem despesas, pagamentos de dívidas e dividendos declarados. Se uma agência de classificação de títulos dá à empresa uma classificação alta (ou se aumenta a classificação), é um ótimo sinal para quem tem dívidas da empresa ou recebe dividendos.

» **Se uma agência de classificação de títulos baixa a classificação, isso significa que a solidez financeira da empresa está se deteriorando** — uma bandeira vermelha para quem possui títulos ou ações da empresa. Uma classificação mais baixa do título hoje pode significar problemas para o dividendo mais tarde.

» **Uma baixa classificação do título significa que a empresa está tendo dificuldade para pagar seus passivos.** Se a empresa não pode pagar todos seus passivos, tem que escolher quais pagar. Na maioria das vezes, uma empresa com problemas financeiros opta por cortar dividendos ou (na pior das hipóteses) por não os pagar.

O rating mais alto emitido pela S&P é AAA. Os graus AAA, AA e A são considerados *grau de investimento* ou de alta qualidade. Bs e Cs indicam uma nota média, e qualquer coisa abaixo é considerada ruim ou muito arriscada (os títulos são referidos como *junk bonds*). Então, se vir uma classificação XXX... caramba... fuja!

Diversificando as ações

Se a maior parte de sua receita de dividendos é proveniente de ações de uma única empresa ou setor, considere realocar seu investimento para evitar ter todos os seus ovos em uma única cesta. As preocupações com a diversificação aplicam-se tanto às ações de renda quanto às de crescimento. Se todas suas ações de renda forem do setor de serviços públicos de eletricidade, quaisquer problemas nesse setor também serão problemas potenciais para seu portfólio. Veja mais informações sobre riscos no Capítulo 4.

Explorando as Ações de Renda Típicas

Embora praticamente todos os setores tenham ações que pagam dividendos, alguns pagam mais do que outros. Você não encontrará muitas ações de renda com pagamento de dividendos nos setores de computadores ou biotecnologia, porque essas empresas precisam de muito dinheiro para financiar projetos caros de pesquisa e desenvolvimento (P&D) para criar novos produtos. Sem P&D, a empresa não cria novos produtos para impulsionar as vendas, o crescimento e os ganhos futuros. Os setores de informática, biotecnologia e outros inovadores são melhores para investidores de crescimento. Continue lendo para obter informações sobre ações que funcionam bem para investidores de renda.

Eletrizante! Serviços públicos

Os serviços públicos estão entre os pagadores de dividendos mais confiáveis do mercado de ações. Eles geram um grande fluxo de caixa (se não acredita em mim, olhe suas contas de gás e luz!). Muitos investidores têm, pelo menos, uma empresa de serviços públicos em seu portfólio. Os investidores preocupados com a renda (especialmente aposentados) devem considerar seriamente os serviços públicos — e há ETFs de serviços públicos excelentes (veja no Capítulo 5 mais informações sobre ETFs). Investir em sua concessionária local não é uma má ideia — pelo menos, torna o pagamento da conta do serviço menos doloroso.

LEMBRE-SE

Antes de investir em um serviço público, considere:

» **A condição financeira da concessionária:** A empresa está ganhando dinheiro e suas vendas e ganhos estão crescendo ano a ano? Certifique-se de que os títulos da concessionária tenham classificação A ou superior (veja a seção anterior "Estudando o rating da empresa").

» **A relação de pagamento de dividendos da empresa:** Como as concessionárias tendem a ter um bom fluxo de caixa, não se preocupe se a proporção chegar a 70%. Do ponto de vista da segurança, porém, quanto menor a taxa, melhor. Veja a seção anterior "O índice de pagamento" para obter mais informações.

» **A localização da empresa:** Se o serviço público cobre uma área que está indo bem e oferece uma base populacional crescente e expansão dos negócios, é um bom presságio para a ação. Um bom recurso para pesquisar dados populacionais e empresariais dos EUA é o U.S. Census Bureau (www.census.gov), em inglês.

Fundos de investimento imobiliário (REITs)

Os fundos de investimento imobiliário (REITs) são um tipo especial de ações. *REIT* é um investimento que tem elementos de ação e *fundo de investimento* (um pool de dinheiro recebido de investidores administrado por uma empresa de investimento):

» Um REIT se assemelha a uma ação no sentido de que é uma empresa cujas ações são negociadas publicamente nas principais bolsas de valores e tem as características usuais que você espera de uma ação — pode ser comprada e vendida facilmente por meio de uma corretora, a receita é fornecida aos investidores como dividendos e assim por diante.

» Um REIT se assemelha a um fundo de investimento no sentido de que não ganha dinheiro vendendo bens e serviços; ganha dinheiro comprando, vendendo e administrando um portfólio de investimentos imobiliários. Gera receita de aluguéis e arrendamentos de propriedades, como qualquer senhorio. Além disso, alguns REITs têm financiamentos e obtêm receita com os juros.

PAPO DE ESPECIALISTA

REITs são chamados de *trusts* porque cumprem os requisitos da lei Real Estate Investment Trust, de 1960. Essa lei isenta os REITs do imposto de renda corporativo e impostos sobre ganhos de capital, desde que atendam a certos critérios, como distribuir 90% da receita líquida aos acionistas. Essa disposição é a razão pela qual os REITs emitem dividendos generosos. Além desse status, os REITs são, em um sentido prático, como qualquer outra empresa de capital aberto.

As principais vantagens de investir em REITs incluem:

» Diferentemente de outros tipos de investimento imobiliário, os REITs são fáceis de comprar e vender (são mais líquidos do que outros tipos de investimento imobiliário tradicional). Compre um REIT ligando para uma corretora ou visitando o site dela, da mesma forma como compraria qualquer ação.

» Os REITs têm rendimentos acima da média. Como devem distribuir pelo menos 90% de sua receita aos acionistas, os dividendos geram um retorno de 5% a 10%.

» Os REITs envolvem um risco menor do que a compra direta de imóveis porque usam uma abordagem de portfólio diversificada entre muitas propriedades. Como você está investindo em uma empresa que compra o imóvel, não precisa se preocupar com o gerenciamento dele — a administração da empresa faz isso em tempo integral. Normalmente, o REIT não gerencia apenas uma propriedade; é diversificado em um portfólio com várias.

» O investimento em um REIT é acessível para pequenos investidores. As ações do REIT são negociadas na faixa de US$10 a US$40, o que significa que você pode investir com pouco dinheiro.

CUIDADO

Os REITs têm desvantagens. Embora tendam a ser diversificados com vários imóveis, ainda são suscetíveis aos riscos vinculados ao setor imobiliário

CAPÍTULO 9 **Investindo para Obter Renda e Fluxo de Caixa**   133

em geral. Os investimentos imobiliários atingiram níveis recordes e frenéticos durante 2000-2007, o que significava que era provável uma desaceleração. Sempre que você investe em um ativo (como imóveis ou REITs nos últimos anos) que já disparou artificialmente (no caso de imóveis, taxas de juros muito baixas, crédito e dívida excessivos), as perdas potenciais se sobrepõem a qualquer receita potencial (não realizada).

DICA

Ao procurar um REIT para investir, analise-o da mesma forma como analisaria uma propriedade. Observe a localização e o tipo. Se os shoppings estão em alta na Califórnia, e seu REIT compra e vende shoppings lá, você provavelmente se sairá bem. No entanto, se seu REIT investe em prédios comerciais em todo o país, e o mercado de prédios comerciais está saturado, passando por tempos difíceis, você também terá dificuldades.

Muitos dos perigos da "bolha imobiliária" já passaram, e os investidores podem começar a olhar os investimentos imobiliários (como REITs) com menos ansiedade. No entanto, escolher REITs visando qualidade e fundamentos sólidos (localização, aluguéis potenciais etc.) ainda é necessário.

Empresas de desenvolvimento de negócios (BDCs)

Se você procura dividendos relativamente altos com algum potencial de crescimento, dê uma olhada em empresas de desenvolvimento de negócios (BDCs). Elas são um pouco misteriosas, mas podem ser compradas tão facilmente quanto uma ação, e sua configuração não é difícil de entender. BDC (Business development companies) é basicamente um híbrido entre uma venture capital (capital de risco) e um fundo de investimento, e é comercializado como um fundo fechado. Um fundo fechado funciona como um fundo de investimento regular, mas é listado da mesma forma como uma ação e tem um número finito de cotas totais. Os fundos de investimento regulares são chamados de "abertos", o que significa que as ações são emitidas (ou resgatadas) e não há um número finito de ações como nos fundos fechados.

Como uma venture capital de risco, um BDC investe em empresas de pequeno ou médio porte que precisam de capital para crescer em seus estágios iniciais de desenvolvimento. Um BDC é como um fundo de investimento, no sentido de que investirá em um lote de empresas, portanto, há algum senso de diversificação. As empresas em que o BDC investe tendem a estar em um nicho específico, como biotecnologia, robótica ou outro setor "florescente". Como parte da estrutura financeira, as empresas que recebem o financiamento do BDC pagam tal financiamento por meio de taxas e juros mais altos, de modo que os BDCs tendem a ter um alto dividendo.

Diante disso, um BDC fornece uma boa receita de dividendos, mas lembre-se de que o risco é maior, uma vez que as empresas ainda estão nos estágios iniciais de desenvolvimento. Para obter mais detalhes sobre BDCs, verifique (em inglês):

>> CEF Connect (`www.cefconnect.com`).

>> Assessores de fundos fechados (`www.cefdata.com`).

>> Associação de Fundo Fechado (`www.cefa.com/`).

Quando escrevi este livro, havia 49 BDCs, portanto, há mais informações sobre eles nos recursos de investimento em ações tradicionais (detalhes no Apêndice A).

Lançamento Coberto Visando Renda

O mundo das opções é um pouco complicado (e muito arriscado), mas existe uma estratégia de opções relativamente segura que qualquer investidor conservador e preocupado com a renda deve considerar (mesmo se for aposentado). Imagine uma estratégia de baixo risco que aumente o fluxo de caixa de seu portfólio de ações em 5%, 7%, 9% ou até mais. Sim... é o lançamento coberto.

Se fizer o lançamento coberto de forma disciplinada, não perderá dinheiro, mas há um risco — você pode ser forçado a vender seu ativo (com lucro). Que risco, hein?!

Uma opção de compra coberta significa entrar em uma transação de compra/venda (a "opção de compra") pela qual você (vendedor ou lançador) receberá uma receita (o "prêmio da opção") em troca da obrigação potencial de vender suas ações para o comprador a um preço e prazo definidos. Se, digamos, você possui 100 ações de uma ação em sua conta de corretora a US$45 por ação, pode vender uma opção de compra sobre essas 100 ações com a obrigação de vendê-las a, digamos, US$50 por ação. Nesse exemplo, o comprador da opção lhe paga um prêmio de, digamos, US$100. Se suas ações não atingirem o preço mais alto de US$50, você continuará com elas e ficará com os US$100 que recebeu. Essa opção de compra vale apenas por um período de tempo relativamente breve (as opções regulares expiram em nove meses ou menos, mas existem opções de longo prazo que têm uma vida útil de mais de um ano), então a mudança de preço teria que ocorrer durante a curta duração da opção de compra. Se a opção de compra expira antes de a ação atingir US$50 ("preço de exercício"), o comprador perde dinheiro, mas o lançador fica com o dinheiro recebido da opção de compra.

CAPÍTULO 9 **Investindo para Obter Renda e Fluxo de Caixa** 135

A opção de compra coberta é uma ótima maneira de gerar renda extra com suas ações, e o único risco é que, se a ação atingir o preço de exercício (no caso, US$50 por ação), o lançador será obrigado a vender as 100 ações pelo preço elevado de US$50. Uau — que risco, ser obrigado a vender suas ações por um preço de ação mais alto e mais lucrativo!

Para obter detalhes mais abrangentes sobre como fazer lançamentos cobertos, veja meu livro *High-Level Investing For Dummies* (sem publicação no Brasil).

Lançando Puts Visando Renda

Imagine ganhar renda com o único risco de ser obrigado a comprar ações de uma empresa que gostaria de possuir — por um preço mais baixo! Acho que é bem aceitável. Esse doce evento pode acontecer quando você lança uma opção de venda (put) em sua conta da corretora.

Ao lançar (vender) uma opção de venda, você receberá uma receita (o prêmio) e, em troca, terá uma obrigação — será obrigado a comprar o título subjacente ao preço de exercício da opção. Digamos que você goste de uma ação de US$50, mas gostaria de comprá-la por um preço mais baixo, como US$45. Nesse caso, você lança uma opção de venda com o preço de exercício de US$45. Você recebe a receita do prêmio (digamos, US$200 nesse exemplo). Se a ação não cair para US$45 durante o período da opção, a opção expirará, e a boa notícia é que você manterá os US$200 como renda (legal!). Se a ação cair para US$45 (ou menos) durante o período da opção de venda, deverá comprá-la a US$45. A boa notícia é que você acaba comprando uma ação de que gosta e com desconto (legal de novo!). Por quê? Porque paga US$4.300 pelas ações subjacentes. As ações custam US$4.500 (100 ações multiplicadas por US$45), mas você também recebe US$200 em rendas de opções de venda, o que significa que o desembolso total de fundos foi de apenas US$4.300 (US$4.500 menos US$200).

DICA

Diante disso, chegamos à primeira regra de ouro para lançar opções de venda: apenas venda uma opção de venda sobre uma ação (ou ETF) que *queira* possuir. Pense nas ações que considera um excelente acréscimo a seu portfólio de corretagem. Digamos que a ação que esteja considerando fortemente esteja a US$40 por ação e você ficaria feliz em possuí-la por US$35 por ação.

Para obter informações mais detalhadas sobre como lançar opções de venda, confira meu livro *High-Level Investing For Dummies* (sem publicação no Brasil).

> **NESTE CAPÍTULO**
>
> » Definindo a análise técnica
> » Falando sobre tendências
> » Verificando gráficos
> » Usando o Índice de Força Relativa

Capítulo **10**

Análise Técnica e Investidores em Ações

Nos meus primeiros dias como investidor em ações, raramente usava a análise técnica, mas, com o passar do tempo (e com a experiência acumulada), passei a vê-la como uma parte útil de minha abordagem geral de investimento. Sim, a análise técnica é... bem... técnica, mas o ajuda a cronometrar sua decisão sobre quando deseja comprar, vender ou manter determinada ação. Em suma, a análise fundamentalista (o que o restante deste livro discute) diz a você *o que* comprar, e a análise técnica, *quando*.

Não farei deste capítulo um tratamento exaustivo do tópico (aposto que você acabou de dizer "Uau!"), mas quero alertá-lo sobre técnicas e recursos que lhe darão uma vantagem nos mercados voláteis e incertos de hoje.

DICA

Quero mencionar alguns recursos desde o início. Use os seguintes para descobrir mais informações, em inglês, sobre a análise técnica:

 Big Charts (www.bigcharts.com).

- » Incredible Charts (www.incrediblecharts.com).
- » Federação Internacional de Analistas Técnicos (www.ifta.org).
- » StockCharts (www.stockcharts.com).
- » *Stocks & Commodities* (www.traders.com).
- » *Análise Técnica Para Leigos,* tradução da 4ª edição, de Barbara Rockefeller (www.altabooks.com.br).
- » TraderPlanet (www.traderplanet.com).

Análise Técnica e Fundamentalista

Ao descobrir o que fazer no mundo dos investimentos, a maioria dos profissionais usa uma das duas abordagens básicas: análise fundamentalista ou análise técnica (muitos usam uma combinação das duas). Ambas as abordagens são usadas em vários mercados, desde o mercado de ações até o de commodities, mas limito este capítulo aos investimentos em ações. As principais diferenças entre a análise fundamentalista e a técnica são muito fáceis de entender:

- » A **análise fundamentalista** entra na economia da própria empresa, como dados de vendas e lucros, bem como em fatores externos que a afetam, como política, regulamentos e tendências do setor.
- » A **análise técnica** busca entender para onde o preço de uma ação está indo com base no comportamento do mercado, conforme evidenciado em suas estatísticas de mercado (apresentadas em gráficos, preços e dados de volume de trade). A análise técnica não busca descobrir o valor de um investimento; é usada para descobrir qual é a tendência do preço dessa ação ou investimento.

Nas seções a seguir, falo sobre os princípios básicos da análise técnica e observo seus prós e contras em comparação com a análise fundamentalista. Também explico como combinar a análise técnica com a fundamentalista, listando algumas ferramentas de trade.

Desbravando a análise técnica

Para obter o máximo benefício do uso da análise técnica, entenda seu funcionamento e objetivo. A análise técnica, para os fins deste livro, é baseada nas seguintes suposições.

O preço é soberano

A premissa da análise técnica é a de que o preço do mercado da ação fornece informações suficientes para a tomada de uma decisão de trade. Os que criticam a análise técnica apontam que ela considera o preço e sua movimentação sem dar a devida atenção aos fatores fundamentais da empresa. O argumento que favorece a análise técnica é o de que o preço é um instantâneo que, de fato, reflete os fatores básicos que afetam a empresa, incluindo seus fundamentos (ou os do investimento).

Analistas técnicos (também chamados de *técnicos* ou *grafistas*) acreditam que os fundamentos de uma empresa, com fatores econômicos mais amplos e psicologia de mercado, são todos avaliados nas ações, eliminando-se a necessidade de considerá-los em separado. O resultado final é que os técnicos olham o preço e seu movimento para extrair uma previsão de para onde a ação está indo.

A tendência é sua amiga

O preço de uma ação tende a se mover de acordo com as tendências. No mundo da análise técnica, a frase "A tendência é sua amiga" é tão onipresente quanto "Aguenta as consequências!" no dia a dia. Talvez até mais. Seguir a tendência é um princípio fundamental da análise técnica, e os dados apoiam a tendência ou não. Quando uma tendência no preço da ação é estabelecida, espera-se que continue. Os três tipos de tendências são para cima, para baixo e lateral (mas você sabia disso). (Veja a seção posterior "Na Crista da Onda" para obter mais informações.)

Se aconteceu antes, acontecerá de novo

Outra ideia fundamental da análise técnica é que a história tende a se repetir, principalmente em termos de movimento de preços. A natureza repetitiva dos movimentos de preços é atribuída à psicologia do mercado; em outras palavras, os participantes do mercado tendem a fornecer uma reação consistente a estímulos de mercado semelhantes ao longo do tempo.

A análise técnica usa gráficos padrões para analisar os movimentos do mercado e compreender as tendências. Embora muitos deles sejam usados há mais de cem anos, ainda são considerados relevantes, porque ilustram padrões nos movimentos de preços que muitas vezes se repetem. (Falo sobre padrões de gráfico com mais detalhes posteriormente neste capítulo.)

O bom e o ruim da análise técnica

Embora a análise técnica seja a "estrela" deste capítulo, ela tem suas deficiências. A principal desvantagem é que é uma abordagem humana que rastreia o comportamento humano em determinado mercado. Em outras palavras, só porque é chamada de análise técnica, não significa que seja técnica *à la* leis da Física. É chamada de análise técnica porque os dados que você olha são técnicos. Mas o movimento do preço da ação ou investimento subjacente deve-se às decisões cumulativas de muitos compradores e vendedores que são humanos e, portanto, falíveis.

Por que mencionar isso? Todo mundo está procurando ganhar dinheiro, e muitos sistemas e abordagens de trade são baseados em análises técnicas. Infelizmente, fazer investimentos lucrativos não é uma questão de dois mais dois é igual a quatro. Se a análise técnica tornasse as coisas tão fáceis a ponto de meros modelos de computador ou sistemas de trade poderem lhe dar uma decisão *voilà* para ganhar dinheiro, todos o fariam. Não é esse o caso.

Aqui está minha opinião. Sou a favor da análise fundamentalista para o investimento de longo prazo. Evito análises técnicas para escolher ações individuais porque não vejo valor de longo prazo nisso. Os investidores de longo prazo não precisam se preocupar com coisas como triângulos, flâmulas, copas e cabos, ou outra parafernália. Os investidores de longo prazo apenas fazem perguntas como "A empresa está ganhando dinheiro?" ou "As condições financeiras e econômicas ainda são favoráveis para o meu investimento?" Quando os fundamentos estão a seu favor, qualquer movimento de curto prazo contra você é uma oportunidade de compra (desde que escolha sabiamente desde o início). Mas, infelizmente, muitos investidores não são pacientes e ficam tão ocupados com as árvores de curto prazo que não se incomodam com a floresta de longo prazo. No entanto, aquela floresta de longo prazo tem muito mais verdinhas, se é que você me entende (espero não estar viajando muito).

PAPO DE ESPECIALISTA

Se você fizesse uma contagem dos investidores de sucesso na história do mercado de ações e de quais abordagens usaram, descobriria que os investidores de longo prazo que usaram alguma variação da análise fundamentalista (como aqueles que usaram uma abordagem de investimento de valor) compreendem esmagadoramente a maior parte. Investidores lendários como Warren Buffett e Peter Lynch raramente olhavam um gráfico. Pense nisso: Warren Buffett é obviamente uma das maiores histórias de sucesso no mundo dos investimentos em ações. Seu histórico e patrimônio líquido de vários bilhões de dólares atestam isso. No entanto, ele raramente (ou nunca) considera qualquer análise técnica. Ele não está preocupado com rabiscos e flutuações de curto prazo. Ele é, de fato, um investidor de longo prazo, e um de seus maiores ativos é a *paciência*. Ele manteve algumas ações por décadas. Essa é uma observação interessante da natureza humana. Todo mundo quer ter sucesso como Warren Buffett, mas poucos estão dispostos a ir até o fim.

O curto prazo é um animal diferente. Requer mais atenção e disciplina. Você precisa monitorar todos os indicadores para saber se está no caminho certo ou se os sinais estão alertando sobre uma mudança no curso. Os dados técnicos podem ser de baixa em um mês e de alta no próximo. E no mês seguinte, os sinais podem ser misturados e não lhe dar nenhum aviso claro. Ser um grafista proficiente exige, em última análise, mais monitoramento, mais trade e mais cobertura.

Observe que toda essa atividade também significa mais impostos, mais custos de transação (comissões e similares) e mais trabalho administrativo (relatórios fiscais etc.). Afinal, quem você acha que pagará mais impostos: alguém que compra e mantém por um ano ou mais, ou alguém que obtém o mesmo lucro entrando e saindo com base na direção em que sopram os ventos técnicos? Os ganhos de curto prazo não têm as mesmas taxas favoráveis daqueles de longo prazo. A questão não é o que você faz, mas o que guarda (abordo os impostos no Capítulo 21).

LEMBRE-SE

Mas antes de deixar a análise técnica ir com a água do banho, continue lendo. Aqueles que a usam em trades de curto prazo ou especulam em investimentos de maior escopo tendem a se sair melhor do que os que não a usam. Isso significa que, se você aplicar a análise técnica em algo maior do que uma empresa, como um índice ou uma commodity, tenderá a se sair melhor. Se estiver entrando no mercado de ações e/ou fundos negociados em bolsa (ETFs; veja o Capítulo 5), compreender os fundamentos da análise técnica o tornará, de modo geral, um melhor trader (e, portanto, mais lucrativo). Como o comportamento e a psicologia do mercado de curto prazo são instáveis e irracionais (humanos), a análise técnica tem sua utilidade. É mais útil para aquelas pessoas que estão fazendo trade e/ou especulando durante um período curto medido em dias, semanas ou meses. Não é tão útil para prever onde estará o preço de uma ação daqui a um ano ou mais.

O melhor dos dois mundos

LEMBRE-SE

Uma maneira útil de combinar as análises fundamentalista e técnica é aproveitar a força de cada uma. A análise fundamentalista o ajuda a entender *em que* investir (fazer trade ou especular), enquanto a análise técnica o orienta *quando* o fazer. Como os mercados caem e fluem, ziguezagueiam, a análise técnica o ajuda a identificar pontos de baixo risco para entrar ou sair de um trade. Portanto, a análise técnica o ajuda a empilhar mais cartas a seu favor. Considerando como os mercados estão indo ultimamente, qualquer coisa ajuda.

A combinação das duas abordagens, até certo ponto, foi feita com sucesso. Obviamente, se os fatores fundamentais e técnicos apoiarem sua decisão, a chance de um trade lucrativo será maior. Como essa mistura ocorre?

Por exemplo, observe os conceitos de sobrevenda e sobrecompra (veja a seção posterior "O Índice de Força Relativa"). Se está pensando em comprar uma ação (ou outro investimento) porque acha que é forte, mas não tem certeza sobre quando comprar, dê uma olhada nos dados técnicos. Se indicarem que o produto foi sobrevendido, é uma boa hora para comprar. *Sobrevendido* significa que o mercado foi extremo na venda daquele investimento específico durante dado período.

A propósito, gosto de pensar que os termos técnicos *sobrevendido* e *sobrecomprado* têm um paralelo com termos fundamentais, como *subvalorizado* e *supervalorizado.* Como a análise fundamentalista é uma parte importante de uma escola de pensamento conhecida como *investimento de valor*, os conceitos fazem sentido (sim, gosto de investir em valor). Assim como investir em uma ação subvalorizada é uma boa ideia, comprar uma que foi sobrevendida também o é. É lógico presumir que uma ação sobrevendida está subvalorizada (todas as coisas sendo iguais). Obviamente, os outros termos (sobrecomprado e sobrevalorizado) também podem ser executados em conjunto. Vou parar antes que você fique sobrecarregado e subinteressado.

Por outro lado, os fundamentos ajudam o analista técnico a tomar melhores decisões de trade. Digamos que um analista técnico tenha uma posição lucrativa em determinada ação chamada Getting Near a Cliff Corp. (GNAC). Se os indicadores técnicos estiverem caindo e o novo relatório de lucros trimestrais indicar um lucro significativamente menor, vender as ações da GNAC provavelmente será uma boa ideia. (Claro, como você está lendo este livro, está fazendo algo melhor, como imediatamente colocar um stop móvel, certo? Veja detalhes no Capítulo 17.)

Usando ferramentas técnicas

Quando você arregaçar as mangas e entrar na análise técnica, com o que lidará? Depende do tipo de analista técnico que você é. Na análise técnica, existem duas subcategorias: aqueles que usam predominantemente gráficos (esses técnicos são chamados de... gráficos!) e os que usam predominantemente dados (como dados de preço e volume). Claro, muitos técnicos usam uma combinação de ambos (examinados posteriormente neste capítulo):

» **Gráficos:** São as imagens nítidas que representam os movimentos de preços (como padrões de gráficos).

» **Dados:** Incluem informações de preço e volume (com indicadores técnicos e comportamentais derivados delas).

142 PARTE 2 **Antes de Comprar**

Os analistas técnicos não olham os fundamentos porque acreditam que o mercado (conforme descrito nos gráficos, preços e dados de volume) já os leva em consideração.

Na Crista da Onda

Identificar tendências é uma parte crucial da análise técnica. Uma *tendência* é apenas a direção geral de uma ação (outro título ou commodity); veja as tendências em gráficos técnicos (forneço detalhes sobre gráficos posteriormente neste capítulo). Para onde está indo o preço? Nas seções a seguir, descrevo diferentes tipos de tendências, falo sobre a extensão delas e as linhas de tendência e de canal.

Distinguindo diferentes tendências

Há três tendências básicas:

» **Tendência de alta (bullish)** é quando cada máxima sucessiva é mais alta que a anterior, e cada mínima sucessiva, mais alta que a anterior.

» **Tendência de baixa (bearish)** é quando cada máxima sucessiva é mais baixa que a anterior, e cada mínima sucessiva, mais baixa que a anterior.

» **Tendência lateral ou horizontal**, mostra que as máximas e as mínimas estão geralmente em um padrão lateral, sem nenhuma indicação clara de tendência para cima ou para baixo (pelo menos não ainda).

É fácil ver para que lado a ação está indo na Figura 10-1. A menos que você seja um esquiador, essa não é uma imagem bonita. A tendência de baixa é óbvia.

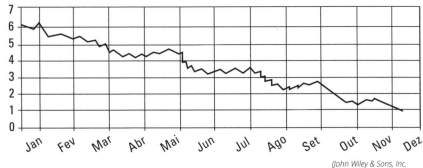

FIGURA 10-1: Gráfico genérico inclinado em uma direção definida para baixo.

(John Wiley & Sons, Inc.)

CAPÍTULO 10 **Análise Técnica e Investidores em Ações** 143

O que você faz com um gráfico como o da Figura 10-2? Sim... parece o monitor cardíaco de alguém assistindo a um filme de terror. Uma tendência lateral ou horizontal mostra apenas um padrão de consolidação que significa que a ação entrará em uma tendência de alta ou de baixa.

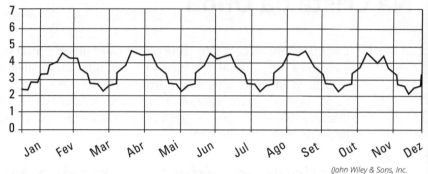

FIGURA 10-2: Gráfico genérico mostrando um padrão lateral.

(John Wiley & Sons, Inc.)

Independentemente de a tendência ser para cima, para baixo ou lateral, você perceberá que raramente (quase nunca) está em linha reta. A linha é irregular e acidentada porque é um resumo de todos os compradores e vendedores que realizam trades. Em alguns dias, os compradores têm mais impacto, em outros, é a vez dos vendedores. A Figura 10-3 mostra todas as três tendências.

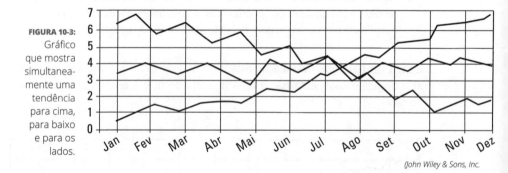

FIGURA 10-3: Gráfico que mostra simultaneamente uma tendência para cima, para baixo e para os lados.

(John Wiley & Sons, Inc.)

LEMBRE-SE

Analistas técnicos chamam as altas de *topos* e as baixas de *fundos*. Em outras palavras, se topos e fundos continuam subindo, isso representa uma tendência de alta. Se topos e fundos continuarem caindo, de baixa. E se os topos e os fundos forem horizontais, você provavelmente está na Califórnia (estou brincando).

Observando a duração de uma tendência

Com as tendências, você não apenas olha a direção, mas também a *duração*. A duração das tendências pode ser (você adivinhou) de curto, médio ou longo prazo:

> » **Uma tendência de curto prazo** geralmente é inferior a um mês.
> » **Uma tendência de médio prazo** tem até três meses de duração.
> » **Uma tendência de longo prazo** pode durar até um ano. E para confundir mais as coisas, a tendência de longo prazo pode conter várias subtendências (não se preocupe; o questionário foi cancelado).

Usando linhas de tendência

Linha de tendência é um recurso simples adicionado a um gráfico: uma linha reta que designa um caminho claro para uma tendência específica. As linhas de tendência seguem os topos e os fundos para mostrar uma direção distinta. Elas também podem ser usadas para identificar uma reversão de tendência ou uma mudança na direção oposta. A Figura 10-4 mostra duas linhas de tendência: as duas linhas retas que seguem os topos e os fundos da linha irregular (o que mostra o movimento real do preço do ativo em questão).

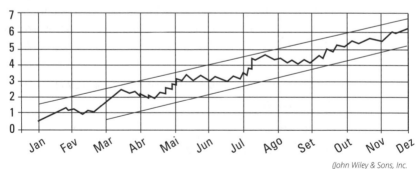

FIGURA 10-4: Gráfico que mostra a borda irregular indo para cima com as linhas de tendência.

(John Wiley & Sons, Inc.)

Buscando resistência e suporte

LEMBRE-SE

Os conceitos de resistência e suporte são fundamentais para a análise técnica da mesma forma como os pneus são para os carros. Ao colocar o pé na estrada, você quer saber para onde está indo o preço:

CAPÍTULO 10 **Análise Técnica e Investidores em Ações** 145

> **Resistência** é como o proverbial teto de vidro no mundo do movimento de preços do mercado. À medida que o preço continua subindo, quão alto ele pode ser ou chegará? É a pergunta de 1 milhão de dólares, e analistas técnicos observam isso de perto. Romper a resistência é considerado um sinal positivo para o preço, e a expectativa definitivamente é de alta.

> **Suporte** é o ponto ou o nível mais baixo em que um preço está sendo negociado. Quando o preço cai e atinge esse nível, é esperado que se recupere, mas o que acontece quando ele cai abaixo do nível de suporte? É então considerado um sinal de baixa, e os analistas técnicos observam de perto uma possível reversão, embora esperem que o preço continue caindo.

Linhas de canal são linhas adicionadas para mostrar as altas e as baixas da tendência primária. A linha superior indica resistência (do movimento do preço), e a inferior, suporte. Resistência e suporte formam a faixa de negociação para o preço da ação. O canal pode se inclinar, apontar para cima ou para baixo, ou ir lateralmente. Os traders técnicos veem o canal com interesse, porque supõem que o preço continue na direção dele (entre a resistência e o suporte) até que os indicadores técnicos sinalizem uma mudança. (Para mim, isso me diz para mudar completamente, mas isso é comigo. Continue lendo...)

Verifique o canal na Figura 10-5; ele mostra como o preço é limitado por faixa. A ênfase nas tendências é ajudá-lo a tomar decisões mais lucrativas, porque é melhor negociar com elas.

Na Figura 10-5, você vê um bom exemplo de canal para dada ação. No caso, a ação está ziguezagueando para baixo e, perto do final do canal, indica que está ficando mais volátil, pois o movimento do preço está fora das linhas originais do canal. Isso diz ao trader/investidor para ser cauteloso e ficar atento a oportunidades ou armadilhas (dependendo de suas perspectivas para a ação).

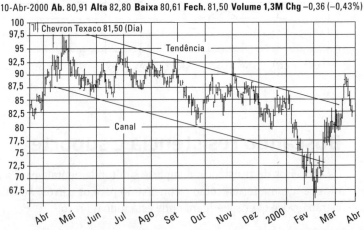

FIGURA 10-5: Gráfico mostrando um canal.

(John Wiley & Sons, Inc.)

Informações sobre Gráficos Técnicos

Os gráficos são para a análise técnica o que as imagens são para a fotografia. Você não pode evitá-los, porque não deve. Se leva a sério o trade de ações (de ETFs, commodities ou do que quer que seja), os gráficos e os dados técnicos relacionados são úteis. Nas seções a seguir, descrevo diferentes tipos e padrões de gráficos.

Verificando tipos de gráficos

Os analistas técnicos usam gráficos para "diagnosticar" a situação de um investimento, da mesma forma como qualquer analista usa ferramentas e abordagens diferentes. Gráficos diferentes fornecem novos ângulos para visualizar os dados. Em termos de visualização e utilidade, a seguir estão os quatro gráficos mais comuns usados em análises técnicas.

Gráficos de linhas

Um gráfico de linhas mostra uma série de preços plotados exibindo sua mudança durante um período. O período pode ser um dia, uma semana, um mês, um ano ou mais. Os preços escolhidos para um gráfico de linhas são os preços de fechamento para os dias relativos de mercado.

Com um gráfico de linhas de um ano (como os que aparecem no início deste capítulo), você vê como a ação progrediu durante o período de doze meses e pode fazer algumas análises simples. Quando foram os topos? E os fundos? Quais foram as épocas mais fortes para o movimento dos preços dessa ação?

DICA

Prefiro usar gráficos de cinco anos; encorajo meus clientes, alunos e leitores a focarem o longo prazo, porque é mais fácil de alcançar resultados positivos assim.

Gráficos de barras

Os gráficos de barras são um pouco mais elaborados. Enquanto o gráfico de linhas fornece apenas os preços de fechamento para cada dia de mercado, o de barras fornece a faixa de preços de trade para cada dia durante o período escolhido. Cada dia de trade é uma linha vertical que representa os movimentos dos preços, e você vê os preços de alta, baixa e fechamento da ação.

Em um gráfico de barras, a linha vertical tem dois níveis. O nível à esquerda indica o preço de abertura, e aquele à direita, o de fechamento. Se o nível do preço de abertura for maior do que o de fechamento, a linha ficará vermelha, indicando que o preço de fechamento da ação diminuiu em relação ao de abertura. Um dia de alta fica em preto, e o nível do preço de fechamento é maior do que o de abertura.

Gráficos de candles

Os gráficos de candles estão na moda nos últimos anos. São basicamente gráficos de barras, mas um pouco mais complexos. Um gráfico de candles fornece uma imagem mais completa, adicionando uma visualização de outros dados que gráficos simples não contêm, como a máxima de preço, a mínima e o de fechamento do título rastreado. É lógico que, como os gráficos de candles fornecem mais informações em um formato visual do que os de barras, orientam melhor o trade. Os gráficos de candles são muito complexos para serem descritos adequadamente neste espaço, portanto, continue sua pesquisa com os recursos fornecidos no início deste capítulo.

PAPO DE ESPECIALISTA

O nome completo dele é gráfico de candles japoneses, porque se originou como uma forma de análise técnica no século XVII, quando os japoneses negociavam nos mercados de arroz. Eles parecem castiçais (mas já falei demais).

Gráficos de pontos e figuras

Um gráfico mais obscuro é o de pontos e figuras. Ao observá-lo, você notará uma série de **Xs** e **Os**. Os Xs representam tendências de preços ascendentes, e os Os, de preços descendentes. Esse tipo de gráfico permite que a corretora de ações determine facilmente quais preços são de "níveis de suporte" e quais são de "níveis de resistência" para melhor avaliar os preços de compra e venda.

Escolhendo padrões de gráfico

Os padrões de gráfico são a linguagem gráfica da análise técnica e uma linguagem muito interessante. Para analistas técnicos, o padrão é importante, porque fornece um precursor potencial para o que está por vir. Não é 100% preciso, mas sua precisão é de mais de 50%, conforme as adversidades surgem. No mundo dos negócios, estar certo mais de 50% das vezes basta. Normalmente, um técnico competente é melhor do que isso. As seções a seguir abordam os padrões comuns de gráficos.

LEMBRE-SE

Os analistas técnicos não dizem que o próximo passo após determinado padrão é uma certeza; é uma probabilidade. Resultados prováveis, na maioria das vezes, tendem a se materializar. Aumentar a probabilidade de sucesso para uma tomada de decisão mais lucrativa (entrar ou sair de um trade) é a missão fundamental da análise técnica.

Acima de tudo: Cabeça e ombros

O padrão de cabeça e ombros é essencialmente de baixa. Geralmente, é um sinal de que uma tendência de alta terminou e o padrão está definido para reverter e cair. Os analistas técnicos consideram esse um dos padrões mais confiáveis.

O padrão mostra três topos e dois fundos. Os três topos se dividem no topo central (a cabeça) e nos mais curtos (os ombros), de cada lado do topo central. Os dois fundos formam a linha do pescoço.

O padrão de cabeça e ombros informa aos analistas técnicos que a tendência anterior basicamente esfriou. As pressões de venda aumentam e dominam os compradores. Em consequência, o preço começa a cair. O ombro à direita é como um último esforço para a tendência de alta recuperar sua tração, mas sem sucesso. Lembre-se de que a linha do pescoço nesse padrão é o suporte (que discuto na seção anterior "Buscando resistência e suporte"). Como o suporte é rompido, a expectativa para a tendência é de baixa.

Em reverso: Cabeça e ombros invertidos

Como você pode inferir, esse padrão é o oposto do padrão do gráfico anterior e é essencialmente de alta. Esse padrão sinaliza que uma tendência de baixa terminou e está preparada para reverter e subir. Nesse padrão, você tem três fundos e dois topos. O fundo do meio é geralmente o mais profundo. O pequeno fundo à direita é uma baixa provisória, que é mais alto do que a baixa intermediária e normalmente indica que a tendência está subindo.

Nesse padrão, as pressões de compra aumentam e formam uma base a partir da qual se elevam. Observe que um padrão de alta é uma série de topos e fundos mais altos. No padrão de cabeça e ombros invertido, a linha do pescoço é a resistência (que discuto anteriormente neste capítulo). Depois que a resistência é quebrada, a expectativa é a de haver um movimento ascendente.

Acorde e sinta o cheiro do café: Xícara e alça

Esse padrão é geralmente de alta. No padrão, o preço primeiro atinge o topo e depois entra em um fundo em forma de tigela (a xícara). Ele atinge o topo novamente no final com um pequeno movimento para baixo (a alça) antes de subir.

Esse padrão basicamente diz ao técnico que o preço da ação deu uma pausa para construir suporte e, em seguida, continuará seu padrão de alta.

Dois é bom: Topo e fundo duplos

Os padrões do gráfico de topo e fundo duplos indicam uma reversão de tendência:

> » **O topo duplo** é basicamente um padrão de baixa em que o preço faz duas tentativas (o topo duplo) para romper a resistência, mas não consegue. A parte inferior do fundo entre os dois topos indica o suporte. No entanto, as duas tentativas fracassadas no nível de resistência são mais significativas do que o suporte no fundo, portanto, esse padrão sinaliza uma queda potencial para o preço dessa ação.
>
> » **O fundo duplo** é o padrão de reversão oposto. É um padrão de alta, porque os indicadores de nível de suporte são mais fortes do que os de resistência. Esse padrão sinaliza uma possível alta no preço das ações. Como indica um nível de suporte, os traders bullish tendem a olhar para ele como um ponto de entrada seguro para se posicionarem para o próximo possível movimento de alta da ação.

PAPO DE ESPECIALISTA

Os topos e os fundos triplos são variações dos topos e fundos duplos. São padrões laterais ou horizontais que pressagiam uma reversão da tendência. Nem pergunte sobre topos e fundos quádruplos!

Triângulos (e não me refiro ao das Bermudas!)

Um triângulo é formado quando as linhas de resistência e de suporte convergem para formar o ponto do triângulo que mostra uma direção no movimento do preço da ação. Existem três tipos de triângulos: simétricos, ascendentes e descendentes.

> » **Simétrico:** O triângulo simétrico aponta para os lados, o que indica que é um padrão horizontal para um movimento para cima ou para baixo, quando mais movimento de preço fornece um indicador de alta ou de baixa.
>
> » **Ascendente:** O triângulo ascendente é um padrão de alta.
>
> » **Descendente:** O triângulo descendente é um padrão de baixa.

Claro, se você vir uma formação trapezoidal ou octogonal divergente apoiada em um triângulo isósceles em forma de tigela, não faça nada! Tome um chá de camomila e tente novamente amanhã!

É hora de torcer: Bandeiras e flâmulas

Bandeiras e flâmulas são padrões gráficos familiares de curto prazo (não mais do que algumas semanas). São padrões de continuação, formados logo após um movimento acentuado de preço, que geralmente é seguido por um movimento lateral de preços. Tanto a bandeira quanto a flâmula são semelhantes, exceto que a bandeira é triangular, enquanto a flâmula tem formação de canal (falei sobre canais anteriormente neste capítulo).

Cortando: Cunhas

O padrão de cunha pode ser de continuação ou reversão. Parece muito com um triângulo simétrico, mas é inclinado (para cima ou para baixo), e o o triângulo simétrico mostra um movimento lateral. Além disso, a cunha se forma ao longo de um período mais longo (normalmente, de três a seis meses).

Cuidado com os gaps!

Gap em um gráfico é um espaço vazio entre dois períodos de trade. Esse padrão ocorre quando a diferença de preço entre esses dois períodos é substancial. Digamos que, no primeiro período, a faixa de trade tenha sido de US$10 a US$15. A próxima sessão de trade abre em US$20. Essa discrepância de US$5 aparecerá como um grande gap entre esses dois períodos no gráfico. Esses gaps são encontrados em gráficos de barras e candles. Podem ocorrer gaps quando surgem notícias positivas (ou negativas) sobre a empresa e a pressão inicial de compra faz com que o preço salte no período subsequente, assim que o trade começa.

Existem três tipos de gaps: pausa, fuga e exaustão. O gap de pausa se forma no início de uma tendência, e o de fuga, no meio dela. Então, o que obviamente acontece quando a tendência se cansa no final? Ora, é o gap de exaustão, claro! Veja, esses termos não são tão difíceis de entender.

O Índice de Força Relativa

Indicador é um cálculo matemático que pode ser usado com o preço e/ou o volume da ação. O resultado final é um valor usado para antecipar mudanças futuras no preço. Os dois tipos de indicadores são antecedentes e de atraso:

> » Os indicadores *antecedentes* o ajudam a lucrar, tentando prever o que os preços farão a seguir. Os indicadores antecedentes fornecem maiores

retornos, à custa do aumento do risco. Eles têm melhor desempenho em mercados laterais ou comerciais. Atuam medindo o quanto uma ação está sobrecomprada ou sobrevendida.

» Os indicadores *de atraso* são mais adequados para movimentos de preços em tendências relativamente longas. Eles não avisam sobre quaisquer mudanças potenciais no preço. Os indicadores de atraso mostram que você compra e vende em uma tendência madura, quando o risco é reduzido.

Conforme observado na seção anterior "O melhor dos dois mundos", é importante estar ciente das condições técnicas de sobrecompra e sobrevenda. São bons sinalizadores para ajudá-lo a cronometrar um trade, significando entrar ou sair de uma posição. O Índice de Força Relativa (RSI) é uma métrica conveniente para medir a condição de sobrecompra/sobrevenda. Geralmente, o RSI quantifica a condição e fornece um número que funciona como métrica. Em uma leitura de 0 a 100, o RSI torna-se sobrevendido por volta do nível 30, e sobrecomprado lá pelo nível 70.

O RSI é uma métrica calculada e citada pela maioria das fontes de gráficos e sites de análise técnica. É considerado um indicador antecedente, porque avisa os movimentos possíveis dos preços.

DICA

Para investidores em ações, acho que o RSI é particularmente útil para cronometrar a compra ou a venda de determinada ação. Sei que, quando estou olhando uma ação de que gosto e observo que seu RSI está abaixo de 30, verifico se há algo de errado com ela (os fundamentos mudaram?). Se nada estiver errado e for apenas um evento temporário, orientado para o mercado, considero comprar mais ações. Afinal, se adoro uma ótima ação de US$40, que agora está mais barata, a US$35, estando todos os aspectos iguais, tenho uma grande oportunidade de compra. Por outro lado, se não sou louco por uma ação e vejo que ela está sobrecomprada, considero vendê-la imediatamente ou, pelo menos, colocar uma ordem de stop-loss nela (veja o Capítulo 17).

3 Desfile das Campeãs

NESTA PARTE. . .

Use a contabilidade básica e as informações financeiras para achar ações que impulsionarão sua prosperidade.

Invista nos setores mais quentes, que crescerão nos próximos anos.

Localize ações de small cap que oferecem enorme potencial e descubra ofertas públicas iniciais (IPOs), motif investing e empresas de desenvolvimento de negócios (BDCs).

Saiba quais ações e setores se beneficiarão com as tendências econômicas e políticas.

NESTE CAPÍTULO

» Determinando o valor da empresa

» Usando princípios contábeis para entender a condição financeira de uma empresa

Capítulo **11**

Escolhendo Campeãs com Princípios Básicos da Contabilidade

uitas vezes, o único número para o qual os investidores olham quando veem uma ação é o preço dela. No entanto, o que o determina é a empresa por trás dele. Para fazer uma escolha realmente boa no mundo das ações, considere as informações financeiras da empresa. O que esses números importantes significam?

Este livro e um pouco de trabalho de sua parte são tudo de que você precisa para ter sucesso. Este capítulo desvenda o mistério dos números por trás da ação. O método mais testado e comprovado para escolher uma boa ação começa com uma boa empresa. Escolher uma empresa significa examinar seus produtos, serviços, setor e solidez financeira. Considerando os problemas que o mercado tem testemunhado nos últimos anos — como dívida subprime e colapsos de derivativos que devastam empresas públicas e financeiras —, este capítulo é mais importante do que nunca. Compreender o básico por trás dos números salvará seu portfólio.

Reconhecendo o Valor Quando O Vir

Se você escolhe uma ação com base no valor da empresa subjacente que a emite, você é um *investidor de valor* — que analisa o valor de uma empresa para julgar se comprará as ações por um bom preço. As empresas têm valor da mesma forma como muitas coisas, por exemplo, ovos ou porta-guarda-chuvas com pés de elefante. E há um preço justo para comprá-las também. Veja os ovos. Você os come como uma guloseima saborosa enquanto se nutre. Mas compraria um ovo por R$5 mil (e, não, você não é um milionário faminto em uma ilha deserta)? Claro que não. Mas e se pudesse comprar um ovo por R$0,05? Assim, ele tem valor *e* um bom preço. Esse tipo de negócio é o sonho de um investidor de valor.

Os investidores de valor analisam os *fundamentos* (vendas, lucros, ativos, patrimônio líquido etc.) para ver se as informações justificam a compra das ações. Eles veem se o preço das ações está baixo em relação a esses fatores verificáveis e quantificáveis. Portanto, os investidores de valor usam a *análise fundamentalista*, enquanto outros investidores podem usar análises técnicas. A *análise técnica* examina gráficos de ações e dados estatísticos, como volume de negócios e preços históricos de ações (examino melhor a análise técnica para investidores no Capítulo 10). Alguns investidores usam uma combinação de ambas as estratégias.

A história mostra que os investidores de longo prazo mais bem-sucedidos são investidores de valor, usando a análise fundamentalista como sua abordagem de investimento principal. Os investidores de longo prazo mais bem-sucedidos foram — e são — predominantemente investidores de valor (sim, estou nessa multidão).

Nas seções a seguir, descrevo diferentes tipos de valor e explico como identificar o valor de uma empresa em vários lugares.

Compreendendo diferentes tipos de valor

Valor parece um termo obscuro e subjetivo, mas é a essência de uma boa escolha de ações. É medido de diferentes maneiras (conforme você descobrirá nas seções a seguir), portanto, conheça as diferenças e entenda o impacto que o valor tem em suas decisões de investimento.

156   PARTE 3 **Desfile das Campeãs**

Valor de mercado

LEMBRE-SE

Quando você ouve alguém cotando uma ação a US$47 por ação, esse preço reflete o valor de mercado da ação. A avaliação de mercado total das ações de uma empresa também é referida como seu *valor de mercado* ou *capitalização de mercado*. Como se determina o valor de mercado de uma empresa? Com a seguinte fórmula simples:

> Capitalização de mercado = Preço da ação × Número de ações em circulação

Se as ações da Bolshevik Corp. custarem US$35 por ação e ela tiver 10 milhões de ações em circulação (ou o número de ações emitidas menos as ações do Tesouro), seu valor de mercado será de US$350 milhões. Certo, US$350 milhões parecem muito dinheiro, mas a Bolshevik Corp. é considerada uma ação de small cap. (Para ter mais informações sobre ações de small cap, veja o Capítulo 14.)

Quem define o valor de mercado das ações? O mercado, claro! Milhões de investidores que compram e vendem diretamente e por meio de intermediários, como fundos de investimento, determinam o valor de mercado de qualquer ação específica. Se o mercado percebe que a empresa é desejável, a demanda dos investidores pelas ações dela eleva o preço.

CUIDADO

O problema com a avaliação de mercado é que ela nem sempre é um bom indicador de um bom investimento. Nos últimos anos, muitas empresas tiveram valores de mercado astronômicos, mas provaram ser investimentos muito arriscados. Pense em uma empresa que foi definida para abrir o capital (em uma oferta pública inicial, ou IPO, o que é abordada no Capítulo 14) em 2019. Esperava-se que a WeWork tivesse um valor de mercado (antes de abrir o capital) de US$47 bilhões. Investidores como você e eu não conseguíamos obter informações financeiras completas sobre essa empresa tão esperada, mas presumimos que era um grande negócio devido a seu valor de mercado multibilionário e ao envolvimento de instituições financeiras notáveis, como JP Morgan e SoftBank. O que poderia dar errado? Após a descoberta de dificuldades financeiras e grandes perdas, a IPO da WeWork foi cancelada, e o valor de mercado evaporou, atingindo zero. Credo! Como o valor de mercado é um resultado direto da compra e da venda de ações pelos investidores, é algo passageiro. Essa precariedade é a razão pela qual os investidores devem entender a empresa por trás do preço das ações e sua avaliação de mercado.

Valor contábil e valor intrínseco

O *valor contábil* avalia a empresa da perspectiva do balanço (ativos menos passivos igual ao *patrimônio líquido*). É uma maneira de julgar uma empresa por seu valor líquido para ver se o valor de mercado da ação é razoável em comparação com o valor intrínseco dela. O *valor intrínseco* está vinculado ao preço de mercado dos ativos de uma empresa — *tangíveis* (como equipamentos) e *intangíveis* (como patentes) — se fossem vendidos.

Geralmente, o valor de mercado tende a ser superior ao contábil. Se o valor de mercado for substancialmente maior do que o contábil, o investidor em valor ficará mais relutante em comprar aquela ação em particular, porque ela está sobrevalorizada. Quanto mais próxima a capitalização de mercado da ação estiver do valor contábil, mais seguro será o investimento.

CUIDADO

Gosto de ser cauteloso com ações cujo valor de mercado é mais de cinco vezes o valor contábil. Se, por exemplo, o valor de mercado for de US$2 bilhões, e o valor contábil, inferior a US$500 milhões, é um bom indicador de que o negócio está *supervalorizado* ou avaliado por um preço superior a seu valor contábil e sua capacidade de gerar lucro. Apenas entenda que, quanto mais distante o valor de mercado estiver do valor contábil da empresa, mais você pagará pelo valor dela. E quanto mais você paga pelo valor real da empresa, maior é o risco de o valor de mercado (isto é, o preço das ações) diminuir.

Valor de vendas e valor de lucros

O valor intrínseco de uma empresa está diretamente ligado à sua capacidade de ganhar dinheiro. Por esse motivo, muitos analistas gostam de avaliar as ações do ponto de vista da demonstração de resultados da empresa. Duas métricas comuns de valor são expressas em índices: o índice preço/vendas (PSR) e o índice preço/lucro (P/E). Em ambos os casos, o preço é uma referência para o valor de mercado da empresa (conforme refletido no preço de suas ações). Vendas e lucros são referências à capacidade da empresa de ganhar dinheiro. Abordo esses dois índices mais completamente na seção posterior "Trabalhando com índices".

LEMBRE-SE

Para os investidores, a abordagem geral é clara. Quanto mais próximo o valor de mercado estiver do valor intrínseco da empresa, melhor. E, claro, se o valor de mercado for inferior ao intrínseco, haverá uma possível barganha, que vale a pena olhar mais de perto. Parte disso significa examinar a demonstração de resultados da empresa (que discuto mais adiante neste capítulo), também chamada de *demonstrativo de resultados* ou simplesmente *P&L*. Um índice preço/vendas baixo é 1, um PSR médio está entre 1 e 2, e um PSR alto é 3 ou mais.

Juntando as peças

LEMBRE-SE

Quando você olha para uma empresa de uma perspectiva orientada para o valor, os itens mais importantes a serem considerados são (veja a seção posterior "Contabilizando o Valor" para obter mais informações):

» **O balanço, para descobrir o patrimônio líquido da empresa:** Um investidor de valor não compra ações de uma empresa porque são baratas; ele as compra porque estão *subvalorizadas* (a empresa vale mais do que o preço que suas ações refletem — o valor de mercado está mais próximo do valor contábil).

» **A demonstração de resultados, para determinar a lucratividade:** Uma empresa pode ser desvalorizada a partir de uma simples comparação entre o valor contábil e o valor de mercado, mas isso não significa que seja uma compra ruidosa. E se você descobrir que uma empresa está com problemas e perdendo dinheiro este ano? Você compra a ação? Não, você não precisa. Por que investir nas ações de uma empresa perdedora? (Se o fizer, você não está investindo — está apostando ou especulando.) O cerne do valor de uma empresa, além de seu patrimônio líquido, é a capacidade de gerar lucro.

» **Índices que permitem analisar o quão bem (ou não tão bem) a empresa está indo:** Os investidores de valor procuram basicamente uma pechincha. Sendo esse o caso, eles não olham para as empresas de que todos estão falando, porque, a essa altura, as ações delas deixam de ser uma pechincha. O investidor de valor busca uma ação que ainda será descoberta pelo mercado, então a observa enquanto o preço sobe. Mas antes de se dar ao trabalho de investigar os fundamentos para encontrar aquela ação barata, primeiro verifique se a empresa está ganhando dinheiro.

Se você puder olhar para uma empresa e ver o valor de outras maneiras, melhor:

» **Examine o índice P/E.** A primeira coisa que vejo é o índice P/E. A empresa tem um? (Essa pergunta parece idiota, mas se a empresa está perdendo dinheiro, pode não ter um.) O índice P/E parece razoável ou está em território de hemorragia de três dígitos?

» **Confira a carga da dívida.** Em seguida, olhe a *carga da dívida* (o montante total do passivo). É menor do que o patrimônio da empresa? As vendas estão saudáveis e aumentando em relação ao ano anterior? A empresa se compara favoravelmente nessas categorias em relação a outras do mesmo setor?

» **Pense em termos de 10.** Simplicidade para mim é o melhor. Você notará que o número 10 aparece com frequência quando medimos o desempenho de uma empresa, justapondo todos os números de que você precisa estar ciente. Se o lucro líquido estiver crescendo 10% ou mais, tudo bem. Se a empresa está entre os 10% melhores do setor, ótimo. Se o setor está crescendo 10% ou mais (vendas etc.), excelente. Se as vendas aumentaram 10% ou mais em relação ao ano anterior, é maravilhoso. Uma grande empresa não precisa ter todas essas coisas a seu favor, mas deve ter o máximo possível para garantir um maior potencial de sucesso.

Cada empresa/setor deve atender perfeitamente a esses critérios? Não, claro que não. Mas não custa nada ser o mais exigente possível. É preciso encontrar apenas um punhado de ações entre milhares. (Ei, essa abordagem tem funcionado para mim, meus clientes e meus alunos há mais de três décadas — só dizendo.)

Os investidores de valor encontram milhares de empresas que têm valor, mas provavelmente só podem comprar um punhado a um preço realmente bom. O número de ações que podem ser compradas por um bom preço depende do mercado. Em *bull markets* (mercados em um período prolongado de alta de preços), um bom preço é difícil de encontrar, porque a maioria das ações provavelmente viu aumentos de preços significativos, mas em *bear markets* (mercados em um período prolongado de queda de preços), boas empresas a preços de pechincha são mais fáceis de encontrar.

Contabilizando o Valor

O lucro é para uma empresa o que o oxigênio é para você e para mim. Sem lucro, uma empresa não sobrevive, muito menos prospera. Sem lucro, não gera empregos, paga impostos nem investe em novos produtos, equipamentos ou inovação. Sem lucro, a empresa vai à falência e o preço de suas ações cai para zero.

Nos dias agitados que antecederam o bear market de 2008–2009, muitos investidores perderam muito dinheiro simplesmente porque investiram em ações de empresas que não estavam tendo lucro. Muitas empresas públicas acabaram como insetos, sem ver o para-brisa vindo em sua direção. Empresas como a Bear Stearns entraram no desmanche das ações esquecidas. Os investidores em ações, como grupo, perderam trilhões de dólares investindo em empresas chamativas que pareciam boas, mas não estavam ganhando dinheiro. Quando suas corretoras lhes diziam "Compre, compre, compre", seu suado dinheiro respondia "Tchau, tchau, tchau!" No que eles estavam pensando?

Os investidores em ações precisam adquirir alguns conhecimentos rudimentares de contabilidade para aperfeiçoar sua habilidade na escolha de ações e ter certeza de que estão obtendo um bom valor por seu dinheiro investido. A contabilidade é a linguagem dos negócios. Se você não entende o básico de contabilidade, terá dificuldade em ser um investidor de sucesso. Investir sem conhecimento de contabilidade é como viajar sem mapa. No entanto, se sabe gerir um orçamento familiar, usar a análise contábil para avaliar as ações é mais fácil do que você pensa, como descobrirá nas seções a seguir.

DICA

Encontrar os dados financeiros relevantes de uma empresa não é difícil na era da informação e do acesso 24 horas à internet. Sites como www.nasdaq.com (conteúdo em inglês) apresentam balanços e demonstrações de resultados mais recentes da maioria das empresas públicas. Descubra mais sobre informações públicas e pesquisas de empresas no Capítulo 6.

Detalhando o balanço patrimonial

LEMBRE-SE

O balanço patrimonial de uma empresa fornece um instantâneo financeiro de como a empresa está em termos da seguinte equação:

Ativos - Passivos = Patrimônio líquido

Nas seções a seguir, listo as perguntas a que um balanço responde e explico como julgar a solidez de uma empresa ao longo do tempo a partir de um balanço.

Respondendo a algumas perguntas sobre balanço

Analise os seguintes itens do balanço patrimonial:

» **Total de ativos:** Eles aumentaram em relação ao ano anterior? Em caso negativo, foi por venda de ativos ou baixa (contas a receber não cobradas)?

» **Ativos financeiros:** Nos últimos anos, muitas empresas (especialmente bancos e corretoras) mantiveram ativos financeiros questionáveis (como subprime e títulos especializados) que deram errado e tiveram que dar baixa como perdas irrecuperáveis. A empresa que você está analisando tem uma grande exposição a ativos financeiros que são dívidas de baixa qualidade (e, portanto, arriscadas)?

» **Estoques:** Os estoques estão maiores ou menores do que no ano passado? Se as vendas estão estáveis, mas os estoques estão crescendo, isso pode ser um problema.

» **Dívida:** A dívida é a maior fraqueza do balanço empresarial. Certifique-se de que a dívida não seja um item crescente e esteja sob controle. Nos últimos anos, a dívida se tornou um grande problema.

» **Derivativos:** Um *derivativo* é um instrumento financeiro especulativo e complexo que não constitui propriedade de um ativo (como uma ação, um título ou uma commodity), mas é uma promessa de transmissão de propriedade. Alguns derivativos são bastante aceitáveis, porque são usados como veículos de proteção ou hedge (esse uso não é minha principal preocupação). No entanto, eles são usados para gerar receita e podem, então, acarretar riscos que aumentam os passivos. Opções padrão e futuros são exemplos de derivativos em uma bolsa regulamentada, mas os derivativos de que estou falando aqui são um animal diferente e vivem em uma parte não regulamentada do mundo financeiro. Eles têm um valor contábil superior a US$600 trilhões e podem devastar uma empresa, um setor ou um mercado (como mostrou a crise de crédito de 2008).

CUIDADO

Descubra se a empresa se interessa por esses instrumentos financeiros alavancados complicados e arriscados. Descubra (no relatório 10K da empresa; veja o Capítulo 12) se ela tem derivativos e, em caso afirmativo, o valor total deles. Ter derivativos com valor superior ao patrimônio líquido da empresa causa enormes problemas. Problemas de derivativos afundaram muitas organizações, desde bancos antiquados (Barings Bank of England) a condados ricos (Orange County, Califórnia), fundos de hedge antes respeitados (LTCM) e corporações infames (Enron, em 2001, e Glencore, em 2015).

» **Capital próprio:** *Capital próprio* é o patrimônio líquido da empresa (o que resta caso todos os ativos sejam utilizados para saldar todas as dívidas da empresa). O patrimônio líquido deve aumentar continuamente em pelo menos 10% ao ano. Se não, descubra o porquê.

A Tabela 11-1 mostra um breve exemplo de um balanço patrimonial.

TABELA 11-1 Balanço da XYZ de 31 de dezembro de 2019

Ativos (O que a Empresa Tem)	Valor
1. Dinheiro e estoque	US$5 mil
2. Equipamentos e outros ativos	US$7 mil
3. TOTAL DE ATIVOS (Item 1 mais Item 2)	US$12 mil
Passivo (O que a Empresa Deve)	Valor
4. Dívidas de curto prazo	US$1.500
5. Outras dívidas	US$2.500
6. TOTAL DE PASSIVOS (Item 4 mais Item 5)	US$4 mil
7. PATRIMÔNIO LÍQUIDO (Item 3 menos Item 6)	US$8 mil

Olhando o balanço de uma empresa, você responde às seguintes perguntas:

» **O que a empresa tem (ativos)?** A empresa tem ativos, tangíveis e/ou intangíveis. *Ativo* é qualquer coisa que tenha valor ou que possa ser convertida ou vendida por dinheiro. Os ativos financeiros são dinheiro, investimentos (como ações ou títulos de outras empresas) ou contas a receber. Ativos podem ser itens tangíveis, como ações, equipamentos e/ou edifícios, e também intangíveis, como licenças, marcas registradas ou direitos autorais.

» **O que a empresa deve (passivos)?** *Passivo* é algo de valor que a empresa deve, em última instância, pagar a outra pessoa. Os passivos são faturas (contas a pagar) ou dívidas de curto ou longo prazo.

LEMBRE-SE

» **Qual é o patrimônio líquido da empresa?** Depois de subtrair os passivos dos ativos, o que resta é chamado de *patrimônio líquido*. Esse número é crítico ao calcular o valor contábil de uma empresa.

Avaliando a solidez financeira de uma empresa ao longo do tempo

A lógica por trás da relação ativos/passivos de uma empresa é a mesma da sua casa. Quando você olha um instantâneo de suas finanças (seu balanço pessoal), como sabe se está indo bem? É provável que comece comparando alguns números. Se seu patrimônio líquido for de US$5 mil, você pode dizer: "Isso é ótimo!" Mas uma observação mais apropriada é algo como: "Isso é ótimo em comparação com, digamos, um ano atrás."

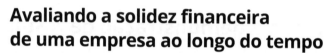
DICA

Compare o balanço patrimonial de uma empresa em um momento recente com um no passado. Faça essa análise comparativa com todos os itens-chave do balanço, que listei na seção anterior, para ver o progresso da empresa (ou a falta dele). Está aumentando os ativos e/ou diminuindo a dívida? Mais importante, o patrimônio líquido da empresa está crescendo? Ele cresceu pelo menos 10% desde o ano passado? Com frequência, os investidores param de fazer sua lição de casa depois de um investimento inicial. Continue olhando os números da empresa regularmente para ficar à frente da curva. Se o negócio começar a ter problemas, você sairá antes que o resto do mercado comece a sair (o que faz com que o preço das ações caia).

Para julgar a solidez financeira de uma empresa, pergunte-se:

» **Os ativos da empresa são maiores em valor do que eram há três meses, um ano ou dois?** Compare o ativo atual com o de dois anos mais recentes para ter certeza de que a empresa está crescendo em tamanho e solidez financeira.

- » **Como os itens individuais se comparam aos dos períodos anteriores?** Alguns ativos específicos a observar são dinheiro, ações e contas a receber.

- » **Os passivos, como contas a pagar e dívidas, são quase iguais, menores ou maiores em comparação aos dos períodos anteriores? Estão crescendo a uma taxa semelhante, mais rápida ou mais lenta do que os ativos da empresa?** A dívida que sobe mais rápido e mais alto do que os itens do outro lado do balanço é um sinal de alerta de problemas financeiros pendentes.

- » **O patrimônio líquido da empresa é maior do que era no ano anterior? E o patrimônio desse ano é maior do que o do ano anterior?** Em uma empresa saudável, o patrimônio líquido está em constante crescimento. Como regra, em tempos econômicos bons, o patrimônio líquido deve ser pelo menos 10% maior do que no ano anterior. Em tempos econômicos difíceis (como uma recessão), 5% é aceitável. Ver o patrimônio líquido crescer a uma taxa de 15% ou mais é ótimo.

Olhando a demonstração de resultados

LEMBRE-SE

Onde procurar para saber qual é o lucro de uma empresa? Verifique a demonstração de resultados. Ela relata, em detalhes, uma equação contábil simples, que você provavelmente já conhece:

Vendas - despesas = Lucro líquido

Observe os seguintes números encontrados na demonstração de resultados:

- » **Vendas:** Elas estão aumentando? Se não, por quê? Em que porcentagem as vendas estão aumentando? De preferência, devem ser 10% maiores do que as do ano anterior. Afinal, é das vendas que vem o dinheiro para pagar todas as atividades da empresa (como despesas) e gerar lucros.

- » **Despesas:** Há algum item incomum? As despesas totais relatadas são maiores do que as do ano anterior? Em caso afirmativo, em quanto? Se o total for significativamente maior, por quê? Uma empresa com despesas grandes e crescentes verá os lucros diminuir, o que não é bom para o preço das ações.

- » **Pesquisa e desenvolvimento (P&D):** Quanto a empresa está gastando em P&D? As empresas que dependem do desenvolvimento de novos produtos (como empresas farmacêuticas ou de biotecnologia) devem gastar pelo menos tanto quanto gastaram no ano anterior (de preferência mais), porque novos produtos significam lucros e crescimento futuros.

- » **Lucros:** Esse número reflete o resultado final. Os ganhos totais são maiores do que eram no ano anterior? E quanto ao lucro das operações (deixando de fora despesas como impostos e juros)? A seção de lucros é o coração e a alma da demonstração de resultados e da própria empresa. De todos os números nas demonstrações financeiras, os lucros têm o maior impacto individual sobre o preço das ações da empresa.

A Tabela 11-2 mostra um breve exemplo de uma demonstração de resultados.

TABELA 11-2 ## Demonstração de Resultados da XYZ de 31 de dezembro de 2019

Vendas Totais (Ou Receita)	Valor
1. Vendas de produtos	US$11 mil
2. Vendas de serviços	US$3 mil
3. TOTAL DE VENDAS (Item 1 mais Item 2)	US$14 mil
Despesas	**Valor**
4. Marketing e Promoção	US$2 mil
5. Custos referentes à folha de pagamento	US$9 mil
6. Outros custos	US$1.500
7. TOTAL DE DESPESAS (Item 4 mais Item 5 mais Item 6)	US$12.500
8. RENDA LÍQUIDA (Item 3 menos Item 7) (Nesse caso, é um lucro líquido)	US$1.500

Olhando a demonstração de resultados, um investidor responde a estas perguntas:

» **Quais vendas a empresa realizou?** As empresas vendem produtos e serviços que geram receita (*vendas brutas*). As vendas também são chamadas de *top line.*

» **Quais foram as despesas da empresa?** Ao gerar vendas, as empresas pagam despesas como folha de pagamento, serviços públicos, publicidade, administração etc.

» **Qual é o lucro líquido?** O lucro líquido é a *bottom line.* Depois de pagar por todas as despesas, qual foi o lucro da empresa?

As informações coletadas devem dar uma boa ideia sobre a solidez financeira atual de uma empresa e se ela está aumentando as vendas, reduzindo as despesas e, por fim, mantendo a lucratividade. Descubra mais sobre vendas, despesas e lucros nas seções a seguir.

Vendas

Vendas referem-se ao dinheiro que uma empresa recebe quando os clientes compram seus produtos e/ou serviços. É um item simples na demonstração de resultados e um número útil ao qual prestar atenção. Analisar uma empresa observando suas vendas é chamado *de análise de top line*.

Como investidor, leve em consideração os seguintes pontos sobre as vendas:

» **As vendas devem estar aumentando.** Uma empresa saudável e em crescimento tem vendas crescentes. Elas devem crescer pelo menos 10% em relação ao ano anterior, e você deve olhar os três anos mais recentes.

» **As vendas básicas (dos produtos ou dos serviços em que a empresa se especializou) devem estar aumentando.** O número de vendas tem elementos agrupados. Talvez a empresa venda widgets (o que diabos é um widget, afinal?), mas as vendas principais não devem incluir outras coisas, como a venda de um prédio ou outros itens incomuns. Dê uma olhada minuciosa. Isole as ofertas principais da empresa e veja se essas vendas estão crescendo a uma taxa razoável (como 10%).

» **A empresa tem itens estranhos ou maneiras estranhas de calcular as vendas?** No final da década de 1990, muitas empresas aumentaram suas vendas oferecendo agressivamente um financiamento acessível com prazos fáceis de reembolso. Digamos que você descubra que a Suspicious Sales Inc. (SSI) teve vendas anuais de US$50 milhões, refletindo um aumento de 25% em relação ao ano anterior. Parece ótimo! Mas e se você descobrir que US$20 milhões desse número de vendas vêm de vendas feitas a crédito que a empresa ofereceu aos compradores? Algumas empresas que usam essa abordagem mais tarde precisam dar baixa nas perdas como dívidas não cobradas, porque os clientes, em última análise, não conseguem pagar pelos produtos.

DICA

Se deseja saber se uma empresa está aumentando artificialmente as vendas, verifique suas contas a receber (listadas na seção de ativos do balanço patrimonial). *Contas a receber* referem-se ao dinheiro devido à empresa por bens que os clientes compraram a crédito. Se descobrir que as vendas aumentaram em US$10 milhões (ótimo!), mas as contas a receber, US$20 milhões (ô-ô), algo não está certo. Isso pode ser um sinal de que as condições de financiamento eram muito fáceis e a empresa pode ter problemas para cobrar os pagamentos (especialmente em uma recessão).

Despesas

O quanto uma empresa gasta tem relação direta com a sua lucratividade. Se os gastos não forem controlados ou mantidos em um nível sustentável, isso poderá significar problemas para os negócios.

Ao olhar os itens de despesas de uma empresa, considere o seguinte:

» **Compare os itens de despesas com os do período anterior.** As despesas são maiores, menores ou quase iguais às do período anterior? Se a diferença for significativa, você verá benefícios proporcionais em outro lugar. Em outras palavras, se as despesas gerais forem 10% maiores em comparação com o período anterior, as vendas serão pelo menos 10% maiores durante o mesmo período?

» **Algumas despesas são muito altas?** Observe os itens de despesas individuais. São significativamente mais altos do que eram no ano anterior? Se sim, por quê?

» **Algum item incomum foi contabilizado?** Uma despesa incomum não é necessariamente negativa. As despesas podem ser maiores do que o normal se uma empresa baixa contas a receber não cobradas como uma despesa de inadimplência. Isso infla as despesas totais e resulta em ganhos mais baixos. Preste atenção às cobranças não recorrentes que aparecem na demonstração de resultados e determine se elas fazem sentido.

Lucros

Ganhos ou lucros são o item mais importante da demonstração de resultados. É também o que mais chama a atenção na mídia financeira. Quando uma empresa obtém lucro, geralmente é relatado em dólares absolutos e como lucro por ação (EPS). Portanto, se você ouvir que a XYZ Corporation (sim, a infame XYZ Corp.!) bateu os lucros do último trimestre por US$0,01, veja como traduzir essa notícia. Suponha que a empresa tenha ganho US$1 por ação neste trimestre e US$0,99 por ação no último. Se essa empresa tem 100 milhões de ações em circulação, seu lucro neste trimestre será de US$100 milhões (o EPS vezes o número de ações em circulação), o que é US$1 milhão a mais do que no trimestre anterior (US$1 milhão é US$0,01 por ação vezes 100 milhões de ações).

DICA

Não olhe os lucros correntes simplesmente como um número isolado. Sempre compare os lucros atuais com aqueles de períodos anteriores (geralmente, um ano). Se estiver observando os resultados do quarto trimestre de um varejista, não os compare com os do terceiro. Isso é como comparar

CAPÍTULO 11 **Escolhendo Campeãs com Princípios Básicos da Contabilidade** 167 maçãs com laranjas. E se a empresa geralmente se sair bem durante os feriados de dezembro, mas mal no inverno? Nesse caso, você não consegue uma comparação justa.

Uma empresa forte deve mostrar um crescimento consistente dos lucros no período anterior (como o ano anterior ou o mesmo trimestre do ano anterior), e você deve verificar o período anterior também, para determinar se os lucros estão aumentando consistentemente ao longo do tempo. O crescimento dos lucros é uma métrica importante do crescimento potencial da empresa e um bom presságio para o preço das ações.

Ao olhar os lucros, considere:

» **Lucros totais:** Esse item é o mais observado. Os lucros totais devem crescer ano a ano em pelo menos 10%.

» **Lucro operacional:** Divida os lucros totais e observe um subconjunto principal — a parte dos lucros derivados da atividade principal da empresa. A empresa continua ganhando dinheiro com seus produtos e serviços primários?

» **Itens não recorrentes:** Os lucros são maiores (ou menores) do que o normal ou o esperado? Em caso afirmativo, por quê? Frequentemente, a diferença resulta de itens como a venda de um ativo ou uma grande baixa de depreciação.

DICA

Gosto de manter as porcentagens o mais simples possível. Dez por cento é um bom número porque é fácil de calcular e é uma boa referência. No entanto, 5% não são inaceitáveis se você está falando sobre tempos difíceis, como uma recessão. Obviamente, se as vendas, os lucros e/ou patrimônio líquido estão atingindo ou ultrapassando 15%, isso é ótimo.

Trabalhando com índices

Índice é uma ferramenta numérica útil para descobrir a relação entre dois ou mais números encontrados nos dados financeiros de uma empresa. Um índice adiciona significado a um número e o coloca em perspectiva. Os índices parecem complicados, mas são mais fáceis de entender do que você imagina.

Digamos que esteja considerando um investimento em ações e a empresa de seu interesse tenha tido um lucro de US$1 milhão este ano. Você pode achar que esse é um bom lucro, mas para que esse valor seja significativo, é necessário compará-lo com algo. E se você descobrir que as outras empresas do setor (de tamanho e escopo semelhantes) tiveram lucros de US$500 milhões? Isso muda seu pensamento? Ou o que aconteceria se a mesma empresa tivesse tido um lucro de US$75 milhões no período anterior? Isso muda seu pensamento?

Dois índices principais a serem observados são:

» O índice preço/lucro (P/E).

» O índice preço/vendas (PSR).

DICA

Todo investidor deseja encontrar ações com uma taxa média de crescimento de 20% nos últimos cinco anos e um índice P/E baixo (parece um sonho). Use ferramentas de triagem de ações disponíveis gratuitamente na internet para fazer suas pesquisas. Uma *ferramenta de triagem de ações* permite inserir números, como vendas ou lucros, e índices, como o índice P/E ou o índice dívida/patrimônio, então clique! — surgem ações que atendem a seus critérios. Essas ferramentas são um bom ponto de partida para investidores sérios. Muitas corretoras as têm em seus sites (como Charles Schwab, em www.schwab.com, e E*TRADE, em www.etrade.com). Encontre algumas ferramentas excelentes de triagem de ações (em inglês) no Yahoo! Finance (finance.yahoo.com), no Bloomberg (www.bloomberg.com), no Nasdaq (www.nasdaq.com) e no MarketWatch (www.marketwatch.com). Verifique o Apêndice B para saber ainda mais sobre os índices.

Índice P/E

O *índice preço/lucro (P/E)* é muito importante na análise de um potencial investimento em ações porque é uma das métricas mais amplamente consideradas do valor de uma empresa, em geral é relatado com o preço das ações na listagem da página financeira. O principal significado do índice P/E é a relação direta entre os resultados financeiros das operações de uma empresa — os lucros (ou lucro líquido) — e o preço das ações.

O *P* de P/E representa o preço atual da ação. O *E* diz respeito aos lucros por ação (normalmente, os últimos doze meses de lucros). O índice P/E também é conhecido como *lucros múltiplos* ou apenas *múltiplos*.

LEMBRE-SE

Você calcula o índice P/E dividindo o preço das ações pelo lucro por ação. Se o preço de uma única ação for US$10, e os lucros (por ação), US$1, o P/E será 10. Se o preço das ações vai para US$35 por ação e os lucros permanecem inalterados, o P/E é 35. Basicamente, quanto maior o P/E, mais você paga pelos lucros da empresa.

Por que você compraria ações de uma empresa com um índice P/E relativamente alto, em vez de investir em outra com um índice P/E inferior?

CAPÍTULO 11 **Escolhendo Campeãs com Princípios Básicos da Contabilidade**   169

Lembre-se de que os investidores compram ações com base em expectativas. Eles podem aceitar o maior preço da ação (e o índice P/E mais alto) por sentirem que a empresa terá um aumento nos lucros em um futuro próximo. Talvez eles sintam que a empresa tem um grande potencial (uma invenção pendente ou um negócio lucrativo) que acabará por torná-la mais lucrativa. Mais lucratividade, por sua vez, tem um impacto benéfico no preço das ações da empresa. O perigo de um P/E alto é que, se a empresa não atingir os resultados esperados, o preço das ações cairá.

DICA

Olhe dois tipos de índices P/E para ter uma imagem equilibrada do valor da empresa:

» **Trailing P/E:** É o mais frequentemente citado porque trata dos dados existentes. Ele usa em seu cálculo os lucros dos doze meses mais recentes.

» **Forward P/E:** É baseado em projeções ou expectativas de lucros nos próximos doze meses. Embora pareça preferível por olhar para um futuro próximo, ainda é considerado uma estimativa e, como tal, é impreciso.

O exemplo a seguir ilustra a importância do índice P/E. Digamos que você queira comprar um negócio e eu esteja vendendo. Você vem até mim e diz: "O que você tem a oferecer?" Eu digo: "Tenho um acordo para você! Administro um negócio de varejo no centro que vende espátulas. A empresa obtém um lucro incrível de US$2 mil por ano." Você relutantemente diz: "Ah, ok, qual é o preço pedido pelo negócio?" Eu respondo: "Você pode tê-lo por apenas US$ 1 milhão! O que acha?"

Se estiver são, recusará educadamente a oferta. Mesmo que o negócio seja lucrativo (fantásticos US$2 mil por ano), você seria louco se pagasse US$1 milhão por ele. Em outras palavras, o negócio está supervalorizado (muito caro para o que você recebe em troca do seu investimento). Seu US$1 milhão geraria uma melhor taxa de retorno em outro lugar e, provavelmente, com menos risco. Quanto ao negócio, o índice P/E de 500 (US$1 milhão dividido por US$2 mil) é ultrajante. Esse é definitivamente o caso de uma empresa sobrevalorizada — um péssimo investimento.

E se eu lhe oferecesse o negócio por US$12 mil? Esse preço faz mais sentido? Sim. O índice P/E é mais razoável, 6 (US$12 mil divididos por US$2 mil). Em outras palavras, o negócio se paga em cerca de 6 anos (contra 500 anos no exemplo anterior).

LEMBRE-SE

Olhar o índice P/E oferece um atalho para os investidores que fazem a pergunta: "Esta ação está sobrevalorizada?" Como regra, quanto menor o P/E, mais segura (ou mais conservadora) é a ação. O inverso é mais notável: quanto maior o P/E, maior o risco.

Quando alguém se referir a um P/E como alto ou baixo, pergunte-se: "Comparado com o quê?" O P/E 30 é considerado muito alto para uma concessionária de energia elétrica de grande porte, mas bastante razoável para uma empresa de alta tecnologia e small cap. Lembre-se de que *large cap* e *small cap* são apenas uma referência ao valor de mercado ou ao tamanho da empresa (veja detalhes sobre esses termos no Capítulo 1). Capitalização é o número total de ações em circulação multiplicado pelo preço da ação.

Os seguintes pontos básicos o ajudarão a avaliar o índice P/E:

» **Compare o índice P/E de uma empresa com o setor.** As ações do setor de utilidades elétricas têm um P/E que oscila de 9 a 14. Portanto, uma concessionária de energia elétrica com P/E 45 tem algo de errado. (Menciono setores e indústrias no Capítulo 13.)

» **Compare o P/E de uma empresa com o mercado geral.** Se está olhando uma ação de small cap na Nasdaq com um P/E 100 e o P/E médio para empresas estabelecidas na Nasdaq é 40, descubra por quê. Compare também o índice P/E da ação com o índice P/E dos principais índices, como o Dow Jones Industrial Average (DJIA), o Standard & Poor's 500 (S&P 500) e o Nasdaq Composite. Os índices de ações são úteis para obter uma visão geral, e os incluo no Capítulo 5 e no Apêndice A.

» **Compare o P/E atual com o de períodos recentes** (como este ano em relação ao ano passado). Se atualmente o índice P/E é 20, e anteriormente era 30, você sabe que o preço das ações caiu ou os lucros aumentaram. Nesse caso, é menos provável que a ação caia. Isso é um bom presságio para ela.

» **Um índice P/E baixo não necessariamente é um sinal de barganha,** mas se observar uma ação por muitos outros ângulos que pareçam positivos (vendas sólidas, setor forte etc.) que também tem um P/E baixo, isso é um bom sinal.

» **Um índice P/E alto não é necessariamente ruim,** mas significa que você deve investigar mais. Se uma empresa estiver fraca, e o setor, instável, preste atenção ao alto P/E como um alerta. Um índice P/E alto significa que os investidores aumentaram o preço das ações, antecipando rendimentos futuros. O problema é que, se a receita prevista não se concretizar, o preço delas cairá.

CUIDADO

» **Cuidado com uma ação que não tem um índice P/E.** Em outras palavras, pode ter um preço (o *P*), mas não lucros (o *E*). Nenhum lucro significa nenhum P/E, ou seja, é melhor evitar a ação. Você ainda pode ganhar dinheiro comprando uma ação sem lucro? Pode, mas não está investindo; está especulando.

PSR

Índice preço/vendas (PSR) é o preço das ações de uma empresa dividido por suas vendas. Como o número de vendas raramente é expresso como um valor por ação, é mais fácil dividir o valor de mercado total de uma empresa (explico no início deste capítulo) por suas vendas totais nos últimos doze meses.

DICA

Como regra, o trade de ações a um PSR de até 1 representa uma ação com preço razoável, que merece sua atenção. Digamos que uma empresa tenha vendas de US$1 bilhão e suas ações tenham um valor total de mercado de US$950 milhões. Nesse caso, o PSR é 0,95. Em outras palavras, você pode comprar US$1 das vendas da empresa por apenas US$0,95. Todos os outros aspectos sendo iguais, essa ação é uma pechincha.

Os analistas costumam usar o PSR como uma ferramenta de avaliação nas seguintes circunstâncias:

» Em conjunto com outros índices para obter uma imagem mais completa da empresa e das ações.

» Quando desejam uma forma alternativa de valorizar um negócio que não apresenta lucro.

» Quando querem uma imagem verdadeira da saúde financeira da empresa, porque as vendas são mais difíceis de manipular do que os lucros.

» Quando estão considerando uma empresa que oferece produtos (em vez de serviços). O PSR é mais adequado para empresas que vendem itens de fácil contagem (como produtos). As empresas que ganham dinheiro por meio de empréstimos, como bancos, geralmente não são avaliadas com um PSR, porque é mais difícil obter um PSR utilizável para elas.

LEMBRE-SE

Compare o PSR da empresa com o de outras do mesmo setor, com a média do setor, para ter uma ideia melhor do valor relativo dela.

NESTE CAPÍTULO

» Folheando um relatório anual

» Buscando uma segunda opinião em outras fontes de informação

» Organizando sua biblioteca pessoal

Capítulo **12**

Decodificando os Documentos

Documentos financeiros — meu Deus! Algumas pessoas preferem lamber sabão a ler um relatório corporativo ou do governo. No entanto, se você leva a sério a escolha de ações, deve levar a sério a pesquisa. Felizmente, não é tão ruim quanto você pensa (guarde o sabão). Quando perceber que algumas pesquisas básicas o ajudam a construir sua riqueza, ficará mais fácil.

Neste capítulo, discuto os documentos básicos que você encontra (ou deveria encontrar) com mais frequência em sua vida de investidor. Esses documentos incluem informações essenciais que todos os investidores precisam saber, não apenas no momento da decisão inicial de investimento, mas também enquanto as ações permanecerem em seus portfólios.

LEMBRE-SE

Se planeja manter uma ação por muito tempo, a leitura do relatório anual e de outros relatórios abordados neste capítulo será muito útil. Se pretende se livrar da ação em breve ou mantê-la apenas por um curto período, ler esses relatórios com atenção não é tão importante.

CAPÍTULO 12 **Decodificando os Documentos** 173

Mensagem dos Figurões: Leia o Relatório Anual

Quando você é um acionista regular, a empresa lhe envia o relatório anual. Se ainda não for acionista, entre em contato com o departamento de atendimento ao acionista (ou relações com investidores) da empresa para obter uma cópia impressa ou digital. Praticamente todos os sites de empresas públicas têm documentos arquivados publicamente (ou links para a Securities and Exchange Commission, SEC).

Você também pode visualizar o relatório anual de uma empresa em seu site. Qualquer mecanismo de busca relevante o ajudará a encontrá-lo. Baixar ou imprimir o relatório anual é fácil.

DICA

Os seguintes recursos também fornecem acesso a relatórios anuais:

» **Verifique o serviço de relatório anual de The Public Register.** Em www.prars.com, solicite uma cópia impressa, e em www.annualreportservice.com, visualize relatórios online. Essa organização mantém uma extensa coleção de relatórios anuais.

» **Use o serviço de relatório anual gratuito do *Wall Street Journal*.** Se ler as páginas financeiras desse jornal e vir uma empresa com o símbolo do naipe de paus (como em uma carta), poderá solicitar o relatório anual dela visitando o site (www.wsj.com).

Analise cuidadosamente relatórios anuais e descubra o seguinte:

» **Quão bem a empresa está indo:** Os ganhos são maiores, menores ou iguais aos do ano anterior? Como estão as vendas? Encontre esses números na seção financeira do relatório anual.

» **Se a empresa está ganhando mais dinheiro do que gastando:** Como está o balanço patrimonial? Os ativos são mais altos ou mais baixos do que os do ano anterior? A dívida está crescendo, diminuindo ou está quase igual à do ano anterior? Para obter mais detalhes sobre os balanços, veja o Capítulo 11.

» **Qual é o plano estratégico da administração para o próximo ano:** Como a administração aproveitará o sucesso da empresa? Esse plano geralmente é abordado no início do relatório anual — frequentemente, na carta do presidente do conselho.

Sua tarefa se resume a descobrir onde a empresa esteve, onde está agora e para onde está indo. Como investidor, não é preciso ler o relatório anual como um romance — de capa a capa. Em vez disso, aborde-o como um jornal e pule para as seções relevantes para obter as respostas de que precisa para decidir se deve comprar ou manter a ação. Descrevo a composição do relatório anual e dos documentos de procuração nas seções a seguir.

Analisando os relatórios anuais

Nem toda empresa elabora seu relatório anual exatamente da mesma maneira — o estilo de apresentação varia. Alguns apresentam belos gráficos ou cupons para os produtos da empresa, enquanto outros têm fonte padrão em preto e branco, sem nenhum enfeite. Mas todo relatório anual inclui um conteúdo básico comum, como a demonstração de resultados e o balanço patrimonial. As seções a seguir apresentam os componentes típicos de um relatório anual. (Lembre-se de que nem todo relatório anual os apresenta na mesma ordem.)

A carta do presidente do conselho

A primeira coisa que você vê geralmente é a carta do presidente do conselho. É a carta "aos acionistas", que comunica as opiniões do público. A carta do presidente foi elaborada para apresentar a melhor perspectiva possível sobre as operações da empresa durante o ano anterior. Esteja ciente desse viés; ninguém na alta administração quer deixar os acionistas em pânico. Se a empresa vai bem, a carta certamente o indicará. Se a empresa está passando por momentos difíceis, a carta dará um toque positivo às dificuldades da empresa. Se o *Titanic* tinha um relatório anual, provavelmente a última carta teria relatado: "Ótimas notícias! Um número recorde de nossos clientes participou de nosso programa de natação espontânea ao luar. Além disso, não projetamos com segurança nenhuma despesa operacional para o trimestre fiscal subsequente." Esse é o ponto.

LEMBRE-SE

Para ter uma boa ideia de quais questões a equipe de gestão da empresa considera importantes e quais metas deseja alcançar, considere as seguintes questões:

» O que a carta diz sobre a mudança das condições nos negócios da empresa?
E no setor?

» Se há alguma dificuldade, a carta comunica um plano de ação claro e lógico (corte de custos, fechamento de fábricas que dão prejuízo etc.) para colocar a empresa de volta no caminho certo?

» O que está sendo destacado e por quê? Por exemplo, a empresa está se concentrando em pesquisa e desenvolvimento de novos produtos ou em um novo acordo com a China?

» A carta pede desculpas por qualquer coisa que a empresa fez? Se, por exemplo, ficou aquém das expectativas de vendas, a carta oferece uma razão para tal deficiência?

» A empresa fez (ou fará) novas aquisições ou desenvolvimentos importantes (por exemplo, a venda de produtos para a China ou um novo acordo de marketing com uma empresa Fortune 500)?

DICA

Leia um relatório anual (ou qualquer mensagem da alta administração) da mesma forma como lê ou ouve qualquer coisa de um político — preocupe-se mais com os meios do que com os fins. Em outras palavras, não me diga qual é o objetivo (maior lucratividade ou paz na Terra); diga-me como pretende chegar lá. Os executivos podem dizer "aumentaremos as vendas e os lucros", mas dizer "aumentaremos as vendas e os lucros fazendo X, Y e Z" é uma mensagem melhor, porque você pode decidir por si mesmo se o roteiro faz sentido.

As ofertas da empresa

Essa seção de um relatório anual pode ter vários títulos (como "Vendas e marketing"), mas geralmente cobre o que a empresa vende. Entenda os produtos ou os serviços (ou ambos) que a empresa vende e por que os clientes os compram. Se você não entende o que a empresa oferece, entender como ganha dinheiro, que é a força motriz por trás de suas ações, será mais difícil.

As ofertas principais ou essenciais da empresa estão vendendo bem? Se, por exemplo, os ganhos do McDonald's estão se mantendo estáveis, mas os ganhos estritamente de hambúrgueres e batatas fritas estão diminuindo, isso é motivo de preocupação. Se uma empresa deixa de ganhar dinheiro com sua especialidade, você deve ser cauteloso. Aqui estão algumas outras perguntas a serem feitas:

» **Como a empresa distribui suas ofertas?** Por meio de site, shoppings, representantes ou algum outro? Ela vende apenas para o mercado nacional ou a distribuição é internacional? Geralmente, quanto maior a distribuição, maior o potencial de vendas e, em última análise, maior o preço das ações.

» **A maioria das vendas da empresa visa um mercado definível?** Por exemplo, se a maioria das vendas for para um país dilacerado pela guerra ou politicamente instável, você deve se preocupar. Se os clientes da empresa não estão indo bem, isso tem um impacto direto na empresa e afetará suas ações.

» **Como estão as vendas em relação aos padrões do mercado?** Em outras palavras, a empresa está se saindo melhor do que a média do setor? É líder de mercado no que oferece? A empresa deve estar se saindo melhor do que (ou tão bem quanto) seus pares no setor. Se ela está ficando para trás em relação aos concorrentes, isso não é um bom presságio para as ações em longo prazo.

» **O relatório inclui informações sobre os concorrentes da empresa e assuntos relacionados?** Saiba quem são os concorrentes da empresa porque eles têm um efeito direto no sucesso dela. Se os clientes estão escolhendo o concorrente, em vez de sua empresa, a queda nas vendas e nos lucros prejudicará o preço das ações.

Demonstrações financeiras

Examine as várias demonstrações financeiras e encontre os números relevantes. Cada relatório anual deve ter (no mínimo) um balanço (para o início e o final do ano), três anos (normalmente) de declarações de renda e demonstrações de fluxo de caixa para os anos em questão. Pegar os números importantes em uma demonstração financeira não é difícil. No entanto, ajuda quando você adquire alguns conhecimentos básicos de contabilidade. O Capítulo 11 apresenta mais detalhes sobre a avaliação das demonstrações financeiras.

Primeiro, revise a *declaração de renda* (*demonstrativo de resultados* ou simplesmente *P&L*). Ele exibe as vendas, as despesas e os resultados da empresa (lucro líquido ou prejuízo líquido).

Em seguida, olhe o *balanço patrimonial.* Ele fornece um instantâneo de um ponto no tempo (os relatórios anuais são necessários para fornecer dois anos de balanços de final de ano), que informa o que a empresa possui (*ativos*), o que deve (*passivos*) e o resultado final (*patrimônio líquido*). Para uma empresa saudável, os ativos devem sempre ser maiores do que os passivos.

CUIDADO

Leia atentamente as notas de rodapé das demonstrações financeiras. Às vezes, grandes mudanças são comunicadas em letras pequenas. Nos tempos atuais, seja especialmente cauteloso com letras pequenas apontando outras dívidas ou derivativos. *Derivativos* são veículos complicados e (ultimamente) muito arriscados. Os problemas com os derivativos foram uma das principais causas da turbulência do mercado que destruiu as empresas financeiras em Wall Street no final de 2008. A AIG, por exemplo, é uma grande seguradora que teve que ser socorrida pelo Federal Reserve antes de entrar em falência (os acionistas sofreram enormes prejuízos).

CUIDADO

Os derivativos são uma enorme mina terrestre, e os grandes bancos de centros financeiros ainda os mantêm. De acordo com o Banco de Pagamentos Internacionais (www.bis.org), em inglês, os principais bancos de centros financeiros estão transportando derivativos no valor de mais de 1 quatrilhão de dólares. (Nossa! Agora entendo por que eles fazem tanto alvoroço!) Os derivativos são especialmente importantes se você está considerando ações de bancos ou de outras instituições financeiras para seu portfólio.

Resumo dos dados financeiros anteriores

O resumo dos dados financeiros anteriores fornece um panorama do progresso geral da empresa em longo prazo. Quantos anos o relatório anual resume? Alguns relatórios resumem três, mas a maioria remonta a dois anos.

Problemas de gestão

A seção de problemas de gestão do relatório anual inclui um relatório de tendências e problemas atuais, como novos desenvolvimentos que estão acontecendo no setor e que afetam a empresa. Veja se você concorda com a avaliação da administração sobre as condições econômicas e de mercado que afetam as perspectivas da empresa. Que desenvolvimentos significativos na sociedade a administração percebe como relevantes para suas operações? O relatório inclui informações sobre ações judiciais atuais ou pendentes?

Carta de opinião CPA

Os relatórios anuais incluem comentários da firma de contabilidade independente da empresa. Pode ser uma carta de opinião ou um simples parágrafo com os pontos de vista da firma a respeito das demonstrações financeiras.

DICA

A carta de opinião CPA oferece uma opinião sobre a exatidão dos dados financeiros apresentados e informações sobre como as demonstrações foram preparadas. Verifique se a carta inclui notas de rodapé sobre as alterações em certos números ou como eles foram relatados. Por exemplo, uma empresa que deseja relatar ganhos mais altos pode usar um método conservador de mensuração da depreciação, em vez de uma abordagem mais agressiva. Em qualquer caso, verifique os números examinando o documento 10K da empresa arquivado na Securities and Exchange Commission (SEC; descrevo-o com mais detalhes posteriormente neste capítulo).

Dados de identidade da empresa

A seção de dados de identidade da empresa informa sobre as subsidiárias da empresa (ou negócios menores que ela tem), marcas e endereços. Também contém dados típicos, como a localização da sede e os nomes de diretores e executivos. Muitos relatórios também incluem dados sobre as posições dos conselheiros e diretores quanto à propriedade de ações no final do ano.

Dados sobre as ações

A seção de dados sobre as ações pode incluir um histórico do preço delas, com informações como em qual bolsa estão listadas, seu símbolo, o plano de reinvestimento de dividendos da empresa (se houver) etc. Também inclui informações sobre serviços aos acionistas e quem contatar para obter mais informações.

Examinando os documentos de procuração

Como acionista, você tem direito a voto na assembleia anual de acionistas. Se tiver a oportunidade de participar de uma, faça-o. Você encontrará outros acionistas e fará perguntas à administração e a outros representantes da empresa. Normalmente, o departamento de atendimento ao acionista (ou de relações com investidores) fornece detalhes completos. Nas assembleias, os acionistas votam em assuntos da empresa, como a aprovação de uma nova firma de contabilidade ou a decisão sobre se uma proposta de fusão com outra empresa prosseguirá.

Se você não puder comparecer (o que vale para a maioria dos acionistas), pode votar por procuração. *Votação por procuração* significa votar por correio ou eletronicamente. Você indica seus votos na declaração de procuração (ou cartão) e autoriza um representante a votar na reunião em seu nome. A declaração de procuração geralmente é enviada a todos os acionistas, com o relatório anual, pouco antes da assembleia.

Obtendo uma Segunda Opinião

Inúmeras informações valiosas estão disponíveis para suas atividades de investimento. Os recursos desta seção são apenas alguns representantes — uma boa representação, no entanto. Para obter uma visão mais equilibrada da empresa e de seus clientes potenciais (em vez de confiar apenas no relatório anual que descrevo na seção anterior), dê uma olhada em várias fontes de informações para as ações que estiver pesquisando.

DICA

As informações e as pesquisas que elas fornecem podem ser caras se você comprar ou assinar por conta própria, mas, felizmente, a maioria dos recursos mencionados geralmente está disponível na seção de referência de negócios de uma biblioteca pública bem abastecida.

Documentos arquivados na SEC

O investidor sério não negligencia a riqueza de informações que pode obter nos documentos arquivados na SEC (CVM no Brasil). Dedique tempo e esforço para examinar os documentos das seções a seguir, pois eles oferecem uma excelente visão sobre as atividades de uma empresa.

Veja como obter os principais documentos relevantes para os investidores:

» **Vá à empresa.** Os departamentos de atendimento ao acionista mantêm esses documentos disponíveis ao público e geralmente os distribuem gratuitamente às partes interessadas.

» **Visite a SEC, pessoalmente ou online.** Esses documentos estão disponíveis para visualização pública nos escritórios da SEC. Descubra mais entrando em contato com a Securities and Exchange Commission, Publications Unit, 450 Fifth St. NW, Washington, DC 20549.

DICA

No site da SEC (www.sec.gov), em inglês, você pode verificar o EDGAR (sistema de coleta, análise e recuperação de dados eletrônicos) para pesquisar documentos públicos arquivados. É uma tremenda fonte de documentos que datam de 1994. Você pode pesquisar, imprimir ou baixá-los com muita facilidade. Os documentos podem ser localizados por número ou palavra-chave.

Formulário 10K

Puxa, que intimidante! Só o nome do relatório já faz você coçar a cabeça. Para algumas pessoas, 10K se referem a correr uma maratona de 10km. Mas, se ler um 10K, pode preferir trocá-lo pela corrida.

O formulário 10K é um relatório que as empresas devem apresentar à SEC anualmente. Funciona como o relatório anual que você recebe da empresa, exceto pelo fato de fornecer informações financeiras mais detalhadas. Pode ser um pouco intimidante, porque o texto é seco e sem floreios. Não é exatamente Shakespeare (embora os relatórios 10K também tivessem deixado Lady Macbeth louca); por outro lado, os dados não têm tanta repercussão quanto os do relatório anual que a empresa envia aos acionistas. Sem enlouquecer, passe pelas seções dos 10K. Reserve um tempo extra para examinar a seção sobre dados financeiros. Faça as mesmas perguntas que faria ao examinar um relatório anual.

DICA

Os seguintes sites, em inglês, o ajudarão a entender os relatórios 10K:

- » Investopedia (www.investopedia.com).
- » Investor.gov (www.investor.gov).
- » Last10K.com (www.last10k.com).
- » SEC Info (www.secinfo.com).

Formulário 10Q

O Formulário 10Q é um relatório trimestral que fornece as mesmas informações básicas do 10K, mas detalha apenas três meses de atividades. Como muito tempo pode passar entre 10Ks (afinal, é um ano), não espere doze meses para ver como a empresa está progredindo. Crie o hábito de ver como a empresa está se saindo comparando seu último 10Q com um que cubra o mesmo trimestre do ano anterior. O lucro é maior ou menor? Que tal as vendas? A dívida?

LEMBRE-SE

Lembre-se de que nem todas as empresas têm o mesmo ano fiscal. Uma empresa com um ano fiscal de ano civil (terminando em 31 de dezembro), por exemplo, apresenta um 10Q para cada um dos três primeiros trimestres e um 10K para o último (os últimos três meses do ano). A empresa relata seus dados do quarto trimestre no 10K, junto com as estatísticas para o ano inteiro.

Relatórios internos

Existem dois tipos de insiders: aqueles que trabalham dentro de uma empresa e aqueles fora da empresa que têm uma propriedade significativa (5% ou mais) das ações dela. Rastrear atividades internas é muito lucrativo para investidores que desejam seguir os passos das pessoas que as conhecem. Veja no Capítulo 20 informações sobre os benefícios de monitorar as atividades internas.

LEMBRE-SE

Cada vez que um insider (como CEO ou controlador) compra ou vende ações, a transação deve ser relatada à SEC. O insider relata o trade antes de executá-lo. Esses relatórios são documentos publicamente disponíveis, que lhe permitem ver o que os insiders estão fazendo. Ouvir o que eles dizem em público é uma coisa, mas ver o que fazem com seus trades de ações é mais importante.

Value Line

The Value Line Investment Survey, um dos muitos produtos de informação fornecidos pela Value Line Publishing, Inc., é considerado um dos favoritos de longa data por muitos profissionais que investem em ações. Consulte-o em qualquer biblioteca que tenha um bom departamento de referência de negócios. Na pesquisa, a Value Line cobre as maiores empresas de capital aberto e as classifica de acordo com a solidez financeira e vários outros fatores-chave de negócios. Para obter mais informações sobre a Value Line, dirija-se a uma boa biblioteca ou visite `www.valueline.com` (conteúdo em inglês).

Standard & Poor's

Outro editor onipresente e venerável é a Standard & Poor's (S&P). Embora tenha uma série de produtos e serviços de informação de qualidade para investidores individuais e institucionais, os três que você deve dar uma olhada são os seguintes:

» ***Relatórios de ações da S&P:*** Disponível em muitas bibliotecas, esse guia é publicado periodicamente e apresenta relatórios sobre ações na Bolsa de Valores de Nova York e nas maiores empresas listadas na Nasdaq. É um resumo de duas páginas de cada ação, sendo um instantâneo das finanças atuais da empresa, com um breve histórico e comentários sobre as atividades dela. Também avalia as empresas com base em sua capacidade financeira.

» ***Pesquisa de setor da S&P:*** A S&P fornece relatórios detalhados sobre os principais setores, acumulando muitas informações sobre determinado setor em quatro a sete páginas. Essa publicação anual é um bom resumo do que aconteceu em cada setor nos últimos doze meses, como está o setor hoje e quais são as perspectivas para o próximo ano. Também fornece números importantes (lucros, vendas e classificação do setor) para as cinquenta a cem empresas principais de cada setor.

» **Relatórios de títulos da S&P:** Sim, sei que este livro é sobre ações, mas o rating dos títulos de uma empresa é inestimável para os investidores em ações. A S&P analisa a força do emissor do título e a classifica quanto à qualidade de crédito. Se a S&P der a uma empresa uma classificação alta, você terá uma garantia adicional de que ela é financeiramente sólida. A empresa precisa ter uma classificação de título AAA, AA ou A, porque isso indica que a empresa tem "grau de investimento".

Confira o site da S&P em `www.standardandpoors.com`, em inglês, para obter mais informações sobre suas publicações.

Serviço de Investimento Moody's

Outra editora robusta, a Moody's oferece pesquisas vitais sobre ações e títulos. *Moody's Handbook of Common Stocks* está geralmente disponível na seção de referência de bibliotecas bem abastecidas. Ela oferece guias de ações e títulos semelhantes ao S&P e também fornece um serviço independente de rating de títulos. Verifique `www.moodys.com` (em inglês) para ter maiores informações.

DICA

Uma ação com uma classificação elevada tanto pela Moody's quanto pela S&P é uma ótima opção para investidores em busca de investimentos de valor.

Relatórios de corretagem: Mais de três elementos em conflito

Clint Eastwood, onde está você? Tradicionalmente, os relatórios das corretoras têm sido uma boa fonte de informações para investidores que buscam opiniões fundamentadas sobre as ações. E ainda são, mas nos últimos anos, algumas corretoras foram penalizadas por relatórios tendenciosos. As corretoras nunca devem ser sua única fonte de informações. (Caso contrário, Clint pode perguntar: Vocês estão se sentindo com sorte, bandidos?) As seções a seguir descrevem os aspectos conflituosos dos relatórios das corretoras.

O lado bom

Departamentos de pesquisa em corretoras fornecem relatórios de ações e os disponibilizam para seus clientes, além de publicações de investimento. Os analistas e os estrategistas de mercado das empresas geralmente os preparam. Uma boa pesquisa é crítica, e os relatórios de corretagem são muito úteis. Que melhor fonte de orientação do que especialistas em tempo integral apoiados por departamentos de pesquisa de milhões de dólares? Os relatórios de corretagem têm alguns pontos fortes:

» Os analistas são profissionais que devem entender o valor da empresa e de suas ações. Eles analisam e comparam os dados dela todos os dias.

» Os analistas têm à sua disposição uma grande quantidade de informações e dados históricos que podem vasculhar para tomar decisões informadas.

» Se você tem uma conta na empresa, pode acessar as informações gratuitamente.

O lado ruim

CUIDADO

Bem, os relatórios de corretoras podem não ser ruins em todos os casos, mas, em geral, são. As corretoras ganham dinheiro com comissões e taxas do banco de investimento (até aí, tudo bem). No entanto, podem se encontrar na posição incômoda de emitir relatórios sobre empresas que são (ou podem ser) clientes delas (hmmm — aí começa o problema). Com frequência, esse relacionamento resulta em um relatório da corretora que pinta uma imagem excessivamente positiva de uma empresa que pode ser um mau investimento (sim, isso é ruim). O resultado final é que você deve sempre ter cuidado com um conflito de interesses quando as corretoras estão muito agressivas ou otimistas sobre determinado título.

O lado duvidoso

Durante 1998-2000, um número esmagador de relatórios de corretoras emitiu elogios entusiasmados sobre empresas que eram medíocres ou duvidosas. Os investidores compravam ações de tecnologia e ações da internet. A simples demanda empurrava os preços das ações, o que deu uma aparência de geniais às previsões dos analistas, mas os preços das ações subiram essencialmente como uma profecia autorrealizável. As ações estavam supervalorizadas, e a derrota era certa. Analistas e investidores estavam se sentindo com sorte.

Os investidores, no entanto, perderam muito dinheiro (ah, terrível). O dinheiro que as pessoas acumularam meticulosamente ao longo de muitos anos de trabalho desapareceu em questão de meses quando o bear market de 2000 chegou (só piora). Claro, o bear market que chegou em 2008-2009 foi ainda mais brutal. Aposentados que confiaram nos analistas viram os ovos do ninho perderem de 40% a 70% em valor (socorro). Os investidores perderam trilhões durante essas grandes recessões, muitos deles desnecessariamente. Tenho certeza de que muitas dessas pessoas pensaram que deveriam ter colocado esse dinheiro em coisas que tinham um valor real e duradouro — como biscoitos e caixas de merlot.

LEMBRE-SE

Durante o bear market de 2000-2002, um número recorde de ações judiciais e reclamações foi movido contra as corretoras. Wall Street e Main Street aprenderam algumas lições difíceis. Em relação aos relatórios de pesquisa das corretoras, os seguintes pontos o ajudarão a evitar esses casos duvidosos:

- » Sempre se pergunte: "O fornecedor do relatório é uma fonte tendenciosa?" Em outras palavras, a corretora faz algum tipo de negócio com a empresa que está recomendando?
- » Nunca, nunca, *nunca* confie em apenas uma fonte de informações, especialmente se for a mesma que está vendendo as ações ou outro investimento.
- » Faça sua pesquisa antes de confiar em um relatório de corretora. Verifique os relatórios anuais e os outros documentos que recomendo no início deste capítulo.
- » Faça sua diligência antes de comprar ações. Veja as Partes 1 e 2 para entender sua necessidade de diversificação, tolerância ao risco, e assim por diante.
- » Verifique as informações fornecidas a você com uma visita à biblioteca ou a alguns sites (veja o Apêndice A).

DICA

Embora geralmente não dependa de analistas de corretagem de Wall Street, acompanho alguns analistas de investimentos independentes. Menciono alguns de meus favoritos no Apêndice A.

Faça Você Mesmo: Compile Seu Departamento de Pesquisa

Você não precisa gastar muito tempo ou dinheiro, mas deve manter sua biblioteca de recursos. Pode ser de apenas uma prateleira (ou uma pequena quantidade de memória no disco rígido do seu computador). Mas por que não ter alguns fatos e recursos de investimento ao seu alcance? Mantenho minha própria biblioteca carregada com livros, revistas, boletins informativos e toneladas de materiais excelentes baixados no meu computador para facilitar a pesquisa e a consulta. Ao iniciar sua própria coleção, siga estas dicas:

» **Guarde alguns jornais selecionados.** *Barron's, The Wall Street Journal* e *Investor's Business Daily* têm algumas edições que valem a pena guardar. Por exemplo, *Wall Street Journal* e *Investor's Business Daily* geralmente publicam uma edição com revisão anual na primeira semana útil de janeiro. *Barron's* tem edições especiais revisando corretoras e sites financeiros.

» **Assine revistas financeiras.** Publicações como *Forbes* e *Money* apresentam excelentes pesquisas e analisam regularmente ações, corretoras e recursos para investidores.

» **Guarde relatórios anuais.** Em relação às ações que constituem o núcleo de seu portfólio, guarde todos os relatórios anuais (no mínimo, os três mais recentes).

» **Vá periodicamente para a seção de referência de negócios da biblioteca para se manter atualizado.** Ei, você paga os impostos que mantêm a biblioteca pública — também pode usá-la para se manter informado.

» **Use a internet para pesquisas.** A web oferece muitos sites excelentes para serem examinados; listo alguns dos melhores no Apêndice A.

DICA

Os relatórios financeiros são muito importantes e mais fáceis de ler do que a maioria das pessoas pensa. Um investidor pode facilmente evitar um mau investimento simplesmente observando os dados no que parece uma confusão de números. Descubra como lê-los. Para obter um ótimo livro para ajudá-lo na leitura de relatórios financeiros (sem detalhes técnicos desnecessários), verifique a última edição do *How to Read a Financial Report: Wringing Vital Signs Out of the Numbers*, de John A. Tracy e Tage C. Tracy (sem publicação no Brasil), e *Análise Fundamentalista Para Leigos*, de Matt Krantz (Alta Books).

NESTE CAPÍTULO

» **Distinguindo setores e indústrias**

» **Fazendo perguntas sobre setores e indústrias**

» **Dando uma olhada em setores e indústrias novos (e reemergentes)**

Capítulo **13**

Setores Emergentes e Oportunidades na Indústria

uponha que você tenha que apostar todo seu dinheiro em uma corrida de 1,5km. Basta selecionar um grupo vencedor. Suas opções são as seguintes:

Grupo A: Cavalos de corrida puro-sangue.

Grupo B: Imitadores de Elvis com excesso de peso.

Grupo C: Caracóis letárgicos.

Essa não é uma pergunta capciosa, e você tem um minuto para responder. Observe que não pedi que escolhesse um único vencedor entre um monte de cavalos gigantes, Elvis e caracóis; só pedi que escolhesse o grupo. A resposta óbvia são os cavalos (e, não, eles não foram montados pelos imitadores de Elvis com excesso de peso, porque isso mataria minha analogia). Nesse exemplo, mesmo o membro mais lento do Grupo A facilmente se distancia do mais rápido do B e do C.

Indústrias, como os Grupos A, B e C em meu exemplo, não são iguais, e a vida não é justa. Afinal, se fosse, Elvis estaria vivo e os imitadores não existiriam. Felizmente, escolher ações não precisa ser tão difícil quanto escolher um cavalo de corrida vencedor. O ponto básico é que é mais fácil escolher uma ação de sucesso em um grupo de vencedores (uma indústria crescente e vibrante). Compreender as indústrias aprimora sua estratégia de seleção de ações.

Um investidor de longo prazo de sucesso avalia a indústria (ou o setor) tão cuidadosamente quanto as ações individuais. Por sorte, escolher um setor vencedor para investir é mais fácil do que escolher ações individuais, como você verá neste capítulo. Conheço alguns investidores que escolhem ações vencedoras em indústrias perdedoras, e também conheço os que escolhem ações perdedoras em indústrias vencedoras (o primeiro é superado em número pelo último). Pense em como você se sai ao escolher uma ótima ação em um grande setor! É claro que, se escolher repetidamente ações ruins em setores ruins, acabará saindo do mercado de ações (talvez sua vocação seja ser um imitador de celebridade!).

Distinguindo Setor e Indústria

Muitas vezes, os investidores confundem indústria com setor. Mesmo que não seja uma confusão problemática, é necessário esclarecermos as diferenças.

Setor é simplesmente um grupo de indústrias inter-relacionadas. *Indústria* normalmente é uma categoria de negócios que executa uma atividade mais precisa; você pode chamar uma indústria de *subsetor*. Investir em um setor e investir em uma indústria pode significar coisas diferentes para o investidor. O resultado do desempenho do investimento também pode ser muito diferente.

A saúde é um bom exemplo de setor que tem diferentes indústrias. O setor de saúde inclui indústrias como a farmacêutica, varejistas de medicamentos, planos de saúde, hospitais, fabricantes de equipamentos médicos, e assim por diante.

LEMBRE-SE

A saúde é, na verdade, um bom (ótimo!) exemplo de por que você deve saber a diferença entre setor e indústria. Dentro de determinado setor (como saúde), existem indústrias que se comportam de maneira diferente durante as mesmas condições econômicas. Algumas indústrias são cíclicas (como fabricantes de equipamentos médicos), enquanto outras são defensivas (como varejistas de medicamentos). Em uma economia ruim, as ações cíclicas tendem a cair, enquanto as defensivas, a manter seu valor. Em uma economia boa ou em expansão, as ações cíclicas se saem muito bem, enquanto as ações defensivas tendem a ficar para trás. (Falo mais sobre indústrias cíclicas e defensivas posteriormente neste capítulo.)

Dado esse fato, um fundo negociado em bolsa (ETF) que refletisse o setor de saúde geral seria estável, porque alguns dos setores que subiram seriam compensados pelos que caíram. Vá para o Capítulo 5 para obter mais informações sobre ETFs.

Interrogando Setores e Indústrias

Seu bom senso é uma ferramenta importante na escolha de setores e indústrias com ações vencedoras. Esta seção explora algumas das perguntas mais importantes a se fazer ao escolher um setor ou uma indústria.

Em que categoria a indústria se enquadra?

A maioria das indústrias se enquadra bem em uma das duas categorias: cíclica ou defensiva. De forma grosseira, essas categorias se traduzem no que a sociedade deseja e naquilo de que necessita. A sociedade compra o que *quer* quando os tempos são bons e adia quando os tempos são ruins. Compra o que *precisa* em momentos bons e ruins. Um desejo é algo "bom de ter", enquanto uma necessidade, bem, o próprio nome já diz. Entendeu?

Indústrias cíclicas

Indústrias cíclicas são indústrias cujas fortunas aumentam e diminuem com a ascensão e a queda da economia. Em outras palavras, se a economia e o mercado de ações estão indo bem, consumidores e investidores estão confiantes e tendem a gastar e investir mais dinheiro do que o normal, portanto, os setores cíclicos tendem a ter um bom desempenho. Imóveis e automóveis são ótimos exemplos de indústrias cíclicas.

Pense na sua situação para entender o conceito de indústrias cíclicas. Pense em seu comportamento como consumidor e terá uma pista reveladora do pensamento de milhões de consumidores. Quando você (e milhões de outras pessoas) se sente bem com sua carreira, finanças e futuro, tem uma tendência maior de comprar mais coisas (e/ou pagar mais caro por elas). Quando as pessoas se sentem financeiramente fortes, ficam mais propensas a comprar uma nova casa ou carro, ou a firmar algum outro grande compromisso financeiro. Além disso, as pessoas assumem mais dívidas, porque se sentem confiantes de que podem pagá-las. Diante desse comportamento, quais indústrias você acha que se sairiam bem?

O mesmo ponto vale para os gastos das empresas. Quando as empresas julgam os tempos econômicos como bons e preveem a continuação deles, tendem a gastar mais dinheiro em grandes compras, como novos equipamentos ou tecnologia. Elas entendem que, como estão indo bem e obtendo sucesso financeiro, é uma boa ideia reinvestir esse dinheiro no negócio para aumentar o sucesso futuro.

Indústrias defensivas

Indústrias defensivas são indústrias que produzem bens e serviços que são necessários, não importa o que esteja acontecendo na economia. Seu bom senso entra em ação aqui também. O que você compra mesmo em tempos difíceis? Pense no que milhões de pessoas compram, não importa o quão ruim a economia fique. Um bom exemplo é a comida — as pessoas ainda precisam comer, independentemente dos momentos bons ou ruins. Outros exemplos de indústrias defensivas são serviços públicos e saúde.

LEMBRE-SE

Em tempos econômicos ruins, as ações defensivas tendem a se sair melhor do que as cíclicas. No entanto, quando os tempos são bons, as ações cíclicas tendem a se sair melhor do que as defensivas. Ações defensivas não se saem tão bem em tempos bons porque as pessoas não comem o dobro nem consomem mais eletricidade.

Então, como as ações defensivas crescem? Seu crescimento depende de dois fatores:

» **Crescimento populacional:** À medida que mais e mais consumidores nascem, há mais pessoas para comprar.

» **Novos mercados:** Uma empresa pode crescer procurando novos grupos de consumidores para comprar seus produtos e serviços. A Coca-Cola, por exemplo, encontrou novos mercados na Ásia durante a década de 1990. À medida que os regimes comunistas caíram e mais sociedades adotaram o livre mercado e bens de consumo, a empresa vendeu mais bebidas, e suas ações dispararam.

DICA

Uma maneira de investir em determinada indústria é aproveitando as vantagens dos fundos negociados em bolsa (ETFs), que se tornaram muito populares nos últimos anos. Os ETFs são estruturados como fundos de investimento, mas são portfólios fixos negociados como ações. Se você encontrar uma indústria vencedora, mas não conseguir encontrar uma ação vencedora (ou não quiser se preocupar com a pesquisa necessária), os ETFs serão uma grande consideração. Descubra mais sobre ETFs em sites como `www.etfdb.com` (em inglês) ou voltando ao Capítulo 5.

O setor está crescendo?

A pergunta parece óbvia, mas você ainda precisa fazê-la antes de comprar a ação. O dito "a tendência é sua amiga" se aplica na hora de escolher um setor no qual investir, desde que ela seja de alta. Se observar três ações, iguais em todos os aspectos significativos, mas descobrir que uma está em um setor que cresce 15% ao ano, enquanto as outras duas ações estão em setores que têm pouco crescimento ou que estão encolhendo, qual ação você escolheria?

CUIDADO

Às vezes, as ações de uma empresa financeiramente insustentável ou mal administrada sobem drasticamente porque o setor em que está inserida é muito estimulante para o público. Um exemplo recente foram as ações de maconha durante 2018-2019. Os preços das ações em geral dispararam durante 2018, mas caíram durante 2019. Investidores e especuladores enlouqueceram comprando ações à medida que a legalização generalizada por Estados importantes abriu as comportas do interesse. No entanto, os preços das ações caíram significativamente de suas máximas, e os investidores logo fincaram os pés no chão, lembrando de que os fundamentos importam. Qualquer que seja a nova área de seu interesse, examine os fundamentos da empresa (veja no Capítulo 11 como fazer isso) e as perspectivas de crescimento do setor antes de optar por determinada ação.

DICA

Há várias fontes de informação que monitoram todos os setores e indústrias e medem seu progresso para avaliar o desempenho. Algumas fontes confiáveis incluem:

» MarketWatch (www.marketwatch.com).
» Standard & Poor's (www.standardandpoors.com).
» D&B Hoovers (www.hoovers.com).
» Yahoo! Finance (finance.yahoo.com).
» *Wall Street Journal* (www.wsj.com).

As fontes apresentadas fornecem informações detalhadas sobre os principais setores e indústrias. Visite os sites para ler suas pesquisas e artigos atuais, em inglês, com links para sites relevantes, e obtenha mais detalhes. Por exemplo, o *Wall Street Journal* (publicado pela Dow Jones & Co.), cujo site é atualizado diariamente (ou com maior frequência), publica índices para todos os principais setores e indústrias para você obter um instantâneo útil de como cada um está indo.

DICA

A pesquisa de indústrias da Standard and Poor's (S&P) é uma excelente fonte de informações sobre as indústrias dos Estados Unidos. Além de classificar e comparar indústrias, e informá-lo sobre as perspectivas atuais, a pesquisa também lista as principais empresas por tamanho, vendas, lucros e outras informações importantes. Aprecio que cada setor seja coberto em algumas páginas, então você obtém as informações críticas de que precisa sem ler um romance. A pesquisa e outras publicações da S&P estão disponíveis no site da S&P ou na seção de referência de negócios da maioria das bibliotecas (sua melhor aposta é ir à biblioteca, porque a pesquisa é bastante cara).

A demanda por produtos e/ou serviços do setor terá um crescimento de longo prazo?

Veja os produtos e os serviços que o setor ou a indústria oferece. São artigos que a sociedade continuará a desejar? Existem produtos e serviços no horizonte que poderiam substituí-los? Como é o vislumbre do futuro para o setor?

LEMBRE-SE

Ao avaliar a demanda futura, procure uma *indústria florescente* — nova, emergente ou que tenha um apelo promissor para o futuro. Bons exemplos de indústrias florescentes dos últimos anos são as empresas de biotecnologia e internet. Em contraste, uma *indústria decadente* está em declínio ou tem pouco potencial de crescimento. Você provavelmente não deve investir na indústria de fabricação de DVD, porque a demanda mudou para a entrega digital. Possuir ações de uma empresa forte e lucrativa em uma indústria florescente é obviamente a escolha mais desejável.

As pesquisas atuais revelam as seguintes megatendências:

» **O envelhecimento dos Estados Unidos:** Mais idosos do que nunca estão morando nos EUA. Por isso, os serviços de saúde e financeiros que tratam dos cuidados ou das preocupações financeiras deles prosperarão.

» **Avanços em alta tecnologia:** As inovações em internet, telecomunicações, medicina e biotecnologia continuarão.

» **Preocupações com segurança:** Terrorismo, tensões internacionais e questões de segurança em nível pessoal significam mais atenção para a defesa nacional, segurança interna e assuntos relacionados.

» **Desafios de energia:** Fontes tradicionais e não tradicionais de energia (como solar, células de combustível, e assim por diante) exigirão a atenção da sociedade durante a transição dos combustíveis fósseis para novas formas de energia.

DICA

Um de meus recursos favoritos para antecipar megatendências é o Gerald Celente e seu Diário de Tendências (www.trendsresearch.com). Eles são certeiros em prever megatendências à medida que se desenrolam.

De que o crescimento da indústria depende?

Uma indústria não existe no vácuo. Fatores externos pesam fortemente em sua capacidade de sobreviver e prosperar. A indústria depende de uma megatendência estabelecida? Então provavelmente ficará forte por um tempo. Depende de fatores que estão perdendo relevância? Então pode começar a se diluir em breve. Mudanças tecnológicas e demográficas são outro fator que contribui para o crescimento ou a queda de uma indústria.

LEMBRE-SE

Lembre-se de que um setor continuará a crescer, encolher ou nivelar-se, mas as indústrias individuais podem crescer, encolher ou até mesmo estar em vias de desaparecer. Se um setor está se expandindo, você verá o surgimento de novas indústrias. Por exemplo, o envelhecimento dos EUA é uma megatendência estabelecida. À medida que milhões de norte-americanos atingem uma idade avançada, oportunidades lucrativas aguardam as empresas que estão preparadas para lhes atender. Talvez uma indústria (subsetor) ofereça novos produtos médicos excelentes para idosos. Quais são as perspectivas de crescimento?

A indústria depende de outra indústria?

Essa reviravolta na pergunta anterior é um lembrete de que as indústrias frequentemente estão interligadas e podem se tornar codependentes. Quando um setor sofre, é bom entender quais setores sofrerão posteriormente. O inverso também se aplica — quando um setor está indo bem, outros setores colherão os benefícios.

Em ambos os casos, se a ação escolhida estiver em um setor altamente dependente de outros setores, esteja atento. Se você está considerando ações de empresas de resort e vê as manchetes berrando: "Companhias aéreas estão perdendo dinheiro com o público parando de voar", o que fazer? Esse tipo de pergunta o força a pensar logicamente e considerar causa e efeito. A lógica e o bom senso são ferramentas poderosas que superam todas as atividades de processamento de números realizadas por analistas.

Quais são as empresas líderes da indústria?

Depois de escolher a indústria, em que tipos de empresa deseja investir? Escolha entre dois tipos básicos:

» **Líderes estabelecidos:** Essas empresas são consideradas líderes da indústria ou têm uma grande participação no mercado. Investir nelas é o caminho mais seguro a percorrer; que melhor escolha para investidores novatos do que empresas já comprovadas?

» **Inovadores:** Se a indústria está aquecida e você deseja ser mais agressivo em sua abordagem, investigue empresas que oferecem novos produtos, patentes ou tecnologias. Essas empresas são provavelmente menores, mas têm um maior potencial de crescimento em uma indústria comprovada.

A indústria é alvo de ação governamental?

Descubra se o governo está mirando uma indústria porque a intervenção de políticos e burocratas (certa ou errada) impacta a situação econômica dela. Descubra as questões políticas que uma empresa, uma indústria ou um setor enfrenta (veja o Capítulo 15 para saber mais sobre considerações políticas).

CUIDADO

Os investidores precisam ficar atentos quando um "barulho" político começa a surgir sobre dada indústria. Uma indústria pode ser prejudicada pela intervenção direta do governo ou pela ameaça dela. A intervenção assume a forma de ações judiciais, investigações, impostos, regulamentos ou, às vezes, uma proibição total. Em qualquer caso, estar do lado errado da intervenção governamental é a maior ameaça externa à sobrevivência de uma empresa.

LEMBRE-SE

Às vezes, a ação do governo ajuda uma indústria. Geralmente, a ação benéfica assume duas formas:

» **Desregulamentação e/ou redução de impostos:** O governo às vezes reduz os encargos sobre uma indústria. No final da década de 1990, por exemplo, a desregulamentação governamental abriu caminho para mais inovação nas telecomunicações. Essa tendência, por sua vez, lançou as bases para mais inovação e crescimento da internet e expansão dos serviços de telefonia celular.

» **Financiamento direto:** O governo também tem o poder de direcionar o dinheiro do contribuinte para os negócios. Nos últimos anos, os governos federal e estadual (nos EUA) forneceram créditos fiscais e outros incentivos para energia alternativa, como a solar.

Descrevendo os Principais Setores e Indústrias

Nesta seção, destaco alguns setores e indústrias emergentes que os investidores devem observar, bem como setores e indústrias estabelecidos com forte potencial para os próximos anos. Considere investir parte de seu portfólio de ações nos que parecem promissores (e, claro, evite os que parecem problemáticos).

LEMBRE-SE

Lembre-se de tudo o que leu nos capítulos anteriores (como os Capítulos 11 e 12) sobre os fundamentos (vendas, lucros etc.) das melhores empresas nesses setores e indústrias. Não importa o quão novas, glamorosas e populares algumas empresas sejam, sempre se volte aos fundamentos. Não se empolgue quando ouvir especialistas dizerem que essas empresas ou tendências são "inovadoras", com tecnologias "revolucionárias" ou invenções "chamativas".

A internet do final da década de 1990, por exemplo, era extremamente significativa para a economia e a sociedade em geral, mas a onda inicial de empresas acabou tendo mais perdedores do que vencedores. Centenas de empresas pontocom acabaram no cemitério de fracassos mal lembrados. As oportunidades reais de crescimento surgiram com a segunda onda, o que significava que as empresas que sobreviveram tiveram lucro e se tornaram líderes.

Robótica e inteligência artificial

Robótica e inteligência artificial são uma nova área de crescimento promissora na economia. Grandes e pequenas empresas estão entrando em cena. Essa tecnologia varia de drones a robôs reais e realistas. O crescimento tem sido tremendo, e como há muitas aplicações para ela, que vão desde robôs que realizam serviços básicos a usos militares, como desarmar bombas e outras tarefas tradicionalmente perigosas, seu crescimento parece forte no futuro.

DICA

Minha maneira favorita de investir nessa área é por meio de ETFs, para investir em um amplo leque de empresas; a indústria tem grandes perspectivas de crescimento, mas nem sempre é fácil discernir empresas individuais vencedoras. Para a escolha de empresas individuais, por que não dar uma olhada nas principais participações de um ETF de robótica? Um bom exemplo de ETF de robótica líder é o ROBO (o ETF Global Robotics and Automation Index). Quando vir algumas empresas adequadas em um ETF, revise seus fundamentos antes de adicioná-las a seu portfólio de crescimento. Vá ao Capítulo 5 para obter mais informações sobre ETFs; os Capítulos 11 e 12 são um bom começo para revisar os fundamentos das empresas.

E-commerce

Amazon (AMZN) é considerado um site de e-commerce por excelência, pois cada vez mais o público está se voltando para a internet para fazer suas compras de consumo. Acho a AMZN muito cara — não apenas por ação, mas também com base nos fundamentos. (Tem um índice P/E muito alto; compare-o com os outros lendo sobre os índices P/E no Capítulo 6 e no Apêndice B.) Acho que existem maneiras melhores de lucrar com o e-commerce.

DICA

Considere empresas que ganham dinheiro sempre que alguém compra algo online, como a Visa Inc. (V) ou o PayPal (PYPL). E, sim, há ETFs nessa área também.

Investimento em maconha

Em 2020, o investimento em maconha entrou em um período de crescimento normal após dois anos de ganhos semelhantes à bolha e às quedas subsequentes. Como o uso da maconha continua a se expandir tanto para fins recreativos quanto medicinais, os investidores podem começar a olhar para essas empresas pelas lentes dos fundamentos da mesma forma como um investidor em ações veria outros investimentos convencionais em ações.

DICA

Muitas empresas nessa área experimentaram perdas, então é melhor que os investidores esperem pelo surgimento das vencedoras. Felizmente, novos ETFs surgiram (pelo menos, nove são encontrados atualmente em `www.etfdb.com`), e também uma enxurrada de novos sites de investidores, como `www.MarijuanaStocks.com`. Sites convencionais, como `www.investopedia.com` e `www.marketwatch.com`, agora trazem notícias e opiniões regulares sobre essa indústria em crescimento.

Commodities

No ano 2000, o complexo geral de commodities entrou em um bull market de vários anos e resultou em alguns ganhos espetaculares para os primeiros investidores. Em seguida, a megacrise de 2008 chegou, e as commodities entraram em colapso. À medida que as economias se debatiam e contraíam, a demanda por commodities diminuía, e as ações e os ETFs vinculados ao setor dispararam e diminuíram nos anos seguintes.

Lembre-se de que as commodities não se movem em sincronia — algumas podem ter um bom desempenho, enquanto outras não. Fatores de oferta e demanda são considerações primárias. Commodities vinculadas a alimentos (como grãos), por exemplo, tendem a continuar crescendo moderadamente como veículos de investimento à medida que a população mundial continua a crescer. As commodities vinculadas à construção e à infraestrutura (metais básicos, como cobre e zinco), por outro lado, tendem a ter um bom desempenho quando os bons tempos econômicos se traduzem em mais construções, como rodovias, arranha-céus etc. As commodities relacionadas à energia, como petróleo e gás natural, têm um bom desempenho quando a economia está em alta e a demanda por energia aumenta.

Como investir em commodities? É claro que muitos presumem que as commodities tratam apenas de trade e especulação, mas existem muitas maneiras de os investidores em ações participarem. Praticamente todas as principais commodities têm inúmeras alternativas de investimento.

Se você acredita que a soja terá um ótimo desempenho nos próximos anos, pode investir em uma empresa como a Bunge Ltda. (BG) ou em um ETF em soja (fundo Teucrium Soybean — símbolo SOYB). Se acha que o milho dará certo e quer buscar alguns louros (sacou?!), considere empresas como a Archer Daniels Midland (ADM) ou o ETF em milho (Teucrium Corn Fund — símbolo CORN). Se acha que os grãos em geral se sairão bem, mas não tem certeza de quais terão lucros mais férteis, considere os ETFs expostos a grãos, como o DBA (PowerShares DB Agriculture Fund). Tem soja e milho, mas também inclui trigo e até gado e porcos.

Metais preciosos

Metais preciosos são uma importante proteção no caso de crises financeiras vinculadas a ativos de papel. Prevejo com segurança que ativos de papel, como títulos (governamentais, corporativos etc.), estão atingindo níveis insustentáveis, o que terá efeitos perigosos em muitos portfólios e contas de aposentadoria. Além disso, os bancos centrais, como o Federal Reserve, recorrem a rios de dinheiro e mais dívidas na tentativa de aplacar qualquer crise financeira iminente.

Diante disso, as alternativas dos ativos tangíveis tendem a ser tratadas pelo público investidor como portos seguros. Os metais preciosos se saíram muito bem no final da década de 1970, quando a inflação e uma crise de energia eclodiram, e eles repetiram suas corridas de alta durante 2000-2010, portanto as condições estão maduras para movimentos de alta durante 2020-2030. Os especuladores devem considerar ações de mineração de metais preciosos, enquanto os investidores podem considerar ações de mineração de large cap e também ETFs da indústria de metais preciosos.

Bons exemplos de ETFs de metais preciosos são SPDR Gold Shares (símbolo GLD) e iShares Silver Trust (SLV). Para saber mais sobre metais preciosos (ações e ETFs relacionados a eles), dê uma olhada em meu livro *Precious Metals Investing For Dummies* (sem publicação no Brasil).

Oportunidades de criptomoeda

Criptomoedas são outro mercado que ficou inicialmente superaquecido quando as oportunidades para ele aumentaram em 2017-2018. As criptomoedas se tornaram uma nova alternativa às tradicionais moedas de papel e metais preciosos há alguns anos. Foi uma bolha incrível que empurrou criptomoedas como Bitcoin (BTC) para um valor unitário de US$13.800 durante o final de 2017 e início de 2018, depois caiu para US$3.500 no início de 2019. Em seguida, disparou novamente para US$10 mil, antes de cair para US$7.300 no final de 2019. Estou ficando tonto só de escrever sobre essa incrível volatilidade. Criptomoedas rivais, como Ethereum (ETH) e Litecoin (LTC), tiveram passeios de montanha-russa semelhantes.

DICA

Investir (na verdade, especular) em criptomoedas não é para os medrosos e deve ser feito apenas com uma porção relativamente pequena de seus fundos. Sendo assim, aqui estão duas considerações para você:

» Se deseja se envolver com criptomoedas, descubra como usá-las como um meio de transação, e não como um veículo de investimento. Isso significa que, se você tem um negócio — mesmo que seja de meio expediente ou freelancer —, considere alterá-lo para receber, digamos, Bitcoin como pagamento por seus serviços.

» Se quer investir, considere as empresas que ganham dinheiro com produtos e serviços vinculados a criptomoedas, como a tecnologia blockchain. Dessa forma, você participa do crescimento das criptomoedas com menos exposição a seus riscos e volatilidade.

DICA

Meu recurso favorito para iniciantes que levam a sério o envolvimento direto com criptomoedas é o livro *Investindo em Criptomoedas Para Leigos*, de Kiana Danial (Alta Books).

Dirigindo para casa

Tesla (TSLA) e Uber (UBER) são os mais novos queridinhos do mundo automobilístico, então você pode estar curioso sobre suas ações. No início de 2020, as duas empresas vinham apresentando prejuízos, portanto, pense nelas apenas para especulação, uma vez que a lucratividade deve ser considerada a principal questão (pelo menos, em meu livro) antes de dizer que está fazendo um investimento.

CUIDADO

Sim, ambas as ações podem ser veículos adequados para especulação e trade de curto prazo (especialmente para traders de opções), mas ainda não alcançaram uma lucratividade confiável em suas declarações de renda e têm grandes dívidas, então os investidores devem esperar até que seus fundamentos melhorem.

198   PARTE 3 **Desfile das Campeãs**

NESTE CAPÍTULO

» Pesquisando small caps

» Avaliando ofertas públicas iniciais

» De olho no motif investing

Capítulo **14**

Small Caps, IPOs e Motifs

Se é um investidor (ou um especulador) que deseja usar uma quantia relativamente pequena de dinheiro para comprar ações de uma única empresa ou de um conjunto de empresas (bem como um fundo de investimento, mas que exija menos dinheiro), este capítulo é para você! Muitos investidores sonham em comprar uma ação barata (conhecida como *small cap* e *microcapitalização*) e vê-la se tornar uma verdadeira potência de investimento. Isso pode ser feito, mas você precisa fazer certo; a primeira parte deste capítulo trata desse tópico.

Outra consideração é investir em um *IPO* (oferta pública inicial). O IPO certo pode lhe gerar uma fortuna, mas muitas pessoas perdem dinheiro porque deixam passar alguns pontos cruciais (que, claro, abordo aqui).

Uma maneira de transformar um punhado de dinheiro em uma montanha é por meio de uma inovação chamada motif investing. *Motif Investing* lhe dá a capacidade de investir tão pouco quanto US$250 em um lote de ações e/ou fundos negociados em bolsa (ETFs) com um motif ou uma perspectiva específica que você espera que ocorra. Obtenha mais informações neste capítulo.

Explorando Small Caps

Todo mundo quer comprar logo no início uma nova ação quente. Por que não? Você compra a Shlobotky, Inc. a US$1 por ação e espera que ela chegue a US$98 antes do almoço. Quem não quer comprar uma ação barata hoje que poderia se tornar a próxima Apple ou Walmart? É por isso que os investidores são atraídos por ações de small cap.

Small cap se refere ao valor de mercado da empresa, como explico no Capítulo 1. *Ações de small cap* têm valor de mercado inferior a US$1 bilhão (alguns consideram US$2 bilhões). E ações com valor de mercado inferior a US$250 milhões são chamadas de *microcapitalização*. (*Nota:* Alguns consideram a microcapitalização inferior a US$100 milhões, e as ações dessas empresas relativamente pequenas são chamadas de *penny stocks*. Na maioria das vezes, refiro-me a elas como small caps.) Os investidores podem enfrentar mais riscos com small caps, mas têm chance de maiores lucros.

De todos os tipos de ações, as small caps continuam a apresentar o maior crescimento. Da mesma forma que uma árvore plantada no ano passado tem mais oportunidades de crescimento do que uma sequoia madura de 100 anos, as ações de small caps têm maior potencial de crescimento do que as ações de large caps, já estabelecidas. É claro que a small cap não exibe um crescimento espetacular só porque é pequena. Ela cresce quando faz as coisas certas, como aumentar as vendas e os lucros ao produzir bens e serviços que os clientes desejam comprar.

CUIDADO

Para cada pequena empresa que se torna uma empresa Fortune 500, centenas de empresas simplesmente não crescem ou então fecham as portas. Quando você tenta adivinhar a próxima grande ação antes de qualquer evidência de crescimento, não está investindo — está especulando. Ainda pior do que especular é comprar as ações de uma empresa que está perdendo dinheiro (perda líquida, em vez de lucro líquido) e então esperar que ela suba (e, se subir, que permaneça alta).

Não me entenda mal — não há nada de errado em especular com ações de small cap (de empresas que não são comprovadas em vendas e lucros). Mas é importante *saber* que você está especulando quando faz isso. Se for especular com pequenas ações na esperança de se tornarem a próxima Microsoft ou Apple, use as diretrizes que apresento nas seções a seguir para aumentar suas chances de sucesso.

Verifique se a ação está gerando dinheiro

LEMBRE-SE

Enfatizo dois pontos ao investir em ações:

> » **Certifique-se de que a empresa esteja estabelecida.** Estar no mercado há pelo menos três anos é um bom mínimo.
>
> » **Certifique-se de que a empresa seja lucrativa.** Deve mostrar lucro líquido de 10% ou mais em, pelo menos, dois anos.

Esses pontos são especialmente importantes para investidores em pequenas ações. Muitas startups perdem dinheiro, mas esperam fazer fortuna no futuro. Um bom exemplo é uma empresa do setor de biotecnologia. A biotecnologia é uma área empolgante, mas é temerária, e, nesse estágio inicial, as empresas acham difícil usar a tecnologia de forma lucrativa. Você pode dizer: "Mas eu não deveria entrar agora, antecipando os lucros futuros?" Você pode ter sorte, mas entenda que, quando investe em ações de small caps não comprovadas, está especulando.

Analisando as ações antes de investir

LEMBRE-SE

A diferença entre uma ação de small cap e uma large cap são alguns zeros em seus números e o fato de que você precisa fazer mais pesquisas com as primeiras. Por pura força do tamanho, as small caps são mais arriscadas do que as large, então você compensa o risco acumulando mais informações sobre elas e sobre você mesmo. Há muitas informações sobre ações de large cap, porque são amplamente seguidas. As ações de small cap não recebem tanta publicidade, e menos analistas emitem relatórios sobre elas. Considere:

> » **Entenda seu estilo de investimento.** As ações de small cap têm mais potencial de retorno, mas também acarretam mais riscos. Nenhum investidor deve dedicar grande parte de seu capital a ações de small cap. Se está pensando em ter dinheiro para a aposentadoria, é melhor investir em ações de large cap, ETFs (veja o Capítulo 5), títulos de grau de investimento, contas bancárias e/ou fundos de investimento. O dinheiro da aposentadoria deve estar em investimentos muito seguros ou com histórico comprovado de crescimento estável por um longo período (cinco anos ou mais).
>
> » **Verifique com a Securities and Exchange Commission (SEC).** Obtenha os relatórios financeiros que a empresa deve apresentar à SEC (como seus 10Ks e 10Qs — veja mais detalhes no Capítulo 12). Esses relatórios

CAPÍTULO 14 **Small Caps, IPOs e Motifs** 201

oferecem informações mais completas sobre as atividades e as finanças da empresa. Acesse o site da SEC, em `www.sec.gov` (conteúdo em inglês), e verifique o enorme banco de dados com registros de empresas no EDGAR (sistema de coleta, análise e recuperação de dados eletrônicos). Você também pode verificar se alguma reclamação foi apresentada contra a empresa.

» **Verifique outras fontes.** Veja se corretoras e serviços de pesquisa independentes, como Value Line (`www.valueline.com/`), ou locais como o Seeking Alpha (`https://seekingalpha.com/`) e Yahoo! Finance (`https://finance.yahoo.com/`) acompanham a ação. Se duas ou mais fontes diferentes gostam dela, vale a pena investigar mais. Verifique os recursos no Apêndice A para ter fontes adicionais de informações antes de investir.

O sucesso das small caps

Small caps e microcapitalização são perfeitas para especuladores. Esteja você fazendo especulação de curto prazo (como trade) ou de longo prazo (esperando que sua escolha se torne um grande investimento), está apostando. Você pode não estar colocando uma fortuna em risco, mas é o seu dinheiro suado. Aqui estão algumas diretrizes de limite mínimo para mantê-lo são e, com sorte, lucrando:

» **Conheça seus objetivos.** Você deve saber tanto sobre si mesmo quanto sobre a empresa e seu potencial de ações de small cap. Qual é a sua abordagem? O que pretende fazer com elas?

- **Especulação de curto prazo:** Não há nada de errado em buscar ganhos rápidos se você não se importa com os riscos. Com a especulação, os fundamentos de uma empresa não são uma grande preocupação, porque você não planeja manter as ações por muito tempo. Como especulador, você usa a análise técnica para avaliar a ação (veja o Capítulo 10).

- **Investimento de longo prazo:** Aqui você aborda as ações como um investidor de valor, da mesma forma como faria com ações de large cap. Pense em vendas e lucros crescentes (lucro líquido). Use a análise fundamentalista, que abordo no Capítulo 8.

» **Reserve capital de risco.** Você aloca seus fundos para vários propósitos — fundos de emergência no banco, fundos de investimento em seu plano de aposentadoria, e assim por diante. Para ações de small cap, aloque uma quantia com a qual se sinta confortável em perder na pior das hipóteses; essa soma é chamada de *capital de risco*.

PARTE 3 **Desfile das Campeãs**

DICA

Essa quantia deve ser alta o suficiente para que você diversifique suas participações em pequenas empresas, mas pequena o suficiente para o caso de perder e não alterar sua vida ou prosperidade geral. A menos que tenha mais experiência com ações de small cap, limite sua exposição a até 10% (ou até 5% para investidores novatos).

» **Torne-se proficiente em uma indústria.** Quando uma indústria vai bem, muitas de suas ações tendem a ter um bom desempenho e as ações de small cap tendem a ter um ótimo desempenho. Quanto mais você souber sobre uma indústria e os principais fatores que a influenciam, melhor selecionará as ações. Veja no Capítulo 13 uma introdução sobre setores e indústrias.

» **Diversifique.** Sim, se tiver 100 mil ações de small caps, terá uma fortuna se estiver certo. Mas as chances estão contra você. Perder todo ou a maior parte de seu dinheiro é uma possibilidade muito grande para ser ignorada. É melhor você ter, digamos, 20 mil ações em 5 empresas diferentes.

No mundo das ações de small cap, em uma situação em que você terminar com quatro perdedoras e uma vencedora, ainda estará à frente em valor de mercado total.

DICA

» **Compre algumas, venda outras.** Se você comprou mil ações de uma ação e ela subiu bem mais de 100%, tire um pouco de dinheiro de cena e saque o suficiente para obter (no mínimo) seu investimento original. Em seguida, mantenha as ações restantes para o longo prazo, se for investidor. Se o pior ocorrer, e a empresa falir, pelo menos você pegou o dinheiro inicial de volta.

» **Conheça a empresa por meio de um telefonema (ou visita, se possível).** Normalmente, os executivos da empresa gostam de discutir o negócio com investidores e outras partes interessadas, e um telefonema ou visita lhe dá a oportunidade de obter algumas informações úteis. Pergunte sobre os objetivos de curto e longo prazos da empresa. Se possível, faça parte da lista de distribuição da empresa para atualizações por e-mail e comunicados à imprensa.

» **Verifique se há notícias e divulgação de informações privilegiadas.** Muitos sites financeiros oferecem a capacidade de receber alertas quando grandes eventos acontecem com suas ações. Muitos também permitem que você veja o que os insiders estão fazendo. Tire vantagem disso (veja o Capítulo 20 para obter mais detalhes).

» **Use ordens limitadas.** Use os tipos de ordens disponíveis para minimizar o risco e as perdas potenciais, maximizando os lucros. Use ordens limitadas, em vez de ordens a mercado com ações de small cap, para controlar quais preços paga ou recebe ao entrar e sair de posições. Descubra mais sobre esses tipos de ordens no Capítulo 17.

» **Escolha um lote de vencedoras em potencial.** Ao investir em small caps ou microcapitalização, obtenha de cinco a dez na indústria ou no setor escolhido. Essa estratégia aumenta sua chance de ter um portfólio vencedor. Quando você escolhe uma indústria ou um setor em alta, sua chance de obter uma ou mais ações vencedoras aumenta muito. Lembre-se de que, em vez de escolher um lote de ações vencedoras, um ETF (veja o Capítulo 5) ou um motif investing (abordado posteriormente neste capítulo) é suficiente para aqueles que não podem ou não querem fazer as pesquisas necessárias.

Ler o que os grandes investidores da história fizeram é sempre uma boa ideia, e um de meus favoritos é John Templeton. Ele começou sua lendária fortuna multimilionária (que mais tarde se transformou em bilhões) investindo em ações de microcapitalização durante a Grande Depressão. Templeton certificou-se de que as empresas em que investiu tivessem valor verdadeiro (lucratividade, ativos valiosos etc.), com preço de ações significativamente abaixo dele. Para saber mais sobre John Templeton e sua bem-sucedida carreira de investidor em ações, acesse www.templeton.org (conteúdo em inglês).

Considere ler sobre small caps e microcapitalização. Um bom livro sobre o assunto é *Penny Stocks For Dummies*, 2ª edição, de Peter Leeds (sem publicação no Brasil). O termo "penny stocks" é sinônimo de microcapitalização.

Encontrando small caps únicas

Considere começar sua busca por boas ações de small cap verificando as principais organizações que já as têm em seus portfólios. Se os especialistas escolheram ações de small cap para um portfólio de ETF ou um fundo de investimento especializado, elas provavelmente oferecem um bom ponto de partida para sua pesquisa. Esses especialistas fizeram o trabalho pesado ao escolher tais ações para seus portfólios, então você pode aprender com eles e usar essa abordagem como um atalho para encontrar ações de small cap de qualidade.

Para procurar small caps e microcapitalização, vá a sites como os seguintes (além de outras fontes do Apêndice A (em inglês)):

» **Nasdaq (**www.nasdaq.com**):** Um site importante para ações em geral e o centro de atividades para as de small cap. Há relatórios de ações e registros da SEC para praticamente qualquer empresa de small cap (ou maior).

» **Mercados OTC (**www.otcmarkets.com**):** Encontre listagens de ações de small cap e preços, bem como as mais ativas.

- » **Stockwatch** (`www.stockwatch.com`): Esse site muito ativo está repleto de notícias e opiniões sobre ações em geral, mas enfatiza as de small cap.

- » **Rede SmallCap** (`www.smallcapnetwork.com`): Esse extenso site tem pesquisas e relatórios sobre ações de small cap.

- » **Diretório Small Cap** (`www.smallcapdirectory.com`): Esse site é um mecanismo de busca sobre ações de small cap.

Além disso, considere alternativas à propriedade direta de ações de small cap. Comprar ETFs que têm um portfólio diversificado de ações de small cap é uma maneira mais segura e conveniente de adicioná-las a seu portfólio. Para encontrar ótimos ETFs de ações de small cap, pesquise em `www.etfdb.com`.

Investigando IPOs

Ofertas públicas iniciais (IPOs) são o berço das ações de capital aberto ou o proverbial térreo. IPO é a primeira oferta pública de ações de uma empresa. O IPO também é conhecido como "abertura de capital" Como uma empresa que abre o capital é frequentemente um empreendimento não comprovado, investir em um IPO é arriscado. Aqui estão os dois tipos de IPOs:

- » **IPO de startup:** A empresa não existia antes do IPO, ou seja, os empreendedores se reúnem e elaboram um plano de negócios. Para obter o financiamento de que precisam para a empresa, decidem abrir o capital imediatamente, abordando um banqueiro de investimento. Se o banqueiro gostar do conceito, fará o financiamento (vendendo as ações aos investidores) por meio do IPO.

- » **Uma empresa privada decide abrir o capital:** Em muitos casos, o IPO é feito para uma empresa que já existe e busca capital para expansão. Ela pode ter existido por muito tempo como uma empresa privada menor, mas agora decide buscar financiamento por meio de um IPO para crescer ainda mais (ou financiar um novo produto, despesas promocionais e assim por diante).

Qual dos dois IPOs você acha menos arriscado? Isso mesmo — a empresa privada abrindo o capital. Por quê? Porque já é um negócio comprovado, o que é uma aposta mais segura do que uma startup. Alguns grandes exemplos de IPOs de sucesso nos últimos anos são United Parcel Service e Google (eram empresas estabelecidas *antes* de abrirem o capital). Um ótimo exemplo de IPO fracassado que perdeu megabilhões foi o WeWork, de 2019 (que... ah... não funcionou).

Grandes ações começaram como pequenas empresas abrindo o capital. Você pode recontar as histórias da Federal Express, Dell, United Parcel Service, Home Depot e centenas de outros grandes sucessos. Mas se lembra do IPO da Lipschitz & Farquar? Não? Já imaginava. Está entre os IPOs que não tiveram sucesso.

Os IPOs têm um histórico duvidoso de sucesso no primeiro ano. Estudos feitos periodicamente pelo setor de corretagem revelaram que os IPOs na verdade diminuem de preço em 60% das vezes (na maioria das vezes) durante os primeiros 12 meses. Em outras palavras, um IPO tem uma chance maior de ter queda de preço.

Para os investidores, a lição é clara: espere até que apareça um histórico antes de investir em uma empresa. Do contrário, você está simplesmente jogando os dados (em outras palavras, está especulando, não investindo!). Não se preocupe em perder essa grande oportunidade; se for uma oportunidade genuína, você ainda conseguirá um bom desempenho após o IPO.

Motif Investing

Para muitos investidores, escolher uma ação de small cap ou considerar um IPO é assustador. Felizmente, existem maneiras inovadoras de investir em ações hoje que não existiam quando comecei a investir.

Existem ETFs, bem como fundos de investimento em ações de small cap. Existem também veículos de investimento chamados "motifs", que se especializam em ações de small cap e IPOs. Motif é uma forma relativamente nova de investir e oferece uma reviravolta interessante em fundos de investimento e ETFs.

Um *motif* é uma cesta de ações e/ou ETFs que refletem uma ideia, uma tendência ou um tema específico. Alguns motifs são projetados para serem bem direcionados e se adéquam à perspectiva ou à expectativa de qualquer pessoa. O motif pode se referir a apenas 1 ou 2 ações e/ou ETFs, ou até 30. Pode ser um motif predefinido designado pela corretora (também chamado de *motif profissional*; em outubro de 2019, cerca de 140 motifs diferentes estavam disponíveis). Você pode criar seu próprio motif ou modificar um existente (*motifs de comunidade*, porque são definidos pelo usuário). Descubra os fundamentos do motif investing nas seções a seguir.

O que você ganha com os motifs

Olhar a variedade interessante de motifs o fará dizer: "Oooh!" Eis uma amostra dos motifs disponíveis (quando escrevi este livro):

» **Cafeína:** Essa cesta de ações é para quem quer lucrar com a degustação do café pelo público e com os produtos derivados da cafeína.

» **Aumento dos preços dos alimentos:** Se você espera (ou vê) o aumento dos preços dos alimentos, esse motif foi criado para lucrar com esse cenário.

» **Alto astral:** Ações de empresas que vendem bebidas para adultos.

» **Expiração das patentes de remédios:** Ações que se beneficiam quando as patentes de medicamentos expiram.

» **Jogos online:** Lucre com o crescimento dos jogos online.

» **Doadores políticos:** Invista em um portfólio de ações que se beneficia com o fluxo e o refluxo da política.

» **Cleantech:** O mundo busca "tornar-se verde e limpo", e essa cesta de ações é para investidores que buscam lucros com tecnologia limpa.

Parece que você está limitado apenas pela sua imaginação e pelos tipos de títulos disponíveis. Estes são os títulos que podem estar em um motif:

» Ações (large e small cap).

» Fundos negociados em bolsa (ETFs).

» American Depository Receipts (ADRs), basicamente títulos estrangeiros negociados nas bolsas dos Estados Unidos (veja detalhes no Capítulo 18).

Focando recursos de motifs

Um motif é mais do que uma abordagem de investimento baseada em temas; também é uma corretora. Você abre uma conta com a empresa (em `www.motif.com/` — em inglês), como faria com qualquer corretora tradicional. Eis os principais recursos:

» Você pode abrir uma conta com apenas US$250 (em dinheiro). Para uma conta de margem, o mínimo é US$2 mil. (Veja detalhes no Capítulo 17.)

» A conta em dinheiro pode ser uma conta normal ou uma Conta de Aposentadoria Individual (IRA) — tradicional ou Roth (EUA). O trade de margem está disponível apenas para a conta normal.

» Você pode escolher um motif preexistente (e modificá-lo se quiser) ou criar o seu próprio no site da empresa. Pode até sugerir um tema para um motif, e a empresa pode adicioná-lo a seu catálogo.

» O custo de transação (quando escrevi este livro) era uma taxa anual de 0,50% para portfólios temáticos do Motif e 0,25% para os de impacto.

» Você tem que ver um perfil detalhado do motif (e dos títulos) no site (no catálogo) antes de comprá-lo.

O DESEMPENHO DOS MOTIFS

Quando você olha a gama de motifs disponíveis, o desempenho (quão bem a cesta de ações e ETFs se saiu no ano?) é tão variado quanto a seleção. Aqui estão os 3 motifs com melhor desempenho para o período de 12 meses que terminou em outubro de 2019 (quando escrevi este livro):

• **Software como serviço:** À medida que os aplicativos de software especializados crescem, esse motif aumentou 34,72%.

• **Metais preciosos:** Até 32,42%, à medida que os investidores buscavam alternativas aos investimentos em papel.

• **Nação do locatário:** Até 30,69%, conforme os fornecedores de produtos/ serviços para locatários se saíam bem.

Claro, houve motifs perdidos nesse mesmo período também:

• **Gás de xisto:** Queda de 47%, com a queda dos mercados de energia.

• **Ataque de fracking:** O motif de empresas relacionadas ao fracking caiu 42%.

• **Óleo de xisto:** Outro motif relacionado à energia foi atingido — queda de 34%.

Dois outros motifs do bear market também caíram acentuadamente desde 2019, que foi um ano de alta.

Lembre-se de que as listas anteriores (desempenhos bons e ruins) falam de um único período de 12 meses. Não presuma que a mesma experiência será mantida à medida que a economia e os mercados financeiros continuam oscilando.

208   PARTE 3 **Desfile das Campeãs**

Considerando categorias de motifs

Todos esses motifs variados se enquadram em categorias definíveis, então comece sua pesquisa por elas:

» **Geral:** É o conjunto de motifs novos e modernos, e aqueles que podem não ser categorizados de forma ordenada.

» **Baseado em valores:** Se você deseja que sua abordagem de investimento abrace uma causa social ou um tema político específico, verifique essa categoria.

» **Setores:** Se gosta de saúde, tecnologia ou serviços financeiros, encontrará um tema adequado aqui. (Descubra mais sobre os setores no Capítulo 13.)

» **Oportunidades globais:** Quer investir em mercados desenvolvidos ou emergentes? Confira-os aqui.

» **Alocação de ativos:** Aqui estão os motifs que tentam emular portfólios para uma data-alvo específica (como para aqueles que se aposentam em um ano específico, como 2030 ou 2035).

» **Estratégias de renda:** Se deseja obter rendimentos de dividendos ou de juros de títulos (por meio de um ETF), essa categoria é para você.

» **Estratégias de trade:** Quer negociar com análise técnica ou com base em eventos de curto prazo? Confira os motifs dessa categoria.

» **Situações especiais:** À medida que títulos ou ativos novos e/ou inovadores surgem (como criptomoedas), temas novos ou exclusivos entram em cena.

Entendendo os riscos

Os motifs parecem muito bons, mas quais são os riscos? Um motif, muito parecido com um ETF ou um fundo de investimento tradicional, é tão bom quanto os títulos do portfólio. Todos os riscos de comprar e manter ações, ETFs e ADRs estão presentes no motif, da mesma forma como estariam em qualquer outro investimento.

CUIDADO

O risco de um motif está ligado a seu ponto de vista. Se você acredita que determinado cenário se sucederá, como um bear market, inflação ou algum outro cenário econômico ou social, e isso não se concretizar, o desempenho do seu motif será prejudicado.

Para mais detalhes sobre como investir em motifs, confira `www.motif.com/` (em inglês).

210   PARTE 3 **Desfile das Campeãs**

NESTE CAPÍTULO

» Observando os efeitos da política e do governo sobre as ações

» Verificando alguns recursos econômicos e políticos úteis

Capítulo 15
O Quadro Geral Econômico e Político

Mesmo que a política não o divirta nem lhe interesse, você não pode ignorá-la. A questão não é se você vota a favor ou contra determinado candidato; o ponto é que você vota a favor ou contra suas políticas e agendas legislativas. Você não vota porque o candidato é Madre Teresa ou Átila, o Huno; você vota não apenas nas políticas que governarão sua vida (carreira, negócios, e assim por diante), mas, principalmente, em qual conjunto de políticas gerará o maior benefício econômico, o que, por sua vez, define o ambiente para suas ações (as empresas implícitas) terem sucesso ou não.

LEMBRE-SE

O que as pessoas devem entender (especialmente os formuladores de políticas governamentais) é que um novo imposto, lei, regulamento ou ação governamental tem um *macroefeito* sobre uma ação, uma indústria, um setor ou até mesmo um sistema econômico inteiro, ao passo que uma empresa típica tem um *microefeito* sobre a economia. Pense nesses efeitos assim:

Política → política econômica → economia → setor → indústria → empresa → ação → investidor de ações

CAPÍTULO 15 **O Quadro Geral Econômico e Político** 211

Este capítulo não é uma moralização sobre política nem defende um ponto de vista político; afinal, este livro trata do investimento em ações. Em geral, as políticas podem ser boas ou más, independentemente de seu efeito na economia — algumas políticas são aprovadas para alcançar propósitos maiores, mesmo que chutem seu portfólio para qualquer lugar. No entanto, no contexto deste capítulo, a política é abordada sob uma perspectiva de causa e efeito: como a política afeta a prosperidade em geral e o investimento em ações em particular?

LEMBRE-SE

Um investidor proficiente em ações não pode — nem deve — olhar as ações como se elas existissem no vácuo. Meu exemplo favorito dessa regra é a ideia de peixes em um lago. Você pode ter um grande peixe (sua ação) no meio de um cardume (o mercado de ações) em um lago maravilhoso (a economia). Mas e se o lago ficar poluído (política ruim)? O que acontecerá aos peixes? A política controla o lago e pode torná-lo hospitaleiro — ou perigoso — para os participantes. Esse é o ponto. O exemplo parece muito simples, mas não é. Muitas pessoas — comitês políticos, gerentes corporativos, burocratas e políticos — ainda entendem de modo errado essa imagem vez após vez, em detrimento da economia e dos investidores em ações. Caramba, eu não me importo se eles cometem erros com o dinheiro *deles*, mas as atitudes deles atingem o *seu* dinheiro.

Embora ambas estejam inexoravelmente entrelaçadas, faço o que posso para tratar a política e a economia como questões distintas.

Enredando Política e Ações

As campanhas esquentam. Democratas, republicanos e partidos menores disputam sua atenção e seus votos. Conservadores, liberais, socialistas, moderados e libertários lutam no campo de batalha da ideologia. Mas, depois de tudo dito e feito, os eleitores tomam suas decisões. O dia da eleição traz uma nova lista de políticos aos cargos, e eles, por sua vez, lutam e debatem sobre novas regras e programas nas salas legislativas do poder. Antes e depois do período eleitoral, os investidores devem ficar atentos aos procedimentos. Nas seções a seguir, explico alguns conceitos políticos básicos relacionados ao investimento em ações.

Vendo os efeitos gerais da política sobre o investimento em ações

A política é um fator importante na tomada de decisões relacionadas ao investimento em ações, afetando-o das formas mostradas na Tabela 15-1.

TABELA 15-1 Política e Investimentos

Legislação Possível	Efeitos sobre os Investimentos
Impostos	Um novo imposto afetará determinada ação (indústria, setor ou economia)? Mais e mais impostos, em última análise, têm um impacto negativo sobre o investimento em ações. Os impostos sobre a renda e aqueles sobre ganhos de capital são bons exemplos.
Leis	O Congresso (ou, em alguns casos, as legislaturas estaduais) aprovará uma lei que terá um impacto negativo sobre uma ação, a indústria, o setor ou a economia? Os controles de preços — leis que definem o preço de um produto, um serviço ou uma mercadoria — são exemplos de leis negativas. Discuto-os em detalhes posteriormente neste capítulo.
Regulamentos	Um regulamento novo (ou existente) terá um efeito negativo (ou positivo) sobre a ação escolhida? Geralmente, regulamentações mais rígidas têm um impacto negativo sobre as ações.
Gastos e dívidas governamentais	Se as agências governamentais gastarem muito ou alocarem recursos incorretamente, criarão uma carga maior para a sociedade, o que representará uma queda para a economia e o mercado de ações.
Estoque monetário	O suprimento de dinheiro dos EUA — os dólares que você usa — é controlado pelo Federal Reserve. É basicamente uma agência governamental que atua como banco central. Como isso afeta as ações? Aumentar ou diminuir a oferta de moeda resulta em um ambiente inflacionário ou deflacionário, o que ajuda ou prejudica a economia, setores e indústrias específicos, e as escolhas de ações. Quando a oferta de dinheiro flui para bens e serviços, você obtém preços mais altos para o consumidor. Quando ela flui para ativos (como ações), você obtém inflação de ativos, o que precede uma bolha de ativos.
Taxas de juros	O Federal Reserve tem uma influência crucial aqui. Ele pode aumentar ou diminuir as taxas de juros básicas, que afetam toda a economia e o mercado de ações. Quando as taxas de juros sobem, o crédito fica mais caro para as empresas. Quando caem, as empresas podem obter crédito mais barato, o que é melhor para os lucros.
Ajuda Federal	*Ajuda Federal* é quando o governo usa o dinheiro dos impostos ou o dinheiro emprestado para resgatar uma empresa em dificuldades. Isso é negativo, porque os fundos são desviados à força da economia privada mais saudável para uma empresa em dificuldades.

LEMBRE-SE

Quando muitos dos fatores da Tabela 15-1 agem simultaneamente, têm um efeito ampliado, o que gera consequências tremendas para seu portfólio de ações. Os investidores alertas mantêm uma vigilância constante quando a legislatura está aberta para negócios e adéquam seu portfólio a ela.

Determinando o clima político

O resultado final é você ignorar as realidades políticas por sua conta e risco (econômico). Para estar sempre atento, pergunte-se o seguinte sobre as ações de cada empresa em que investir:

» Quais leis afetarão diretamente meu investimento em ações?

» Alguma lei afetará a indústria e/ou setor da empresa?

» Alguma lei atual ou futura afetará as fontes de receita da empresa?

» Alguma lei atual ou futura afetará as despesas ou os suprimentos da empresa?

» Estou me mantendo informado sobre questões políticas e econômicas que podem ter um impacto negativo em meu investimento?

» Regulamentos excessivos, controles de preços ou novos impostos terão um impacto negativo no setor de minhas ações?

Independentemente dos méritos (ou deméritos) da situação, os investidores devem vê-la pelas lentes das causas e dos efeitos econômicos, o que leva a suas decisões sobre quais empresas (e ações) são impactadas positiva ou negativamente.

Distinguindo entre efeitos não sistêmicos e sistêmicos

A política afeta seus investimentos de duas maneiras básicas: não sistêmica e sistêmica.

» *Não sistêmico* significa que o sistema não é afetado, mas um determinado participante.

» *Sistêmico* significa que todos os agentes do sistema são afetados. As leis normalmente afetam mais do que apenas uma empresa ou um grupo de empresas; em vez disso, afetam toda uma indústria, um setor ou toda a economia — mais "participantes" do sistema econômico.

A POLÍTICA ESTÁ DESCONTROLADA — ENTÃO AS EMPRESAS CORREM

Nos últimos anos, vimos como as jurisdições governamentais, nacionais e internacionais tornaram o ambiente político e governamental muito tóxico para as empresas, seus clientes e investidores. No momento, estados como Califórnia e Illinois foram longe demais com impostos e regulamentações e envenenaram o ambiente econômico a tal ponto, que empresas e contribuintes (e investidores) fugiram para locais mais amigáveis. No exterior, a Venezuela socialista alcançou o status oficial totalitário, o que causou uma fuga maciça de pessoas e empresas.

Que lições esses lugares díspares têm para os investidores em ações? Quando uma jurisdição — estado ou país — torna-se muito onerosa para fazer negócios, os investidores terão prejuízos quando a poeira baixar. Regulamentações excessivas, mandatos onerosos e altos impostos prejudicam a formação de empresas e levam os investidores a perdas.

A questão é ser sensível às mudanças nas leis e como elas afetam o comportamento econômico. Muitas empresas viram suas fábricas e instalações perderem valor quando governos socialistas nacionalizaram (em outras palavras, expropriaram) propriedades, causando enormes perdas para elas e queda dos preços das ações (se eram de capital aberto). Esteja sempre atento e vigilante à política que segue a rota estatista extrema, para mudar o rumo antes que seja tarde demais. Algumas das minhas fontes favoritas sobre política e governo para lhe dar um "alerta antecipado" estão no Apêndice A.

Nesse caso, o maior sistema é a economia em geral; em menor grau, uma indústria ou um setor inteiro pode ser o sistema afetado. A política se impõe (por meio de impostos, leis, regulamentos, e assim por diante) e pode ter uma influência indevida sobre todos (ou a maioria) os membros desse sistema.

Efeitos não sistêmicos

Digamos que você decida comprar ações de uma empresa chamada Golf Carts Unlimited, Inc., (GCU), acreditando que o mercado de carrinhos de golfe tem um grande potencial e a GCU crescerá substancialmente. Como a política pode afetar a GCU?

E se os políticos acreditarem que a GCU é muito grande e controla muito a indústria de carrinhos de golfe? Talvez eles a vejam como uma entidade monopolista e queiram que o governo federal intervenha para reduzir seu alcance e sua influência em prol da competição e para o benefício final dos consumidores. Talvez o governo acredite que a GCU se envolve em práticas comerciais injustas ou predatórias e que isso viola as leis antitruste (ou antimonopólio). Se o governo age contra a GCU, isso é uma questão não sistêmica: a atitude é direcionada ao participante (nesse caso, a GCU), e não à indústria de carrinhos de golfe em geral.

O que acontece se você for um investidor da GCU? Seu investimento em ações sofre em decorrência da ação governamental dirigida contra a empresa? Digamos apenas que o preço das ações "perderá o rumo" e poderá acabar "preso em uma armadilha".

Efeitos sistêmicos

Digamos que os políticos queiram direcionar a indústria do golfe à intervenção porque afirmam que o golfe deve ser gratuito (ou quase) para todos participarem e que uma lei deve ser aprovada para torná-lo acessível a todos, especialmente àqueles que não podem pagar. Portanto, para remediar a situação, a seguinte lei é promulgada: "A Lei nº 67590305598002 declara que, a partir de hoje, todos os campos de golfe devem cobrar apenas US$1 para qualquer jogador que decidir participar."

Essa lei parece ótima para qualquer jogador de golfe. Mas quais são os efeitos indesejados quando entra em vigor? Muitas pessoas podem concordar com a ideia adjacente da lei, mas e quanto a seus aspectos reais de causa e efeito? Obviamente, os campos de golfe serão forçados a fechar. Permanecer no mercado não é econômico se seus custos forem maiores do que sua receita. Se eles não podem cobrar mais do que US$1, como ficarão abertos? Em última análise (e ironicamente), ninguém pode jogar golfe. A lei seria um "bogey triplo" com certeza!

O que acontece com os investidores da Golf Carts Unlimited, Inc.? Se o mundo do golfe diminui, a demanda por carrinhos de golfe também. O valor das ações da GCU certamente ficará preso em uma armadilha.

LEMBRE-SE

Os exemplos de políticas que criam problemas sistêmicos são infinitos, mas você entendeu. Em última análise, as empresas fazem parte de um sistema, e aquelas que controlam ou mantêm as regras que o supervisionam têm efeitos de longo alcance. Todos os investidores são aconselhados a ficar atentos aos efeitos sistêmicos sobre suas ações.

Compreendendo os controles de preços

Os investidores em ações devem ser muito cautelosos com os controles de preços, que são um ótimo exemplo de regulamentação. *Controle de preço* é o preço fixo determinado pelo governo de determinado produto, mercadoria ou serviço.

CUIDADO

A implementação dos controles de preços ocorreu constantemente ao longo da história e sempre foi suspensa, porque, em última análise, faz mais mal do que bem. É fácil ver por quê (a menos, é claro, que você seja um político ou um burocrata zeloso, ansioso para aplicá-la). Imagine que você coordene uma empresa que vende cadeiras e é aprovada uma lei que declara: "Deste ponto em diante, as cadeiras só podem ser vendidas por US$10." Se todos seus custos permanecessem constantes em até US$9, o regulamento não seria prejudicial. No entanto, os controles de preços colocam duas dinâmicas em movimento:

» Primeiro, o preço artificialmente mais baixo incentiva o consumo — mais pessoas compram cadeiras.

» Segundo, a produção é desencorajada. Que empresa quer fazer cadeiras se não pode vendê-las com um lucro decente (ou, pelo menos, cobrir seus custos)?

O que acontece à empresa com um preço de venda fixo (no exemplo, US$10) associado a custos crescentes? Os lucros encolhem, e, dependendo de quanto tempo os controles de preços ficarem em vigor, a empresa acaba sofrendo perdas. O fabricante de cadeiras acaba sendo expulso do mercado. A indústria de construção de cadeiras encolhe, e o resultado é a escassez de cadeiras. Lucros (e empregos) logo desaparecem. Então, o que acontece se você possui ações de uma empresa que fabrica cadeiras? Direi apenas que, se lhe disser o quanto o preço das ações está abalado, será melhor você se sentar (se, claro, tiver uma cadeira).

Olhando o papel dos bancos centrais

Bancos centrais são as entidades governamentais encarregadas de administrar o suprimento de moeda usada na economia. O problema é a tendência dos bancos centrais de superproduzirem a oferta de moeda. Essa superprodução leva à condição de ter muita moeda, o que leva à inflação. Se muitas unidades monetárias (como reais ou pesos) estão perseguindo uma oferta limitada de bens e serviços, os consumidores acabam pagando mais dinheiro por eles (ugh!), mas essa é a realidade que ocorre quando os bancos centrais (no caso dos Estados Unidos, o Federal Reserve) criam muita moeda.

Cutucando os Recursos Políticos

Ignorar o que está acontecendo no mundo da política é como um sonambulismo perto do Grand Canyon — uma má ideia! Você tem que estar ciente do que está acontecendo. Dados governamentais, relatórios e rumores políticos são pistas importantes para o tipo de ambiente que está se desenvolvendo para a economia e os mercados financeiros. Faça sua pesquisa com os recursos a seguir para ficar um passo à frente em suas estratégias de seleção de ações.

DICA

Sei que esta seção está repleta de termos econômicos e coisas do gênero, mas não tenha medo! Não se apresse com os termos e conceitos e não se esqueça de que muitos sites bons fornecem definições e explicações fáceis de entender. Procure qualquer termo neste capítulo (ou livro) e faça uma pesquisa, em inglês, em locais como Investopedia (www.investopedia.com) e palavras do investidor (www.investorwords.com). Há mais fontes no Apêndice A.

Relatórios do governo e outros a serem observados

Os melhores analistas avaliam relatórios econômicos de fontes privadas e governamentais. As seções a seguir listam alguns relatórios/estatísticas a serem observados. Para relatórios privados adicionais e comentários sobre a economia, os investidores podem recorrer a fontes como a Análise de Tendências Econômicas Globais da Mish (mishtalk.com), o Mises Institute (www.mises.org) e o Moody's (www.economy.com); fontes gerais, como MarketWatch (www.marketwatch.com), Bloomberg (www.bloomberg.com), Shadow Statistics (www.shadowstats.com) e Yahoo! Finance (http://yahoo.com/finanças), também são boas.

Produto interno bruto

O *produto interno bruto* (PIB), que mede a produção total de bens e serviços de uma nação no trimestre, é considerado a medida mais ampla da atividade econômica. Embora o PIB dos EUA seja medido em dólares (em 2018, o PIB anual estava na casa dos US$20,5 trilhões), é citado como uma porcentagem. As reportagens dizem coisas como: "A economia cresceu 2,5% no último trimestre." Como o PIB é uma métrica geral importante da economia, seu número deve ser positivo. O relatório sobre o PIB norte-americano é divulgado trimestralmente pelo Departamento de Comércio dos Estados Unidos (www.doc.gov).

LEMBRE-SE

Monitore regularmente o PIB e os dados econômicos que se relacionam a seu portfólio de ações. A lista a seguir fornece algumas diretrizes gerais para avaliar o PIB:

» **Mais de 3%:** Esse número indica um forte crescimento e é um bom presságio para as ações. A partir de 5%, a economia está fervendo!

» **De 1% a 3%:** Esse número indica um crescimento moderado e pode ocorrer quando a economia está se recuperando de uma recessão ou está desacelerando de um período anterior forte.

» **0% ou negativo (até –3%):** Esse número não é bom e indica que a economia não está crescendo ou está encolhendo um pouco. Um PIB negativo é considerado *recessivo* (o que significa que o crescimento da economia está recuando).

» **Abaixo de -3%:** Um PIB tão baixo indica um período muito difícil para a economia. Um PIB inferior a -3%, especialmente por dois ou mais trimestres, indica uma recessão séria ou, possivelmente, uma depressão.

CORONAVÍRUS E O MERCADO DE AÇÕES

Combine a má gestão governamental com um vírus mortal e você terá a pandemia do coronavírus varrendo a paisagem global, o que causou pânico massivo nas vendas em fevereiro de 2020. O coronavírus (oficialmente, Covid-19) iniciou seu contágio na área de Wuhan, na China continental. Infelizmente para o mundo, a epidemia foi totalmente mal gerida pelo Partido Comunista da China. Ela logo se espalhou pela China e atravessou a fronteira para mais de 60 países em poucas semanas, atingindo o globo. Isso fechou linhas de montagem e milhares de negócios na China, áreas e indústrias relacionadas.

O pânico da saúde logo se tornou um pânico financeiro internacional, resultando em perdas acentuadas e massivas que atingiram os principais mercados de ações de todos os lugares. O Dow Jones Industrial Average caiu mais de 3.500 pontos durante a semana de 24 a 28 de fevereiro de 2020. Foi uma correção dolorosa (significando uma queda de, pelo menos, 10%). Ações de qualidade com bons fundamentos podem se recuperar de tal perda, mas empresas fracas e excessivamente expostas a tal perigo podem se tornar vulneráveis a perdas ainda maiores. As lições para os investidores em ações são ter certeza de que 80% ou mais de seu portfólio de ações está em empresas financeiramente sólidas e sempre diversificar com dinheiro fora do mercado de ações, como contas bancárias, títulos de qualidade e outros ativos.

Para obter mais informações de saúde sobre esse problema específico, verifique os Centros de Controle e Prevenção de Doenças (www.cdc.gov — em inglês). Para notícias e informações financeiras sobre questões como essa, verifique o Apêndice A.

DICA

Olhar um único trimestre não é tão útil. Acompanhe o PIB ao longo de muitos trimestres consecutivos para ver a tendência da economia em geral. Ao olhar o PIB de determinado trimestre de um ano, pergunte-se se é melhor (ou pior) do que o do trimestre anterior. Se for melhor (ou pior), pergunte-se até que ponto mudou. É drasticamente melhor (ou pior) do que o do trimestre anterior? A economia está apresentando um crescimento estável ou está desacelerando? Se vários trimestres mostram um crescimento sólido, a economia geral está otimista.

O crescimento econômico mais alto normalmente se traduz em melhores vendas e lucros para as empresas, o que é um bom presságio para suas ações (e, claro, para os investidores que as possuem).

Tradicionalmente, se dois ou mais trimestres consecutivos mostram crescimento negativo (uma indicação de que a produção econômica está encolhendo), a economia é considerada de recessão. Uma recessão pode ser uma necessidade dolorosa; geralmente ocorre quando a economia não consegue absorver a quantidade total de bens produzidos devido ao excesso de produção. Um mercado de ações em baixa geralmente acompanha uma recessão.

LEMBRE-SE

O PIB é apenas uma estimativa aproximada, na melhor das hipóteses. Não é possível calcular todos os fatores que influenciam o crescimento econômico. O crime tem um efeito negativo no crescimento econômico, mas não se reflete no PIB. Ainda assim, a maioria dos economistas concorda que o PIB é um retrato aproximado e adequado do progresso da economia em geral.

Desemprego

O Relatório Nacional de Desemprego, sobre os EUA, é fornecido pelo Bureau of Labor Statistics (www.bls.gov). Ele dá aos investidores um instantâneo da saúde e da produtividade da economia. Se o nível de empregos (especialmente os de tempo integral) atinge ou excede o número de empregos necessários para manter empregados os adultos saudáveis, a economia está crescendo, e isso é positivo tanto para a economia quanto para o mercado de ações.

Nos últimos anos (2017-2020), a taxa de desemprego tem sido muito alta em todas as áreas, o que resultou em maior capital de investimento (por meio de planos de pensão, por exemplo, os planos de aposentadoria). Isso se tornou um fator que contribuiu para o desempenho otimista do mercado de ações durante o mesmo período. Para ter mais informações sobre dados de empregos, verifique os sites mencionados no final deste capítulo.

Índice de preços ao consumidor

O Índice de Preços ao Consumidor (CPI) é uma estatística que rastreia mensalmente os preços de uma cesta representativa de bens e serviços. Essa estatística, que também é calculada pelo Bureau of Labor Statistics, tem como objetivo rastrear a inflação dos preços. *Inflação* é a expansão da oferta de dinheiro. Ela é conhecida como *inflação monetária* e geralmente leva à *inflação dos preços*, o que significa que os preços de bens e serviços aumentam. A inflação, portanto, não é o preço de bens e serviços subindo; na verdade, é o preço ou o valor do dinheiro caindo. Os investidores devem prestar atenção ao IPC porque um ambiente de inflação baixa é bom para as ações (e os títulos), enquanto a inflação alta é geralmente mais favorável para setores como commodities e metais preciosos.

Indicadores econômicos principais

O título completo é "Índice Composto de Indicadores Principais". Os Indicadores Econômicos Principais (LEI) são uma das estatísticas econômicas mais amplamente rastreadas porque são compostos de dez elementos econômicos cujas mudanças precedem as da economia em geral. Investidores e analistas observam-no com atenção para identificar tendências importantes se desenrolando na economia e determinar se são positivas ou negativas. O índice é publicado pelo Conference Board (`www.conference-board.org`).

Existem também "indicadores de atraso" e "indicadores coincidentes" que o Conference Board publica, mas os investidores estão mais preocupados com o futuro, por isso o LEI é o mais vigiado.

Índice de Preços do Produtor

O Índice de Preços do Produtor (PPI) rastreia os preços pagos no atacado pelos fabricantes e por outros produtores. Os investidores observam-no porque, se os produtores estão pagando mais por commodities e outros materiais, preços mais altos ocorrerão posteriormente para os consumidores. O PPI é calculado mensalmente pelo Bureau of Labor Statistics.

Índice de Confiança do Consumidor

O Índice de Confiança do Consumidor (CCI) é publicado pelo Conference Board e é uma pesquisa com 5 mil consumidores e empresários sobre a economia. O aumento da confiança do consumidor é visto como um fator positivo para os investidores, pois indica que as pessoas estão mais otimistas, e isso leva a uma tendência de gastar mais ou estar mais apto a fazer compras caras. Essa expectativa de atividade do consumidor é um bom presságio para a economia e as ações em geral.

Sites nos quais navegar

Para saber mais sobre as novas leis que estão sendo aprovadas ou propostas nos EUA, verifique o Congresso e o que está acontecendo em seus principais sites: Câmara dos Representantes dos EUA (www.house.gov) e Senado dos EUA (www.senate.gov). Para conhecer as informações e as propostas presidenciais, verifique o site da Casa Branca, em www.whitehouse.gov.

DICA

Você também pode verificar o mecanismo de busca legislativa avançada em www.congress.gov/ (conteúdo em inglês). Ele o ajuda a encontrar qualquer parte da legislação, por número ou palavra-chave. Esse mecanismo é uma excelente maneira de descobrir se um setor está sendo alvo de maior regulamentação ou desregulamentação. No final da década de 1980, o mercado imobiliário foi duramente atingido, quando o governo aprovou novos regulamentos e regras fiscais (as ações relacionadas caíram). Quando o setor de telecomunicações foi desregulamentado, em meados da década de 1990, o setor cresceu drasticamente (as ações relacionadas aumentaram).

Consulte as seguintes fontes de dados econômicos:

» Bureau of Labor Statistics (página de informações para investidores): http://www.bls.gov/audience/investors.htm.

» Página de indicadores econômicos do Census Bureau: http://www.census.gov/economic-indicators/.

» Conference Board: www.conference-board.org/us.

» Relatório Econômico Grandfather: www.grandfather-economic-report.com.

» Investing.com: www.investing.com.

» Federal Reserve: www.federalreserve.gov.

» Departamento de Comércio dos EUA: www.doc.gov.

DICA

Há mais recursos no Apêndice A. Quanto mais conhecimento você adquirir sobre como a política e as atitudes do governo ajudam (ou prejudicam) um investimento, mais você crescerá e protegerá sua riqueza.

4
Estratégias e Táticas de Investimento

NESTA PARTE. . .

Use ferramentas poderosas de triagem de ações para descobrir ótimas escolhas.

Veja como os tipos de ordens maximizam lucros e minimizam perdas (mesmo no bear market).

Obtenha informações sobre oportunidades de investimento em ações internacionais.

Saiba como comprar as melhores ações por apenas US$50 (sem comissões de corretagem).

Entenda como os insiders negociam para ter vantagem lucrativa nos mercados.

Descubra como reduzir ao mínimo os impostos sobre seus lucros — em particular com as novas leis fiscais.

NESTE CAPÍTULO

» **Começando com o básico das ferramentas de triagem**

» **Localizando ações com rastreadores**

» **Encontrando fundos negociados em bolsa com um rastreador de ETF**

Capítulo **16**

Ferramentas de Triagem

Quando pensamos no mundo dos investimentos em ações, é um tanto assustador ver as milhares de ações a escolher — mais ainda se consideramos todo o reino do mercado de ações global Para onde um investidor em ações (especialmente um novato) começaria a olhar?

Bem, você está fazendo a coisa certa ao ler primeiro um livro como este (obrigado e, ah, de nada!). Por quê? Um livro como este fornece alguns parâmetros e diretrizes para ajudá-lo a fazer uma escolha acertada entre as empresas que estão disponíveis como ações negociadas publicamente. Como costumo enfatizar, você pode comprar uma ação, mas na verdade está investindo em uma empresa. Essa empresa tem dados financeiros e outras informações que você pode revisar e usar para restringir sua pesquisa, mantendo alguns padrões definíveis (e pesquisáveis).

É por isso que adoro ferramentas de triagem de ações! *Ferramenta de triagem de ações* é um programa online encontrado em muitos sites financeiros e de corretagem que analisa toneladas de ações e seus dados relevantes (lucros, vendas etc.) com parâmetros que você define. Funciona como um

CAPÍTULO 16 **Ferramentas de Triagem** 225

mecanismo de busca, mas dentro de um enorme banco de dados fechado e atualizado regularmente com dados de empresas públicas. Você encontrará algumas ações que atendem aos seus parâmetros.

Neste capítulo, apresento os parâmetros mais comuns para ferramentas que selecionam ações e fundos negociados em bolsa (ETFs). Mas, primeiro, apresento algumas noções básicas sobre eles. Lembre-se de que, com eles, você procurará empresas com base em seus critérios de pesquisa. É possível encontrar ações e ETFs com base em vários padrões e métricas essenciais definidos por você.

DICA

Alguns sites excelentes que têm ferramentas de triagem de ações (especialmente para análise fundamentalista) são (conteúdos em inglês):

» Investing.com (www.investing.com).
» MarketWatch (www.marketwatch.com).
» Nasdaq (www.nasdaq.com).
» TradingView (www.tradingview.com).
» Yahoo! Finance (http://finance.yahoo.com).

Compreendendo o Básico das Ferramentas de Triagem

Depois de se familiarizar com os componentes e a praticidade das ferramentas de triagem de ações, você ficará fascinado e desejará tê-las usado antes. Nas seções a seguir, analiso o essencial.

Escolhendo a categoria

A primeira coisa que vemos com uma ferramenta de triagem de ações é a categoria. Na verdade, isso significa o setor ou a indústria (veja uma introdução ao tema no Capítulo 13). Muitos rastreadores (como o do Yahoo! Finance, em inglês, https://finance.yahoo.com/screener) têm subcategorias. O Yahoo! Finance o ajudará a filtrar ações no rastreador de patrimônio, localizado na parte superior da página; também são úteis um rastreador de fundos de investimento e um de ETF.

Se, por exemplo, você deseja investir em uma empresa de tecnologia, clique no link do avaliador de patrimônio líquido, vá para a opção Technology, em seguida vá para as abas dentro dela. As opções do setor (encontrei doze enquanto escrevia este livro) variam de Serviços de Tecnologia da Informação e Componentes Eletrônicos ao último, Solar.

Distinguindo "min" *versus* "max"

Min e max são o yin e o yang do mundo das ações. Ao definir seus parâmetros para ações, é preciso definir um mínimo e um máximo. Alguns sites usam termos como "maior que", "menor que" e "igual a" ou permitem definir um intervalo definível entre dois números específicos. Se uma ferramenta de triagem de ações usa o termo "ação lucrativa", significa que você precisa definir um parâmetro de lucro mínimo. O investidor em ações tem uma visão de longo prazo e permanece paciente e focado para o investimento bem-sucedido (saiba mais sobre esse tópico no Capítulo 8).

Lembre-se de que alguns avaliadores de ações usam uma abordagem diferente de "mínimo" e "máximo", como "menor que" e "maior que", mas essencialmente servem ao mesmo propósito para suas pesquisas.

Definindo intervalos de valores

Em alguns casos, é necessário escolher um intervalo. Talvez você esteja procurando ações em uma faixa de preço específica. Uma ferramenta de triagem de ações fornece opções como 0-10, 10-20, 20-30, 30-40, 40-50 e mais de 50. Outros intervalos típicos são a capitalização de mercado (o valor de mercado total das ações da empresa) e os rendimentos de dividendos (o valor dividido pelo preço das ações).

Pesquisa independente da entrada

A maioria das ferramentas de triagem lhe permite fazer uma pesquisa inserindo um valor, um parâmetro ou vários. Se escolher pesquisar uma ação em todas as categorias e inserir apenas, digamos, um rendimento de dividendos com um valor mínimo de 2, um máximo de 999 e nenhuma outra entrada, você obterá centenas de ações.

No entanto, se inserir muitos parâmetros, obterá poucas ações (ou nenhuma). Se solicitar ações com os recursos A, B, C, D e E, não obterá tantos resultados. Seja seletivo — esse é o objetivo de usar rastreadores de ações —, mas não exagere tentando encontrar a ação perfeita, porque ela não existe.

Chegar perto da perfeição deve ser bom, mas o ponto mais importante é evitar escolhas erradas, como empresas que têm pouco lucro, perdas líquidas ou muitas dívidas.

Ferramenta de Triagem de Ações

A maioria das ferramentas de triagem de ações tem alguns elementos básicos que são muito úteis para ajudá-lo a restringir sua busca pelas ações certas em seu portfólio. A Figura 16-1 mostra um típico avaliador de ações do Yahoo! Finance (https://finance.yahoo.com/screener); as seções a seguir orientam você nos principais campos dessa ferramenta.

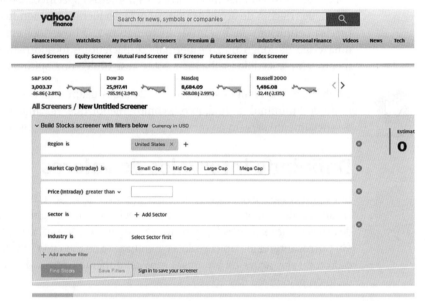

FIGURA 16-1: Ferramenta típica de triagem de ações.

Fonte: Yahoo! Finance

LEMBRE-SE

Lembre-se de que, com os mínimos e os máximos nas seções a seguir, haverá variações. Além disso, alguns analistas de mercado e consultores financeiros são mais ou menos tolerantes do que eu com esses números. Não se preocupe. Faça sua pesquisa e encontre números semelhantes com os quais você se sinta confortável.

Antes de começar: Rastreadores

No avaliador de ações financeiras Yahoo! Finance (https://finance.yahoo.com/screener), você verá os seguintes links no topo:

- » **Rastreadores salvos:** Ao projetar seus próprios filtros, você pode salvá-los para uso futuro. Essa opção será útil à medida que você se tornar experiente e proficiente com rastreadores.

- » **Rastreadores de patrimônio:** Essa opção serve para localizar e analisar ações. Trabalho com esse rastreador específico nas próximas seções.

- » **Rastreadores de fundos de investimento e ETFs:** Quando você está procurando o fundo de investimento ou o ETF certo, esses rastreadores o ajudarão. (Veja uma introdução aos ETFs no Capítulo 5.)

- » **Rastreadores de futuro e índice:** Essas categorias são mais para especuladores e corretoras do mundo de futuros e índices, portanto, não as abordo neste capítulo (ou livro).

Primeiro: As categorias principais

Depois de escolher o rastreador de ações no Yahoo! Finance, você deve abordar algumas categorias principais antes de chegar à "essência" dos dados de triagem de ações (veja a Figura 16-1):

- » **Região:** Aqui você insere dados sobre o país escolhido para refinar sua pesquisa. Se está procurando ações dos EUA, a escolha, claro, é "Estados Unidos". No menu, você vê os países com bolsas de valores públicas da Argentina ao Vietnã.

- » **Capitalização de mercado:** Na categoria Market Cap (Intraday), você pode designar os critérios para sua pesquisa com base na capitalização do mercado e escolher Small Cap, Mid Cap, Large Cap ou Mega Cap.

DICA

Procurando potencial de crescimento? Opte por uma small ou mid cap. Procurando mais segurança? Vá para large cap ou megacapitalização. Saiba mais sobre a capitalização de mercado no Capítulo 1.

- » **Preço:** No campo Price (Intraday), insira os critérios com base no preço da ação, como "maior que" ou "menor que" o preço escolhido. Também existem opções para "igual" e "entre".

- » **Setor e indústria:** *Setor* é um grupo de indústrias inter-relacionadas. Por exemplo, o setor de saúde tem diversos setores, como hospitais, fabricantes de equipamentos médicos, produtos farmacêuticos, varejistas de medicamentos, e assim por diante. Escolher um setor em vez de outro restringe suas escolhas, como você descobriu na seção anterior "Escolhendo a categoria". Vá para o Capítulo 13 para obter mais informações sobre setores e indústrias.

O evento principal: Filtros específicos

Após fazer escolhas nas principais categorias cobertas na seção anterior, faça uma busca detalhada para encontrar ações que atendam a seus padrões com vários filtros. Não abordo todas as métricas aqui, uma vez que existem muitas, mas nas seções a seguir, mencionarei as subcategorias mais relevantes, e, em seguida, você poderá mergulhar nelas. (Para chegar a esses filtros no Yahoo! Finance, basta clicar em Add Another Filter, conforme mostrado na Figura 16-1.)

Compartilhar estatísticas

No menu Share Statistics, do Yahoo! Finance, há mais de 40 critérios relacionados a ações, que vão desde o preço das ações (a máxima ou a mínima de 52 semanas) até fundamentos como ativos totais e passivos totais. Uma área que gosto de enfocar é o índice preço/lucro (P/E). Ele é um dos índices mais amplamente seguidos, e o considero o índice de valuation mais importante (também é considerado um índice de lucratividade). Ele vincula o preço atual das ações ao lucro líquido da empresa. O lucro líquido é o coração e a alma da empresa, portanto, verifique esse índice.

Levando tudo em consideração, prefiro índices baixos (menos de 15 é bom e menos de 25 é aceitável). Se estou considerando uma ação de crescimento, definitivamente quero um índice abaixo de 40 (a menos que haja circunstâncias atenuantes de que eu goste e que não estejam refletidas no índice P/E).

CUIDADO

Geralmente, os investidores iniciantes devem ficar longe de ações com P/E acima de 40 e, definitivamente, se o P/E estiver em três dígitos (ou mais), porque isso é muito caro. P/Es caros são perigosos, pois essas ações têm grandes expectativas e são vulneráveis a correções bruscas. Além disso, fique longe de ações que não têm índice P/E ou mostram um P/E negativo. Nesses casos, é uma ação em que a empresa está perdendo dinheiro (perdas líquidas). Comprar ações de uma empresa que está perdendo dinheiro *não* é investir — é especular.

SELEÇÃO DE AÇÕES COM ANÁLISE TÉCNICA

Neste capítulo, utilizo critérios e dados financeiros ("fundamentos"), mas muitos avaliadores de ações têm a capacidade de fazer análises técnicas (veja o Capítulo 10) usando indicadores técnicos. A análise técnica é mais importante para aqueles com foco em curto prazo, como corretoras de ações e especuladores de curto prazo. Aqui estão alguns indicadores técnicos comuns:

- **Médias móveis:** Procurando ações que estão sendo negociadas acima de sua média móvel de cinquenta dias ou que caíram abaixo dela? Que tal a média móvel de duzentos dias, um indicador mais confiável da força (ou da fraqueza) de curto prazo da ação?

- **Índice de Força Relativa:** O RSI é um de meus indicadores técnicos favoritos. Basicamente, ele rastreia uma ação em termos de sobrecompra ou sobrevenda em curto prazo. Se uma ação tem um RSI de mais de 70, está sobrecomprada e vulnerável a uma queda em um futuro próximo. Uma ação com um RSI abaixo de 30 é considerada sobrevenda, e isso é potencialmente uma oportunidade para a ação subir em curto prazo.

Não use o RSI para determinar o que comprar, considere-o como uma forma de cronometrar uma compra (ou uma venda). Em outras palavras, se quiser comprar uma ação, considere comprá-la no caso de ela estar vendida em excesso. Isso lhe dá a chance de obter uma ação que deseja a um preço favorável.

Quando fizer sua pesquisa usando o RSI como um dos critérios, considere usar um RSI máximo de 50, que está essencialmente no meio da faixa, com um RSI mínimo de 0. Se deseja especular operando vendido, certifique-se de que seu RSI mínimo seja de 70 e o máximo, ilimitado.

Aqui estão algumas ferramentas de triagem populares online para a análise técnica:

- **StockCharts** (www.stockcharts.com).
- **StockFetcher** (www.stockfetcher.com).
- **MarketInOut** (www.marketinout.com).

LEMBRE-SE

Certifique-se de que seus parâmetros de pesquisa tenham um P/E mínimo de, digamos, 1 e um máximo de 15 (para ações de large cap, estáveis e pagadoras de dividendos) e 40 (para ações de crescimento), para ter alguma medida de segurança (ou sanidade!).

Se quiser especular e encontrar ações para vender a descoberto (ou comprar opções de venda), duas abordagens se aplicam:

CAPÍTULO 16 **Ferramentas de Triagem** 231

» Colocar um P/E mínimo de, digamos, 100 e um máximo ilimitado (ou 9.999, se um número for necessário) para obter ações muito caras vulneráveis à correção.

» Uma segunda abordagem é colocar um P/E máximo de 0, o que indicaria que você está procurando empresas com perdas (ganhos abaixo de zero).

Receita

No menu Income, do Yahoo! Finance, existem algumas métricas importantes vinculadas a vendas e lucros. Lembre-se de que a receita em termos de vendas e lucros está entre os critérios de seleção mais importantes.

Para a receita de vendas (chamada de Total Revenue no Yahoo! Finance), há números absolutos e percentuais. Em alguns avaliadores de ações, há variações como "menos de US$1 milhão em vendas" a "mais de US$1 bilhão em vendas". Em uma base percentual, alguns analistas de ações têm um mínimo e um máximo. Um exemplo disso é se você quiser empresas que aumentem suas vendas em pelo menos 10%. Insira 10 na porcentagem mínima e deixe a máxima em branco ou insira um número alto, como 999. Outra reviravolta é buscar um avaliador de ações que mostra a receita de vendas com uma porcentagem média em três ou cinco anos, para observar com mais consistência um período prolongado.

A margem de lucro (chamada de Net Income Margin % no Yahoo! Finance) é basicamente a porcentagem das vendas do lucro líquido da empresa. Se uma empresa tem US$1 milhão em vendas e US$200 mil em lucro líquido, a margem de lucro é de 20% (US$200 mil divididos por US$1 milhão). Para essa métrica, insira um mínimo de 20% e um máximo de 100%, porque essa é a margem de lucro mais alta possível (mas improvável) de alcançar.

LEMBRE-SE

Lembre-se de que os dados que você pode filtrar não são apenas os do ano mais recente; alguns avaliadores de ações fornecem um resumo de três anos ou mais, como a margem de lucro de uma empresa em um período de três anos, para dar uma visão melhor da lucratividade. A única coisa melhor do que um lucro sólido no ano corrente é um lucro sólido ano após ano (três anos consecutivos ou mais).

Medidas de valuation

Para investidores em valor (que adotam a análise fundamentalista), os parâmetros a seguir são importantes para encontrar os valores corretos (veja mais detalhes sobre índices no Apêndice B):

>> **Índice preço/venda:** Um índice preço/vendas (PSR) próximo a 1 é positivo. Quando a capitalização de mercado excede em muito o número de vendas, a ação está cara. No campo PSR do avaliador de ação, considere inserir um mínimo de 0 ou deixe-o em branco. Um bom valor máximo é 3.

>> **Índice PEG:** Você obtém o índice PEG (preço/lucro em relação ao crescimento) quando divide o índice P/E da ação por sua taxa de crescimento de lucro ano a ano. Normalmente, quanto menor o PEG, melhor é o valor da ação. Um índice PEG acima de 1 sugere que a ação está sobrevalorizada, e abaixo de 1 é considerado subvalorizado. Portanto, ao usar o índice PEG em uma ferramenta de triagem de ação, deixe o mínimo em branco (ou 0) e use no máximo 1.

>> **Outros índices de avaliação:** Alguns analistas de ações incluem outros índices. Um interessante é o ROI (retorno sobre o investimento) médio de cinco anos, que dá uma boa ideia da força financeira de longo prazo da ação. Outros podem ter um ROI médio de três anos.

Como é uma média (em termos percentuais) de cinco anos, faça uma busca por um mínimo de 10% e um máximo ilimitado (ou insira 999%). A propósito, se conseguir uma que chegue perto de 999%, ligue e me avise!

Dividendos e splits

Para pessoas preocupadas com a renda, é interessante ir ao menu Dividends and Splits no Yahoo! Finance inserir critérios como Dividend Per Share (DPS) e Dividend Yield %. Para obter mais informações sobre dividendos, veja o Capítulo 9.

Pontuações ESG

Para muitos investidores nos últimos anos, os aspectos não financeiros e não mercantis da governança corporativa ganharam maior importância. Na categoria de pontuação ESG (critérios ambientais, sociais e de governança) do Yahoo! Finance, insira aspectos do comportamento corporativo desejado (ou indesejado) da empresa de capital aberto em que está considerando investir.

Ferramentas de Triagem de ETF

Além dos rastreadores de ações, também existem rastreadores de títulos, fundos de investimento e, agora, fundos negociados em bolsa (ETFs; veja o Capítulo 5). A Figura 16-2 é uma ferramenta típica de triagem de ETF, como muitas online.

CAPÍTULO 16 **Ferramentas de Triagem** 233

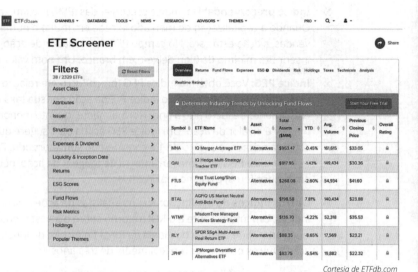

FIGURA 16-2:
Ferramenta típica de triagem de ETF.

Cortesia de ETFdb.com

Você não encontrará o mínimo e o máximo com a triagem de ETF tanto quanto com a de ações. Há categorias mais variadas para filtrar e diferentes critérios de desempenho. As seções a seguir cobrem as categorias principais.

DICA

Lembre-se de que a maioria dos sites financeiros populares (como Yahoo! Finance e MarketWatch) tem bons rastreadores de ETF (bem como de ações); a maioria dos sites de corretagem de ações também tem ferramentas de pesquisa e triagem. Alguns outros sites populares que as têm são:

» ETF.com (www.etf.com).

» Banco de dados ETF (www.etfdb.com/screener); veja esse filtro na Figura 16-2.

» Tela ETF (www.etfscreen.com).

Classe de ativos

Escolher sua classe de ativos é o primeiro critério de pesquisa, e, claro, em um livro como este, o foco são as ações (patrimônio líquido). No entanto, essa categoria mostra a gama de alternativas que os ETFs têm a oferecer. Existem ETFs que se concentram em títulos, moedas, metais preciosos, imóveis, commodities básicas ou portfólios de "múltiplos ativos". Existem também ETFs inversos, que têm em seu portfólio derivativos especulativos, como opções de compra e venda (encontradas na categoria de ativos denominada "alternatives").

Atributos

DICA

Na categoria Attributes, na ferramenta de banco de dados de ETF (veja a Figura 16-2), escolha Active, Passive ou Any. Os ETFs, em geral, são passivos, o que significa que o portfólio não é gerenciado ativamente como um portfólio de fundo de investimento típico. No entanto, nos últimos anos, alguns ETFs tornaram-se mais ativos em seus portfólios (o que significa compra e venda mais ativa de posições dentro do portfólio). Se não tiver certeza, escolha Any.

Emissor

Procurando um ETF emitido por uma instituição financeira como iShares, State Street SPDR ou VanEck? Se o emissor for uma consideração importante, verifique a lista abrangente de empresas financeiras que emitem e patrocinam ETFs em Issuer.

Estrutura

Embora você provavelmente esteja procurando um ETF convencional, pode encontrar outras estruturas, como um pool de commodities ou notas negociadas em bolsa (ETNs). Para a maioria dos iniciantes, os ETFs padrão são adequados.

Despesas e dividendos

Na categoria Expenses & Dividend na tela do Banco de Dados de ETF, pesquise usando um índice de despesas e/ou rendimento de dividendos. Talvez você queira um ETF com uma taxa de despesas relativamente baixa — digamos, abaixo de 2%. Então ajuste sua pesquisa com esse critério, e ela excluirá todos os ETFs com taxas de despesas superiores a 2%.

Quanto ao rendimento de dividendos (e você sabe que sou um grande fã de dividendos se leu os capítulos anteriores), ajuste-o de acordo com sua preferência. Indique que, por exemplo, você deseja ETFs com um rendimento mínimo de 2,5%, e o rastreador excluirá todos os ETFs com um rendimento de dividendos relatado inferior a essa porcentagem.

Liquidez e início

DICA

Os critérios típicos na categoria Liquidity & Inception Date, mostrada na Figura 16-2, são os seguintes:

CAPÍTULO 16 **Ferramentas de Triagem** 235

- » **Assets ($MM):** Esse campo mede a capitalização de mercado do ETF no caso de você querer ter certeza de que está comprando um grande ETF contra um ETF menor que tem uma capitalização de mercado mais baixa. Para investidores iniciantes em ETFs, opte pela capitalização mais alta (maior tamanho de ativo).

- » **Average Daily Volume:** Esse campo se refere a quantas ações de determinado ETF são negociadas no mercado em um dia de negociação normal. Os investidores iniciantes em ETFs desejam um volume de negociação maior, o que indica maior liquidez e, portanto, mais facilidade de comprar e/ou vender.

- » **Share Price:** Aqui você indica se tem um limite para o preço das ações. Por exemplo, se pode pagar por ETFs o valor de US$50 por ação, use esse critério. Fácil!

- » **Inception Date:** Aqui você coloca critérios, se desejar, sobre o tempo de existência de um ETF. Todas as coisas sendo iguais, um ETF em torno de quinze anos ou mais é um veículo de investimento mais seguro do que um que começou no ano passado.

Retornos

Procurando ETFs com base em seu desempenho durante um ano ou mais? Então o critério de pesquisa Returns, mostrado na Figura 16-2, é para você. Defina um período, como o ano até a data, ou um período mais longo, como um ano, três ou cinco.

DICA

Levo a sério a advertência de que "o desempenho passado não é necessariamente indicativo de resultados futuros", mas verifique os retornos, uma vez que ajudam a confirmar que o portfólio de um ETF é uma boa consideração. Afinal, se todas as coisas forem iguais e você estiver escolhendo entre um ETF que subiu 87% nos últimos 3 anos e outro que caiu 12% no mesmo período, sua escolha será óbvia. (Guarde as apostas! Nem precisa de cara ou coroa!)

Pontuações ESG

Considerações sociais ou outras considerações não financeiras são importantes para você? Talvez esteja preocupado com os efeitos ambientais da atividade corporativa. Talvez as considerações morais sejam importantes porque você deseja investir em empresas "boas cidadãs" ou que não exibam práticas das quais discorda. Diante disso, a categoria de pontuações ESG na Figura 16-2 será uma consideração primordial em seus critérios de pesquisa.

No rastreador do banco de dados de ETF, há uma única pontuação ESG composta variando de 0 a 10, sendo 10 o mais favorável — quanto mais alto, melhor.

Fluxos de fundos

A métrica Fluxos de fundos no rastreador de banco de dados de ETF rastreia quanto dinheiro está fluindo para um ETF em dado período, como uma semana, um ano ou cinco anos. *Fluxo de fundos* significa que, quando você contabiliza o dinheiro que entra e sai de vários ativos financeiros, pode avaliar a popularidade (ou impopularidade) de dado ativo. Se há um influxo líquido de dinheiro para dado ativo, os ETFs com ele estão em uma posição de alta (e isso é bom para o preço das ações do seu ETF).

Risco

A categoria Métricas de risco na Figura 16-2 aborda a volatilidade e as características beta de dado ETF. Também inclui o índice preço/lucro (P/E), se disponível. Use-a para descobrir se um ETF tem volatilidade mais baixa ou mais alta (em comparação com o mercado total).

Maior volatilidade significa, em última análise, maior risco. Um ETF de ações de tecnologia tem maior volatilidade do que um de ações de serviços públicos. Os ETFs com portfólios que têm um índice P/E mais alto são mais arriscados do que aqueles com um mais baixo. Se estiver preocupado com o risco, selecione os critérios de pesquisa com baixo índice P/E e baixa volatilidade. Vá para o Capítulo 4 para obter mais informações sobre risco.

Saldo

Os critérios Holdings abrangem quais ativos estão em um ETF. O ETF tem 1 ativo ou 50? Além disso, essa categoria cobre o quão equilibrado e profundo é um ETF em relação a seus pares. Em outras palavras, as participações desse ETF estão entre os 10%, 15% ou 50% maiores do que as de seus pares na categoria?

Temas

Você pode ver os principais ETFs em termos de temas populares na categoria final na Figura 16-2. Quando escrevi este livro, os temas mais populares eram inteligência artificial, blockchain, maconha e FAANG (Facebook, Apple, Amazon, Netflix e Google).

O problema é que o que é popular hoje pode não ter um bom desempenho no ano que vem, então os investidores novatos devem se concentrar na lucratividade de longo prazo e nos fundamentos para um sucesso mais garantido ao longo do tempo.

Alguns Pontos a Considerar

Não enlouqueça com todos os parâmetros e critérios de pesquisa buscando a "ação perfeita" (porém, se a encontrar, avise-me!). Para os investidores, a melhor abordagem é usar critérios que se concentram nos principais fundamentos:

» **Um setor/indústria vencedor:** Certifique-se de que o setor/indústria seja duradouro e crescente. É por isso que me concentro nas "necessidades humanas", como alimentos e bebidas, serviços públicos, e assim por diante.

» **Liderança de mercado:** A empresa está entre as melhores do seu setor?

» **Lucro:** Certifique-se de que a empresa seja consistentemente lucrativa.

» **Vendas:** Certifique-se de que a empresa tenha vendas crescentes.

» **Um bom balanço:** Certifique-se de que os ativos sejam maiores do que os passivos (em outras palavras, a empresa tem um endividamento baixo).

» **Dividendos:** Sempre que possível, certifique-se de que a empresa tenha dividendos.

Isso o ajudará por enquanto, gafanhoto. Agora, vá em frente e pesquise!

NESTE CAPÍTULO

» Olhando os diferentes tipos de ordens

» Negociando na margem para maximizar os lucros

» Vendendo a descoberto

Capítulo **17**

Tipos de Ordens e Técnicas de Trade

O sucesso do investimento não diz respeito apenas a *quais* ações escolher, mas também a *como* fazê-lo. Frequentemente os investidores pensam que uma boa escolha de ações significa fazer sua lição de casa e, em seguida, comprar (ou vender). No entanto, dando um passo adiante, os lucros serão maximizados (ou as perdas, minimizadas).

Em 2008, milhões de investidores foram atingidos impiedosamente por um mercado tumultuado; muitos poderiam ter usado algumas técnicas e ordens simples que os teriam poupado das dores. Os investidores que usaram ordens de stop-loss evitaram parte da carnificina de trilhões de dólares que atingiu o mercado de ações durante aquele período assustador. Como investidor em ações, tire proveito dessa técnica e de outras disponíveis por meio de sua conta de corretora (veja detalhes no Capítulo 7). Este capítulo apresenta algumas das melhores maneiras de usar essas técnicas poderosas, úteis tanto para a compra quanto para a venda de ações.

Verificando os Tipos de Ordens

As ordens feitas com a corretora se enquadram perfeitamente em três categorias:

- » Ordens relacionadas ao tempo.
- » Ordens relacionadas a condições.
- » Ordens avançadas (combinações das duas anteriores).

No mínimo, familiarize-se com os primeiros dois tipos de ordens, porque são fáceis de implementar e são ferramentas inestimáveis para construir e (mais importante) economizar dinheiro!

DICA

Usar uma combinação de ordens ajusta a estratégia para se manter um maior controle sobre os investimentos. Converse com sua corretora sobre os diferentes tipos de ordens para maximizar os ganhos (ou minimizar as perdas) de suas atividades de investimento em ações. Leia também as políticas da corretora sobre ordens no site dela.

De olho no relógio: Ordens relacionadas ao tempo

Uma *ordem relacionada ao tempo* é apenas isso — a ordem tem um limite de tempo. Normalmente, os investidores as usam junto com ordens relacionadas a condições, o que descrevo mais adiante neste capítulo. As duas ordens mais comuns relacionadas ao tempo são as diárias e as válidas até o cancelamento (VAC).

Ordens diárias

Uma *ordem diária* é uma ordem de compra ou venda de ações que expira no final do dia de negociação específico. Se você disser à sua corretora "Compre BYOB, Inc., por R$37,50 e faça uma ordem diária", quer dizer que deseja comprar as ações por R$37,50. Mas, se ela não atingir esse preço, sua ordem expira, não preenchida, no final do dia de trade.

Por que você faria essa ordem? Talvez BYOB esteja sendo negociada a R$39, mas você não quer comprá-la por esse preço, porque não acredita que a ação valha a pena. Em consequência, não terá nenhum problema em não conseguir a ação naquele dia.

Em que circunstâncias usar as ordens diárias? Depende de suas preferências e do contexto. Raramente uso ordens diárias, porque poucos eventos me fazem dizer: "Poxa, vou tentar comprar ou vender até o final do trade de hoje." No entanto, você pode sentir que não deseja que uma ordem específica se prolongue além do cenário do mercado atual. Talvez queira testar um preço. ("Quero me livrar da ação A a R$39 para obter um lucro rápido, mas atualmente ela está sendo negociada a R$37,50. No entanto, posso mudar de ideia amanhã.") A ordem diária é a estratégia perfeita para esse caso.

LEMBRE-SE

Se fizer um trade e não especificar um limite de tempo para a ordem, a maioria (se não todas) das corretoras a tratará automaticamente como uma ordem diária.

Ordens válidas até o cancelamento

Uma *ordem válida até o cancelamento (VAC)* é a mais comumente solicitada pelos investidores e é a que uso e recomendo. A ordem VAC significa o que diz: a ordem permanece em vigor até que seja negociada ou até que o investidor a cancele. Embora as ordens VAC sejam relacionadas ao tempo, estão sempre vinculados a uma condição, como a ação atingir determinado preço.

Embora a ordem implique poder ser executada indefinidamente, a maioria das corretoras tem um limite de 30 ou 60 dias (ou mais). Já vi limites tão altos quanto 120 dias. Nesse momento, o corretor cancela a ordem ou entra em contato com você (geralmente por e-mail) para saber se deseja estendê-la. Pergunte a ele sobre sua política em particular.

As ordens VAC são sempre associadas àquelas relacionadas a condições (veja a próxima seção). Digamos que você ache que as ações da ASAP Corp. sejam uma boa adição a seu portfólio, mas não quer comprá-las ao preço atual de R$48 por ação. Você fez sua lição de casa sobre as ações, incluindo a análise dos índices preço/lucro, preço/valor contábil, e assim por diante (veja mais informações sobre índices no Apêndice B), e diz: "Ei, essas ações não valem R$48 por ação. Eu só as compraria por R$36 por ação." (Está superfaturada ou sobrevalorizada, de acordo com sua análise.) Como proceder? A melhor aposta é pedir à sua corretora para fazer uma ordem VAC de R$36. Essa ordem significa que a corretora comprará as ações se e quando atingirem a marca de R$36 (a menos que você a cancele). Apenas verifique se sua conta tem fundos disponíveis para concluir a transação.

LEMBRE-SE

As ordens VAC são muito úteis, portanto, familiarize-se com a política da sua corretora a respeito delas e pergunte se há alguma taxa aplicável. Muitas corretoras não cobram por ordens VAC porque, se resultarem em uma ordem de compra (ou venda), geram uma comissão normal, assim como qualquer transação de ações. Outras corretoras podem cobrar uma pequena taxa (mas é raro).

LEMBRE-SE

Para ter sucesso com as ordens VAC, você precisa saber o seguinte:

» **Quando quiser comprar:** Nos últimos anos, as pessoas têm tido a tendência de se apressar em comprar ações sem pensar no que poderiam fazer para obter mais de seu dinheiro. Alguns investidores não percebem que o mercado de ações é um lugar para pechinchas. Se está pronto para comprar um par de meias de qualidade por R$16 em uma loja de departamentos, mas o balconista diz que elas estarão à venda amanhã por apenas R$8, o que fazer — supondo que você é um consumidor consciente? A menos que esteja descalço, você provavelmente decide esperar. O mesmo se aplica às ações.

Digamos que você queira comprar a SOX, Inc. por R$26, mas ela esteja sendo negociada atualmente a R$30. Você acha R$30 muito caro, mas ficaria feliz em comprar as ações por até R$26. No entanto, você não tem ideia se a ação chegará ao preço desejado hoje, amanhã, na próxima semana, no próximo mês ou talvez nunca. Nesse caso, uma ordem VAC é apropriada.

» **Quando quiser vender:** E se você comprar algumas meias em uma loja de departamentos e descobrir que elas têm buracos? Você não gostaria de se livrar delas? É claro que sim! Se o preço de uma ação começa a despencar, você também deseja se livrar dela.

Talvez já tenha SOX por R$25, mas esteja preocupado com o fato de que as condições de mercado podem reduzir esse preço. Você não tem certeza de como as ações se moverão nos próximos dias e semanas. Nesse caso, uma ordem VAC para vender a ação a um preço especificado é uma estratégia adequada. Como o preço da ação é de R$25, faça uma ordem VAC para vendê-la se cair para R$22,50, a fim de evitar perdas futuras. Novamente, no exemplo, VAC é o período e acompanha uma condição (venda quando a ação atingir R$22,50).

A seu comando: Ordens relacionadas a condições

Uma *ordem relacionada a condições* (também conhecida como *ordem condicional*) é uma ordem executada apenas quando dada condição é atendida. Ordens condicionais aumentam sua capacidade de comprar ações a um preço mais baixo, vender a um preço melhor ou minimizar perdas potenciais. Quando os mercados de ações se tornam baixistas ou incertos, as ordens condicionais são recomendadas.

Um bom exemplo de ordem condicional é uma *ordem limitada*, o que diz: "Compre a Mojeski Corp. por R$45." Mas se a Mojeski Corp. não estiver em

R$45 (esse preço é a condição), a ordem não será executada. Discuto ordens limitadas, bem como ordens a mercado e ordens de stop-loss, nas seções a seguir.

Ordens a mercado

Ao comprar ações, o tipo mais simples de ordem é a *ordem a mercado* — uma ordem de compra ou venda de ações ao melhor preço disponível no mercado. As ordens não podem ser mais básicas do que isso. Veja um exemplo: Kowalski, Inc. está disponível ao preço de mercado de R$10. Quando você liga para sua corretora e a instrui a comprar 100 ações "a mercado", ela implementa a ordem para sua conta, e você paga R$1.000 mais comissão.

CUIDADO

Digo "melhor preço disponível" porque o preço da ação está em constante movimento, e obter o melhor preço pode ser uma função da capacidade da corretora de processar a compra das ações. Para ações muito ativas, a mudança de preço acontece em segundos. Não é incomum ter três corretoras simultaneamente fazendo ordens para a mesma ação e obtendo três preços diferentes devido às diferenças nas capacidades delas. A diferença pode ser de centavos, mas ainda assim é uma diferença. (Alguns computadores são mais rápidos do que outros.)

A vantagem de uma ordem a mercado é que a transação é processada imediatamente e você obtém sua ação sem se preocupar se ela atinge dado preço. Se você compra a Kowalski, Inc. com uma ordem a mercado, sabe que, ao final da ligação (ou da visita ao site), terá a garantia de obter a ação. A desvantagem de uma ordem a mercado é que você não pode controlar o preço das ações. Comprando ou vendendo suas ações, você pode não perceber o preço exato que espera (especialmente se estiver lidando com uma ação volátil).

LEMBRE-SE

As ordens a mercado são finalizadas na ordem cronológica em que são colocadas. Seu preço pode mudar porque as ordens à frente fazem com que o preço das ações suba ou caia com base nas notícias mais recentes.

Ordens de stop-loss

Uma *ordem de stop-loss* é relacionada à condição que instrui o corretor a vender determinada ação em seu portfólio somente quando atingir certo preço. Ela atua como um gatilho, e a ordem se converte em uma ordem a mercado para vender as ações imediatamente.

LEMBRE-SE

A ordem de stop-loss não foi projetada para tirar vantagem de pequenos movimentos de curto prazo no preço da ação. O objetivo é ajudá-lo a proteger a maior parte do seu dinheiro quando o mercado se voltar contra seu investimento em ações de uma maneira repentina.

Digamos que suas ações da Kowalski, Inc. aumentem para R$20 por ação e você queira proteger seu investimento contra um possível declínio futuro do mercado. Uma ordem de stop-loss a R$18 faz com que sua corretora venda as ações imediatamente se elas caírem para a marca de R$18. No exemplo, se a ação cai repentinamente para R$17, ainda aciona a ordem de stop-loss, mas o preço de venda finalizado é R$17. Em um mercado volátil, você pode não ser capaz de vender a seu preço preciso de stop-loss. No entanto, como a ordem é convertida automaticamente em ordem a mercado, a venda será concluída, e você será poupado de novas quedas.

O principal benefício de uma ordem de stop-loss é evitar uma grande perda em uma ação que você possui. É uma disciplina importante no investimento para minimizar perdas potenciais. Os investidores podem achar agoniante vender uma ação que caiu. Se não a venderem, no entanto, elas poderão continuar despencando à medida que os investidores a seguram esperando uma recuperação no preço.

DICA

A maioria dos investidores define um montante de stop-loss em cerca de 10% abaixo do valor de mercado das ações. Essa porcentagem dá à ação algum espaço para flutuar, o que a maioria das ações tende a fazer no dia a dia. Se estiver muito nervoso, considere um stop-loss mais rígido, como um de até 5%.

Lembre-se de que essa ordem apenas aciona a venda e não há garantias de que determinado preço seja alcançado, porque a compra ou a venda real ocorre imediatamente após o gatilho ser ativado. Se o mercado no momento da transação real for particularmente volátil, o preço realizado será significativamente diferente.

Nas seções a seguir, descrevo certo tipo de ordem de stop-loss (chamado stop móvel) e falo sobre o uso da medição beta com ordens de stop-loss.

STOP MÓVEL

Stop móvel é uma técnica importante para a preservação de riqueza de investidores experientes em ações e é uma de suas principais estratégias no uso de ordens de stop-loss. *Stop móvel* é uma ordem de stop-loss que um investidor gerencia ativamente, movendo-a para cima junto com o preço de mercado da ação. A ordem de stop-loss "rastreia" o preço das ações para cima. À medida que o stop-loss sobe, ele protege cada vez mais o valor das ações contra uma queda.

Imagine que você comprou ações da Peach Inc. (PI) por R$30 por ação. Um stop móvel está em vigor em, digamos, 10%, e a ordem é VAC (presuma que a corretora estabeleça um limite de 90 dias para as ordens VAC). A R$30 por ação, o stop móvel é de R$27. Se a PI for para R$40, seu stop móvel subirá automaticamente para R$36. Se a IP continuar a subir e chegar a R$50, seu stop continuará junto com ela, indo para R$45. Agora, digamos que a PI reverta o curso (por qualquer motivo) e comece a despencar. O stop móvel permanece em R$45 e aciona uma ordem de venda se a PI atinge o nível de R$45.

No exemplo anterior, usei uma porcentagem de stop móvel, mas eles também estão disponíveis em valores em dinheiro. Digamos que a PI esteja em R$30 e eu coloque um stop móvel de R$3. Se a IP subir para R$50, meu stop móvel chegará a R$47. Se a PI cair desse pico de R$50, o stop permanecerá em R$47 e acionará uma ordem de venda se a PI realmente atingir R$47. Bem, já deu para entender o cenário. O stop móvel o ajuda a dormir à noite, especialmente nestes tempos turbulentos.

LEMBRE-SE

William O'Neill, fundador e editor da *Investor's Business Daily*, defende a definição de um stop móvel de 8% abaixo do preço de compra. É a preferência dele. Alguns investidores que investem em ações muito voláteis colocam stop móvel de 20% ou 25%. É uma ordem de stop-loss desejável ou aconselhável em todas as situações? Não. Depende do seu nível de experiência, de seus objetivos de investimento e do mercado. Ainda assim, as ordens de stop-loss (móvel ou outro) são apropriadas em muitos casos, especialmente se o mercado parece incerto (ou você!).

LEMBRE-SE

Stop móvel é uma ordem de stop-loss que você gerencia ativamente. A ordem stop-loss é válida até o cancelamento (VAC) e segue constantemente o preço da ação à medida que ela sobe. Para implementar com sucesso as ordens de stop-loss (incluindo stop móvel):

» **Perceba que as corretoras não colocam um stop móvel automaticamente.** Na verdade, elas não vão (ou não devem) fazer qualquer tipo de ordem sem seu consentimento. A decisão sobre o tipo de ordem é responsabilidade sua. Você pode aumentar, diminuir ou cancelar uma ordem de stop móvel à vontade, mas precisa monitorar seu investimento quando movimentos substanciais ocorrem para responder a eles de forma adequada.

» **Altere o stop-loss quando o preço da ação se mover significativamente.** Felizmente, você não ligará para a corretora toda vez que a ação se mover R$0,50. Altere a ordem de stop-loss quando o preço das ações se mover em torno de 10%. Por exemplo, se comprar uma ação a R$90 por ação, peça à corretora para colocar a ordem de stop-loss a R$81. Quando a ação chegar a R$100, cancele-a e a substitua por R$90. Quando o preço da ação se mover para R$110, altere a ordem de stop-loss para R$99, e assim por diante.

> **Entenda a política do seu corretor sobre ordens VAC.** Se sua corretora normalmente considera que uma ordem VAC expirou após 30 ou 60 dias, esteja ciente disso. Você não quer arriscar uma queda repentina no preço de suas ações sem a proteção da ordem de stop-loss. Anote o limite de tempo da sua corretora para se lembrar de renovar a ordem por mais tempo.

> **Monitore suas ações.** Um stop móvel não é uma técnica de "configurar e esquecer". Monitorar seu investimento é fundamental. É claro que, se o investimento cair, a ordem de stop-loss evitará mais perdas. Se o preço das ações subir substancialmente, lembre-se de ajustar o stop móvel de acordo. Continue aumentando a rede de segurança à medida que a ação continuar a subir. Parte do monitoramento da ação é conhecer o beta, sobre o qual você lê mais na próxima seção.

MEDIÇÃO BETA

Para ser um investidor de sucesso, você precisa entender a volatilidade da ação específica em que investe. No jargão do mercado de ações, essa volatilidade também é chamada de beta de uma ação. *Beta* é uma medida quantitativa da volatilidade de determinada ação (de fundos de investimento e portfólios também) em relação ao mercado geral, geralmente o índice S&P 500. (Para obter mais informações sobre o S&P 500, veja o Capítulo 5.) O beta mede especificamente o movimento de desempenho das ações à medida que o S&P sobe ou desce 1%. Uma medida beta acima de 1 é mais volátil do que o mercado geral, enquanto um beta abaixo de 1 é menos. Algumas ações são relativamente estáveis em termos de movimentos de preços; outras oscilam muito mais.

Como o beta mede o quão volátil ou instável é o preço da ação, tende a ser expresso no mesmo fôlego que "risco" — mais volatilidade indica mais risco. Da mesma forma, menos volatilidade tende a significar menos risco. (O Capítulo 4 apresenta mais detalhes sobre os tópicos de risco e volatilidade.)

DICA

Você encontra o beta de uma empresa em sites que fornecem muitas informações financeiras sobre empresas, como o Nasdaq (www.nasdaq.com) e o Yahoo! Finance (finance.yahoo.com), em inglês.

É útil saber o beta quando se trata de ordens de stop-loss porque ele dá uma ideia geral da faixa de negociação da ação. Se uma ação está atualmente cotada a R$50 e normalmente é negociada na faixa de R$48 a R$52, um stop móvel a R$49 não faz sentido. Sua ação provavelmente seria vendida no mesmo dia em que você iniciou a ordem de stop-loss. Se sua ação for de crescimento volátil, podendo oscilar para cima e para baixo em 10%, defina mais logicamente seu stop-loss em 15% abaixo do preço daquele dia.

PRATICANDO A DISCIPLINA COM ORDENS DE STOP-LOSS

Tenho uma pilha de boletins informativos sobre investimentos que valem vários anos, nos quais especialistas em investimentos fazem todos os tipos de ligações relacionadas às perspectivas de uma empresa, um setor ou uma economia em geral. Alguns fizeram previsões espetacularmente acertadas, mas você deveria ver as que estavam erradas — ai! No entanto, até mesmo alguns vencedores sofreram por falta de disciplina. Esses ganhos espetaculares desapareceram como balões em um congresso de porco-espinho.

No auge da bolha imobiliária (por volta de 2007), muitas empresas imobiliárias e de financiamento registraram altas recordes nos preços de suas ações. Um bom exemplo foi a Federal National Mortgage Association ("Fannie Mae", com a sigla FNMA). FNMA era uma empresa de capital aberto, mas era tecnicamente uma entidade patrocinada pelo governo. Muitos achavam que por ter o aval (real ou imaginário) do governo federal, era um investimento seguro. Em 2007, o preço de suas ações estava em torno de US$75. Fiquei preocupado com a bolha imobiliária e senti que qualquer ação vinculada a esse mercado perigoso estava em risco. No entanto, ainda havia analistas carregando as ações com ordens de "compra forte" e/ou "compra".

Sempre que você tem uma ação (ou um fundo negociado em bolsa, conhecido como ETF; veja o Capítulo 5) com a qual começa a se preocupar e não tem certeza sobre a venda, considere uma ordem de stop-loss. Uma ordem stop-loss na FNMA, mesmo em um nível muito mais baixo, como US$50, teria economizado uma fortuna aos investidores. No final de 2008, o preço das ações da FNMA caiu para menos de US$1 por ação (você leu certo... abaixo de um dólar por ação!). Em menos de 12 meses, a FNMA caiu quase 99%.

LEMBRE-SE

As ações de uma empresa de large cap em um setor maduro tendem a ter um beta baixo — próximo ao do mercado geral. Ações de small e mid cap em setores novos ou emergentes tendem a ter maior volatilidade nas flutuações de preço do dia a dia, portanto, tendem a ter um beta alto. (Leia mais sobre ações de large, mid e small cap no Capítulo 1; o Capítulo 4 tem mais informações sobre o beta.)

Ordens limitadas

Uma *ordem limitada* é muito precisa e relacionada a condições, implicando que existe um limite tanto no lado da compra quanto no da venda da transação. Você deve comprar (ou vender) apenas a um preço especificado. Ponto. As ordens limitadas funcionam bem se você está comprando a ação, mas podem não ser boas para você se a está vendendo. Veja como funcionam em ambos os casos:

> » **Ao comprar:** Só porque você gosta de dada empresa e deseja suas ações, não significa que está disposto a pagar o preço de mercado atual. Talvez você queira comprar a Kowalski, Inc., mas o preço de mercado atual de R$20 por ação não é aceitável no seu caso. Você prefere comprá-la por R$16, porque acha que o preço reflete seu verdadeiro valor de mercado. O que fazer? Você diz à sua corretora: "Compre Kowalski com uma ordem limitada de R$16" (ou insira uma ordem limitada no site da corretora). Especifique se é uma ordem diária ou VAC, ambas discutidas anteriormente neste capítulo.
>
> O que acontece se a ação sofrer uma grande volatilidade? E se cair para R$16,01 e, de repente, para R$15,95 na próxima jogada? Nada acontece, o que pode ser um tanto frustrante. Como sua ordem estava limitada a R$16, pode ser negociada apenas a R$16 — nem mais nem menos. A única maneira de esse trade específico ocorrer é se a ação subir de volta para R$16. No entanto, se o preço continuar caindo, sua ordem limitada não será negociada, podendo expirar ou ser cancelada.

CUIDADO

> » **Ao vender:** As ordens limitadas são ativadas apenas quando uma ação atinge um preço específico. Se comprar a Kowalski, Inc. por R$20 e se preocupar com uma queda no preço das ações, considere colocar uma ordem limitada de R$18. Se assistir ao noticiário e ouvir que o preço de Kowalski está caindo, você pode suspirar e dizer: "Estou muito feliz por ter feito essa ordem limitada de R$18!" No entanto, em um mercado volátil, o preço da ação pode ultrapassar o preço especificado. Ele poderia ir de R$18,01 para R$17,99 e continuar caindo. Como o preço das ações nunca atingiu R$18 na marca, suas ações não foram vendidas. Você pode estar sentado em casa satisfeito (por engano) por ter jogado com inteligência, enquanto a ação despenca para R$15, R$10 ou menos! Ter uma ordem de stop-loss em vigor é o melhor caminho.
>
> Os investidores que não têm pressa podem usar uma ordem limitada para tentar obter um preço melhor na hora de vender. Talvez você tenha uma ação cujo preço esteja em R$50 e deseje vendê-la, mas acha que uma alta de curto prazo nas ações é iminente. Nesse caso, pode usar uma ordem limitada, como: "Vender a ação na ordem limitada de venda de R$55 e mantê-la por 30 dias."

Ao comprar (ou vender) uma ação, a maioria das corretoras interpreta a ordem limitada como "comprar (ou vender) a tal preço específico ou melhor". Presumivelmente, se sua ordem limitada for comprar uma ação a R$10, você ficará igualmente feliz se a corretora comprá-la a R$9,95. Dessa forma, se não receber exatamente a R$10, porque o preço da ação era volátil, a obterá a um preço ainda mais baixo. Converse com sua corretora para esclarecer o significado da ordem limitada.

As alegrias da tecnologia: Ordens avançadas

As corretoras adicionaram recursos sofisticados ao repertório de ordens disponíveis para investidores em ações. Um exemplo são as *ordens avançadas*, que dão aos investidores uma maneira de usar uma combinação de ordens para trades mais sofisticados. Um exemplo de ordem avançada é algo como: "Venda apenas a ação B, e, se a vender, use o dinheiro para comprar a ação D." Você sacou a ideia. Minha corretora tem o seguinte em seu site, e tenho certeza de que mais empresas farão o mesmo. Informe-se com a sua e veja as vantagens de usar ordens avançadas, como as seguintes:

» **"Uma ordem cancela outra":** Nesse cenário, você coloca duas ordens simultaneamente, com a condição de que, se uma for executada, a segunda será automaticamente cancelada.

» **"Uma ordem aciona outra":** Aqui você envia uma ordem, e, se ela for atendida, outra será enviada automaticamente. Muitas corretoras têm nomes diferentes para esses tipos de ordens, então pergunte se elas as oferecem.

DICA

Outros tipos de ordens avançadas e estratégias de ordens estão disponíveis, mas você entendeu. Fale com sua corretora e descubra o que está disponível para a sua conta em particular. Os investidores precisam saber que a tecnologia de hoje permite que eles tenham mais poder e controle sobre a implementação de transações de compra e venda. Amo isso!

Comprando na Margem

Comprar na margem ou comprar a termo significa comprar títulos, como ações, com fundos que você pede emprestado à sua corretora. Comprar ações na margem é semelhante a financiar uma casa. Se você adquirir uma casa a um preço de compra de R$100 mil e pagar 10%, seu patrimônio líquido (a parte que você possui) será de R$10 mil, e você pegará emprestado os R$90 mil restantes em um financiamento. Se o valor da casa aumentar para R$120 mil e você vender (para simplificar, não incluo os custos de fechamento), terá um lucro de 200%. O que acha? O ganho de R$20 mil na propriedade representa um ganho de 20% sobre o preço de compra de R$100 mil, mas como seu investimento real é de R$10 mil (o pagamento inicial), seu lucro chega a 200% (um lucro de R$20 mil sobre seu investimento inicial de R$10 mil).

CUIDADO

Comprar na margem é um exemplo de como usar a alavancagem para maximizar seu lucro quando os preços sobem. *Alavancagem* é simplesmente usar dinheiro emprestado ao comprar um ativo para aumentar o lucro potencial. Esse tipo de alavancagem é ótimo em um mercado favorável (alta), mas funciona contra você em um desfavorável (baixa). Digamos que uma casa de R$100 mil que você comprou com um financiamento de R$90 mil caia em valor para R$80 mil (e os valores das propriedades podem diminuir durante tempos econômicos difíceis). Sua dívida pendente de R$90 mil excede o valor da propriedade. Como você deve mais do que tem, fica com um patrimônio líquido negativo.

LEMBRE-SE

A alavancagem é uma faca de dois gumes. Não se esqueça de que você precisa da aprovação da corretora antes de comprar na margem. Para comprar na margem, você normalmente preenche o formulário da corretora para ser aprovado. Lembre-se de que as corretoras normalmente exigem que as contas tenham um mínimo de R$2 mil antes que o investidor seja aprovado para a margem. Verifique com a sua corretora, porque cada empresa tem requisitos diferentes.

Nas seções a seguir, descrevo os resultados potenciais da compra na margem, explico como manter um equilíbrio e forneço algumas dicas para comprar com sucesso na margem.

Examinando os resultados da margem

Suponha que você pense que as ações da empresa Mergatroid, Inc., atualmente em R$40 por ação, subirão de valor. Você quer comprar 100 ações, mas tem apenas R$2 mil. O que fazer? Se pretende comprar 100 ações (em vez de simplesmente as 50 ações para as quais tem dinheiro), peça emprestado à sua corretora o adicional de R$2 mil na margem. Se fizer isso, quais serão os resultados potenciais?

Se o preço das ações subir

Esse resultado é o melhor para você. Se a Mergatroid for para R$50 por ação, seu investimento valerá R$5 mil e sua excepcional margem de empréstimo será de R$2 mil. Se vender, o produto total pagará o empréstimo e o deixará com R$3 mil. Como seu investimento inicial foi de R$2 mil, seu lucro será de sólidos 50%, porque o valor principal de R$2 mil gerou um lucro de R$1.000. (Para esse exemplo, deixo de fora quaisquer encargos, como comissões e juros pagos sobre o empréstimo de margem.) No entanto, se você pagar os R$4 mil adiantados, sem o empréstimo de margem, seu investimento de

LEMBRE-SE

R$4 mil gerará um lucro de R$1.000 ou 25%. Usando a margem, você dobra o retorno do seu dinheiro.

A alavancagem, quando bem usada, é lucrativa. No entanto, ainda é uma dívida, então entenda que deve saldá-la, independentemente do desempenho da ação.

Se o preço das ações não subir

Se a ação não der certo, você ainda terá que pagar os juros sobre o empréstimo de margem. Se a ação pagar dividendos, esse dinheiro poderá cobrir parte do custo. Em outras palavras, os dividendos o ajudarão a pagar o empréstimo feito. (O Capítulo 3 apresenta uma introdução aos dividendos, e o Capítulo 9 cobre o investimento de dividendos e outras estratégias de receita.)

Uma situação em que as ações não sobem nem caem parece neutra, mas você paga juros sobre o empréstimo de margem a cada dia que passa. Por esse motivo, a negociação de margem é boa para os investidores conservadores se a ação paga um dividendo alto. Muitas vezes, um alto dividendo de ações no valor de R$4 mil iguala ou excede a margem de juros que você tem que pagar com os R$2 mil (50%) emprestados da corretora para comprá-las.

CUIDADO

Se o preço das ações cair, comprar na margem trabalhará contra você. E se a Mergatroid chegar a R$38 por ação? O valor de mercado de 100 ações é, então, de R$3.800, mas seu patrimônio encolhe para apenas R$1.800, porque você tem que pagar seu empréstimo de margem de R$2 mil. Ainda não é um desastre, mas é melhor tomar cuidado, porque a margem de empréstimo ultrapassa 50% do seu investimento em ações. Se descer ainda mais, você terá a temida *chamada de margem*, quando a corretora o contata para lhe pedir que restaure a relação entre o empréstimo de margem e o valor dos títulos. Veja na seção a seguir mais informações sobre os índices adequados de patrimônio líquido.

Mantendo o equilíbrio

Ao comprar ações com margem, mantenha uma proporção equilibrada entre dívida de margem e patrimônio líquido de, pelo menos, 50%. Se a parcela da dívida exceder esse limite, você precisará restaurá-lo depositando mais ações ou mais dinheiro na conta de sua corretora. A ação adicional depositada pode ser transferida de outra conta.

Continuando com o exemplo da seção anterior, se a Mergatroid vai para R$28 por ação, a parcela do empréstimo de margem excede 50% do valor dela — no caso, como o valor de mercado de suas ações é de R$2.800, mas o empréstimo de margem ainda é de R$2 mil, a margem de empréstimo representa preocupantes 71% do valor de mercado (R$2 mil divididos por R$2.800 equivalem a 71%). Espere receber uma ligação da corretora para colocar mais títulos ou dinheiro na conta e restaurar o saldo de 50%.

Se não puder obter mais ações, outros títulos ou dinheiro, o próximo passo será vender ações da conta e usar o dinheiro para pagar o empréstimo de margem. Isso significa perda de capital — você perde dinheiro com seu investimento.

DICA

O Federal Reserve Board rege os requisitos de margem para corretoras com o Regulamento T, nos EUA. Discuta essa regra com sua corretora, se aplicável, para compreender totalmente seus riscos e obrigações (e os dela). O Regulamento T dita o requisito de margem definido pelas corretoras para seus clientes. Para a maioria das ações listadas, ele é de 50%.

Buscando o sucesso na margem

A margem, como se percebe nas seções anteriores, tem a vantagem de poder aumentar seus lucros, mas também tem a desvantagem de aumentar suas perdas. Se suas ações despencarem drasticamente, você poderá acabar com um empréstimo de margem que excede o valor de mercado delas. Em 2008, a margem de dívida atingiu níveis muito elevados, o que resultou na queda dos preços das ações. Em 2015, em meados do ano, a dívida de margem total novamente atingiu recordes históricos e contribuiu para os movimentos de queda do mercado de ações durante o final de 2015 e início de 2016, pois as pressões de venda forçaram a venda de ações vinculadas a empréstimos de margem (com chamadas de margem para iniciar!). Em dezembro de 2018, um dos piores meses dos últimos anos, a exposição excessiva da dívida de margem novamente exacerbou as perdas, pois muitos investidores foram forçados a vender e a pagar a dívida de margem. Que situação!

CUIDADO

Se você comprar ações com margem ou a termo, use uma abordagem disciplinada. Seja extremamente cuidadoso ao usar a alavancagem, como um empréstimo de margem, porque isso pode sair pela culatra. Tenha em mente o seguinte:

» **Tenha amplas reservas de dinheiro ou títulos negociáveis em sua conta.** Mantenha o índice de margem em até 40% para minimizar a chance de uma chamada de margem ocorrer.

» **Se você for novato, considere usar a margem para comprar ações de grandes empresas que têm preços estáveis e pagam bons dividendos.** Algumas pessoas compram ações cujos rendimentos de dividendos excedem a taxa de juros de margem, o que significa que a ação acaba pagando por sua própria margem de empréstimo. Lembre-se apenas das ordens de stop-loss, que discuto no início deste capítulo.

» **Monitore constantemente suas ações.** Se o mercado se voltar contra você, o resultado será especialmente doloroso se você usar a margem.

» **Tenha um plano de reembolso para sua dívida de margem.** Pegar empréstimos de margem para investir significa pagar juros. Seu objetivo final é ganhar dinheiro, e pagar juros consome seus lucros.

Comprando e Saindo na Frente

A maioria dos investidores em ações está familiarizada com a compra de ações, mantendo-as por um tempo e esperando que seu valor suba. Esse tipo de pensamento se chama *go long*, e os investidores que compram se posicionam *comprado*. Posicionar-se comprado significa que você está otimista e buscando lucros com a alta dos preços. No entanto, investidores astutos também lucram no mercado quando os preços das ações caem. *Vender a descoberto* (também chamado de *go short*) é uma técnica comum para lucrar com uma queda no preço das ações. Os investidores obtiveram grandes lucros durante os bear markets entrando em posições vendidas. Uma venda a descoberto é uma aposta de que dada ação cairá.

A maioria das pessoas entende facilmente como ganhar dinheiro operando comprado. Tudo se resume a "comprar na baixa e vender na alta". Mamão com açúcar. Vender a descoberto significa ganhar dinheiro vendendo na alta e depois comprando na baixa. Anh? Pensar ao contrário não é moleza. Embora pensar nesse ditado das ações ao contrário seja desafiador, a mecânica de operar a descoberto é simples. Considere a empresa fictícia DOA, Inc. Como ação, DOA (R$50 por ação) parece temerária. Ela tem muitas dívidas, e vendas e lucros em queda, e há notícias de que o setor enfrentará tempos difíceis. Essa situação descreve uma ação que é uma candidata ideal para operar a descoberto. O futuro pode ser sombrio para a DOA, mas é promissor para investidores experientes. As seções a seguir apresentam informações completas sobre como operar vendido.

DICA

Para operar a descoberto, você deve ser considerado (pela sua corretora) digno de crédito — sua conta precisa ser aprovada para a venda a descoberto. Quando você for aprovado para trade de margem, provavelmente também venderá a descoberto. Converse com a corretora (ou verifique seu site para obter informações) sobre as limitações da sua conta relacionadas a operações vendidas a descoberto.

LEMBRE-SE

Compreenda as regras de corretagem antes de conduzir vendas a descoberto. Sua corretora deve aprová-lo (veja no Capítulo 7 como trabalhar com corretoras), e você deve atender ao requisito mínimo de garantia, que normalmente é de R$2 mil ou 50% (o que for mais alto) do valor de mercado da ação a descoberto. Se a ação gerar dividendos, esses dividendos serão pagos ao dono da ação, não à pessoa que pede o empréstimo para operar a descoberto. Verifique com a corretora os detalhes completos e analise os recursos do Apêndice A.

CUIDADO

Como operar vendido em ações tem maiores riscos do que operar comprado, aconselho os investidores iniciantes a evitarem vender ações até ganharem experiência.

Configurando uma venda a descoberto

Esta seção explica como operar vendido. Digamos que você acredite que a DOA é a ação certa para vender — você tem quase certeza de que o preço cairá. Com a DOA a R$50, você instrui sua corretora a "operar a descoberto com 100 ações". (Não precisa ser 100; estou usando como exemplo.) Eis o que acontece.

1. **Sua corretora pega emprestado 100 ações da DOA, de seu próprio estoque ou de outro cliente ou corretor.**

Isso mesmo. A ação pode ser emprestada de um cliente, sem necessidade de permissão. A corretora garante a transação, e o cliente/dono da ação não precisa ser informado sobre isso, pois nunca perde o direito legal e benéfico sobre a ação. Você pega emprestado 100 ações e as devolve quando chega a hora de concluir a transação.

2. **Sua corretora então vende as ações e coloca o dinheiro na sua conta.**

Sua conta é creditada com R$5 mil (100 ações multiplicadas por R$50) em dinheiro — o dinheiro ganho com a venda das ações emprestadas. Esse dinheiro funciona como um empréstimo sobre o qual você terá que pagar juros.

3. **Você compra a ação de volta e a devolve ao proprietário.**

Quando chega a hora de fechar a transação (porque você ou o proprietário das ações quer vendê-las), você deve devolver o número de ações emprestadas (no caso, 100 ações). Se comprar de volta as 100 ações a R$40 por ação (lembre-se de que você vendeu essa ação em particular porque tinha certeza de que o preço cairia) e essas 100 ações forem devolvidas ao dono, você terá um lucro de R$1.000. (Para fins didáticos, não incluo comissões de corretagem.)

Ops! Venda quando os preços subirem

Aposto que você adivinhou que a lucratividade maravilhosa de vender a descoberto tem um outro lado. Digamos que você esteja errado sobre a DOA e o preço das ações suba das cinzas de R$50 para R$87. E agora? Você ainda precisa devolver as 100 ações emprestadas. Com o preço da ação em R$87, isso significa que você tem que comprar a ação por R$8.700 (100 ações pelo novo preço mais alto, de R$87). Ai! Como pagar por isso? Bem, você tem aqueles R$5 mil originais em sua conta. Mas onde consegue os outros R$3.700 (R$8.700 menos os R$5 mil iniciais)? Adivinhou — do seu bolso! Você tem que dar um jeito de cuspir a diferença. E se a ação continua a subir, haja saliva!

CUIDADO

Quanto dinheiro você perde se a ação subir para R$100 ou até mais? Muito. Na verdade, não há limite para o quanto pode perder. É por isso que operar vendido é mais arriscado do que operar comprado. Ao operar comprado, o máximo que você pode perder é 100% do seu dinheiro. No entanto, ao operar vendido, você pode perder muito mais do que isso. Credo!

DICA

Como o potencial de perda é ilimitado quando você está vendido em uma ação, sugiro que use um stop (também chamada de *ordem de buy-stop*) para minimizar os danos. Melhor ainda, torne-a uma ordem válida até o cancelamento (VAC), o que discuto no início deste capítulo. Defina o stop em determinado preço, e, se a ação o atingir, compre-a de volta para devolvê-la ao dono antes que o preço suba ainda mais. Você ainda perde dinheiro, mas limita suas perdas. Como uma ordem de stop-loss, uma ordem de buy-stop objetiva limitar suas perdas.

Sentindo a pressão

Se entrar a descoberto em uma ação, terá que a comprar de volta mais cedo ou mais tarde para devolvê-la ao dono. O que acontece quando muitas pessoas estão vendendo determinada ação e seu preço começa a subir? Todos esses vendedores a descoberto lutam para comprar as ações de volta para fechar suas transações antes de perderem muito dinheiro. Essa compra em massa acelera o ritmo de ascensão das ações e coloca pressão (*short squeeze*) sobre os investidores que estão vendendo as ações a descoberto.

A REGRA DE AUMENTO

Por muitos anos, o mercado de ações dos EUA teve algo chamado *regra de aumento*. Essa regra afirmava que você só poderia entrar em uma venda a descoberto quando a ação tivesse acabado de aumentar. Para uma ação de R$10 que estava R$9,95 um momento atrás, a diferença de R$0,05 representa um aumento. Se a ação de R$10 estava a R$10,10 um momento antes, a diferença de R$0,10 é uma queda. A quantidade não importa. Portanto, se você vendeu uma ação a R$40, o preço imediatamente anterior deve ter sido de até R$39,99 ou menos. A razão para essa regra (uma regulamentação do Federal Reserve) é que a venda a descoberto agrava a queda dos preços das ações em um mercado em rápida queda. Na prática, operar vendido em uma ação cujo preço já está caindo pode fazê-lo cair ainda mais. O excesso de vendas a descoberto pode tornar a ação mais volátil do que o seria de outra forma.

Em 2007, no entanto, a regra de aumento foi removida. Essa ação contribuiu para o aumento da volatilidade que os investidores viram durante 2007-2008. Os investidores tiveram que se adaptar. Isso significava se acostumar a oscilações mais amplas nos movimentos dos preços das ações em dias de intensa atividade.

Na seção anterior, "Configurando uma venda a descoberto", explico que sua corretora pode pegar emprestado ações de outro cliente para você operar a descoberto. O que acontece quando esse cliente quer vender as ações da conta dele — que você pegou emprestado e, portanto, não estão mais na tal conta? Quando isso acontece, a corretora lhe pede para devolver as ações emprestadas. É quando você sente a pressão — tem que comprar as ações de volta pelo preço atual.

CUIDADO

Posições vendidas são uma grande manobra em um bear market, mas são brutais se o preço das ações sobe. Se você é iniciante, evite vendas a descoberto até que tenha experiência (e dinheiro) suficiente para arriscar.

NESTE CAPÍTULO

» Comprando uma ação internacional convenientemente

» Investindo globalmente com um fundo negociado em bolsa

» Procurando recursos para fazer investimentos internacionais

Capítulo **18**

Investindo em Ações Internacionais

Sou um cara tendencioso — acho que o mercado de ações dos Estados Unidos é o melhor que existe. Mas você não pode ignorar o resto do mundo, especialmente se houver grandes oportunidades de investimento para complementar seu portfólio. É por isso que este capítulo está aqui — as oportunidades lucrativas mantêm o crescimento de seu portfólio funcionando.

Neste capítulo, concentro-me nas maneiras mais fáceis de investir internacionalmente, em regiões e países notáveis a serem considerados (ou evitados) para 2020–2021 e além.

Investigando os Fundamentos do Investimento Internacional

Você olha para uma ação internacional com as mesmas lentes que usaria para avaliar uma do seu país. Você analisa os fundamentos — lucro, vendas, ativos, domínio do mercado etc. (Veja na Parte 3 mais detalhes sobre como escolher ações vencedoras.) A grande diferença é o ambiente operacional da empresa. O ambiente de investimento pode ser hospitaleiro e semelhante aos mercados de ações do seu país — portanto, uma boa consideração —, ou hostil e muito arriscado para ser cogitado. As seções a seguir discutem uma maneira conveniente de investir internacionalmente — American Depositary Receipts — e apresenta algumas considerações a serem feitas antes de começar.

CUIDADO

Para investir diretamente nas ações de uma empresa que opera, digamos, na Europa ou na Ásia, é preciso estar familiarizado com os requisitos vinculados a essa nação ou região individual. Algumas nações esperam que você relate seus ganhos e/ou dividendos às autoridades fiscais. Pode haver outros requisitos sobre os quais você deve estar ciente, portanto, para o propósito deste livro (e minhas próprias visões pessoais), não recomendo investir diretamente, sobretudo se existirem maneiras melhores e mais convenientes (elas existem!).

A maneira mais fácil de investir: American Depositary Receipts (ADRs)

A melhor e mais conveniente forma de os investidores dos Estados Unidos adquirirem ações internacionais é por meio de American Depositary Receipts (ADRs), que no Brasil são chamados de BDRs. ADR é um título emitido por corretoras norte-americanas em que as ações de uma empresa internacional são compradas e convertidas em um ADR, que pode ser comprado como qualquer ação ordinária por meio de sua conta de corretora de valores. (Veja no Capítulo 7 detalhes sobre como trabalhar com uma corretora.)

Um bom exemplo de ADR é a Nestlé, a gigante global de bens de consumo. Você pode comprar diretamente ações da própria empresa na bolsa de valores suíça ou comprar ADR na Nasdaq como Nestlé S.A. (seu símbolo é NSRGY). As ações de ADR agem da mesma forma como qualquer outra.

No momento em que este livro foi escrito, havia mais de 3 mil ADRs sendo negociados nas bolsas dos Estados Unidos, portanto, havia muitas alternativas.

LEMBRE-SE

Esses ADRs representam grandes empresas internacionais cujas ações são negociadas no cenário financeiro global em diversas bolsas de valores estabelecidas. Por meio dos ADRs, você pode investir em empresas públicas na Europa, na Ásia ou em outras regiões do mundo. As seções a seguir discutem os principais recursos dos ADRs.

ADRs são ótimas maneiras de investir em ações estrangeiras, mas tenha em mente que há potenciais negativos, como conversão de moeda e custos adicionais, como taxas de conversão e impostos estrangeiros potenciais. Alguns recursos para ajudá-lo a pesquisar investimentos internacionais estão no final deste capítulo e no Apêndice A.

Conveniência

A conveniência é provavelmente a principal razão para os investidores em ações dos EUA utilizarem ADRs, porque você pode comprar ações de ADR tão facilmente quanto ações norte-americanas (como expliquei). Lembre-se de que geralmente há taxas modestas associadas à compra de ADRs, que fazem parte das comissões de corretagem cobradas ao comprar ou vender ações. Fale com o atendimento ao cliente da sua corretora sobre a taxa do ADR específico que está considerando; a taxa varia de acordo com o país desejado.

Conversão monetária

Quando você investe em ações estrangeiras diretamente, a conversão da moeda se torna um problema. Se investir em uma empresa japonesa, é claro que ela pagará dividendos em ienes. Para os investidores norte-americanos, a conversão regular desse pagamento de dividendos de ienes para dólares é inconveniente.

Felizmente, o banco que emite o ADR cuida dessa conversão. No exemplo da empresa pública japonesa, o banco receberia o pagamento em ienes e depois o converteria em dólares norte-americanos antes de efetuar o pagamento de dividendos aos investidores em ADR. O mesmo se aplica à compra de ações; o ADR paga por ações na moeda do país, mas as ações chegam para você na moeda original.

Número de ações

Embora o ADR seja uma proporção de 1 para 1 em termos de ações ordinárias (em outras palavras, 100 ações de, digamos, uma empresa alemã seriam 100 ações do ADR), às vezes há uma proporção diferente devido à forma como o ADR está estruturado. Em alguns ADRs, a proporção é de 1,5 ação para a ação de ADR ou mesmo 2 (ou até 5) ações ou outra proporção. Isso não deve ser um problema para os investidores norte-americanos, mas esteja ciente para entender como finalmente receberá as ações ADR em sua conta de corretora de valores.

A British Petroleum (BP), por exemplo (no momento em que escrevi o livro), tinha uma proporção de 6 ações a serem distribuídas por ação de ADR. Portanto, se você comprou 20 ações ADR, seria o equivalente a 120 ações normais (20×6). A mesma proporção afeta o pagamento de dividendos, que têm o mesmo equivalente.

Tributação

LEMBRE-SE

Os dividendos de ADR são, claro, tributáveis, assim como os de ações dos EUA, mas são um pouco complicados, já que muitos países têm imposto retido na fonte sobre a receita de dividendos (normalmente, 15% ou 20%). Você pode se qualificar para um crédito fiscal de acordo com o IRS; os detalhes completos estão na Publicação 514 do IRS. Como os países têm diferentes leis tributárias e taxas de impostos, verifique com o atendimento ao cliente da sua corretora e seu consultor tributário antes de comprar ADR quando os dividendos são pagos para determinado ano.

Antes de comprar: Considerações políticas

Avaliar a empresa na qual deseja investir não é tão difícil, pois geralmente você usa o mesmo tipo de informação que usaria com empresas nacionais (veja nos Capítulos 6, 8 e 11 informações aplicáveis).

DICA

No entanto, é fundamental pesquisar o país. Você pode não precisar visitá-lo (embora essa experiência seja útil), mas ler sobre ele e pedir opiniões profissionais de investidores experientes e blogs de investimento online deveria ser considerado uma obrigação. Aqui estão algumas perguntas para ter em mente:

» O país é um parceiro de trade do seu?

» O país é uma democracia estável com um sistema jurídico de direito consuetudinário brasileiro?

» O país tem uma bolsa de valores formal e estabelecida há muito tempo?

» Existem fundos de investimento amplamente negociados no país?

» Existem fontes de informação extensas (blogs, sites, boletins informativos) que cobrem regularmente notícias, dados e visualizações do país?

Para quanto mais perguntas você obtiver respostas satisfatórias e quanto mais informações e notícias estiverem disponíveis, melhor será a tomada de decisão para seus planos de investimento em ações internacionais. Veja os recursos no final deste capítulo e no Apêndice A para obter mais orientações.

Uma distinção importante: Mercados desenvolvidos *versus* emergentes

A maioria dos países considerados para se fazer investimento internacional é categorizada como "mercados desenvolvidos" ou "economias desenvolvidas" (como Alemanha ou Canadá), ou "mercados emergentes", o que se refere a países que se esforçam para se tornar mais desenvolvidos, como países na África Subsaariana ou na Ásia.

LEMBRE-SE

A diferença nessas duas categorias está alinhada com a diferença entre investir e especular:

» Comprar ações (ADRs ou outros) em economias desenvolvidas e maduras é investir.

» Comprar ações de empresas em mercados emergentes é especular, pois eles podem produzir ganhos potencialmente grandes, mas vêm com maior risco e volatilidade. Como as economias emergentes ainda não têm processos governamentais estáveis e duradouros e uma estrutura de lei consuetudinária estabelecida, existe uma incerteza inerente e uma potencial instabilidade que afetam os investimentos.

CUIDADO

Acredito que, por uma questão de integridade, devo mencionar uma terceira categoria, que chamo de "Fique longe". É uma referência a países conhecidos por terem um ambiente hostil ou totalmente negativo para o investimento de qualquer pessoa. Bons exemplos (no momento em que escrevi o livro) incluem países autoritários socialistas/comunistas, como a Coreia do Norte e a Venezuela. Outro exemplo problemático a ser evitado é o Irã. Obviamente, os governos mudam e as oportunidades de investimento melhoram, mas é melhor evitar esses locais até que essas mudanças ocorram.

Um bom exemplo de mudança positiva é o Vietnã. Outrora um país comunista que nenhum investidor sensato consideraria, entrou em colapso, ressurgiu como uma economia baseada no mercado e cresceu à medida que se tornaram receptivos para os investidores. Para obter mais informações sobre os países considerados mercados desenvolvidos ou emergentes, veja os recursos no final deste capítulo.

AÇÕES ESTRANGEIRAS DE JOHN TEMPLETON

Um dos grandes sucessos da história dos investimentos é o Fundo Templeton, criado por John Templeton, um dos maiores investidores da história. Em 1999, a *Money* referiu-se a ele como o "seletor global de ações do século". Sua carreira de investidor começou com a especulação bem-sucedida de ações de baixo custo durante a Grande Depressão, mas ele ganhou notoriedade com as ações internacionais em seu fundo (que mais tarde se fundiu e se tornou parte do Franklin Templeton Funds em 1996).

Na década de 1950, ele foi um dos primeiros investidores globais a comprar ações de empresas japonesas após a Segunda Guerra Mundial. Ele sentia que o povo e as instituições do Japão estavam prontos para se recuperar da devastação e crescer. Esse investimento especulativo em empresas japonesas tornou-se um sucesso espetacular, e, por décadas, ele administrou com sucesso seu fundo internacional de investimento em ações e o transformou em um fundo de investimento de alto desempenho de bilhões.

Para saber mais sobre ele e suas façanhas (ainda valiosas para investidores internacionais iniciantes), visite o site de sua fundação: `www.templeton.org` (conteúdo em inglês)

Investindo em Ações Internacionais com Fundos Negociados em Bolsa

Embora eu tenha abordado os fundos negociados em bolsa (ETFs) no Capítulo 5, detalho e abordo essa especialidade — investimento internacional com ETFs — nesta seção. Acredito que para investidores iniciantes (e qualquer um que esteja nervoso com ações individuais), os ETFs são uma ótima maneira de investir. Toda a conveniência e os recursos de investir em ações com uma dose generosa de diversificação torna os ETFs o veículo ideal para investir em ações internacionais.

ETFs globais

Quem disse que para investir internacionalmente tem que ser em um lugar específico ou é preciso ficar preso a determinado país ou região? A grande vantagem de um ETF de investimento global é que ele é como investir no... anh... mundo. Um ETF global investe em uma seção transversal de títulos que abrangem todo o globo. É a diversificação geográfica final.

262 PARTE 4 **Estratégias e Táticas de Investimento**

Aqui estão alguns dos mais negociados/amplamente mantidos (suas siglas de negociação estão entre parênteses):

- » Schwab International Equity ETF (SCHF).
- » SPDR Global Dow ETF (DGT).
- » iShares Core MSCI Total Stock ETF internacional (IXUS).

CUIDADO

Os ETFs têm um portfólio fixo (o que é bom), mas o problema é que o ETF está preso a essa escolha. Esse é o maior problema que tenho com ETFs globais. Se uma parte do mundo tem ações subindo, e outras, caindo, você fica preso a valores compensadores e não tem a capacidade de sair de um país ou uma região com baixo desempenho. O fundo global tende a ser tão diversificado que você é punido com menos crescimento.

DICA

Diante disso, prefiro um fundo de investimento global. Esse fundo é administrado ativamente, e o gestor de investimentos pode tirar dinheiro de pontos problemáticos (conforme surgirem) do globo e alocar mais fundos para melhores posições. A maioria das principais empresas de fundos de investimento tem um fundo global, como Fidelity, BlackRock e Vanguard.

Nos últimos anos, as empresas de fundos de investimento desenvolveram uma variante chamada fundo de *alocação global*. Esse fundo busca diversificação em todo o mundo, mas normalmente se concentra em economias maduras, como os Estados Unidos, o Japão e a Europa Ocidental, e também utiliza várias classes diferentes de investimentos, como ações, títulos (renda fixa) e dinheiro.

ETFs específicos das regiões

Talvez você tenha um palpite — bem informado, claro — de que uma região específica do mundo se sairá muito bem nos próximos meses e anos. É claro que, como muitos investidores iniciantes, você pode descobrir que está certo sobre o "quadro geral", mas nervoso em escolher uma ação individual. Diante disso, um ETF específico para uma região é a escolha certa. As seções a seguir descrevem diferentes regiões e seus ETFs.

LEMBRE-SE

Ao lidar com ETFs internacionais, que são globais ou regionais, veja quais países excluem. Existem ETFs, por exemplo, que excluem os Estados Unidos. Destinam-se a investidores que preferem excluir um país específico devido a considerações vinculadas a preferências de investimento, políticas ou sociais.

CAPÍTULO 18 **Investindo em Ações Internacionais** 263

África

DICA

A África é considerada um mercado emergente e pode ser um local difícil para encontrar uma única ação específica, mas para os investidores que procuram exposição devido às perspectivas de crescimento potencial do continente, um ETF é uma ótima maneira de proceder. Uma boa consideração é o VanEck Vectors Africa Index ETF (AFK).

Ásia-Pacífico

Um ETF que cobre economias asiáticas (como a China) e/ou a "Orla do Pacífico" geralmente investe em ações de empresas nos mercados de países na massa de terra asiática. Uma variedade de ETFs tem exposição a economias continentais, como China, Rússia e Índia, ou a economias na costa asiática, como Coreia do Sul, Taiwan, Japão e Filipinas. Também pode incluir os mercados próximos da Austrália e da Nova Zelândia. Um bom exemplo é o iShares Core MSCI Pacific ETF (IPAC).

Europa

Quer você esteja falando de ETFs com exposição em todo o continente da Europa ou em países individuais, há muitas opções para os investidores. Um bom ETF continental é o iShares Europe ETF (IEV). Para encontrar ETFs para países individuais, vá para www.etfdb.com (conteúdo em inglês).

América Latina

Os ETFs da América Latina se concentram em economias estabelecidas nas Américas do Sul e Central. A maioria tem exposição a países como Brasil, Colômbia, México, Chile, e assim por diante. Um bom exemplo é o iShares Latin America 40 ETF (ILF).

América do Norte

A respeito da América do Norte, falamos basicamente dos Estados Unidos ou do Canadá, então geralmente não se encontra um ETF internacional que cubra os dois, mas não se preocupe. Existem muitos (e quero dizer muitos!) ETFs cobrindo os Estados Unidos e sua infinidade de subseções e setores.

Para o mercado de ações dos EUA, um ETF baseado no S&P 500, como o SPDR S&P 500 ETF (SPY) ou o Vanguard S&P 500 ETF (VOO), basta. Para o Canadá, o iShares MSCI Canada ETF (EWC) é o mais amplamente aceito.

EUROPA OCIDENTAL *VERSUS* ORIENTAL?

Não faz muito tempo, a Europa Ocidental e a Oriental foram bifurcadas — na época em que a "Cortina de Ferro" separava a Europa entre os países livres (não comunistas) e os do bloco oriental, dominados pela então comunista União Soviética. A União Soviética entrou em colapso em 1989. Durante a década de 1990, a Europa tornou-se "inteira" como continente; os países orientais lentamente emergiram da dominação e da devastação pelo comunismo e se juntaram à comunidade europeia de nações.

O mundo dos investimentos se referiu aos países ocidentais como "desenvolvidos", enquanto os países do leste foram chamados de "emergentes", uma vez que precisavam atualizar e modernizar suas economias para alcançar a Europa Ocidental. Os países ocidentais eram considerados mais seguros e estáveis para investir, existiam ETFs que se especializavam nessa metade da Europa, enquanto diferentes ETFs se centravam no potencial de crescimento das economias emergentes do leste europeu.

Em 2020, a Europa Oriental foi alcançada, mas ainda existem fundos de investimento e ETFs rotulados como desenvolvidos e emergentes. Alemanha e França são desenvolvidas, enquanto países como a Polônia ainda são referidos como emergentes. Encontre fundos nessas categorias com os recursos no final deste capítulo.

ETFs específicos do país

Minha maneira favorita de investir em um país específico é (surpresa!) um ETF específico dele. A maioria das principais economias do mundo tem um ou mais ETFs à sua escolha. Existem mais de 2 mil fundos específicos para cada país! Claro, não existem 2 mil países, mas pode haver muitos ETFs de diferentes empresas de investimento que simplesmente visam o mesmo país. Se você está almejando, digamos, a França, considere escolher entre os dois ou três ETFs mais negociados.

DICA

Quando tiver uma chance, acesse o banco de dados ETF (www.etfdb.com). Ele tem uma ferramenta gratuita bacana: a ferramenta de exposição do ETF ao país (https://etfdb.com/tool/etf-country-exposure-tool/). Insira o nome de um país, e a ferramenta mostrará ETFs com exposição a ele. Ele será classificado com base na quantidade de exposição existente. Claro, um ETF oferece a exposição mais singular para um país específico.

Se inserir "Coreia do Sul", verá 298 ETFs (no momento em que escrevi este livro). A escolha número um é o Franklin FTSE South Korea ETF. É um ETF específico do país, e a exposição é de 100%. Entretanto, quando olhar mais tarde a mesma pesquisa, encontrará o ETF iShares S&P Asia, que tem uma exposição de 22% à Coreia do Sul. Hmmm... Acho que vou dar uma olhada na Croácia.

ETFs internacionais criativos

Quero abrir seu apetite por investir de forma criativa no cenário internacional e apresentar algumas possibilidades para investigar:

CUIDADO

» **ETFs de dividendo global:** Esses fundos têm uma série de ações globais conhecidas por uma sólida receita de dividendos.

» **ETFs inversos:** Se acha que o mercado de ações de um país entrará em declínio, talvez porque veja problemas políticos ou econômicos o atingindo, escolha um ETF inverso, que aumenta em valor (bem como uma opção de venda) quando o mercado de ações do país entra em baixa. Só tenha em mente que ETFs inversos (como opções de venda) são uma forma de especulação — não de investimento!

» **ETFs de títulos internacionais:** Esses ETFs são fundos voltados para renda que investem principalmente em títulos de determinado país ou região.

Recursos de Investimento Internacional

DICA

O resultado final é que o investimento em ações internacionais feito com prudência e pesquisa oferece excelentes oportunidades de receita e valorização, portanto, o próximo passo é fazer algumas pesquisas e descobrir mais. Aqui estão alguns sites para conferir:

» Blog de mercados emergentes de Franklin Templeton (http://emergingmarkets.blog.franklintempleton.com/).

» Página de mercados mundiais da MarketWatch (www.marketwatch.com/markets).

» Principais ações estrangeiras (www.topforeignstocks.com).

266 PARTE 4 **Estratégias e Táticas de Investimento**

NESTE CAPÍTULO

» **Comprando diretamente da empresa**

» **Olhando os planos de reinvestimento de dividendos**

» **Usando a média de custo em dólar**

Capítulo **19**

Saindo na Frente com DPPs, DRPs e DCA... PDQ

Quem disse que você deve comprar cem ações de uma ação para investir? E quem disse que deve comprar suas ações apenas de uma corretora? (Lá vem aquela vozinha na minha cabeça...) Você pode comprar diretamente?

E se você só quiser ter um gostinho e comprar apenas uma ação para começar? Pode fazer isso sem pagar caro pelos custos da transação, como comissões?

A resposta a essas perguntas é que você pode comprar ações diretamente (sem uma corretora) e economizar dinheiro. É disso que este capítulo trata. Mostro como os programas de compra direta (DPPs) e os de reinvestimento de dividendos (DRPs) fazem muito sentido para investidores em ações de longo prazo e como fazê-lo por conta própria — sem a necessidade de uma corretora. Também mostro como usar o método de dólar de custo médio (DCA) para adquirir ações, uma técnica que funciona especialmente bem

CAPÍTULO 19 **Saindo na Frente com DPPs, DRPs e DCA... PDQ** 267 com DRPs. Todos esses programas são adequados para pessoas que gostam de investir pequenas quantias e planejam fazê-lo de forma consistente nas mesmas ações por um longo período.

LEMBRE-SE

Não invista em uma empresa apenas porque ela tem um DPP ou um DRP. DPPs e DRPs são simplesmente um meio de adquirir uma ação com pouco dinheiro. Eles não devem substituir a realização de pesquisas e análises diligentes sobre determinada ação.

Sendo Direto com Compras Diretas

Se for comprar uma ação de qualquer maneira, por que não a comprar diretamente da empresa e ignorar a corretora (e as comissões)? Centenas de empresas oferecem *programas de compra direta* (DPPs) ou *programas de investimento direto* (DIPs), que dão aos investidores a oportunidade de comprar ações diretamente delas. Nas seções a seguir, explico as etapas necessárias para investir em um DPP, descrevo alternativas e alerto sobre algumas pequenas desvantagens.

LEMBRE-SE

Os DPPs dão aos investidores a oportunidade de comprar ações com pouco dinheiro inicial (geralmente o suficiente para cobrir a compra de uma ação) e sem comissões. Por que as empresas oferecem essa oportunidade? Porque querem encorajar mais atenção e participação dos investidores. Para seus propósitos, no entanto, um DPP oferece aquilo de que você mais precisa: uma entrada de baixo custo no plano de reinvestimento de dividendos da empresa ou DRP (sobre o qual falo mais na seção posterior "Planos de Reinvestimento de Dividendos").

Investindo em um DPP

Se está de olho em alguma empresa e tem pouco dinheiro para começar, um DPP é a melhor maneira de fazer seu investimento inicial. As etapas a seguir o orientam na sua primeira compra de ações usando um DPP:

1. **Decida em qual ação deseja investir (explico como fazer isso nas Etapas 2 e 3) e encontre as informações de contato da empresa.**

   Digamos que você faça sua lição de casa e decida investir na Yumpin Yimminy Corp. (YYC). Você obtém as informações de contato da YYC através das negociações da YYC na bolsa de valores (ou no site da empresa).

2. **Descubra se a empresa tem DPP (antes, DOA!).**

   Ligue para o departamento de atendimento aos acionistas da YYC e pergunte se tem DPP. Se tiver, ótimo; se não, pergunte se planeja ter. No mínimo, pode ter um DRP. Se preferir, verifique o site da empresa, porque a maioria dos sites corporativos contém muitas informações sobre seus programas de compra de ações.

3. **Inscreva-se.**

   A empresa fornecerá (por e-mail, download ou no site) um aplicativo com um *prospecto* — o documento do programa que serve como manual e, com sorte, responde às suas dúvidas. Novamente, o processo de inscrição é normalmente feito online no site da empresa ou no do administrador do plano escolhido.

   O processamento é feito por uma organização que a empresa designa (*administrador do plano*). Desse ponto em diante, você está no plano de reinvestimento de dividendos. O DPP atua como o ponto de entrada para o DRP para que você faça compras futuras por meio do DRP.

Encontrando DPPs alternativos

Embora muitas empresas ofereçam DPPs (quase seiscentas e crescendo), a gama completa de empresas não o faz. E se você quiser investir diretamente em uma empresa e ela não tiver um DPP? As seções a seguir apresentam algumas alternativas.

Comprar sua primeira ação por meio de um corretor para se qualificar para um DRP

Sim, comprar sua primeira ação por meio de uma corretora custa uma comissão, no entanto, depois de fazer a compra, você pode entrar em contato com o departamento de atendimento aos acionistas da empresa e perguntar sobre o DRP. Depois de se tornar acionista, qualificar-se para o DRP é moleza.

LEMBRE-SE

Para se qualificar para o DRP, você deve estar no livro de registro do agente de transferência. *Livro de registro* é simplesmente o banco de dados que a empresa usa para rastrear cada ação em circulação e o proprietário das ações. *Agente de transferência* é a organização responsável por manter o banco de dados. Sempre que a ação é comprada ou vendida, o agente de transferência deve implementar a alteração e atualizar os registros. Em muitos casos, você deve fazer com que o corretor emita um certificado de ações em seu nome depois que você as possuir. Obter um certificado de ações é a maneira mais comum de colocar seu nome no livro de registro, portanto, qualificando-o para o DRP.

DICA

Às vezes, simplesmente comprar as ações não coloca seu nome no livro de registro. Embora você, técnica e legalmente, possua as ações, as corretoras, para facilitar a transação, costumam mantê-las em sua conta sob o que é conhecido como *nome da rua*. (Por exemplo, seu nome pode ser Jane Smith, mas o nome da rua é o da corretora, como Jones & Co., simplesmente para fins administrativos.) Ter a ação em um nome da rua não significa muito para você até que queira se qualificar para o DRP da empresa. Aborde esse ponto com sua corretora. (Veja mais detalhes sobre corretoras no Capítulo 7.)

Começando em um DRP com uma corretora

Atualmente, mais corretoras oferecem os recursos do DRP (como juros compostos) diretamente na sua própria conta, o que é mais conveniente do que se dar ao trabalho de configurar um DRP diretamente com a empresa. Esse serviço é provavelmente uma resposta ao número crescente de investidores de longo prazo que abandonaram as contas de corretagem tradicionais para obter os benefícios do investimento direto que os DPPs e os DRPs oferecem.

CUIDADO

A principal desvantagem de um DRP administrado por uma corretora é que ele não lhe permite comprar ações por meio de pagamentos opcionais em dinheiro sem encargos de comissão (um grande negativo!). Veja a seção posterior "Riqueza e pagamentos opcionais" para obter mais informações sobre esse tópico.

Serviços de compra alternativos

As organizações criaram serviços para ajudar os pequenos investidores a comprarem ações em pequenas quantidades. A principal desvantagem desses intermediários é pagar mais em custos de transação do que se abordasse as empresas diretamente. Confira os serviços mais importantes, que incluem:

» Investimento direto (www.directinvesting.com).
» Banco de dados DRIP (www.dripdatabase.com).
» Primeiro compartilhamento, em www.firstshare.com.
» National Association of Investors Corporation (fazendo negócios como BetterInvesting), em www.betterinvesting.org.
» DRiP Investing Resource Center, em www.dripinvesting.org.

Reconhecendo as desvantagens

CUIDADO

Por mais benéficos que sejam os DPPs, eles têm algumas desvantagens menores. Lembre-se dos seguintes pontos ao considerá-los em seu portfólio:

» Embora mais e mais empresas estejam começando a oferecer DPPs, relativamente poucas (aproximadamente seiscentas) os têm.

» Alguns DPPs exigem um alto valor inicial para investir (US$250 ou mais) ou um compromisso de investimentos mensais. Em qualquer caso, pergunte ao administrador do plano sobre os requisitos de investimento.

» Um número crescente de DPPs tem algum tipo de taxa de serviço. Essa cobrança é geralmente muito modesta e mais baixa do que as comissões de corretagem típicas. Pergunte sobre todos os incidentes — como entrar no plano, sair, e assim por diante — que podem disparar uma taxa de serviço.

Planos de Reinvestimento de Dividendos

Às vezes, *planos de reinvestimento de dividendos* (DRPs) são chamados de "DRIPs", o que me faz coçar a cabeça. "Reinvestimento" é uma palavra, não duas, então de onde vem esse "I"? Digressões à parte, quer você os chame de DRIPs ou DRPs, eles são ótimos para pequenos investidores e pessoas que investem em longo prazo em determinada ação. Uma empresa pode oferecer um DRP para permitir que os investidores acumulem mais ações sem pagar comissões. A boa notícia é que mais de 1.600 empresas têm DRPs (números de 2019).

Um DRP tem duas vantagens principais:

» **Composto:** Os dividendos (pagamentos em dinheiro aos acionistas) são reinvestidos e dão a você a oportunidade de comprar mais ações.

» **Pagamentos opcionais em dinheiro (OCPs):** A maioria dos DRPs dá aos participantes a capacidade de fazer investimentos por meio do plano com o objetivo de comprar mais ações, geralmente sem comissões. O mínimo de OCP para alguns DRPs é de apenas US$25 (ou mesmo nada, em alguns casos).

LEMBRE-SE

Aqui estão os requisitos para estar em um DRP:

> » Você já deve ser acionista dessa ação específica.
>
> » A ação deve estar pagando dividendos (certeza que adivinhou!).

Nas seções a seguir, entro em mais detalhes sobre composição e OCPs, explico as vantagens de custo do uso de DRPs e aviso sobre algumas desvantagens.

LEMBRE-SE

Conforme a tecnologia muda e melhora, fica mais fácil participar de programas como os DRPs, porque a maioria das corretoras agora facilita participar diretamente de sua conta de corretora.

Obtendo pistas sobre composição

Os dividendos são reinvestidos, oferecendo uma forma de capitalização para o pequeno investidor. Os dividendos compram mais ações, gerando mais dividendos. Normalmente, os dividendos não compram ações inteiras, mas fracionárias.

Digamos que você possua 20 ações da Fraction Corp. a US$10 por ação, para um valor total de US$200. O dividendo anual da Fraction Corp. é de US$1, o que significa que um dividendo trimestral de US$0,25 é emitido a cada 3 meses. O que acontece se essa ação está no DRP? As 20 ações geram um pagamento de dividendos de US$5 no primeiro trimestre (20 ações multiplicadas por US$0,25) e esse valor é aplicado na compra de ações assim que creditado na conta do DRP (comprando metade de uma ação). Se você presume, nesse exemplo, que o preço das ações não muda, o DRP tem um total de 20,5 ações avaliadas em US$205 (20,5 ações multiplicadas pelos US$10 por ação). O pagamento de dividendos não é suficiente para comprar uma ação inteira, então compra uma ação fracionária e a credita na conta.

Agora, digamos que três meses tenham se passado e nenhuma outra ação tenha sido adquirida desde seu pagamento de dividendos anterior. A Fraction Corp. emite outro dividendo trimestral de US$0,25 por ação. E agora?

> » As 20 ações originais geram um pagamento de dividendos de US$5.
>
> » A ação de 0,5, ou metade, na conta gera um dividendo de US$0,125 (metade do dividendo de uma ação inteira, porque é apenas metade de uma ação).
>
> » O pagamento total de dividendos é de US$5,125 (arredondados para US$5,13), e o novo total de ações na conta é 21,01 (as antigas 20,5 ações mais 0,513 ações adquiridas pelo pagamento de dividendos e arredondadas; a fração de 0,513 foi gerada pelo dinheiro dos dividendos). Ações integrais geram dividendos integrais, e ações fracionárias, dividendos fracionários.

Para ilustrar meu ponto, o exemplo anterior usa um preço que não flutua. Na realidade, a ação do DRP age como qualquer outra — o preço das ações muda constantemente. Cada vez que o DRP faz uma compra de ações, mensal ou trimestral, o preço de compra provavelmente é diferente.

Riqueza e pagamentos opcionais

A maioria dos DRPs (a menos que sejam administrados por uma corretora) dá ao participante a oportunidade de fazer *pagamentos opcionais em dinheiro* (OCPs), que são pagamentos para comprar mais ações no DRP. Os DRPs geralmente estabelecem um pagamento mínimo e um máximo. O mínimo é modesto, como US$25 ou US$50. Alguns planos não têm mínimo. Esse recurso torna muito acessível investir regularmente quantias modestas e construir um portfólio considerável de ações em um curto período, livre de comissões.

Os DRPs também têm uma limitação de investimento máximo, como especificar que os participantes do DRP não podem investir mais de US$10 mil por ano. Para a maioria dos investidores, o máximo não é um problema, porque poucos investem tanto assim. No entanto, consulte o administrador do plano, porque eles variam.

Os OCPs são provavelmente o aspecto mais vantajoso de um DRP. Se puder investir de US$25 a US$50 por mês de forma consistente, ano após ano, sem nenhum (ou pouco) custo, descobrirá que é uma maneira excelente de construir riqueza.

Os OCPs funcionam bem com a média de custo do dólar (DCA). Saiba mais na seção "Dois Coelhos com uma Cajadada: Média de Custo do Dólar e DRPs".

Verificando as vantagens de custo

Apesar do fato de que cada vez mais DRPs estão cobrando taxas de serviço, eles ainda são uma forma econômica de investir, especialmente para pequenos investidores. A grande economia vem do não pagamento de comissões. Embora muitos DPPs e DRPs tenham cobranças, tendem a ser relativamente pequenas (mas mantenha o controle, porque os custos sempre podem aumentar).

Na verdade, alguns DRPs oferecem um desconto de 2% a 5% (alguns, até mais) ao comprar ações por meio do plano. Outros oferecem programas especiais e descontos em produtos e serviços da empresa. Algumas empresas oferecem o serviço de débito em conta-corrente ou contracheque para investir no DRP. Uma empresa oferece a seus acionistas descontos significativos

CAPÍTULO 19 **Saindo na Frente com DPPs, DRPs e DCA... PDQ** 273 para sua subsidiária de restaurante. Em qualquer caso, pergunte ao administrador do plano, porque qualquer vantagem é, bem, uma vantagem.

Pesando prós e contras

Quando você está em um DRP, colhe todos os benefícios do investimento em ações; obtém um relatório anual e se qualifica para desdobramentos de ações, aumentos de dividendos etc. Mas esteja ciente dos riscos e das responsabilidades.

CUIDADO

Portanto, antes de começar a salivar com todas as coisas boas que vêm com os DRPs, abra bem os olhos para alguns de seus aspectos negativos, que incluem:

» **Obtenha aquela primeira ação.** É preciso comprar aquela ação inicial para iniciar o DRP (mas disso você já sabia).

» **Saiba que mesmo pequenas taxas reduzem seus lucros.** Mais e mais administradores de DRP adicionam pequenas taxas para cobrir custos administrativos. Descubra quanto custam e como são negociadas para minimizar seus custos. Quanto mais custos há, mais o lucro líquido diminui.

» **Perceba que muitos DRPs não têm adicionados os serviços de que precisa.** Você pode querer ter seu DRP em um veículo como uma Conta de Aposentadoria Individual (IRA; veja o Capítulo 21). Muitos investidores entendem que um DRP é um compromisso de longo prazo, portanto, tê-lo em um IRA é uma estratégia adequada. Alguns administradores têm a capacidade de configurar seu DRP como um IRA, mas outros não, então pergunte.

» **Entenda que os DRPs são projetados para investimentos de longo prazo.** Embora seja fácil entrar e sair do plano, as transações levam semanas para ser processadas, porque as compras e as vendas de ações são feitas todas de uma vez em determinado dia do mês (ou do trimestre).

» **Leia o prospecto.** Você pode não considerar isso um ponto negativo, mas para algumas pessoas, ler um prospecto não é diferente de doar sangue usando sanguessugas. Mesmo que essa seja a sua opinião, você precisa ler o prospecto para evitar surpresas, como taxas ocultas ou termos não razoáveis.

» **Estude as questões fiscais.** Aí está, viu?! Eu sabia que estragaria seus planos. Saiba que os dividendos, ocorram ou não em um DRP, são tributáveis (a menos que o DRP esteja em um IRA, o que é uma questão diferente). Abordo as questões tributárias em detalhes no Capítulo 21.

» **Mantenha bons registros.** Mantenha todas suas declarações juntas e use um bom programa de planilha ou de contabilidade se planeja fazer muitos investimentos em DRP. Esses registros são especialmente importantes no momento de declarar os impostos, quando você deve relatar quaisquer ganhos ou perdas subsequentes das vendas de ações. Os impostos sobre ganhos de capital são complicados quando você separa ganhos de capital de curto e longo prazos sobre seus investimentos, mas as mais recentes tecnologias de manutenção de registros feitas por administradores de planos tornaram os cálculos de DRP muito mais fáceis.

TIRANDO O DINHEIRO DO DRP PARA PAGAR DÍVIDAS

Os DRPs são uma ótima maneira de acumular uma grande ação por um longo período. Além disso, pense no que você pode fazer com ela. Digamos que acumule 110 ações, avaliadas em US$50 por ação, em seu DRP. Você pode, por exemplo, retirar US$5 mil em ações (100 ações a US$50 por ação) e colocá-las na sua conta da corretora. As 10 ações restantes podem permanecer em sua conta para manter o DRP e continuar com o reinvestimento de dividendos e o crescimento do seu patrimônio. Por que remover essas ações?

Se todos os aspectos forem iguais, é melhor manter a ação no DRP, mas e se você tiver US$2.500 em dívidas de cartão de crédito e não tiver dinheiro extra para saldá-la? As contas de corretagem ainda apresentam muitas vantagens, como, no exemplo, o uso de margem (um tópico que discuto em detalhes no Capítulo 17). Se a situação valer a pena, pegue emprestado até 50% dos US$5 mil, ou US$2.500, na margem e use-os para saldar a dívida do cartão de crédito. Como você está substituindo dívidas não garantidas (dívidas de cartão de crédito que podem estar cobrando 15%, 18% ou mais) por garantidas, economiza muito dinheiro (pegar um empréstimo de ações em uma conta de corretora é geralmente mais barato do que as dívidas do cartão de crédito). Outro benefício é que o empréstimo de margem com a corretora não exige pagamentos mensais, assim como os saldos do cartão de crédito. Além disso, pergunte a seu consultor tributário sobre os benefícios fiscais potenciais — as despesas com juros do investimento são dedutíveis, mas a dívida do cartão de crédito do consumidor não.

Dois Coelhos com uma Cajadada: Média de Custo do Dólar e DRPs

Média de custo do dólar (DCA) é uma técnica esplêndida para comprar ações e reduzir os custos. O exemplo da Tabela 19-1 mostra que não é incomum que os investidores vejam um custo total que reflete um desconto no valor de mercado. O DCA funciona especialmente bem com DRPs e tem um excelente histórico de ajudar pequenos investidores a comprarem ações a um preço médio de compra por ação melhor (mais baixo).

TABELA 19-1   **Média de Custo do Dólar (Acme Elevator, Inc.)**

Meses	Valor do Investimento	Preço de Compra	Ações Compradas	Ações Acumuladas
1	25	25	1	1
2	25	20	1,25	2,25
3	25	17,5	1,43	3,68
4	25	15	1,67	5,35
5	25	17,5	1,43	6,78
6	25	20	1,25	8,03
Total	US$150	N/D	8,03	8,03

LEMBRE-SE

DCA é um método simples para adquirir ações. Baseia-se na ideia de que você investe uma quantia fixa de dinheiro em intervalos regulares (mensalmente, em geral) durante um longo período em determinada ação. Como uma quantia fixa (digamos, US$50 por mês) vai para um investimento flutuante, você acaba comprando menos dessas ações quando o preço sobe e mais quando ele cai. O custo médio por ação geralmente é menor do que se você comprasse todas as ações de uma só vez.

O DCA é mais bem apresentado com um exemplo. Digamos que você decida entrar no DRP da empresa Acme Elevator, Inc. (AE). Em seu primeiro dia no DRP, as ações da AE estão em US$25, e o plano lhe permite investir um mínimo de US$25 por meio de seu programa opcional de compra em dinheiro (OCP). Você decide investir US$25 por mês e avaliar se está indo bem (com sorte) daqui a seis meses. A Tabela 19-1 mostra como essa técnica funciona.

Para avaliar a sabedoria de sua decisão de investir no DRP, pergunte-se:

- » **Quanto você investiu em todos os seis meses?** Seu investimento total é de US$150. Até aí, tudo bem.
- » **Qual é o preço da primeira ação da AE e qual é o preço da última?** O preço da primeira ação é US$25, mas o da última, US$20.
- » **Qual é o valor de mercado de seu investimento ao final de seis meses?** Você pode calcular facilmente o valor de seu investimento. Basta multiplicar o número de ações que possui agora (8,03 ações) pela cotação mais recente (US$20). O valor total de seu investimento é de US$160,60.
- » **Qual é o preço médio das ações que você comprou?** O preço médio das ações também é fácil de calcular. Pegue o valor total de suas compras (US$150) e divida pelo número de ações que adquiriu (8,03 ações). Seu custo médio por ação é de US$18,68.

Observe o seguinte:

- » Mesmo que o preço da última ação (US$20) seja inferior ao da ação original (US$25), o valor de mercado total de seu investimento ainda é maior do que o da compra (US$160,60, em comparação com US$150)! Como? Agradeça à média de custo do dólar. Sua abordagem disciplinada (usando DCA) superou as flutuações no preço das ações e o fez conseguir mais ações a preços mais baixos, de US$17,50 e US$15.
- » Seu custo médio por ação é de apenas US$18,68. O método DCA o ajudou a comprar mais ações a um custo menor, o que acabou o ajudando a ganhar dinheiro quando o preço das ações teve uma recuperação modesta.

LEMBRE-SE

O DCA não apenas o ajuda a investir com pequenas quantias, mas também a suavizar a volatilidade nos preços das ações. Esses benefícios o ajudam a ganhar mais dinheiro em seu programa de construção de riqueza de longo prazo. O resultado final para investidores em ações de longo prazo é que o DCA é uma técnica de investimento sólida e os DRPs são um excelente veículo de investimento em ações para construir riqueza. Já consegue visualizar aquela rede de aposentadoria?

CUIDADO

A média de custo do dólar é uma técnica fantástica no bull market e uma técnica boa em um mercado estável ou lateral, mas é péssima durante os bear markets, porque as ações que você está comprando estão caindo de preço e o valor de mercado pode facilmente ser inferior ao seu investimento total. Se planeja manter as ações em longo prazo, o DCA o ajudará a acumular mais ações no período de menor preço de um bear market. É claro que alguns investidores nervosos, preocupados com o bear market, simplesmente interrompem a abordagem DCA até que os tempos melhorem para as ações (para o setor e a economia).

278   PARTE 4 **Estratégias e Táticas de Investimento**

NESTE CAPÍTULO

» **Rastreando o insider trading**

» **Vendo compra e venda de insiders**

» **Fazendo recompras corporativas**

» **Fazendo desdobramentos de ações**

» **Observando o Congresso de perto**

Capítulo **20**

Corporações *versus* Governo: Insiders

magine que você esteja embarcando em um cruzeiro, pronto para desfrutar de suas merecidas férias. Enquanto caminha alegremente pela prancha, percebe o capitão e o restante da tripulação fugindo do navio, agitando os braços e gritando a plenos pulmões. Alguns estão até pulando na água. Teste rápido: você entraria no navio? Você receberá o crédito em dobro se explicar o porquê.

O que esse cenário tem a ver com o investimento em ações? Muito. O comportamento das pessoas que pilotam o barco dá pistas importantes sobre as perspectivas de curto prazo dele. Da mesma forma, as atitudes das pessoas dentro da empresa dão pistas importantes sobre suas perspectivas de curto prazo.

Insiders são os principais gerentes ou investidores da empresa. Incluem o presidente da empresa, o tesoureiro e outros diretores administrativos. Um insider também pode ser alguém que tem uma grande participação na empresa ou do conselho de administração. Em qualquer caso, os insiders têm uma visão panorâmica do que está acontecendo com a empresa e uma boa ideia de como está indo.

Neste capítulo, descrevo diferentes tipos de atividades internas, como compra e venda feitas por insiders, recompra de ações corporativas e desdobramento de ações. Também mostro como controlá-las com a ajuda de alguns recursos.

LEMBRE-SE

Fique atento ao que os insiders estão fazendo, porque suas transações de compra/venda têm uma forte correlação com o movimento de curto prazo das ações da empresa. No entanto, não compre nem venda ações apenas porque ouviu falar que algum insider o fez. Use as informações para confirmar suas pesquisas ao comprar ou vender ações. Às vezes, observar insiders é um ótimo precursor para uma mudança significativa com a qual você lucrará, se souber o que procurar. Muitos investidores astutos obtiveram seus lucros (ou evitaram perdas) rastreando a atividade de insiders.

Rastreando Trades Privilegiados

Felizmente, vivemos na era da divulgação e da internet. Os insiders que compram ou vendem ações devem apresentar relatórios que documentem sua atividade de trade com a Securities and Exchange Commission (SEC), que disponibiliza os documentos ao público. Veja esses documentos em qualquer um dos escritórios regionais da SEC (acesse `www.sec.gov/page/sec-regional-offices`) ou no site da SEC, que mantém o banco de dados EDGAR (Coleta, Análise e Recuperação de Dados Eletrônicos) (`www.sec.gov/edgar.shtml`). Basta clicar em "Search for Company Filings". Alguns dos documentos mais úteis disponíveis são:

» **Formulário 3:** É a declaração inicial fornecida por insiders. Eles devem preencher o Formulário 3 dentro de dez dias após obter o status de insider. Um insider arquiva esse relatório, mesmo que ainda não tenha feito uma compra; o relatório estabelece o status do insider.

» **Formulário 4:** Esse documento mostra a atividade do insider, como uma mudança na posição como acionista, quantas ações comprou e vendeu, ou outras alterações relevantes. Qualquer atividade em determinado mês deve ser relatada no Formulário 4 até o dia 10 do mês seguinte.

» **Formulário 5:** Esse relatório anual cobre transações pequenas, não exigidas no Formulário 4, como pequenas transferências internas de ações.

» **Formulário 144:** Esse formulário serve como uma declaração pública de um insider sobre a intenção de vender uma *ação restrita* — ações que o insider ganhou, recebeu da empresa como compensação ou comprou como um contrato de trabalho. Os insiders devem manter ações restritas por, pelo menos, um ano antes de poderem vendê-las. Depois que um insider decide vender, preenche o Formulário 144 e deve vender dentro de 90 dias ou enviar um novo Formulário 144. O insider deve preencher o formulário antes ou na data de venda das ações. Quando a venda é finalizada, ele preenche o Formulário 4.

Para ter uma lista abrangente de formulários internos (entre outros preenchidos por empresas públicas), veja `www.sec.gov/info/edgar/forms/edgform.pdf` (conteúdo em inglês).

DICA

As empresas são obrigadas a tornar públicos os documentos que rastreiam sua atividade comercial. O site da SEC oferece acesso limitado a eles, mas para ter um maior acesso, verifique um dos muitos sites que relatam dados de trades privilegiados, como `www.marketwatch.com` e `www.bloomberg.com` (em inglês).

PAPO DE ESPECIALISTA

A SEC promulgou a *regra de lucro short-swing* para proteger o público investidor. Essa regra impede que os insiders comprem rapidamente as ações que acabaram de vender com lucro. O insider deve esperar, pelo menos, seis meses antes de comprá-las novamente. A SEC criou essa regra para evitar que insiders usem seu conhecimento privilegiado para obter um lucro injusto rapidamente, antes que o público investidor possa reagir. A regra também se aplica se um insider vende ações — ele não pode vendê-las por um preço mais alto dentro de um período de seis meses.

COMBATE À FRAUDE CONTÁBIL: LEI SARBANES-OXLEY

Muitas vezes, um mercado que atinge um estágio de mania vê o abuso atingir condições extremas também. O abuso por parte de insiders é um bom exemplo. Na mania do mercado de ações de 1997-2000, esse abuso não se limitou apenas à compra e à venda de ações por insiders; também cobriu o abuso relacionado à fraude contábil. (Vêm à mente empresas como a Enron, em 2001, e a Fannie Mae, em 2008.) Os executivos da alta administração de várias empresas proeminentes enganaram os investidores sobre as condições financeiras das empresas e, posteriormente, foram capazes de aumentar o valor percebido das ações delas. A ação poderia então ser vendida a um preço superior ao valor de mercado.

O Congresso tomou conhecimento dessas atividades e, em 2002, aprovou a Lei Sarbanes-Oxley (SOX). O Congresso elaborou essa lei para proteger os investidores de atividades contábeis fraudulentas por corporações. A SOX estabeleceu um conselho de supervisão de contabilidade pública e também endureceu as regras sobre relatórios financeiros corporativos. Para saber mais sobre esse ato, pesquise em `www.congress.gov` ou obtenha detalhes de sites como `www.sox-online.com` e `www.findlaw.com` (em inglês).

Olhando as Transações Internas

O clássico "ações falam mais do que palavras" foi provavelmente cunhado para o insider trading. Os insiders estão por dentro e ficam de olho em suas transações — tanto a compra quanto a venda de ações da empresa — para obter informações de investimento úteis. Mas a compra e a venda privilegiadas são tão diferentes quanto o dia e a noite. A compra é simples, já a venda é complexa. Nas seções a seguir, apresento os dois lados do insider trading.

Detalhando a compra de insiders

A compra de insiders é um sinal inequívoco de como um insider se sente em relação à empresa. Afinal, o principal motivo para os investidores comprarem ações é esperar que tenham um bom desempenho. Se um insider está comprando ações, geralmente não é um evento monumental. Mas se vários as compram, essas compras devem chamar sua atenção.

A compra de insiders é um presságio positivo e benéfico para o preço das ações. Além disso, quando os insiders compram ações, menos ficam disponíveis para o público. Se o público investidor atende a essa oferta diminuída com aumento da demanda, o preço das ações sobe. Lembre-se desses fatores ao analisar a compra de insiders:

» **Identifique quem está comprando as ações.** O CEO comprou 5 mil ações. Isso é motivo suficiente para você fazer o mesmo? Talvez. Afinal, o CEO sabe como a empresa está indo. Mas e se esse CEO estiver apenas começando no cargo? E se antes dessa compra ele não tivesse ações da empresa? Talvez as ações façam parte de seu pacote de contratação.

LEMBRE-SE

O fato de um novo executivo da empresa fazer sua primeira compra de ações não é um incentivo tão forte para você comprar quanto um CEO de longa data dobrando suas participações. Além disso, se um grande número de insiders estiver comprando, isso enviará um sinal mais forte do que se um único o fizer.

» **Veja quanto está sendo comprado.** No exemplo anterior, o CEO comprou 5 mil ações, o que é muito, não importa como as conte. Mas são suficientes para você basear uma decisão de investimento? Talvez, mas um olhar mais atento revela mais. Se ele possuía 1 milhão de ações no momento da compra, comprar 5 mil adicionais não é um indicador tão empolgante de um aumento de ações pendente. Nesse caso, 5 mil ações são um pequeno movimento incremental, que não oferece muito motivo para entusiasmo.

E se esse insider tivesse apenas 5 mil ações nos últimos 3 anos e agora compra 1 milhão delas? Isso deve despertar seu interesse! Uma

LEMBRE-SE

compra massiva indica que um insider tem fortes sentimentos sobre as perspectivas da empresa e que está fazendo um aumento na participação acionária. Ainda assim, a compra de 1 milhão de ações pelo CEO não é um sinal tão forte quanto 10 insiders comprando 100 mil cada. Se apenas uma pessoa estiver comprando, isso pode ou não ser o forte indício de um aumento iminente. No entanto, se muitas pessoas compram, considere isso uma indicação fantástica.

Uma compra interna de qualquer tipo é um sinal positivo, mas é sempre mais significativa quando um número maior de insiders a faz. "Quantos mais, melhor" é uma boa regra para julgar a compra de insiders. Todos esses indivíduos têm perspectivas exclusivas sobre a empresa e seus clientes potenciais. A compra em massa indica otimismo em massa para o futuro da empresa. Se o tesoureiro, o presidente, o vice-presidente de vendas e vários outros participantes importantes arriscam seu patrimônio investindo em uma empresa que conhecem intimamente, é um bom sinal para seu investimento em ações.

» **Observe o momento da compra.** O momento da compra de insiders também é importante. Se eu disser que cinco insiders compraram ações em vários pontos no ano passado, você pode dizer: "Hmm." Mas se eu disser que todas as cinco pessoas compraram porções substanciais de ações ao mesmo tempo e pouco antes da temporada de lucros, isso deve fazê-lo dizer: "HMMMMM!"

Pegando dicas de vendas internas

A compra de ações por insiders raramente é sinal negativo — é um bom presságio para as ações ou, na pior das hipóteses, é um evento neutro. Mas e quanto à venda de insiders? Quando um insider vende suas ações, o evento pode ser neutro ou negativo. O motivo da venda de insiders geralmente é um pouco mais difícil de descobrir do que o da compra, porque os insiders podem ter muitas motivações diferentes para vender ações, que nada tenham a ver com as perspectivas futuras da empresa. Só porque o presidente da empresa está vendendo 5 mil ações de seu portfólio não significa necessariamente que você também deve vender as suas.

Os insiders podem vender suas ações por alguns motivos: eles podem pensar que a empresa não estará bem no futuro próximo — um sinal negativo para você — ou podem simplesmente precisar do dinheiro por várias razões pessoais que não têm nada a ver com o potencial da empresa. Alguns motivos típicos pelos quais os insiders vendem ações incluem:

» **Diversificar suas participações:** Se o portfólio de um insider estiver fortemente associado às ações de uma empresa, um consultor financeiro pode lhe sugerir equilibrá-lo vendendo algumas ações dessa empresa e comprando outros títulos.

» **Financiar emergências pessoais:** Às vezes, um insider precisa de dinheiro por motivos médicos, legais ou familiares.

» **Comprar um imóvel ou fazer outra compra grande:** Um insider pode precisar do dinheiro para dar entrada em uma casa, financiar a faculdade de um filho ou talvez comprar algo imediatamente (como um carro ou férias bacanas) sem ter que fazer um empréstimo.

LEMBRE-SE

Como você fica sabendo dos detalhes sobre a venda de insiders? Embora eles devam relatar à SEC suas compras e vendas de ações pertinentes, as informações nem sempre são reveladoras. Como regra, considere as seguintes questões ao analisar a venda de insiders:

» **Quantos insiders estão vendendo?** Se apenas um insider está vendendo, essa única transação não fornece informações suficientes para agir. No entanto, se muitos insiders vendem, é uma bandeira vermelha. Confira todas as notícias ou as informações do momento em sites como `www.marketwatch.com`, `www.sec.gov` e `finance.yahoo.com` (e outras fontes no Apêndice A).

» **As vendas mostram um padrão ou uma atividade incomum?** Se um insider vendeu algumas ações no mês passado, essa venda por si só não é um evento significativo. No entanto, se dez insiders fizeram, cada um, várias vendas nos últimos meses, elas são motivo de preocupação. Veja se quaisquer novos desenvolvimentos na empresa são potencialmente negativos. Se uma grande venda de insiders ocorreu recentemente e você não sabe por quê, considere colocar uma ordem de stop-loss em suas ações imediatamente. Abordo as ordens de stop-loss de forma mais completa no Capítulo 17.

» **Quantas ações estão sendo vendidas?** Se um CEO vende 5 mil ações, mas ainda retém 100 mil, isso não é grande coisa. Mas se o CEO vende todas ou a maioria de suas participações, é um sinal negativo. Verifique se outros executivos da empresa também venderam ações.

» **Eventos externos ou relatórios de analistas coincidem com a venda das ações?** Às vezes, um analista influente emite um relatório alertando sobre as perspectivas de uma empresa. Se a administração da empresa despreza o relatório, mas a maioria dos insiders parece desistir dela (vendendo suas ações), faça o mesmo. Comumente, quando os insiders sabem que informações prejudiciais estão chegando, eles vendem as ações antes que elas caiam.

Da mesma forma, se a gestão da empresa emite declarações públicas positivas ou relatórios que contradigam seu comportamento (insiders vendendo suas ações), a SEC pode investigar se a empresa está fazendo algo que acarretará uma penalidade (a SEC rastreia regularmente as vendas de insiders).

Considerando a Recompra

Mídias financeiras em geral às vezes mostram que uma empresa está comprando suas próprias ações. O anúncio pode ser algo como: "A SuperBucks Corp. anunciou que gastará US$2 bilhões para recomprar suas próprias ações." Por que uma empresa faria isso e o que significa para você, se possui ações dela ou se está pensando em as comprar?

Quando as empresas recompram suas próprias ações, é um indicativo de que acreditam que suas ações estão subvalorizadas e têm potencial para subir. Se uma empresa mostra fundamentos sólidos (por exemplo, boa condição financeira, vendas e lucros crescentes; veja detalhes nos Capítulos 8 e 11) e compra mais ações próprias, vale a pena investigar — pode ser um ótimo acréscimo a seu portfólio.

LEMBRE-SE

Só porque uma empresa anuncia uma recompra de ações, nem sempre significa que isso acontecerá. O próprio anúncio visa despertar o interesse pelas ações e fazer com que o preço suba. A recompra de ações pode ser apenas uma oportunidade para os insiders venderem ações ou pode ser necessária para a remuneração dos executivos — recrutar e manter uma administração competente são usos positivos do dinheiro.

As seções a seguir apresentam alguns motivos comuns para uma empresa recomprar suas ações de investidores, bem como algumas ideias sobre os efeitos negativos das recompras de ações.

CUIDADO

Se vir uma empresa recomprando suas ações enquanto a maioria dos insiders as vende, isso não é um bom sinal. Pode não ser necessariamente um mau sinal, mas não é um sinal positivo. Por segurança, invista em outro lugar.

Por que uma empresa recompra ações

Você comprou este livro porque está pensando em comprar ações, mas os indivíduos não estão sozinhos no universo da compra de ações. Não, não quero dizer apenas que fundos de investimento, pensões e outras entidades são compradores; as empresas por trás das ações também são compradores (e vendedores). Por que uma empresa pública compraria ações — especialmente as suas?

Aumentando o lucro por ação

Simplesmente recomprando suas próprias ações dos acionistas, uma empresa pode aumentar seu lucro por ação sem ganhar dinheiro extra (veja os Capítulos 8 e 11, bem como o Apêndice B, para obter mais informações sobre lucro por ação). Parece um truque de mágica? Bem, é mais ou menos isso. A recompra de ações corporativas é um truque financeiro de que os investidores devem estar cientes.

Funciona assim: a Noware Earnings, Inc. (NEI) tem 10 milhões de ações em circulação e espera um lucro líquido de US$10 milhões no quarto trimestre. O lucro por ação (EPS) da NEI seria de US$1 por ação. Até aqui tudo bem. Mas o que acontecerá se a NEI comprar 2 milhões de suas próprias ações? O total de ações em circulação diminuirá para 8 milhões. O novo EPS torna-se US$1,25 — a recompra de ações aumenta artificialmente o lucro por ação em 25%!

O importante a ter em mente sobre as recompras de ações é que os lucros reais da empresa não mudam — nenhuma mudança fundamental ocorre na gestão ou nas operações da empresa —, portanto, o aumento no EPS é enganoso. Mas o mercado é obsessivo com lucros, e como os lucros são a força vital de qualquer empresa, um aumento neles, mesmo que falso, eleva o preço das ações.

Se observar o índice preço/lucro de uma empresa (veja os Capítulos 8 e 11, e o Apêndice B), verá que o aumento dos lucros significa um eventual aumento no preço das ações. Além disso, uma recompra de ações afeta a oferta e a demanda. Com menos ações disponíveis no mercado, a demanda eleva o preço delas.

Sempre que uma empresa fizer uma compra importante, como recomprar suas próprias ações, pense em como a empresa paga por isso e se parece um bom uso do poder de compra. Em geral, as empresas compram suas ações pelos mesmos motivos que qualquer investidor — elas acreditam que as ações são um bom investimento e se valorizarão com o tempo. As empresas pagam pela recompra de duas maneiras básicas: fundos de operações ou dinheiro emprestado. Ambos os métodos têm desvantagens. Para obter mais detalhes, veja a seção posterior "O lado negativo da recompra".

Derrotando uma oferta pública de aquisição

Suponha que você leia nas páginas financeiras que a Empresa X está fazendo uma aquisição hostil da Empresa Z. Uma aquisição hostil não significa que a Empresa X envia tropas de choque armadas para a sede da Empresa Z para atacar sua administração. *Aquisição hostil* significa que X deseja comprar ações suficientes de Z para controlar Z (e Z fica insatisfeita por ser possuída ou controlada por X). Como a compra e a venda de ações ocorre em um mercado público ou bolsa, as empresas podem comprar ações umas das outras. Às vezes, a empresa-alvo prefere não ser adquirida, caso em que pode recomprar suas ações como proteção contra movimentos indesejados por parte das empresas interessadas.

Em alguns casos, a empresa que está tentando a aquisição já possui algumas ações da empresa-alvo. Nessa situação, a empresa visada pode oferecer a recompra dessas ações do agressor com um ágio, para frustrar a oferta pública de aquisição. Esse tipo de oferta é conhecido como *greenmail*.

LEMBRE-SE

As preocupações com aquisições geralmente despertam o interesse do público investidor, elevando o preço das ações e beneficiando os atuais acionistas.

O lado negativo da recompra

Por mais benéficas que as recompras de ações sejam, elas precisam ser pagas, e essa despesa tem consequências. Quando uma empresa usa fundos de operações para a recompra de ações, menos dinheiro fica disponível para outras atividades, como atualização de tecnologia, melhorias ou pesquisa e desenvolvimento. Uma empresa enfrenta perigos ainda maiores quando usa dívidas para financiar uma recompra de ações. Se a empresa usa fundos emprestados, não só tem menos poder de empréstimo para outros usos, como também tem que os pagar com juros, reduzindo, assim, os lucros.

LEMBRE-SE

Em geral, qualquer uso indevido do dinheiro, como usar dívidas para recomprar ações, afeta a capacidade de uma empresa de aumentar suas vendas e lucros — medidas que precisam continuar altas para manter os preços das ações subindo.

Digamos que a Noware Earnings, Inc. (NEI) paga um dividendo anual de US$0,25 por ação e quer recomprá-las, atualmente em US$10 cada, com dinheiro emprestado a uma taxa de juros de 9%. Se a NEI recomprar 2 milhões de ações, não terá que pagar US$500 mil em dividendos (2 milhões multiplicados por US$0,25). Isso é economia. No entanto, a NEI tem que pagar juros sobre os US$20 milhões que pegou emprestado (US$10 por ação multiplicados por 2 milhões de ações) para recomprar as ações. Os juros totalizam US$1,8 milhão (9% de US$20 milhões) e o resultado líquido desse exemplo rudimentar é que a NEI vê uma saída de US$1,3 milhão (a diferença entre os juros pagos e a economia de dividendos).

Usar dívidas para financiar uma recompra de ações precisa fazer sentido do ponto de vista econômico — precisa fortalecer a posição financeira da empresa. Talvez a NEI pudesse ter usado o dinheiro da recompra de ações para um propósito melhor, como modernizar equipamentos ou pagar por uma nova campanha de marketing. Como os juros da dívida acabam diminuindo os lucros, as empresas devem ter cuidado ao usar dívidas para recomprar suas ações.

Desdobrando: Que Nem Pinto no Lixo

Frequentemente as equipes de gestão decidem fazer um desdobramento de ações. *Desdobramento de ações* é a troca de ações por novas da mesma empresa. Os desdobramentos não aumentam nem diminuem a capitalização da empresa; só alteram a quantidade de ações disponíveis no mercado e o preço por ação.

Normalmente, uma empresa pode anunciar que está fazendo um desdobramento de ações 2 por 1. Por exemplo, uma empresa pode ter 10 milhões de ações em circulação, com um preço de mercado de US$40 cada. Em um desdobramento 2 por 1, a empresa tem 20 milhões de ações (o total das ações dobra), mas o preço de mercado é ajustado para US$20 (o preço das ações é reduzido pela metade). As empresas fazem outros desdobramentos, como 3 por 2, 4 por 1, mas 2 por 1 é mais comum.

As seções a seguir apresentam os dois tipos básicos de desdobramento: ordinário e reverso.

A qualificação para um desdobramento de ações é semelhante a se qualificar para receber um dividendo — você deve estar listado como acionista na data do registro. Mantenha bons registros sobre os desdobramentos de ações, caso precise calcular ganhos de capital para fins fiscais. (Para obter informações sobre datas de registro, veja o Capítulo 6, e veja o Capítulo 21 para obter informações fiscais.)

Desdobramento ordinário de ações

O *desdobramento ordinário de ações* — quando o número de ações aumenta — é o tipo de informação que os investidores costumam ouvir. Se você possui 100 ações da Dublin, Inc. (a US$60 por ação) e a empresa anuncia um desdobramento de ações, o que acontece? Se você possui as ações na forma de certificado (o que é muito raro agora), recebe pelo correio um certificado de ações para mais 100 ações. Agora, antes de comemorar que seu dinheiro dobrou, verifique o novo preço da ação. Cada ação é ajustada para o valor de US$30.

Nem toda ação se dá sob a forma de certificado. As ações mantidas em uma conta de corretagem são registradas sob a forma de lançamento contábil. A maior parte das ações, na verdade, está sob a forma de lançamento contábil. Uma empresa emite certificados de ações apenas quando necessário ou solicitado pelo investidor. Se mantiver as ações em sua conta da corretora, verifique com ela o novo total de ações para ter certeza de que será creditado o novo número após o desdobramento.

LEMBRE-SE

Um desdobramento ordinário de ações é basicamente um evento neutro, então por que uma empresa se preocupa em fazê-lo? O motivo mais comum é que a administração acredita que a ação está muito cara, então quer baixar o preço para torná-la mais acessível e, portanto, mais atraente para novos investidores. Estudos demonstraram que os desdobramentos de ações frequentemente precedem um aumento no preço delas. Embora os desdobramentos de ações sejam considerados um não evento por si só, muitos especialistas em ações os veem como sinais de alta por causa do interesse que geram no público investidor.

Desdobramento reverso de ações

Um *desdobramento reverso de ações* geralmente ocorre quando a administração de uma empresa deseja aumentar o preço de suas ações. Assim como podem ocorrer desdobramentos ordinários quando a administração acredita que o preço está muito alto, um desdobramento reverso significa que a empresa sente que o preço está muito baixo. Se o preço de uma ação parece muito baixo, pode desencorajar o interesse de investidores individuais ou institucionais (como fundos de investimento). A administração quer despertar mais interesse nas ações para o benefício dos acionistas (alguns dos quais provavelmente são insiders).

A empresa também pode fazer um desdobramento reverso para diminuir custos. Quando você tem que enviar um relatório anual e outras correspondências regularmente para todos os acionistas, elas ficam caras, especialmente se há muitos investidores que possuem apenas poucas ações cada. Um desdobramento reverso ajuda a consolidar as ações e a reduzir os custos gerais do gerenciamento.

Um desdobramento reverso é mais bem explicado com um exemplo. TuCheep, Inc. (TCI) está sendo vendida a US$2 por ação na Nasdaq. A esse preço mínimo, o público investidor pode ignorá-la. Portanto, a TCI anuncia um desdobramento reverso de ações 10 para 1. E agora? Se um acionista tinha 100 ações a US$2 (as ações antigas), agora possui 10 ações a US$20.

CUIDADO

Tecnicamente, um desdobramento reverso é considerado um evento neutro. No entanto, assim como os investidores podem inferir expectativas positivas de um desdobramento ordinário, podem ter expectativas negativas de um desdobramento reverso, porque ele tende a ocorrer por motivos negativos. Um motivo negativo definitivo é se as ações da empresa estiverem ameaçadas de exclusão. Se uma ação estiver em uma grande bolsa e seu preço cair abaixo de US$1, ela enfrentará *um fechamento de capital* (basicamente, será removida). Um desdobramento reverso evita tal evento. O resultado final é que um desdobramento reverso é, em última análise, um evento negativo, e os investidores devem evitar as ações.

PAPO DE ESPECIALISTA

Se, em caso do desdobramento das ações, você fica com meia ação, a empresa não produz ações fracionárias. Em vez disso, você recebe um cheque pelo equivalente em dinheiro. Por exemplo, se você tiver 51 ações e a empresa anunciar um desdobramento reverso 2 por 1, as chances serão de você receber 25 ações e um pagamento em dinheiro pela meia ação (ou ação fracionária).

De Olho no Congresso

A última sensação no mundo do insider trading tem sido a forma como os congressistas de ambos os partidos norte-americanos têm colhido fortunas fazendo algo que é ilegal para você e para mim, mas que era legal para eles! Para quem se pergunta como alguém pode gastar milhões para conseguir um emprego de "serviço público" e depois se aposentar como multimilionário, agora você tem uma pista: insider trading no Congresso.

Congressistas, como você sabe, aprovam leis para inúmeros assuntos. Eles sabem quais empresas podem perder ou se beneficiar com isso. Eles podem então investir nas vencedoras e/ou evitar (ou vender a descoberto) as perdedoras. (Quando você *vende a descoberto* uma ação, ganha dinheiro vendendo na alta e depois comprando na baixa; para ter uma boa ideia sobre como funciona, veja o Capítulo 17.) Muitos foram capazes de colher facilmente ganhos de milhões de dólares por causa desse poleiro privilegiado em que se encontravam.

Algumas pessoas do Congresso obtiveram lucros exorbitantes com estratégias de venda a descoberto durante o crash de 2008, quando souberam dos desenvolvimentos financeiros pendentes a portas fechadas antes que o público (e a maioria dos investidores) os descobrisse. É enlouquecedor pensar que esses políticos lucraram (legalmente!) com atividades pelas quais você e eu teríamos acabado na prisão.

Do furor no final de 2011 sobre essa corrupção aterradora, veio uma nova lei, aprovada no início de 2012: a Lei Stop Trading on Congressional Knowledge (STOCK) (Lei Pública 112-105). Essa lei foi um grande começo, mas foi discretamente alterada em 2013, e importantes disposições de aplicação foram diluídas (ugh!). Para saber mais, acesse o site do Office of Government Ethics (www.oge.gov — conteúdo em inglês) e descubra outras fontes com seu mecanismo de busca favorito.

DICA

Descobrir mais sobre os insiders corporativos e suas transações significativas é mais fácil do que nunca na era digital, mas ver como isso acontece no governo ainda é difícil. Diante disso, vale a pena ser mais vigilante com os políticos por meio dos sites financeiros e de vigilância mencionados neste capítulo, e com alguns dos recursos mencionados no Apêndice A.

> **NESTE CAPÍTULO**
>
> » Verificando as implicações fiscais dos investimentos
>
> » Pagando impostos
>
> » Fazendo deduções fiscais
>
> » Investindo para a aposentadoria

Capítulo 21
Mantendo Mais do Seu Dinheiro

Depois de conquistar esse mundo do ganho de dinheiro com ações, você tem outro obstáculo — manter seu suado dinheiro! Algumas pessoas acham os impostos brutais, complicados e contraproducentes. Outras acham que são um roubo legalizado, e outras, ainda, entendem como um mal necessário. E então existem os pessimistas. Em qualquer caso, este capítulo mostra como manter mais frutos do seu trabalho árduo.

LEMBRE-SE

Lembre-se de que este capítulo não pretende ser abrangente. Para um tratamento mais completo dos impostos pessoais, verifique com seu consultor tributário pessoal e obtenha as publicações referenciadas neste capítulo visitando o site do IRS, em inglês, www.irs.gov, além de todas as informações pertinentes e aplicáveis ao Brasil.

No entanto, neste capítulo, abordo os pontos mais relevantes para investidores em ações, como o tratamento tributário para dividendos, ganhos e perdas de capital, deduções fiscais comuns para investidores, algumas estratégias simples de redução de impostos e dicas para investimento na aposentadoria. E, sim, abordo esses pontos pelas lentes das recentes mudanças na legislação tributária.

DICA

As leis tributárias são cabeludas e desconcertantes, e você pode facilmente se sentir um rato no labirinto buscando o queijo (a restituição de imposto) ou apenas ficar com mais do queijo ganho com tanto esforço. Impostos mais altos (e mais complicados) não são bons para os investidores em ações ou a economia em geral, mas felizmente as leis tributárias recentes trazem boas notícias para a maioria dos investidores. Mas não importa o quão amigável ou hostil seja o ambiente tributário, mantenha-se informado por meio de seu consultor tributário, fontes de informação tributária online e grupos de defesa do contribuinte, como o Sindicato Nacional de Contribuintes (faça uma busca na internet). Fim de papo.

DICA

Uma referência fácil para ver as mudanças na reforma tributária é www.tax-changes.us. É um serviço do Taxpayer Advocate Service do IRS (encontrado em https://taxpayeradvocate.irs.gov/ — conteúdo em inglês). Ele mostra as mudanças fiscais para 2018, 2019 e anos fiscais subsequentes, e também quais mudanças ocorreram, avaliando os itens do Formulário 1040 por tópico e subtópico. Ele até mostra como calcular as retenções na fonte de seu contracheque, para corresponderem às novas taxas de imposto em potencial e evitar retenções insuficientes ou excessivas.

Tributação de Diferentes Investimentos

As seções a seguir mostram o que você precisa saber sobre as implicações fiscais que enfrenta ao começar a investir em ações. É bom saber com antecedência o básico sobre renda ordinária, e ganhos e perdas de capital, porque tudo isso afeta sua estratégia de investimento e planos de construção de riqueza de longo prazo.

Renda ordinária e ganhos de capital

O lucro que você faz com seus investimentos em ações pode ser tributado de duas maneiras, dependendo do tipo de lucro:

» **Renda ordinária:** Seu lucro pode ser tributado com a mesma alíquota dos salários ou dos juros — com a alíquota regular. Se sua faixa tributária for de 28%, essa será a alíquota de tributação do seu lucro de investimento de renda ordinária. Dois tipos de lucros de investimento são tributados como renda ordinária (verifique a publicação IRS 550, "Investment Income and Expenses", para obter mais informações):

- **Dividendos:** Quando você recebe dividendos (em dinheiro ou ações), eles são tributados como renda ordinária. Isso vale mesmo se esses dividendos estiverem em um plano de reinvestimento de dividendos (veja mais sobre esses planos no Capítulo 19). Se, no entanto, os dividendos ocorrerem em um plano com isenção de impostos, como IRA ou 401 (k), estarão isentos enquanto estiverem nele. (Os planos de aposentadoria são abordados na seção "Aposentadoria e Vantagens Fiscais".)

    Lembre-se de que os dividendos qualificados são tributados com uma alíquota mais baixa do que os não qualificados. Um *dividendo qualificado* recebe tratamento fiscal preferencial em relação a outros tipos de dividendos, como não qualificados ou juros. Normalmente, um dividendo é qualificado se emitido por uma empresa dos EUA (ou estrangeira listada nas bolsas de valores dos EUA) e se as ações são mantidas por mais de sessenta dias. Um exemplo de dividendo ordinário não qualificado é um dividendo pago por um fundo do mercado monetário ou um fundo negociado em bolsa relacionado com títulos (porque o dividendo é tecnicamente juros).

- **Ganhos de capital de curto prazo:** Se você vende ações com lucro e as possui há um ano ou menos, o lucro é considerado renda ordinária.

    Para calcular o tempo, use a *data de execução*, a data em que você executou a ordem, não a de liquidação. (Para ter mais informações sobre datas importantes, veja o Capítulo 6.) No entanto, se o lucro ocorre em um plano protegido por impostos, como um 401 (k) ou um IRA, nenhum imposto é acionado.

- **Ganhos de capital de longo prazo:** São muito melhores do que a renda ordinária ou os ganhos de curto prazo no que diz respeito aos impostos. A legislação tributária recompensa os investidores pacientes. Depois de manter as ações por, pelo menos, um ano e um dia (que diferença um dia faz!), o imposto se reduz. (Veja detalhes na próxima seção.) Obtenha mais informações sobre ganhos de capital na publicação 550 do IRS. Felizmente, você pode cronometrar as vendas de ações, portanto, sempre considere adiar a data de venda (se possível) para aproveitar o menor imposto sobre os ganhos de capital.

LEMBRE-SE

Você pode controlar como gerencia a carga tributária de seus lucros de investimento. Os lucros são tributáveis somente se uma venda ocorre (em outras palavras, somente se o lucro é "realizado"). Se suas ações da GazillionBucks, Inc. forem de US$5 a US$87, essa valorização de US$82 não estará sujeita a tributação, a menos que você venda as ações. Até então, esse lucro é "não realizado". Cronometre suas vendas de ações com cuidado e mantenha-as por, pelo menos, um ano e um dia (para se enquadrar como ganho de longo prazo) para minimizar a quantidade de impostos pagos sobre elas.

DICA

Ao comprar uma ação, registre a data de compra e a *base de custo* (o preço de compra mais quaisquer encargos, como comissões). Essa informação é muito importante na hora da declaração de impostos, caso decida vender suas ações. A data de compra (também conhecida como *data de execução*) estabelece o *período de espera* (por quanto tempo você possui as ações), o que determina se seus ganhos são considerados de curto ou longo prazo.

Digamos que você compre 100 ações da GazillionBucks, Inc. a US$5 e pague uma comissão de US$8. Sua base de custo é de US$508 (100 ações vezes US$5 mais US$8 de comissão). Se as vender a US$87 por ação e pagar uma comissão de US$12, o valor total da venda será de US$8.688 (100 ações vezes US$87 menos US$12 de comissão). Se essa venda ocorre menos de um ano após a compra, é um ganho de curto prazo. Na faixa de imposto de 28%, o ganho de curto prazo de US$8.180 (US$8.688 - US$508) também é tributado em 28%. Leia a seção a seguir para ver as implicações fiscais se seu ganho for de longo prazo. No Brasil as ações são tributadas em 15% sobre o ganho de capital e no day trade em 20%.

Qualquer ganho (ou perda) de uma venda a descoberto é considerado de curto prazo, independentemente de quanto tempo a posição se mantenha aberta. Para obter mais informações sobre a mecânica de venda a descoberto, veja o Capítulo 17.

Menos impostos sobre ganhos de capital

Os ganhos de capital de longo prazo são tributados com uma taxa mais favorável do que a renda ordinária. Para se qualificar para tal, mantenha o investimento por mais de um ano (em outras palavras, por, pelo menos, um ano e um dia).

Lembre-se do exemplo da GazillionBucks, Inc., na seção anterior. Como uma transação de curto prazo com alíquota de 28%, o imposto é de US$2.290 (US$8.180 multiplicados por 28%). Depois de se recuperar, você diz: "Eca! É melhor eu esperar um pouco mais!" Você mantém as ações por mais de um ano para atingir o status de ganhos de capital de longo prazo. Como isso muda o imposto? Para qualquer pessoa na faixa de tributação de 28% ou mais, aplica-se a taxa de ganhos de capital de longo prazo de 15%. Nesse caso, o imposto é de US$1.227 (US$8.180 multiplicados por 15%), resultando em uma economia fiscal para você de US$1.063 (US$2.290 menos US$1.227). Ok, não é uma fortuna, mas é uma diferença substancial do imposto original. Afinal, o investimento em ações bem-sucedido não envolve apenas ganhar dinheiro; trata-se de mantê-lo também.

Impostos sobre ganhos de capital *podem* ser menores do que aqueles sobre a renda ordinária, mas não maiores. Se, por exemplo, você está na faixa de imposto de 15% para a renda ordinária e tem um ganho de capital de longo prazo que normalmente o colocaria na faixa de 28%, o ganho é tributado em sua taxa inferior de 15%, em vez de uma taxa de ganhos de capital mais elevada. Verifique com seu consultor tributário, pois essa regra muda devido a novas leis tributárias.

LEMBRE-SE

Não venda uma ação apenas porque ela se qualifica para um tratamento de ganhos de capital de longo prazo, mesmo se a venda aliviar sua carga tributária. Se a ação está indo bem e atende a seus critérios de investimento, segure-a.

Lidando com perdas de capital

Já pensou que ver o valor de suas ações caindo pode ser bom? Talvez o único aspecto positivo real em relação às perdas em seu portfólio seja a redução dos impostos. Uma *perda de capital* significa que você perdeu dinheiro em seus investimentos. Esse valor geralmente é dedutível em sua declaração de imposto de renda, e você pode reivindicar uma perda em ações de curto ou longo prazo. Essa perda vai contra sua outra renda e reduz seu imposto geral. No Brasil também é possível deduzir as perdas do imposto de ações.

DÍVIDA E IMPOSTOS: OUTRO ÂNGULO

Se precisa de dinheiro, mas não quer vender suas ações, porque elas estão indo bem e deseja evitar o imposto sobre ganhos de capital, peça um empréstimo. Se a ação estiver listada (na Bolsa de Valores de Nova York, por exemplo) e estiver em uma conta de corretora com privilégios de margem, pegue emprestado até 50% do valor dos títulos com margem de lucro a taxas favoráveis (ações listadas são títulos com margem de lucro). O dinheiro será considerado um empréstimo de margem (veja detalhes no Capítulo 17), e os juros são baixos (em comparação com os de cartões de crédito e empréstimos pessoais), porque esse empréstimo é garantido (por suas ações). Nas raras ocasiões em que uso margem, uso ações que geram um alto dividendo. Dessa forma, as próprias ações pagam o empréstimo de margem. Além disso, se os recursos forem usados para fins de investimento, os juros de margem serão dedutíveis de impostos. Veja mais detalhes na publicação 550 do IRS.

Digamos que tenha comprado ações da Worth Zilch Co. por um preço total de US$3.500 e as vendido a US$800. Sua perda de capital dedutível de impostos é de US$2.700.

LEMBRE-SE

A única amarra vinculada à dedução de perdas de investimento em sua declaração de imposto de renda é que o máximo que se permite relatar em um único ano são US$3 mil. Pelo lado positivo, porém, qualquer perda excessiva não é realmente perdida — leve-a para o ano seguinte. Se tiver perdas líquidas de investimento de US$4.500 em 2019, poderá deduzir US$3 mil em 2019 e levar os US$1.500 restantes para 2020 e deduzi-los na restituição do mesmo ano. Essa perda de US$1.500, então, acaba compensando quaisquer ganhos que pretenda obter em 2020.

Antes de deduzir as perdas, primeiro as use para compensar quaisquer ganhos de capital. Se tiver ganhos de capital de longo prazo de US$7 mil na ação A e perdas de capital de longo prazo de US$6 mil na B, terá um ganho de capital líquido de longo prazo de US$1.000 (ganho de US$7 mil menos a compensação de perda de US$6 mil). Sempre que possível, veja se as perdas de seu portfólio podem ser usadas para compensar quaisquer ganhos de capital em prol de reduzir o imposto potencial. A publicação 550 do IRS inclui informações para investidores sobre ganhos e perdas de capital.

DICA

Esta é a estratégia ideal: quando possível, mantenha as perdas em uma base de curto prazo e direcione seus ganhos para o status de ganhos de capital de longo prazo. Se uma transação não puder ser isenta de impostos, pelo menos adie-os, para manter seu dinheiro trabalhando para você.

Avaliação de cenários de ganhos e perdas

Qualquer investidor pode criar centenas de cenários possíveis de ganhos e perdas. Você pode se perguntar o que acontece se vender parte de suas ações agora como uma perda de capital de curto prazo e o restante mais tarde como um ganho de capital de longo prazo. Pense em cada venda de ações (ou venda potencial) metodicamente para calcular o ganho ou a perda que obteria. Descobrir seu ganho ou perda não é tão complicado. Aqui estão algumas regras gerais para ajudá-lo a percorrer o pântano. Se somar todos seus ganhos e perdas, e:

» **O resultado líquido for um ganho de curto prazo:** É tributado na faixa de tributação mais alta (como renda ordinária).

> **O resultado líquido for um ganho de longo prazo:** A taxa será de 15% se você estiver na faixa de 28% ou mais. Consulte seu contador sobre as alterações que afetam os impostos.

> **O resultado líquido for uma perda de até US$3 mil:** É dedutível em outras receitas. Se é casado com separação de bens, US$1.500 é o limite de dedução.

> **O resultado líquido for uma perda que ultrapassa US$3 mil:** Você só pode deduzir até US$3 mil naquele ano; o restante segue para os próximos anos.

Compartilhando Seus Ganhos com o IRS

Claro, você não quer pagar mais impostos do que o necessário, mas, como diz o clichê: "Não deixe que o poste dos impostos mije no cão dos investimentos." Compre ou venda uma ação se fizer sentido do ponto de vista econômico, e considere as implicações fiscais como questões secundárias. Afinal, os impostos consomem uma porção relativamente pequena do seu lucro. Contanto que experimente um *lucro líquido* (após todos os custos de transação, incluindo impostos, taxas de corretagem e outras taxas relacionadas), considere-se um investidor de sucesso — mesmo que tenha que dar parte de seu lucro em impostos.

DICA

Faça do planejamento tributário um hábito em suas atividades do dia a dia. Não, você não precisa se consumir com uma pilha de papelada e projeções de impostos. Quero dizer que, ao fazer um trade de ações, deve manter o recibo e a confirmação da ordem, além de bons registros. Quando estiver considerando uma grande compra ou venda, pare por um momento e pergunte-se se esse trade terá consequências fiscais positivas ou negativas. (Veja a seção anterior "Tributação de Diferentes Investimentos" para analisar vários cenários fiscais.) Fale com um consultor tributário com antecedência para discutir essas ramificações.

Nas seções a seguir, descrevo os formulários fiscais que você precisa preencher, bem como algumas regras importantes a serem seguidas.

Preenchendo formulários

A maioria dos investidores relata suas atividades relacionadas a investimentos em suas declarações fiscais individuais (Formulário 1040). Os relatórios que você provavelmente receberá de corretoras e outras fontes de investimento incluem:

» **Corretora e extratos bancários:** Extratos mensais que você recebe.
» **Notas de corretagem:** Confirmam que você comprou ou vendeu a ação.
» **1099-DIV:** Relatório de dividendos pagos a você.
» **1099-INT:** Relatório de juros pagos a você.
» **1099-B:** Relatórios de receitas brutas enviadas a você da venda de investimentos, como ações e fundos de investimento.

LEMBRE-SE

Você pode receber outros formulários mais obscuros não listados aqui. Guarde todos os documentos relacionados a seus investimentos em ações.

As programações e os formulários do IRS de que a maioria dos investidores em ações precisa estar ciente e/ou anexar a seu Formulário 1040 incluem:

» **Anexo B:** Para relatar juros e dividendos.
» **Anexo D:** Para relatar ganhos e perdas de capital.
» **Formulário 4952:** Dedução de despesas de juros de investimento.
» **Publicação 17:** Guia para o Formulário 1040.

Obtenha essas publicações diretamente do IRS, baixando-as do site (www.irs.gov). Para obter mais informações sobre os registros e documentos que os investidores devem usar, consulte a Publicação 552 do IRS, "Recordkeeping for Individuals".

DICA

Se planeja fazer seus próprios impostos, considere usar softwares fiscais mais recentes, baratos e fáceis de usar. Esses programas têm um recurso de perguntas e respostas para ajudá-lo a fazer seus impostos passo a passo, e incluem todos os formulários necessários. Considere obter o TurboTax (www.turbotax.com) ou o H&R Block at Home (anteriormente TaxCut; www.hrblock.com/tax-software) no seu fornecedor de software local ou nos sites das empresas. Como alternativa, obtenha grátis um software de preparação de impostos, em www.taxact.com (conteúdos em inglês; no Brasil faça uma busca online).

Dançando conforme a música

CUIDADO

Algumas pessoas têm a brilhante ideia de vender ações perdedoras até 31 de dezembro para agarrar o prejuízo de curto prazo e simplesmente recomprá-las em 2 de janeiro. Não tão rápido! O IRS acaba com manobras como essa com algo chamado *regra de wash-sale*. Essa regra estabelece que, se você vender uma ação com prejuízo e comprá-la de volta em 30 dias, a perda não será válida, porque você não fez nenhuma alteração substancial no investimento. A regra se aplica apenas a perdas. A solução é simples: espere pelo menos 31 dias antes de recomprar aquela mesma ação.

Algumas pessoas tentam contornar a regra de wash-sale dobrando sua posição de ação com a intenção de vender pela metade. Portanto, o IRS faz com que a regra de 30 dias cubra ambos os lados da data de venda. Dessa forma, um investidor não pode comprar ações idênticas dentro de 30 dias antes da venda e, em seguida, realizar uma perda de curto prazo para fins fiscais.

O Lado Bonzinho do IRS: Deduções Fiscais para Investidores

Durante o gerenciamento do seu portfólio de ações e de outros investimentos, você provavelmente incorrerá em despesas que podem ser deduzidas do imposto de renda. A legislação tributária lhe permite cancelar certas despesas relacionadas a investimentos como despesas discriminadas no Cronograma A — um anexo do Formulário 1040 do IRS. Mantenha registros de suas deduções e uma lista de verificação para lembrar-lhe de quais deduções você normalmente faz. A publicação IRS 550 ("Investment Income and Expenses") fornece mais detalhes.

As seções a seguir explicam as deduções fiscais comuns para investidores: juros de investimento, despesas diversas e doações para instituições de caridade. Também listo alguns itens *não* dedutíveis.

CUIDADO

Lembre-se de que, para 2018, 2019 e além, a dedução padrão para pessoas físicas aumentou significativamente, portanto, talvez você não precise especificar no Cronograma A, uma vez que a dedução padrão lhe proporcionará um benefício fiscal maior. Para 2019, a dedução padrão para a declaração conjunta do casal era de US$24.400 (em 2018, US$24 mil). Como a lei fiscal de 2018 tornou a dedução padrão significativamente mais alta (em 2017, era de apenas US$12.700 para a declaração conjunta), discriminar (usando o Cronograma A) era menos atraente, uma vez que o total de deduções detalhadas precisava ser maior do que a dedução padrão, o que fazia sentido do ponto de vista fiscal. O problema para os investidores em ações é que muitas despesas dedutíveis relacionadas a investimentos são declaradas como despesas discriminadas (Tabela A), portanto, será mais difícil superar o obstáculo da nova dedução padrão mais elevada.

Juros de investimentos

Se você paga quaisquer juros a um corretor da bolsa, como de margem ou de qualquer tipo, para adquirir um investimento financeiro tributável, isso é considerado juros de investimentos e é totalmente dedutível como uma despesa discriminada.

CUIDADO

Lembre-se de que nem todos os juros são dedutíveis. Os juros do consumidor ou os pagos por qualquer consumidor ou finalidade pessoal não o são. Para obter mais informações gerais, consulte a seção que cobre juros na publicação 17 do IRS.

Despesas diversas

A maioria das deduções relacionadas a investimentos é relatada como despesas diversas. Aqui estão algumas deduções comuns:

» Taxas de contabilidade ou escrituração para manter registros de receitas.

» Despesas relacionadas a serviços, programas e educação tributários.

» Despesas com computadores — dedutíveis se usá-lo por, pelo menos, 50% do tempo para gerenciar seus investimentos.

» Taxas de gestão de investimentos ou de consultor de investimentos (pagas por consultoria sobre investimentos isentos de impostos não são dedutíveis).

» Taxas legais envolvendo questões de acionistas.

» Aluguel de cofre ou cofre residencial para manter seus títulos, a menos que usado para manter objetos pessoais ou títulos isentos de impostos.

» Taxas de serviço para cobrança de juros e dividendos.

» Taxas de assinatura para serviços de consultoria de investimento.

» Custos de viagem para verificar investimentos ou consultar profissionais sobre investimentos relacionados a renda.

Você pode deduzir apenas a parte de suas despesas diversas que excede 2% de sua receita bruta ajustada. Para obter mais informações sobre como deduzir despesas diversas, consulte a publicação 529 do IRS (verifique as deduções em seu país).

Doações de ações para a caridade

O que acontece se você doa ações para sua instituição de caridade favorita (aprovada pelo IRS)? Por se tratar de uma contribuição de caridade não monetária, você pode deduzir o valor de mercado das ações.

Digamos que no ano passado você tenha comprado ações por US$2 mil e elas estejam valendo US$4 mil este ano. Se doá-las, amortizará o valor de mercado no momento da contribuição. Nesse caso, você tem uma dedução de US$4 mil. Use o Formulário 8283 do IRS, um anexo do Cronograma A, para relatar contribuições não monetárias que excedam US$500.

Para obter mais orientações do IRS sobre esse assunto, veja a publicação 526, "Charitable Contributions" (conteúdo em inglês).

Itens não dedutíveis

Para completar, aqui estão alguns itens que, por mais que você considere dedutíveis, não o são:

» Seminários de planejamento financeiro ou investimento.

» Quaisquer custos relacionados a participações em reuniões de acionistas.

» Despesas de home office para gerenciar seus investimentos.

Aposentadoria e Vantagens Fiscais

Se pretende investir em longo prazo (por exemplo, visando sua aposentadoria), maximize o uso de planos de aposentadoria protegidos por impostos. Há muitos tipos de planos disponíveis. Menciono os mais populares nos EUA nas seções seguintes. No Brasil os planos similares de aposentadoria são os de Previdência Privada, consulte seu assessor de investimentos para mais informações. Embora os planos de aposentadoria não pareçam relevantes para os investidores que compram e vendem ações diretamente (diferentemente de um fundo de investimento), alguns planos são chamados de *contas de aposentadoria autodirigidas*, pois lhe permitem investir diretamente.

IRAS

Contas de aposentadoria individual (IRAs) são contas que você pode abrir em uma instituição financeira, como um banco ou uma empresa de fundos de investimento. Um IRA está disponível para quase qualquer pessoa que tenha uma renda e lhe permite reservar e investir dinheiro para financiar sua aposentadoria. Abrir um IRA é fácil, e praticamente qualquer banco ou fundo de investimento o orientará durante o processo. Dois tipos básicos de IRAs são o tradicional e o Roth.

IRA tradicional

A tradicional Conta de Aposentadoria Individual (Individual Retirement Account, ou *IRA dedutível*) foi popularizada no início dos anos 1980. Em um IRA tradicional, você faz uma contribuição dedutível de impostos de até US$6 mil (em 2020), mas há algumas restrições. Indivíduos com, pelo menos, 50 anos podem fazer investimentos adicionais de "recuperação" de US$1.000. Para 2020 e além, os limites serão indexados à inflação.

O dinheiro cresce no IRA sem restrições de impostos correntes, porque não é tributado até que você o retire. Como os IRAs são projetados para fins de aposentadoria, você pode começar a sacar dinheiro do seu IRA quando completa 59 anos e 6 meses. Hmm. Isso deve decepcionar aqueles que querem o dinheiro aos 58 anos.) As retiradas nesse ponto são tributadas como renda ordinária. Felizmente (com sorte?), é provável que você esteja em uma faixa de impostos mais baixa, então, eles não devem ser tão onerosos.

LEMBRE-SE

Lembre-se de que você deve começar a receber distribuições de sua conta quando atinge a idade de 70 anos e 6 meses (deve ser uma chatice para aqueles que preferem a idade de quase 72 anos). Desse ponto em diante, você não pode mais contribuir para um IRA tradicional. Novamente, veja com seu contador como esse critério o afeta.

CUIDADO

Se sacar dinheiro de um IRA muito cedo, o valor será incluído em sua renda tributável, e você receberá uma multa de 10%. Evite a penalidade se não tiver um bom motivo. O IRS fornece uma lista de motivos na publicação 590-B, "Distributions from Individual Retirement Arrangements (IRAs)".

Para colocar dinheiro em um IRA, sua renda deve ser igual ou superior ao valor da contribuição. *Renda ganha* é o dinheiro ganho como empregado ou autônomo. Embora os IRAs tradicionais sejam ótimos para os investidores, a parte mais difícil sobre eles é a qualificação — eles têm limitações de renda e outros qualificadores que os tornam menos dedutíveis com base em quão alta é sua renda. Consulte a publicação 590-A do IRS, "Contributions to Individual Retirement Arrangements (IRAs)", para obter mais detalhes.

DICA

Espere um minuto! Se os IRAs geralmente envolvem fundos de investimento ou investimentos bancários, como o investidor em ações tira proveito deles? Veja como: os investidores em ações podem abrir um IRA autodirigido com uma corretora. Isso significa poder comprar e vender ações na conta sem impostos sobre dividendos ou ganhos de capital. A conta tem imposto diferido, então você não precisa se preocupar com impostos até começar a fazer saques. Além disso, muitos planos de reinvestimento de dividendos (DRPs) também podem ser configurados como IRAs. Veja no Capítulo 19 mais informações sobre os DRPs.

Roth IRA

Roth IRA é um ótimo plano de aposentadoria que eu gostaria que existisse há muito tempo. Aqui estão algumas maneiras de distingui-lo do tradicional:

» O Roth IRA não oferece deduções fiscais para as contribuições.

» O dinheiro no Roth IRA cresce sem impostos e pode ser retirado sem impostos quando você completa 59 anos e 6 meses.

» O Roth IRA está sujeito a penalidades de distribuição antecipada (embora haja exceções). As distribuições devem ser qualificadas para serem isentas de penalidades e impostos; em outras palavras, certifique-se de que qualquer distribuição esteja dentro das diretrizes estabelecidas pelo IRS (consulte a publicação 590-B).

A contribuição máxima por ano para Roth IRAs é a mesma para os IRAs tradicionais. Você também pode abrir uma conta autodirecionada com uma corretora. Consulte a publicação 590-A do IRS para obter detalhes sobre a qualificação.

Planos 401(k)

Os planos 401(k) patrocinados pela empresa (nomeados em homenagem à seção do código tributário que os estabelece) são amplamente usados e muito populares. Em um plano 401(k), as empresas reservam dinheiro do contracheque de seus funcionários que eles podem usar para investir na aposentadoria. Em 2020, você podia investir até US$19.500 de sua renda auferida antes dos impostos e aumentá-la com o imposto diferido. Pessoas com mais de 50 anos podem contribuir com até US$6.500 como uma contribuição "de recuperação".

Normalmente, o dinheiro é colocado em fundos de investimento administrados por uma empresa específica ou uma seguradora. Embora a maioria dos planos 401(k) não seja autodirigida, eu os menciono neste livro por um bom motivo.

Como seu dinheiro está em um fundo de investimento que pode investir em ações, desempenhe um papel ativo na descoberta dos fundos nos quais você tem permissão para investir. A maioria dos planos oferece vários tipos de fundos de investimento de ações. Use seu conhecimento sobre ações para fazer escolhas mais informadas sobre as opções do plano 401(k). Para obter mais informações sobre 401(k) e outros planos de aposentadoria, consulte a publicação 560 do IRS.

Se você for um funcionário, também pode obter mais informações sobre planos de aposentadoria com o Departamento do Trabalho dos EUA em `www.dol.gov` (faça uma pesquisa em seu país).

LEMBRE-SE

Lembre-se de que um fundo de investimento é tão bom quanto aquilo em que investe. Faça algumas perguntas ao administrador do plano sobre os fundos e os tipos de ações em que o plano investe. As ações são defensivas ou cíclicas? São ações de crescimento ou de renda (pagando um alto dividendo)? São de large ou small cap? (Veja no Capítulo 1 mais informações sobre esses tipos de ação.) Se você não fizer uma escolha informada sobre os investimentos em seu plano, outra pessoa o fará (como o administrador do plano), e ela provavelmente não terá as mesmas ideias que você sobre seu dinheiro.

5
A Parte dos Dez

NESTA PARTE. . .

Reconheça uma excelente ação ao ver uma — descubra os dez principais indicadores.

Implemente algumas estratégias e táticas lucrativas para mercados em baixa.

Encontre alguns grandes investimentos para diversificar — ações não são a última bolacha do pacote.

Fique por dentro das tendências e dos colapsos poderosos que ocorrerão na próxima década (2020–2030) e ajuste suas estratégias de trade de ações para maximizar os ganhos (ou minimizar as perdas).

NESTE CAPÍTULO

» Tomando nota de lucros, vendas e passivos de uma empresa

» Procurando barganha de ações e dividendos crescentes

» Prestando atenção à política e às megatendências

Capítulo **22**

Luz, Câmera, Ações

Em um livro como este, o objetivo final seria identificar o Santo Graal do investimento em ações — *a* ação —, o tipo de ação que colocaria a Apple, a Amazon, a Procter & Gamble e a Microsoft no chinelo. Sim, ela seria o Tio Patinhas do seu portfólio! Bem, devagar com o andor porque o santo é de barro.

Essa ação provavelmente está no mercado de ações do céu agora, e você está firmemente plantado em terra firme. Se souber de uma ação com todos os aspectos a seguir, mergulhe fundo e consiga o máximo que puder (e me avise, para que eu faça o mesmo!).

Sério, duvido que você encontre uma ação com todos os dez aspectos descritos neste capítulo, mas uma ação com metade deles é uma escolha supersólida. Compre uma ação com o máximo desses aspectos e você provavelmente terá uma campeã.

A Empresa Tem Lucros Crescentes

A própria essência de uma empresa de sucesso é sua capacidade de gerar lucro. Na verdade, o lucro é o elemento financeiro mais importante de uma empresa. Posso até argumentar que é o elemento mais importante de uma economia de sucesso. Sem lucro, a empresa fecha. Se uma empresa fecha as portas, os empregos privados desaparecem. Por sua vez, os impostos não são pagos. Isso significa que o governo não pode funcionar e pagar seus trabalhadores e aqueles que dependem da assistência pública. Desculpe por nos desviar da marca registrada da empresa, mas entender a importância do lucro é vital.

LEMBRE-SE

Lucro é o que resta depois que as despesas são deduzidas das vendas. Quando uma empresa administra bem suas despesas, os lucros aumentam. Para obter informações sobre os números que medem o sucesso de uma empresa, veja os Capítulos 6 e 11, bem como o Apêndice B.

A Empresa Tem Vendas Crescentes

Olhar as vendas totais de uma empresa é referido como analisar os *números da linha superior*. É claro que isso ocorre porque, ao analisar o lucro líquido (as vendas brutas menos as despesas totais), analisamos os resultados financeiros.

Uma empresa (ou analistas) pode jogar com muitos números em uma demonstração de resultados; há inúmeras maneiras de ver os ganhos. Os ganhos são o coração e a alma de uma empresa, mas a linha superior oferece um número inequívoco e claro. O número total de vendas (vendas brutas ou receita bruta) de uma empresa é mais difícil de maquiar.

DICA

É fácil para um investidor — mesmo para o novato — olhar as vendas de uma empresa de dado ano e ver se ela está indo melhor ou pior do que no ano anterior. A revisão de três anos de vendas é uma boa avaliação geral do sucesso da empresa.

É verdade que alguns anos são ruins para todos, então não espere que as vendas de uma empresa subam como um foguete a cada ano. Às vezes o sucesso é relativo; uma empresa com vendas abaixo de 5% está indo bem se todas as outras empresas no setor reduziram muito mais as vendas.

Basta dizer que é positivo quando as vendas totais de uma empresa estão aumentando. Ela pode superar outros problemas (como saldar dívidas ou despesas repentinas) com mais facilidade e preparar o caminho para o sucesso de longo prazo.

Veja no Apêndice B como entender as vendas e fazer sua própria análise de receita.

A Empresa Tem Poucos Passivos

Se todos os aspectos forem iguais, prefiro uma empresa com dívidas relativamente baixas a uma com dívidas altas. O excesso de dívidas pode matar uma empresa que, de outra forma, teria sucesso. A dívida pode consumir você, e, enquanto você lê isto, a dívida está consumindo muitos países de todo o mundo.

Como uma empresa com pouca dívida tem poder de empréstimo, aproveita oportunidades como assumir o controle de um concorrente ou adquirir um que ofereça uma tecnologia adicional para impulsionar o crescimento do lucro atual ou futuro.

Observe que eu não disse uma empresa sem dívidas. Não me entenda mal — uma empresa sem dívidas ou com poucos passivos é uma empresa sólida. Mas em um cenário em que as taxas de empréstimos são historicamente baixas, vale a pena contrair algumas dívidas e usá-las com eficiência. Em outras palavras, se uma empresa pode pegar um empréstimo a, digamos, 3% e usá-lo para gerar um lucro de 5% ou mais, por que não o fazer?

LEMBRE-SE

Observe que estou falando sobre passivos. Nem sempre é a dívida convencional que pode afundar uma empresa. E se essa empresa estiver simplesmente gastando mais dinheiro do que arrecadando? O passivo ou "passivo total" leva em consideração tudo o que uma empresa é obrigada a pagar, seja um título de longo prazo (dívida de longo prazo), o pagamento dos funcionários ou a conta de água. As despesas correntes devem ser cobertas pela receita corrente, mas você não quer acumular dívidas de longo prazo, o que representa um dreno da receita futura.

Além disso, em alguns setores, os passivos assumem uma forma que não é tipicamente uma dívida convencional ou despesas mensais. Li um relatório recente do setor sobre alguns bancos e corretoras de valores muito grandes terem posições enormes em *derivativos*, que são instrumentos financeiros complicados, que facilmente se transformam em dívidas esmagadoras que põem tudo a perder.

Em minha pesquisa, encontrei uma corretora de Wall Street que tinha um total de derivativos de colossais US$35 trilhões, embora seu patrimônio líquido em seu balanço fosse de apenas US$104 bilhões. Até existe uma agência que monitora esses números (Escritório do Controlador da Moeda, `www.occ.gov` — conteúdo em inglês), e você deve verificar quando estiver pensando em investir nesse tipo de instituição financeira.

Um dos aspectos de uma empresa de sucesso é manter os passivos baixos e administráveis. Você encontra a dívida de uma empresa em seus demonstrativos financeiros (como o balanço patrimonial). Descubra mais sobre dívidas no Capítulo 11.

DICA

Para descobrir alguns bons parâmetros de dívida aceitável, observe os índices financeiros da dívida em relação aos ativos. Obtenha informações no Apêndice B.

Ações a Preço de Banana

Preço e valor são dois conceitos diferentes, não intercambiáveis. Preço baixo não é sinônimo de pechincha. Assim como você deve obter o máximo do seu dinheiro ao comprar, também deve fazê-lo ao investir em ações.

O valor de uma empresa é analisado de várias maneiras, mas o primeiro ponto que examino é o índice preço/lucro (índice P/E). Ele conecta o preço das ações da empresa a seus lucros líquidos cotados por ação. Por exemplo, se uma empresa tem um preço de US$15 por ação e os lucros são de US$1 por ação, o índice P/E é 15.

LEMBRE-SE

De modo geral, um índice P/E de até 15 é um bom valor, especialmente se os outros números são positivos (se os lucros e as vendas estão aumentando, como observei neste capítulo). Quando a economia e os preços das ações estão em baixa, os índices P/E de até 10 são ainda melhores. Por outro lado, se a economia está crescendo, índices de P/E mais altos são mais aceitáveis.

Eu me considero um investidor de valor, então índices P/E moderados (mais baixos) me deixam confortável. No entanto, outra pessoa pode se irritar com isso e considerar aceitáveis índices P/E de 25 ou até de 50. Então, novamente, nesses níveis (ou superiores), você não está mais falando de uma pechincha. Basta ter em mente que ações com P/Es muito mais altos, como 75, 100 e além, significam que os investidores em ações têm grandes expectativas para os lucros da empresa; se os ganhos não se materializarem, o risco é o de que as ações caiam, portanto, cuidado com os altos P/Es.

CUIDADO

Muitos investidores não veem nenhum problema em comprar ações sem índice P/E. Essas ações podem ter P (preço da ação), mas não E (lucro). Se você investe em uma empresa que tem prejuízos em vez de lucros, para mim, você não é um investidor, mas um especulador.

Investir em uma empresa que está perdendo dinheiro é fazer uma aposta, e, mais importante, isso não é uma pechincha. (No entanto, quando você encontra uma empresa que está perdendo dinheiro, pode ser uma boa oportunidade de operar a descoberto; veja detalhes no Capítulo 17.)

Uma ação também pode ser uma pechincha se seu valor de mercado está igual ou abaixo de seu *valor contábil* (o valor contábil real dos ativos líquidos da empresa). Descubra mais sobre o valor contábil no Capítulo 11.

Os Dividendos Estão Crescendo

É no investimento de longo prazo que está a verdadeira recompensa para os investidores de hoje. Mas antes de começar a olhar para o calendário e sonhar com os lucros futuros, dê uma olhada no quadro atual de dividendos da empresa.

Os dividendos são o melhor amigo do investidor de longo prazo. Não seria ótimo se, depois de alguns anos possuindo essas ações, você recebesse um total de dividendos que, na verdade, superasse seu investimento original? Isso é mais comum do que você imagina! Calculei o histórico de dividendos acumulados para determinada ação, e não leva tanto tempo quanto você pensa obter o valor do investimento original de volta (contando os dividendos acumulados). Conheço algumas pessoas que compraram ações que pagaram dividendos durante o bear market (quando os preços das ações estão muito baixos) e recuperaram o investimento original após oito a dez anos (dependendo da ação e do crescimento dos dividendos, claro).

O crescimento dos dividendos também acarreta o crescimento potencial da própria ação. Um dividendo consistentemente crescente é um sinal positivo para o preço das ações. O público investidor vê que um dividendo crescente é um sinal poderoso e tangível da saúde financeira atual e futura da empresa.

Uma empresa é capaz de forjar lucros e outros valores baixos ou maleáveis, mas quando um dividendo é pago, é uma prova concreta de que ela está tendo sucesso com seu lucro líquido. Dado isso, basta revisar o gráfico de ações de longo prazo (digamos, de cinco anos ou mais) de uma empresa pagadora de dividendos consistente; 99 vezes em 100, o preço das ações oscila em um padrão semelhante.

Discuto dividendos e ações com crescimento de dividendos no Capítulo 9. Para fundos negociados em bolsa (ETFs) que têm ações de dividendos em seus portfólios, veja o Capítulo 5. Por último, verifique os recursos sobre estratégias de investimento em dividendos no Apêndice A.

CAPÍTULO 22 **Luz, Câmera, Ações** 311

O Mercado Está Crescendo

Nesse contexto, quando digo que o mercado está crescendo, eu me refiro ao mercado de consumidores para determinado produto. Se mais e mais pessoas estão comprando widgets (lembra-se deles?) e as vendas de widgets continuam crescendo, é um bom presságio para as empresas que os vendem (ou prestam serviços relacionados a eles).

Avalie os dados demográficos e de mercado e use essas informações para filtrar ainda mais suas opções de investimento. Você pode dirigir uma grande empresa, mas se sua fortuna for feita quando um milhão de pessoas comprarem de você, no ano que vem esse número diminuir para 800 mil e, no ano seguinte, diminuir novamente, o que acontecerá com sua fortuna?

Considere este exemplo: se você tem uma empresa de sucesso que está vendendo algo para idosos e os dados de mercado dizem que o número de idosos está se expandindo implacavelmente no futuro previsível, então essa maré crescente (dados demográficos) levantará aquele barco específico (sua ação). Saiba mais sobre o crescimento do mercado usando os recursos do Apêndice A.

Ações com Alta Barreira de Entrada

Se você dirige uma empresa que oferece um produto ou um serviço com o qual é fácil competir, construir um negócio forte e viável será mais difícil para você; será preciso fazer algo diferente e melhor.

Talvez você tenha uma grande tecnologia, um sistema patenteado, habilidades superiores de marketing ou uma maneira de tornar o que está vendendo mais barato e mais rápido do que a concorrência. Talvez tenha uma marca forte que perdura há décadas.

Uma *alta barreira de entrada* significa que as empresas que competem com você terão dificuldade em superar sua vantagem. Isso lhe dá o poder de crescer e deixar a concorrência para trás.

Eis o exemplo: a Coca-Cola (KO) se posicionou e autodenominou por décadas o refrigerante top com uma receita secreta. Apesar de imitadores e concorrentes, ainda é dominante hoje — mais de um século após a fundação. O refrigerante da empresa ainda está nas mesas e nos piqueniques, e seus acionistas ainda estão sendo renovados com a divisão de ações e os aumentos de dividendos.

Para encontrar recursos que o ajudarão a descobrir as vantagens e as características das ações com uma alta barreira de entrada, veja o Apêndice A.

A Empresa Tem Perfil Político Discreto

Política: só de pensar nisso, estremeço. Discussões políticas são ótimas em coquetéis e, talvez, divertidas de assistir quando feitas por seus parentes, mas acho que voar abaixo do radar político é uma coisa boa para as empresas. Por quê?

Vivemos em tempos politicamente sensíveis (não acho que isso seja bom). Com frequência, a política afeta a sorte das empresas e, por extensão, os portfólios dos investidores. Sim, às vezes a política favorece uma empresa (por meio de acordos de bastidores e coisas do gênero), mas é uma faca de dois gumes, que pode arruinar uma empresa.

A história mostra que empresas visadas politicamente, diretamente ou por associação (por estarem em um setor impopular) sofrem. Houve um tempo em que manter empresas de tabaco em seu portfólio era o equivalente a dar alho para um vampiro.

LEMBRE-SE

Todos os aspectos sendo iguais, prefiro ter uma ação em um setor popular ou indefinido a uma que atrai atenção indevida (negativa).

A Ação É Opcional

Uma *ação opcional* (que tem opções de compra e venda disponíveis) significa mais formas de lucrar (ou a capacidade de minimizar perdas potenciais). As opções fornecem ao acionista maneiras de aumentar os ganhos ou gerar receita adicional.

Digamos que você, de fato, encontre a ação perfeita, carregue e compre quantas ações puder, mas não tenha mais dinheiro para comprar outro lote de ações.

Felizmente, percebe que as ações são opcionais e vê que pode especular comprando uma opção de compra que lhe permite ficar otimista com cem ações com uma fração do dinheiro necessário para realmente comprá-las. À medida que as ações disparam, você lucra retirando a opção de compra sem ter que tocar na posição das ações.

Agora, com suas ações em níveis de sangramento excessivo, você fica nervoso com a possibilidade de elas chegarem a um nível insustentável, então decide comprar algumas opções de venda para proteger seus ganhos não realizados com suas ações. Quando sua ação passa por uma correção, você recebe sua opção de venda com um ganho invejável. Com as ações em baixa,

CAPÍTULO 22 **Luz, Câmera, Ações** 313

decide retirar o produto dos lucros obtidos com a opção de venda e comprar mais ações a preços favoráveis.

DICA

As opções (tanto a compra quanto a venda, nesse cenário) oferecem a possibilidade de gerar mais lucros com a mesma grande ação. Lembre-se de que as opções são um veículo especulativo e podem expirar. Descubra mais sobre as opções em meu livro *High-Level Investing For Dummies* (sem publicação no Brasil).

A Ação Se Beneficia de Megatendências Favoráveis

Megatendência é uma tendência que afeta um segmento incomum e grande do mercado e pode ter benefícios e/ou armadilhas para compradores e vendedores de determinado conjunto de produtos e serviços. Um bom exemplo de megatendência é "o envelhecimento dos EUA"; os Estados Unidos têm mais de 85 milhões de pessoas que se preparam para a aposentadoria à medida que atingem e ultrapassam os 65 anos (embora alguns presumam um número maior quando incluem pessoas com mais de 50 anos). As empresas que fornecem serviços e produtos para idosos terão maiores oportunidades de vender e serão, então, uma boa consideração para os investidores.

LEMBRE-SE

Quando as megatendências estão do seu lado, você pode até ter uma ação medíocre, mas acaba com ganhos extraordinários. Na verdade, mesmo uma "ação ruim" aumentará drasticamente se for varrida por uma alta impulsionada por uma megatendência poderosa. É claro que uma ação ruim não terá poder de permanência (a ação acabará caindo se a empresa subjacente estiver perdendo dinheiro ou tendo dificuldades), portanto, opte por ações de qualidade para realmente otimizar os benefícios de longo prazo que uma megatendência pode fornecer.

O problema é que, quando uma ação tem pouca substância por trás (a empresa está perdendo dinheiro, há dívidas crescentes, e assim por diante), seu movimento de alta será temporário, e o preço da ação tenderá a se reverter em uma retração feia. Pergunte a qualquer pessoa que comprou ações pontocom de 1999 a 2001 (isso mesmo — aquele cara soluçando baixinho no canto). A ideia da maré alta que eleva todos os barcos é poderosa, e quando você tem uma grande empresa que só se beneficiará com esse tipo de cenário, o preço das ações aumentará cada vez mais.

Saiba mais sobre megatendências e outros fatores no panorama geral nos Capítulos 13 e 15.

NESTE CAPÍTULO

» Pesquisando boas ações, dividendos e ratings de títulos

» Considerando o shorting e a margem

» Vendo as opções de compra e venda

» Exercitando a paciência

Capítulo **23**

Dez Formas de Lucrar no Bear Market

O bear market é brutal quando chega. Pergunte a qualquer investidor em ações que investiu durante 1973–1975, 2000–2002, 2008 ou no breve, mas brutal, mês de dezembro de 2018. A partir de janeiro de 2020, o mercado rugia em novas máximas, então o bear market parece hibernar, mas pode vir sem muito aviso público e devastar os investidores despreparados. Você alivia a dor da carnificina fechando os olhos. Felizmente, o bear market tende a ser muito mais curto do que o bull market, e se você diversificar adequadamente, passará por ele sem grandes danos.

Para os investidores ágeis, o bear market oferece oportunidades para aumentar seu portfólio e estabelecer as bases para uma construção de riqueza de longo prazo. Aqui estão dez maneiras de tornar o bear market mais tolerável (e lucrativo).

Encontrando Boas Ações para Comprar

Em um bear market, as ações de empresas boas e ruins tendem a cair. Mas as ações ruins tendem a ficar baixas (ou ir para o lixo da história das ações se as empresas subjacentes forem à falência), enquanto as boas se recuperam e voltam ao crescimento. O investidor de longo prazo vê um mercado em baixa como uma boa oportunidade para comprar ações de qualidade.

LEMBRE-SE

Para o investidor, a estratégia é clara. Se as ações de uma empresa boa e lucrativa caírem, isso representará uma oportunidade de compra. Tradução: boas oportunidades à venda! É aqui que algumas pesquisas básicas produzem diamantes brutos. Quando você encontra empresas com boas vendas e lucros, e uma boa perspectiva (obtenha orientações no Capítulo 8), em seguida usa alguns índices-chave (como preço/lucro e outros cobertos no Apêndice B) e descobre grandes ações a preço de banana (graças ao bear market).

Muitos se esquecem de que alguns dos maiores investidores da história (como Warren Buffett e John Templeton) usaram o bear market para comprar empresas quando suas ações caíram a níveis de barganha. Por que não?

Caçando os Dividendos

Um dividendo vem do lucro líquido de uma empresa, enquanto o preço da ação é ditado pela compra e pela venda no mercado de ações. Se o preço das ações cair por causa da venda, mas a empresa for forte, ainda gerando lucro e pagando dividendos, será uma boa oportunidade de compra para aqueles que buscam receita de dividendos.

Digamos que você tenha uma ação de US$50 de uma grande empresa e ela tenha um dividendo anual de US$2,50. Isso significa um rendimento de dividendos de 5% (US$2,50 divididos por US$50 resultam em um rendimento percentual de 5%). Digamos que estejamos em um bear market brutal e o preço das ações tenha caído para US$25 por ação. No caso, o rendimento de dividendos é muito maior. Se a ação está a US$25, e o dividendo, a US$2,50, o rendimento do dividendo é de 10%, porque US$2,50 é 10% de US$25.

Para ler mais informações sobre como investir na receita de dividendos, veja o Capítulo 9.

Desenterrando Joias com Avaliações de Títulos

À medida que um bear market se desdobra, o ambiente econômico difícil é como a maré que volta das ondas e revela quem ainda está de sunga e quem não está. Um bear market ocorre em tempos econômicos difíceis e revela quem tem dívidas demais com as quais lidar e quem está fazendo um bom trabalho na gestão delas.

É aqui que o rating do título se torna valioso (ou seu valor é inestimável?). O *rating do título* é um instantâneo amplamente visto da qualidade de crédito de uma empresa. É atribuído por uma agência de rating de títulos independente (como Moody's ou Standard & Poor's). O rating AAA é o mais alto disponível e significa que a agência acredita que a empresa atingiu o nível mais alto de solvência e é, portanto, a menos arriscada para investir (em termos de compra de seus títulos). Os ratings AAA, AA e A são considerados "graus de investimento", enquanto os mais baixos (como Bs, Cs ou piores) indicam baixa qualidade de crédito (arriscado). Alguns consideram BBB (ou Baa) um grau de investimento também.

DICA

Se a economia está em mau estado (recessão ou pior), as ações estão em frangalhos e você vê uma ação cujo rating de título é AAA, pode ser uma boa compra! No Capítulo 9, obtenha mais informações sobre os ratings de títulos.

Rotacionando os Setores

Usar fundos negociados em bolsa (ETFs; veja o Capítulo 5) com suas ações é uma boa maneira de adicionar diversificação e usar uma abordagem de rotação de setor. Diferentes setores têm um bom desempenho durante diferentes períodos de vazante e fluxo do ciclo econômico ou de negócios.

Quando a economia está rugindo e crescendo, as empresas que oferecem itens caros, como automóveis, máquinas, alta tecnologia, reforma residencial e grandes compras semelhantes tendem a se sair muito bem, assim como suas ações (são chamadas de *ações cíclicas*). Os setores que representam ações cíclicas incluem manufatura e bens de consumo discricionários. Basicamente, as ações de empresas que vendem itens caros ou "desejos" vão bem quando a economia está crescendo e indo bem.

No entanto, quando a economia parece que está engasgando e entrando em recessão, vale a pena mudar para *ações defensivas* vinculadas às necessidades humanas, como alimentos e bebidas, serviços públicos e semelhantes.

Para investidores sensíveis, produtos básicos de consumo e setores defensivos relacionados são o lugar para estar durante uma recessão econômica e um bear market. Investidores agressivos e do contra verão os setores detonados como uma oportunidade de compra, prevendo que essas ações se recuperarão à medida que a economia retornar ao crescimento e a um novo bull market.

O resultado final é que a rotação em setores que posteriormente se beneficiarão da próxima virada esperada no fluxo e no refluxo da economia é válida para muitos investidores. E você? Veja no Capítulo 13 informações sobre os setores.

Vendendo Ações Ruins a Descoberto

Mercados em baixa são difíceis para ações boas, mas brutais para as ruins. Quando as ações ruins caem, podem continuar caindo e lhe darão uma oportunidade de lucrar quando caírem ainda mais.

Quando uma ação ruim (a empresa subjacente está perdendo dinheiro, endividando-se em excesso etc.) cai, a ação cai mais fortemente à medida que mais e mais investidores examinam e descobrem as finanças instáveis da empresa. Muitas pessoas venderiam as ações a descoberto e lucrariam quando elas continuassem despencando (abordo a mecânica de como vender a descoberto no Capítulo 17).

CUIDADO

Posições vendidas são uma maneira arriscada de apostar na queda de uma ação. Se você estiver errado e as ações subirem, o potencial das perdas será ilimitado. A melhor maneira de especular sobre a queda de uma ação é comprando opções de venda de longo prazo, o que lhe dá potencial para lucrar se você estiver certo (que a ação cairá), mas limita suas perdas se estiver errado. Descrevo as opções de venda posteriormente neste capítulo.

Usando a Margem com Cuidado

Normalmente, não uso margem, mas se você a usar com sabedoria, será uma ferramenta poderosa. Usá-la para adquirir ações que pagam dividendos depois de corrigidas é uma ótima tática. A *margem* usa fundos emprestados da sua corretora para comprar títulos (também conhecido como *compra a termo*). Lembre-se de que, ao empregar margem, você adiciona um elemento de especulação à mistura. Comprar 100 ações de uma ação que paga dividendos com 100% do seu próprio dinheiro é uma ótima maneira de investir, mas comprar as mesmas ações com margem aumenta o risco da situação. O Capítulo 17 apresenta mais detalhes sobre os usos e os riscos da margem.

CUIDADO

Observe as frases "depois de corrigidas" e "ações que pagam dividendos". Ambas têm o objetivo de fornecer uma abordagem melhor para sua estratégia de margem. Você odiaria usar a margem antes que as ações fossem corrigidas ou decaíssem, porque a corretora deseja que você tenha "garantias de ações" suficientes, por assim dizer. Usar a margem no momento errado (quando a ação está em alta e, subsequentemente, cai) é arriscado, mas usá-la para comprar a ação após uma queda significativa é muito menos arriscado.

Comprando uma Opção de Compra

Opção de compra é uma aposta de que determinado ativo (como uma ação ou um ETF) aumentará de valor em curto prazo. Comprar opções de compra significa especular, não investir. Digo isso porque uma opção de compra é um derivativo e tem uma vida útil finita; pode vencer sem valor, se você não toma cuidado.

A parte boa de uma opção de compra é que ela tende a ser barata de comprar e um veículo muito barato no bottom (bear market) do mercado de ações. É aqui que o seu lado do contra entra em ação. Se o preço das ações foi atingido, mas a empresa está em boa forma (vendas sólidas, lucros etc.), apostar em uma recuperação das ações da empresa é interessante.

Digamos que o preço das ações da DEF, Inc. seja de US$23 por ação. Considere comprar uma opção de compra com um preço de exercício de US$25, com vencimento de longo prazo, como um ano ou mais. (Em uma opção de compra, *preço de exercício* é o preço acordado pelo qual o comprador da opção de compra tem a opção, mas não a obrigação, de comprar as ações subjacentes ou o ETF). Isso significa apostar que a ação subirá e atingirá ou ultrapassará o preço de US$25. Se as ações da DEF, digamos, custassem US$28 por ação, sua opção de compra poderia facilmente subir 100% ou mais em valor e lhe render um lucro considerável. Obviamente, se o custo delas permanecer baixo e não se aproximar dos US$25, a opção de compra perderá valor. Se o preço das ações da DEF não chegar a US$25 durante todo o tempo de vida da opção de compra, então ela vencerá sem valor. Por sorte, a opção não custou muito dinheiro, então você provavelmente não perdeu muito, na pior das hipóteses. Dependendo do preço de exercício e da vida útil da opção, uma opção pode custar menos de US$100.

LEMBRE-SE

As opções são uma forma de especular, não de investir. Com o investimento, o tempo está do seu lado. Mas com as opções, o tempo está contra você, porque elas têm uma vida finita e podem vencer sem valor. Para ter mais informações sobre estratégias de construção de riqueza com opções, considere meu livro *High-Level Investing For Dummies* (sem publicação no Brasil).

Vendendo Opções de Compra Coberta

Quando você possui uma ação, especialmente uma com opção, tem a capacidade de gerar renda extra com ela. A maneira mais óbvia de gerar receita com as ações (além de dividendos) é lançando uma opção de compra coberta.

Vender uma *opção coberta* significa vender uma opção de compra contra uma ação que você possui; em outras palavras, você aceita a obrigação de vender suas ações ao comprador (ou titular) da opção de compra que fez a um preço especificado se as ações sobem e atingem (ou excedem) o preço de exercício. Em troca, você recebe uma receita (conhecida como *prêmio da opção*). Se a ação não subir ao preço especificado da opção durante a vida dela (uma opção tem vida útil decrescente e data de vencimento), então você manterá tanto a ação quanto o prêmio para fazer (vender) a opção de compra.

A emissão de opções de compra cobertas é uma maneira relativamente segura de aumentar o rendimento de sua posição de ações em 5%, 7% e até mais de 10%, dependendo das condições de mercado. Tenha em mente, porém, que a desvantagem de lançar uma opção de compra coberta é ter que vender suas ações ao preço especificado da opção (o *preço de exercício*) e renunciar à oportunidade de obter ganhos acima dele. Mas, benfeita, uma opção de compra coberta é uma estratégia praticamente livre de riscos. Descubra mais sobre a venda de opções de compras cobertas no meu livro *High-Level Investing For Dummies* (sem publicação no Brasil).

Gerando Renda com Opções de Venda

Lançar uma *opção de venda* obriga você (o lançador da opção de venda) a comprar cem ações de uma ação (ou ETF) a um preço específico durante o período em que a opção está ativa. Se uma ação que gostaria de comprar cair, considere, em vez disso, lançar uma opção de venda sobre ela.

A opção de venda fornece renda (*prêmio*) enquanto o obriga a comprar as ações subjacentes ao preço acordado (o *preço de exercício*). Mas se quiser comprar as ações de qualquer maneira pelo preço de exercício da opção, tudo bem, e você também receberá por isso (o prêmio).

DICA

A venda de opções de venda é uma ótima maneira de gerar receita no bottom de um bear market. O único "risco" é ter que comprar uma ação de que goste. Muito bom! Para ter mais informações sobre como lançar opções de venda, verifique meu livro *High-Level Investing For Dummies* (sem publicação no Brasil).

Sendo Paciente

LEMBRE-SE

Se você for se aposentar daqui a dez anos (ou mais), um bear market não deve fazê-lo suar. Boas ações saem de bear markets e geralmente estão prontas para o bull market subsequente. Portanto, não se precipite ao sair de uma ação. Continue monitorando a empresa quanto a suas estatísticas vitais (vendas e lucros crescentes etc.) e, se a empresa estiver bem, aguarde. Continue coletando seus dividendos e segure a ação enquanto ela ziguezagueia no horizonte de longo prazo.

322   PARTE 5 **A Parte dos Dez**

NESTE CAPÍTULO

» Aumentando suas posições de ação com opções

» Aumentando as ações com dinheiro e investimentos de baixo risco

» Acompanhando as ações com fundos negociados em bolsa

Capítulo **24**

Dez Investimentos e Estratégias que Combinam com Ações

Sim, amo ações e defendo que um nível de exposição a ações é bom para praticamente todo portfólio. Mas lembre-se de que seu portfólio financeiro total deve ter outros investimentos e estratégias que não sejam ações. Por quê?

Diversificar significa ter outros ativos além de ações, e não ficar 100% preso aos caprichos e às maquinações do mercado de ações. É comum muitos investidores terem muita exposição ao mercado de ações. Isso é bom, claro, quando ele está em alta, mas movimentos potenciais de baixa também estão lá. Portanto, considere investimentos e estratégias que complementem suas atividades de investimento em ações. Confira dez dos meus favoritos neste capítulo.

CAPÍTULO 24 **Dez Investimentos e Estratégias que Combinam com Ações** 323

Opções de Compras Cobertas

Lançar uma opção de compra coberta é uma ótima estratégia para gerar receita a partir de uma posição (ou posições) de ações atual em seu portfólio. *Opção de compra* é um veículo que dá ao comprador da opção de compra o direito (mas não a obrigação) de comprar determinada ação a determinado preço durante um período limitado (as opções de compra vencem). O comprador paga o que é chamado de *prêmio* para o vendedor (referido como *lançador da compra*). O emissor recebe o prêmio como receita, mas, em troca, é obrigado a vender as ações ao comprador pelo preço acordado (o *preço de exercício*), se é solicitado a fazê-lo durante a vida útil da opção. A opção de compra é tipicamente um veículo especulativo para aqueles que estão comprando, mas neste caso me refiro especificamente a vender uma opção de compra coberta.

Vender uma compra coberta é uma forma conservadora de ganhar um dinheiro extra com quase todas as ações listadas das quais você possui, pelo menos, 100 ações. Quer suas ações tenham dividendos ou não, isso aumenta a receita em 5% ou mais.

Para descobrir como emitir opções de compra em suas posições de ações, confira *High-Level Investing For Dummies* (de minha autoria, sem publicação no Brasil). Nele há vários capítulos detalhando os fundamentos das opções, com suas vantagens e desvantagens. Também discuto a venda de compras cobertas no Capítulo 9.

Opções de Venda

Opção de venda é uma aposta de que o preço de um fundo negociado em bolsa (ETF) ou em ações cairá. Se você vir a fortuna de uma empresa caindo, uma opção de venda será uma ótima maneira de obter lucro especulando que a ação também cairá. Muitos usam opções de venda para especular e obter lucro, enquanto outros as usam como um veículo de cobertura ou uma forma de "seguro de portfólio".

DICA

Se você tem uma ação de longo prazo, mas está preocupado com isso em curto prazo, considere usar uma opção de venda sobre essa ação. Você não está esperando que a ação caia; está apenas usando uma forma de proteção para suas ações. Se a ação cair, a opção de venda aumentará de valor. O que alguns investidores fazem é sacar a opção de venda com lucro e usar o produto para comprar mais ações dessa ação, porque seu preço está mais baixo, sendo, assim, uma oportunidade de compra.

Para saber mais sobre opções de venda, veja meu livro *High-Level Investing For Dummies* (sem publicação no Brasil).

Dinheiro

Ter algum dinheiro no banco ou na conta da sua corretora é útil, não importa o que esteja acontecendo com as oscilações do mercado de ações. O quê?! O mercado está despencando? É isso! É bom ter algum dinheiro de lado para caçar pechinchas por ações com um bom valor.

LEMBRE-SE

Quando escrevi este livro, as taxas de juros sobre contas de poupança e veículos bancários semelhantes estavam terrivelmente baixas, portanto, dinheiro não era um grande investimento. No entanto, o dinheiro é parte integrante de sua abordagem geral de construção de riqueza por vários motivos:

» O dinheiro reservado (no banco, mais convenientemente na conta da sua corretora de valores, ou em um fundo do mercado monetário) é necessário quando as oportunidades de compra se apresentam durante os altos e os baixos do mercado de ações.

» O dinheiro é necessário no seu planejamento financeiro como um fundo de emergência. Poucas pessoas têm um fundo de emergência, o que significa
uma centena de coisas diferentes (grandes despesas médicas, demissão etc.) que podem causar um problema de fluxo de caixa. Se precisa de dinheiro para uma grande despesa inesperada e não o tem na poupança (ou no colchão!), de onde ele virá? Há uma boa chance de que precisará vender ou sacar algum investimento (como suas ações). Veja no Capítulo 2 mais informações sobre fundos de emergência.

» O dinheiro pode ser necessário na estratégia de receita do lançamento de opções de venda, uma vez que pode significar a compra de uma ação ou ETF. No Capítulo 9 há mais informações sobre como escrever opções de venda.

» O dinheiro é interessante em tempos de deflação. Quando os preços estão baixos ou diminuindo, o poder de compra de seu dinheiro fica mais forte.

Títulos EE

O título de capitalização EE é emitido pelo Tesouro dos EUA e é um ótimo veículo, especialmente para pequenos investidores (pode custar apenas US$25). É um título com desconto, o que significa que você o compra abaixo de seu valor de face (o preço de compra é 50% do valor de face) e desconta mais tarde para obter seu preço de compra de volta com juros.

A taxa de juros paga é equivalente a 100% da taxa média das notas do Tesouro de 5 anos. Se essa taxa for de 2%, você terá 2%. Para obter o benefício total da taxa, mantenha-o por, pelo menos, 5 anos. Se sacar antes de 5 anos, após 1 ano (o período mínimo), obterá uma taxa de juros mais baixa (equivalente à da poupança).

Aqui estão os vários benefícios de um título EE:

>> A taxa de juros não é fixa. Como está atrelada às taxas de juros das notas do Tesouro, aumentará (ou diminuirá) com ela. Caso as taxas de juros aumentem (o que é uma possibilidade para 2020 e além), os títulos de EE se beneficiam.

>> Os juros que você recebe em títulos de EE são geralmente mais altos do que os de uma conta bancária convencional.

>> Títulos de EE são isentos de impostos estaduais e locais. Se usar os títulos para a educação, muitos dos juros poderão ser isentos de impostos.

Para obter mais detalhes sobre o título de poupança EE, visite o site do Tesouro dos EUA sobre títulos de capitalização (`www.savingsbonds.gov`), em inglês.

Títulos de Inflação

Na era dos investimentos em dívidas a taxas de juros baixas (como títulos em geral), o título de capitalização I (o "I" significa inflação) é um caso à parte. É um "irmão" do título de capitalização EE (veja a seção anterior) e também é emitido pelo Tesouro dos EUA. A diferença aqui (o que o torna um "meio-irmão", acho) é que a taxa de juros está vinculada à taxa de inflação oficial (o *Índice de Preços ao Consumidor*, IPC). Se o IPC vai para 3%, a taxa de juros do título I vai para 3%. A taxa de juros é ajustada anualmente.

Quando escrevi este livro, o IPC era relativamente baixo, e o ambiente, deflacionário (um período de preços baixos), de modo que a taxa de juros do título I estava abaixo de 1,5%.

DICA

Na verdade, gosto do título I para os próximos anos, porque a inflação pode retornar devido a inúmeros fatores (aumentando a oferta de moeda, e assim por diante) e o título I pode ser uma parte sólida de seu portfólio geral. Para obter mais informações sobre títulos I, em inglês, acesse `www.savings-bonds.gov`.

Fundos de Investimento Setoriais

Acredito que o investimento setorial é uma grande parte de sua abordagem geral de construção de riqueza; às vezes não é fácil escolher uma única ação, mas você pode escolher um setor (ou indústria) vencedor. Para muitos investidores, um fundo de investimento setorial é um bom complemento para seu portfólio.

Fundo de investimento é um pool de dinheiro administrado por uma empresa de investimento (como Fidelity, Vanguard ou T. Rowe Price); esse pool de dinheiro é investido em um portfólio de títulos (como ações ou títulos) para atingir um objetivo específico (como crescimento agressivo, renda ou preservação de capital). A empresa de investimento gerencia ativamente o fundo, tomando decisões de compra, venda e retenção regulares no portfólio dele.

Um fundo de investimento setorial limita seu portfólio e suas decisões de investimento a um setor específico, como serviços públicos, bens de consumo básicos ou saúde. É sua tarefa escolher um setor vencedor, e a escolha das várias ações é deixada para a empresa de investimento. (Veja detalhes sobre setores e indústrias no Capítulo 13.)

Motif Investing

Começando com poucas centenas de dólares, você pode ter um portfólio baseado em motifs para aumentar seu portfólio de ações individuais. *Motif Investing* é uma reviravolta relativamente nova nos investimentos (ou especulação, se escolher um motif de risco). Confere a conveniência de investir em um portfólio pré-estruturado projetado para ter um bom desempenho, considerando determinado evento, tendência ou visão de mundo esperada.

Se você acredita, por exemplo, que as taxas de juros subirão, pode, com um único motif, ter uma cesta de ações que se beneficiaria de forma otimizada desse evento. Se acredita que a inflação se mostrará, pode considerar um motif que se beneficiaria desse resultado.

DICA

Optar por um motif não diz respeito necessariamente ao motif em si, mas à sua visão de mundo particular ou a suas expectativas futuras. O que você espera obter nos próximos meses ou anos? Se houver uma tendência positiva (ou negativa) que você tem quase certeza de que se desenvolverá, e não tiver certeza de como lucrar com uma única ação ou fundo, dê uma olhada no motif de investimento. Pode ser apenas sua xícara de chá... ou café (diabos, pode até haver um motif para chá e café!). Saiba mais sobre o investimento em motifs, em inglês, em `www.motif.com/` (mas essa é fácil de adivinhar!).

Fundos Negociados em Bolsa de Baixa

Sabia que há 77 ETFs de baixa (também chamados de inversos) disponíveis a partir de 2019? Felizmente, o mercado de ações dos EUA teve um ano relativamente bom em 2019, mas o perigo de uma correção brusca era possível durante 2020-2021. E, enquanto você lê isto, a possibilidade de haver uma correção acentuada é tangível, já que o mercado de ações recentemente ultrapassou 29 mil (na Média Industrial Dow Jones) e o tumulto da política doméstica e da geopolítica ainda paira devido à fraqueza econômica geral, à dívida insustentável, à turbulência política e às dificuldades econômicas e financeiras globais. O que os investidores devem fazer diante desses cenários possíveis?

Os investidores podem fazer muitas coisas, antes e durante tempos de mercado tumultuados. Se você investe em ações de qualidade, não deve entrar em pânico, em particular se tem uma perspectiva de longo prazo. Mas o hedge, em pequena medida, é uma boa ideia. Em outras palavras, por que não considerar um veículo que se beneficiará em caso de desaceleração do mercado de ações?

Os fundos negociados em bolsa (ETFs) são um bom veículo complementar em seu portfólio de ações, e sua versatilidade pode se tornar parte de sua estratégia geral. Se acredita que o mercado de ações está ou em breve estará em tempos difíceis, considere um ETF de baixa no mercado de ações. Um ETF de baixa (ou inverso) é projetado para subir quando as ações caem. Se

DICA

as ações caírem 5%, o ETF de baixa subirá em uma porcentagem inversa semelhante (no caso, 5%).

O que alguns investidores fazem com os ETFs de baixa é resgatá-los quando o mercado despenca e, em seguida, tirar o lucro para comprar mais de suas ações favoritas (que, presumivelmente, estão mais baratas devido à queda do mercado). Táticas como essa o fazem manter seu portfólio crescendo em longo prazo, enquanto joga com segurança durante as dificuldades do mercado de curto prazo. Vá para o Capítulo 5 para obter informações gerais sobre os ETFs.

Fundos Negociados em Bolsa de Rendimento de Dividendos

O movimento dos preços das ações é intrigante às vezes. Por estarem sujeitos a ordens de compra e venda, seu movimento nem sempre é lógico e previsível, em particular em curto prazo (mesmo!). Há, no entanto, um aspecto das ações que é muito mais lógico e previsível: os dividendos.

Empresas fortes e lucrativas que aumentaram consistentemente seus dividendos no passado tendem a continuar fazendo isso de forma confiável no futuro. Muitas empresas aumentaram seus dividendos ou, pelo menos, continuaram pagando-os ano após ano, nos bons e nos maus momentos. Os dividendos são pagos a partir do lucro líquido da empresa, portanto, atuam como um termômetro que mede a saúde financeira da empresa, que basicamente se resume à lucratividade.

DICA

Encontrar boas ações que paguem dividendos não é difícil, como descrevo no Capítulo 9. Você também os verá nas ferramentas de triagem de ação que abordo no Capítulo 16. No entanto, investir em uma cesta forte de ações que pagam dividendos, verificando os ETFs de rendimento de dividendos, é uma boa ideia — em particular para aqueles ariscos a investir em ações individuais. Um ETF de rendimento de dividendos seleciona uma cesta de ações com base no critério dos dividendos — a consistência com que são pagos e constantemente aumentados. Eles facilitam a inclusão de pagadores de dividendos em seu portfólio com uma única compra. Abordo os ETFs com mais detalhes no Capítulo 5.

CAPÍTULO 24 **Dez Investimentos e Estratégias que Combinam com Ações** 329

Fundos Negociados em Bolsa de Bens de Consumo Básicos

LEMBRE-SE

Considere ter investimentos em seu portfólio que sejam *defensivos* por natureza — investimentos vinculados a produtos e serviços que as pessoas continuarão comprando, não importa quão boa ou ruim esteja a economia. Claro, considere as tão sedutoras ações de tecnologia se quiser, mas contrabalance-as com ações de empresas que oferecem alimentos, bebidas, água, serviços públicos, e assim por diante. Porém, às vezes não é fácil encontrar aquela ação defensiva excelente, então, por que não comprar o setor?

O setor de produtos básicos para o consumidor inclui os "velhos confiáveis" do investimento em ações. Os ETFs de consumo básico podem não disparar durante os mercados em alta (embora tenham um desempenho respeitável), mas progredirão em tempos difíceis ou incertos. Felizmente, o mundo dos ETFs tornou fácil investir em uma cesta de ações que geralmente reflete determinado setor. Discuto os ETFs no Capítulo 5 e os setores no Capítulo 13.

NESTE CAPÍTULO

» Descobrindo quais grandes crises em potencial afetarão seu portfólio

» Descobrindo quais ações e setores podem ter um bom desempenho durante uma turbulência

» Protegendo suas posições de ações antes que uma crise chegue

Capítulo **25**

Dez Armadilhas e Desafios de 2020–2030

O investimento em ações não acontece do nada. O mercado de ações pode enfrentar grandes eventos que podem ajudá-lo ou prejudicá--lo — e, claro, afetar seu portfólio de ações. Alguns eventos podem ter um impacto direto, enquanto outros dão apenas um golpe superficial. Mas a maioria dos macroeventos tem um efeito tangível sobre as ações.

Neste livro, enfatizo o investimento em ações de qualidade e pagadoras de dividendos de longo prazo, que (no passado) superaram eventuais crises e crashs. Este capítulo apresenta informações sobre os desafios potenciais que o mercado de ações pode enfrentar na próxima década.

Deficiências de Pensões de Trilhões

O maior ponto sobre o investimento em ações é que ele pode ser um baluarte fantástico em suas finanças para consolidar sua segurança financeira futura. Muitas pessoas pensam da mesma forma em relação às pensões. A maioria das pensões tem ações e investimentos relacionados a ações (como fundos de investimento) em seu portfólio. O problema é que muitas (a maioria?) pensões são subfinanciadas e/ou subcapitalizadas, então o risco de haver um deficit (mais dinheiro sair das pensões durante os anos de aposentadoria do que entrar) é um perigo real e presente.

LEMBRE-SE

Dependendo da pesquisa, o deficit é de no mínimo US$1,5 trilhão, e provavelmente muito, muito mais (o dobro ou o triplo desse valor). Portanto, é necessário falar sobre a saúde financeira do valor da sua pensão com o administrador dela. Acredito que as pessoas deveriam fazer algum investimento em ações fora de seus planos de pensão para diversificação e foco em ações de renda (pagadores de dividendos; veja o Capítulo 9).

Crises Europeias

A União Europeia fomentou uma configuração burocrática que é a calmaria antes da tempestade. Um lote de países decidiu abrir as comportas para milhões de imigrantes, o que causou um aumento maciço na criminalidade, com a explosão da assistência pública e dos custos de segurança nacional. Com o aumento da violência e os problemas socioeconômicos relacionados, o turismo teve uma queda significativa, ao mesmo tempo em que os custos e a dívida do governo aumentaram.

CUIDADO

Diante disso, países como Suécia e Grécia apresentam tendência de crise financeira e grandes dificuldades econômicas. Os investidores em ações não devem esperar uma crise antes de agir; é hora de reduzir sua exposição aos mercados de ações europeus, uma vez que essas ações correm um grande risco. (Se estiver interessado em investir em ações internacionais, veja dicas no Capítulo 18.)

A Bolha de Títulos e Dívidas

Nos últimos anos, as taxas de juros atingiram um mínimo histórico. Infelizmente, isso ajudou a alimentar uma bolha de títulos histórica que supera a de 2006–2007 (que levou ao crash do mercado de 2008–2009 e à recessão).

Diante disso, a atual bolha de títulos será muito mais problemática, pois é muito maior em trilhões e é um fenômeno mundial. A questão não é se ela estourará ou não, mas quando — e quais serão suas repercussões. O que um investidor em ações pode fazer?

DICA

Primeiro, comece a pensar em quais empresas e setores serão mais afetados. As empresas vinculadas a dívidas excessivas — tendo ou emprestando muito — estarão em maior risco. Portanto, reveja suas escolhas de ações e comece a remover empresas carregadas de dívidas e reduzir sua exposição a ações financeiras, como bancos e empresas hipotecárias. Para saber mais sobre os índices que indicam dívidas preocupantes, veja o Capítulo 6 e o Apêndice B.

Uma Reviravolta Demográfica

As principais considerações demográficas de dez ou quinze anos atrás eram os baby boomers, com suas necessidades e padrões de gastos, mas esse grupo foi suplantado — rufar de tambores, por favor — pelos millennials! Essa geração é definitivamente uma categoria diferente, com hábitos de gastos e preocupações financeiras muito diferentes. Eles estão menos interessados em luxos e gastos de varejo ambulantes, enquanto amam sua tecnologia e compras online.

Essas mudanças significam novas armadilhas e oportunidades às quais os investidores em ações precisam prestar atenção. Diante disso, comece a fazer algumas pesquisas online sobre os millennials e seus hábitos financeiros para ajustar seu portfólio. Os recursos expostos no Apêndice A cobrem os hábitos de investimento dessa geração. Além disso, três motifs vinculados ao investimento estão relacionados a ela (veja mais no Capítulo 14).

Deficits e Dívidas Federais

Durante 2019, a dívida nacional do governo federal dos EUA disparou além do nível de US$23 trilhões. Os políticos torcem as mãos sobre essa dívida alucinante durante a temporada de campanha, mas logo voltam ao modo de gastar (aumentando a dívida nacional) após as eleições. Essa dívida monumental vem crescendo há décadas, e muitas pessoas e políticos foram enganados a ponto de ignorá-la e dar de ombros. No entanto, alguns rumores e marcos trarão esse problema à tona.

Essa dívida total agora ultrapassa 100% do produto interno bruto (PIB), o que significa que podemos estar entrando em um período em que ela não será sustentável. Além disso, grande parte dessa dívida é mantida como títulos em todo o mundo, por governos que não são amigáveis aos Estados Unidos, e ela poderia ser facilmente repatriada no país. Não se sabe ao certo quais perigos surgiriam, já que outros fatores também estão em jogo (guerras, embargos comerciais, e assim por diante), mas esses acontecimentos causariam grandes quedas e oscilações no mercado de ações à medida que os investidores entrarem em pânico.

LEMBRE-SE

Não sei quais serão nossas condições políticas e econômicas quando isso acontecer, mas é seguro dizer que empresas de qualidade com bons fundamentos oferecendo produtos e serviços básicos resistirão à tempestade, o que significa que, se você permanecer focado na qualidade de uma empresa e em sua lucratividade, terá sucesso. (Do contrário, tenha um suprimento adequado de latas de sopa e metais preciosos.) Confira a Parte 3 para saber mais sobre como pesquisar os fundamentos da empresa e escolher ações campeãs.

O Acerto de Contas da Previdência

Você já ouviu por décadas sobre como têm sido problemáticos os desequilíbrios de vários trilhões nos gastos com a Previdência Social, mas nada pareceu se materializar nos últimos anos. Como assim? De acordo com os vigilantes públicos e privados da Previdência Social, seu passivo total não financiado ultrapassa US$50 trilhões só nos EUA, e entramos em um período em que as saídas (pagamentos aos beneficiários) excederão as entradas (impostos). Acredito que, se você tem seguro social agora, está bem, mas os futuros beneficiários correrão risco entre 2025–2035, pois os deficits se tornarão cada vez mais problemáticos.

DICA

Quando estou planejando a aposentadoria com as pessoas, sempre que posso, planejo-a sem imputar a renda da Previdência Social aos números. Por quê? Se meu cliente (ou você, caro leitor) puder conseguir independência financeira sem ela, é claro que qualquer dinheiro dela será um ótimo adicional! Considerando isso, comece a se abastecer com ações de qualidade que paguem dividendos como parte de sua abordagem geral de construção de riqueza (veja o Capítulo 9), e você dormirá melhor.

Terrorismo

Quando escrevi este livro, o mundo estava plácido, apesar de todos os tipos de questões, conflitos e problemas que afligem a humanidade todos os dias. Infelizmente, um único grande evento terrorista desencadearia um pânico no mercado de ações e seria o ponto de inflexão que transformaria uma economia confusa em uma zona de recessão.

Os grandes eventos terroristas nunca são uma coisa boa, é claro, mas, no âmbito específico do investimento em ações, causam grandes danos. Na esteira do 11 de Setembro, em 2001, o terrorismo causou um declínio doloroso que abalou muitos investidores e fez com que muitos portfólios de ações despencassem. No rescaldo de um evento terrorista, tanto as ações boas quanto as ruins caem, mas as boas se recuperam e tendem a voltar às boas, enquanto as ruins têm suas fraquezas expostas e permanecem baixas ou sofrem um destino pior (como a falência).

LEMBRE-SE

A lição é clara: enquanto o mundo parece otimista, aproveite a oportunidade para analisar suas posições de ação com a ajuda das Partes 2 e 3. Livre-se das ações fracas antes que elas caiam — agora mesmo! Mantenha as fortes para que seu portfólio de longo prazo continue o ziguezague de subida.

Potencial Crise Monetária

Estou lhe dizendo, eu poderia facilmente fazer um livro intitulado *Colapso Econômico Para Leigos*, mas, até então, cobrirei todos os vários colapsos em páginas como estas. E o tipo de colapso mais comum é o da moeda. Nos EUA, nossa moeda é de reserva global, o que lhe dá força em relação a outras moedas, uma vez que uma moeda de reserva global é necessária para o comércio internacional. Isso fornece algum nível de isolamento contra problemas monetários típicos. Mas não significa que o mundo está a salvo de uma crise proveniente de moedas menores.

Crises monetárias ocorrem quando uma moeda é superproduzida pelo banco central daquele país. Quando você superproduz uma moeda, tende a diminuir o valor de cada unidade. Isso se traduz em preços mais altos para bens e serviços — inflação! E dificulta a vida dos consumidores, pois a moeda continua perdendo valor. Se a situação não for sanada, a moeda entrará em crise, e o sofrimento econômico da população aumentará.

No momento em que escrevo isto, as moedas da Venezuela e da Argentina estão em crise (hiperinflação!), o que faz com que os cidadãos sofram muito nesses países. O que aconteceria se o euro ou o yuan (moeda da China) inflacionassem e começassem a perder seu valor?

DICA

Felizmente, as ações de qualidade tendem a ter um bom desempenho durante períodos inflacionários, e os pagamentos de dividendos tendem a igualar (ou exceder) a taxa da inflação. Uma boa estratégia adicional é considerar ações de metais preciosos e/ou mineração deles diretamente, que tendem a se sair muito bem em tempos de inflação. Descubra mais em meu livro *Precious Metals Investing For Dummies* (sem publicação no Brasil). Acredito que tempos de inflação são muito possíveis nos próximos anos, então prepare-se agora.

CAPÍTULO 25 **Dez Armadilhas e Desafios de 2020-2030**   335

A Bomba-relógio dos Derivativos

Nos últimos vinte ou trinta anos, ou até mais, uma série de crises foi causada quando as posições de derivativos implodiram e causaram perdas massivas. Um bom exemplo disso foi o colapso de empresas outrora poderosas, como Enron, AIG e Bear Stearns. Em uma escala maior, os derivativos desempenharam um papel importante na bolha imobiliária que estourou em 2006–2007 e no crash de 2008 do mercado.

Os 25 maiores bancos dos EUA têm uma exposição total a derivativos superior a US$204 trilhões, de acordo com o boletim do 2T 2019 emitido pelo Escritório de Controladoria da Moeda (www.occ.gov). Como muitas dessas posições de derivativos de trilhões de dólares estão atreladas aos mercados de dívida, e os mercados de dívida estão maiores e mais insustentáveis do que nunca, é apenas uma questão de tempo até que a próxima crise massiva chegue. O que fazer?

LEMBRE-SE

A principal crise será no setor bancário, portanto, reduza sua exposição a ações de bancos e financeiras. Se você as tem atualmente em seu portfólio, monitore-as e considere stop móveis (abordados no Capítulo 17).

Socialismo

Deixei o pior para o final. O socialismo causou mais crises econômicas do que qualquer outro sistema econômico de ideias políticas. O comunismo e o fascismo são apenas os extremos mais lógicos dessa ideologia perigosa e falaciosa. O socialismo (total ou parcialmente) foi o culpado por uma série extraordinária de crises econômicas ao longo da história, que inclui a Grande Depressão, a Grande Recessão de 2008, o colapso da União Soviética e, mais recentemente, o da Venezuela, do Zimbábue e de dezenas de outras economias. Então, o que os investidores em ações devem saber?

Tais investidores devem ser cautelosos quando os socialistas assumirem o controle de uma economia (ou mesmo de um setor) e sair de posições expostas a ele. Felizmente, os Estados Unidos são, no geral, uma economia capitalista de livre mercado, e esperamos que continue assim; mas pesquisas recentes indicam que uma pluralidade de jovens adultos é favorável ao socialismo, então só podemos esperar que estudem mais.

Para saber mais sobre economia e socialismo, fique à vontade para visitar www.ravingcapitalist.com/socialism, conteúdo em inglês.

Apêndices

NESTA PARTE. . .

Conheça meus recursos favoritos para ajudá-lo a ter sucesso com ações e fundos negociados em bolsa (ETFs). Acesse sites com informações privilegiadas sobre ações e atos não revelados do mercado, bem como recursos para ficar à frente e não se surpreender com as oscilações do mercado de ações.

Descubra os índices que ajudarão a tornar suas escolhas mais bem-sucedidas, junto com os principais índices que o ajudam a ver o quão lucrativas (e solventes) são suas ações em potencial.

Apêndice A

Recursos do Investidor em Ações

Ficar e se manter informado são prioridades constantes para os investidores em ações. As listas deste apêndice representam alguns dos melhores recursos de informação disponíveis.

Recursos para Planejamento Financeiro

Para encontrar um planejador financeiro para ajudá-lo com suas necessidades financeiras gerais, entre em contato com as seguintes organizações, em inglês.

Certified Financial Planner Board of Standards (CFP Board)

1425 K St. NW, Suite 500 Washington, DC 20005 Telefone 800-487-1497 Site www.cfp.net

Obtenha uma cópia gratuita do folheto do Conselho CFP *10 Questions to Ask When Choosing a Financial Planner.* Solicite um planejador financeiro especializado em investimentos.

Financial Planning Association (FPA)

1290 Broadway, Suite 1625 Denver, CO 80203 Telefone 800-322-4237 Site www.fpanet.org

É a maior organização profissional sobre planejamento financeiro.

National Association of Personal Financial Advisors (NAPFA)

8700 W. Bryn Mawr Ave., Suite 700N Chicago, IL 60631 Telefone 888-333-6659 Site www.napfa.org

É a organização líder para planejadores financeiros baseados em taxas (em outras palavras, eles não são pagos com comissões baseadas na venda de seguros/produtos de investimento).

A Linguagem do Investimento

Investing for Beginners

Site `beginnersinvest.about.com`

Investopedia

Site `www.investopedia.com`

Investor Words

Site `www.investorwords.com`

Standard & Poor's Dictionary of Financial Terms

Virginia B. Morris e Kenneth M. Morris, publicado por Lightbulb Press, Inc.

Uma publicação de A a Z bem elaborada para investidores confusos com os termos financeiros. Explica os termos importantes que você encontra todos os dias.

Recursos Textuais sobre Investimento

O sucesso do investimento em ações não se dá ao acaso, mas decorre de um processo. Os periódicos e as revistas listados aqui (com seus sites) oferecem muitos anos de orientação e informações para investidores, e ainda são de primeira linha. Os livros fornecem muita sabedoria atemporal ou oportuna (cobrindo problemas e preocupações sobre os quais todo investidor deve estar ciente agora).

Periódicos e revistas

Barron's

Site `online.barrons.com`

Revista *Forbes*

Site www.forbes.com

Investing.com

Site www.investing.com

Investor's Business Daily

Site www.investors.com

Revista *Kiplinger's Personal Finance*

Site www.kiplinger.com

Revista *Money*

Site www.money.com

Value Line Investment Survey

Site www.valueline.com

The Wall Street Journal

Site www.wsj.com

Livros

Common Stocks and Uncommon Profits and Other Writings

Philip A. Fisher, publicado por John Wiley & Sons, Inc.

Elliott Wave Principle: Key to Market Behavior

A. J. Frost e Robert R. Prechter, publicado por New Classics Library

Robert Prechter é um dos principais técnicos e tem algumas previsões muito precisas sobre o mercado de ações e a economia em geral.

Forbes Guide to the Markets: Becoming a Savvy Investor

Marc M. Groz, publicado por John Wiley & Sons, Inc.

Análise Fundamentalista Para Leigos

Matt Krantz, publicado por Alta Books.

Tive a sorte de revisar esse livro, e ele vale muito a pena para investidores sérios. O autor analisa as finanças de uma empresa de uma forma que qualquer investidor sério precisa saber.

How to Pick Stocks Like Warren Buffett: Profiting from the Bargain Hunting Strategies of the World's Greatest Value Investor

Timothy Vick, publicado por McGraw-Hill Professional Publishing

Quando você está investindo, é bom ver o que investidores talentosos como Warren Buffett fazem, e esse livro explica bem a abordagem dele.

The Intelligent Investor: The Definitive Book on Value Investing

Benjamin Graham, publicado por HarperCollins

É um livro clássico de investimento que era ótimo quando foi publicado e ainda é muito relevante no tumultuado mercado de ações de hoje.

Security Analysis: The Classic 1951 Edition

Benjamin Graham e David L. Dodd, publicado por McGraw-Hill Companies

Esse livro é um clássico, e a maioria dos investidores nesta era de incertezas deve se familiarizar com o básico das ideias dele.

Standard & Poor's Stock Reports

(disponível na seção de referência da biblioteca)

Site www.standardandpoors.com

Pergunte a um bibliotecário que conheça sobre essa excelente fonte de referência, que contém resumos de uma página sobre as principais empresas e relatórios financeiros detalhados de todas as principais empresas listadas na Bolsa de Valores de Nova York e Nasdaq.

The Wall Street Journal Guide to Understanding Money & Investing

Kenneth M. Morris e Virginia B. Morris, publicado por Lightbulb Press, Inc.

Livros de especial interesse para investidores em ações

The Coming Bond Market Collapse: How to Survive the Demise of the U.S. Debt Market

Michael G. Pento, publicado por John Wiley & Sons, Inc.

O mercado global de títulos é uma enorme bolha que envia ondas de choque aos mercados de ações e às economias; Pento diz por que e o que fazer.

Crash Proof 2.0: How to Profit from the Economic Collapse
Peter D. Schiff e John Downes, publicado por John Wiley & Sons, Inc.

Um ótimo "curso intensivo" sobre os problemas enfrentados por nossa economia moderna e como traçar estratégias com seu portfólio.

The ETF Book: All You Need to Know About Exchange-Traded Funds
Richard A. Ferri, publicado por John Wiley & Sons, Inc.

Considerando o mercado, ETFs são escolhas melhores do que ações para alguns investidores, e esse livro faz um bom trabalho em explicá-los.

High-Level Investing For Dummies
Paul Mladjenovic, publicado por John Wiley & Sons, Inc.

Rasgo seda descaradamente para outro grande livro. Sério, esse livro levará seu investimento em ações para o próximo nível, conforme abordo mais estratégias e recursos em investir e especular não apenas com ações, mas também com ETFs e opções sobre o necessário para se equiparar aos grandes investidores e especuladores da história.

Hot Commodities: How Anyone Can Invest Profitably in the World's Best Market
Jim Rogers, publicado por Random House

A pedra angular do investimento em "necessidades humanas", inclui commodities, e Rogers apresenta ótimas sacadas no livro.

The Money Bubble
James Turk e John Rubino, publicado por DollarCollapse Press

Fala de tempos épicos, à medida que bolhas e crises monetárias históricas se desdobram, com sérias consequências para as ações e outros aspectos do quadro financeiro. O livro é uma ótima orientação para aumentar sua segurança financeira.

Why the Federal Reserve Sucks: It Causes Inflation, Recessions, Bubbles and Enriches the One Percent
Murray Sabrin, publicado por Gallatin House, LLC

Sites sobre Investimento

Como um investidor sério pode ignorar a internet? Você não pode e não deve fazer isso. A seguir estão algumas das melhores fontes de informação disponíveis.

Sites sobre investimento em geral

Bloomberg
www.bloomberg.com

CNN Business
www.cnn.com/business

Financial Sense
www.financialsense.com

Forbes
www.forbes.com

Invest Wisely: Advice From Your Securities Industry Regulators
www.sec.gov/investor/pubs/inws.htm

Investing.com
www.investing.com

MarketWatch
www.marketwatch.com

Money
https://money.com/

Sites sobre investimento em ações

AllStocks.com
www.allstocks.com

Benzinga
www.benzinga.com

CNBC

www.cnbc.com

Contrarian Investing.com

www.contrarianinvesting.com

DailyStocks

www.dailystocks.com

Morningstar (conhecido por fundos de investimento, mas também tem ótimas pesquisas sobre ações)

www.morningstar.com

Quote.com

www.quote.com

RagingBull

www.ragingbull.com

Standard and Poor's

www.standardandpoors.com

TheStreet

www.thestreet.com

Yahoo! Finance

www.finance.yahoo.com

Blogs sobre investimento em ações

Esses blogs contêm inúmeras opiniões e percepções de especialistas sobre investimentos. Leia-os para completar sua pesquisa (há até alguns artigos meus também).

O melhor dos blogs sobre investimento: Investing

https://blogs.botw.org/Business/Investing/

Nota: O site The Best of the Web (BOTW) tem um extenso diretório de blogs, e essa página específica lista muitos blogs excelentes sobre investimentos para sua análise. Muitos se especializam em ações e questões de investimento relacionadas. Existem muitos blogs financeiros e de mercado de ações excelentes, que não consigo inserir neste espaço, então faça uma pesquisa no BOTW (outra fonte para verificar é `www.blogsearchengine.org`).

MarketBeat
`www.marketbeat.com`

Seeking Alpha
`www.seekingalpha.com`

StockTwits
`www.stocktwits.com`

StreetAuthority
`www.streetauthority.com`

Outros blogs úteis para investidores em ações

Greg Hunter's USAWatchdog.com
`www.usawatchdog.com`

HoweStreet
`www.howestreet.com`

King World News
`www.kingworldnews.com`

Market Sanity
`www.marketsanity.com`

Mish's Global Economic Trend Analysis
`www.mishtalk.com`

SafeHaven
`www.safehaven.com`

Zero Hedge
`www.zerohedge.com`

346 PARTE 6 **Apêndices**

Associações e Organizações

American Association of Individual Investors (AAII)

625 N. Michigan Ave. Chicago, IL 60611-3110 Telefone 800-428-2244

Site www.aaii.com

National Association of Investors Corp. (NAIC)

711 W. 13 Mile Rd., Suite 900 Madison Heights, MI 48071 Telefone 877-275-6242

Site www.betterinvesting.org

Câmbio de Ações

Chicago Board Options Exchange (CBOE)

Site www.cboe.com

Nota: CBOE é um câmbio de opções, mas o incluo aqui porque as opções foram mencionadas ao longo deste livro e o centro de aprendizado de opções do CBOE tem muitas informações sobre como as opções podem melhorar seu investimento em ações.

Nasdaq

Site www.nasdaq.com

New York Stock Exchange/Euronext

Site www.nyse.com

OTC Bulletin Board

Site www.otcbb.com

Se você decidir pesquisar ações de small cap, esse é o site para obter dados e pesquisas sobre pequenas empresas de capital aberto.

Encontrando Corretoras

As seções a seguir contêm fontes para ajudá-lo a avaliar corretoras e uma extensa lista delas (com números de telefone e sites), para você fazer suas próprias compras.

Escolhendo corretoras

Reviews.com

Site www.reviews.com/online-stock-trading

Esse site oferece avaliações em muitas categorias, incluindo corretoras de valores.

Stock Brokers

Site www.stockbrokers.com

Corretoras

Ally Financial

Telefone 855-880-2559

Site www.ally.com

Charles Schwab & Co.

Telefone 800-435-4000

Site www.schwab.com

E*TRADE

Telefone 800-387-2331

Site www.etrade.com

Edward Jones

Telefone 314-515-3265

Site www.edwardjones.com

Fidelity Brokerage Services

Telefone 800-343-3548

Site www.fidelity.com

348   PARTE 6 **Apêndices**

Merrill Lynch

Telefone 800-637-7455

Site www.ml.com

Morgan Stanley

Telefone 888-454-3965

Site www.morganstanley.com

Muriel Siebert & Co.

Telefone 800-872-0444

Site www.siebertnet.com

TD Ameritrade

Telefone 800-454-9272

Site www.tdameritrade.com

thinkorswim

Telefone 866-839-1100

Site www.thinkorswim.com

Vanguard Brokerage Services

Telefone 877-662-7447

Site https://investor.vanguard.com/home

Wall Street Access

Telefone 212-232-5602

Site www.wsaccess.com

Wells Fargo Securities

Telefone 866-224-5708

Site www.wellsfargoadvisors.com

Fontes Pagas sobre Investimentos

A seguir estão os serviços pagos sobre o tema. Muitos deles também oferecem excelentes (e gratuitos) boletins informativos por e-mail acompanhando o mercado de ações e notícias relacionadas.

The Bull & Bear
Site www.thebullandbear.com

The Daily Reckoning (Agora Publishing)
Site www.dailyreckoning.com

Elliott Wave International
Telefone 800-336-1618
Site www.elliottwave.com

Hulbert Financial Digest
Site http://hulbertratings.com/

Investing Daily
Site www.investingdaily.com

Mark Skousen
Site www.mskousen.com

The Morgan Report
Site www.themorganreport.com

Profitable Investing
Site https://profitableinvesting.investorplace.com/

Profits Unlimited
Site www.paulmampillyguru.com

The Motley Fool
Site www.fool.com

The Value Line Investment Survey
Telefone 800-654-0508
Site www.valueline.com

Wealth Wave
Site www.wealth-wave.com

Weiss Research's Money and Markets
Site www.moneyandmarkets.com

Fundos Negociados em Bolsa

ETF Database
www.etfdb.com

ETF Trends
www.etftrends.com

ETFguide
http://etfguide.com/

Reinvestimento de Dividendos

DRIP Central
Site www.dripcentral.com

DRIP Investor
Site www.dripinvestor.com

First Share
Site www.firstshare.com

Moneypaper's directinvesting.com
Site www.directinvesting.com

Fontes para Análise

As fontes apresentadas a seguir contêm a oportunidade de examinar um pouco mais a fundo alguns aspectos críticos relacionados à análise de ações. Quer se trate de estimativas de ganhos e vendas privilegiadas ou de uma visão mais perspicaz de determinado setor, essas fontes estão entre as minhas favoritas.

Lucros reais e estimados

Earnings Whispers

Site www.earningswhispers.com

Thomson Reuters

Site www.thomsonreuters.com

Yahoo's Stock Research Center

Site https://finance.yahoo.com/

Zacks Investment Research

Site www.zacks.com

Análise de indústria e setor

D&B Hoovers

Site www.hoovers.com

MarketWatch

Site www.marketwatch.com

Standard & Poor's

Site www.standardandpoors.com

Índices de ações

S&P Dow Jones Indices

Site www.spindices.com/

Tutorial sobre índices da Investopedia

Site www.investopedia.com/university/indexes

Reuters Markets & Finance News

Site www.reuters.com/finance/markets

Nota: Se esses links não funcionarem, faça uma busca por índices na página inicial do site. Além disso, lembre-se de que muitos dos recursos deste apêndice contêm informações abrangentes sobre índices (como Market-Watch e Yahoo! Finance).

Fatores que afetam o valor de mercado

Compreender a economia básica é tão vital para tomar suas decisões de investimento, que tive que incluir esta seção. Essas ótimas fontes me ajudaram a entender o quadro geral e o que, em última instância, afeta o mercado de ações (veja mais detalhes no Capítulo 15).

Economia e política

American Institute for Economic Research (AIER)

Site www.aier.org

Nota: AIER também tem ótimos livros para consumidores sobre orçamento, previdência social, evitar problemas financeiros e outros tópicos.

Center for Freedom and Prosperity

Site www.freedomandprosperity.org

Credit Bubble Bulletin

Site www.creditbubblebulletin.blogspot.com

Federal Reserve Board

Site www.federalreserve.gov

Financial Sense

Site www.financialsense.com

Foundation for Economic Education

Site www.fee.org

Grandfather Economic Report

Site http://grandfather-economic-report.com/

Ludwig von Mises Institute

518 W. Magnolia Ave. Auburn, AL 36832 Telefone 334-321-2100

Site www.mises.org

Moody's Analytics

Site www.economy.com

Securities and Exchange Commission (SEC)

Telefone 800-732-0330

Sites www.sec.gov e www.investor.gov

A SEC tem recursos tremendos para os investidores. Além de fornecer informações sobre investimentos, também monitora os mercados financeiros em busca de fraudes e outras atividades abusivas. Para os investidores em ações, também existe o EDGAR (sistema eletrônico de coleta, análise e recuperação de dados), um banco de dados abrangente de documentos públicos arquivados por empresas públicas.

Leis federais norte-americanas

Acesse qualquer um desses sites para saber mais sobre leis novas e propostas. Os mecanismos de busca no site o ajudarão a encontrar leis por seu número atribuído ou pesquisa por palavra-chave.

Library of Congress (mecanismos de busca legislativa Thomas)

Site https://congress.gov/

U.S. House of Representatives

Site www.house.gov

U.S. Senate

Site www.senate.gov

Análise técnica

Big Charts (fornecido por MarketWatch)

Site http://bigcharts.marketwatch.com/

Elliott Wave International

Site www.elliottwave.com

Stock Technical Analysis

Site www.stockta.com

StockCharts.com

Site www.stockcharts.com

Technical Traders

Site www.thetechnicaltraders.com

Insider trading

ProCon

Site www.procon.org

SEC Info

Site www.secinfo.com

Securities and Exchange Commission (SEC)

Site www.sec.gov

StreetInsider

Site www.streetinsider.com

10-K Wizard

Site www.10kwizard.com

Nota: Esse site o leva à pesquisa de documentos da Morningstar, que o ajudará a encontrar os documentos arquivados.

Benefícios e Obrigações Fiscais

Americans for Tax Reform

Site www.atr.org

Fairmark

Site www.fairmark.com

Fidelity Investments

Site www.401k.com

Série de livros sobre impostos de J. K. Lasser

J. K. Lasser, publicado por John Wiley & Sons, Inc.

Site www.jklasser.com

National Taxpayers Union

Site www.ntu.org

TaxMama

Site www.taxmama.com

Fraudes

Federal Citizen Information Center

Site www.pueblo.gsa.gov

As publicações de investimento para consumidores do catálogo Federal Citizen Information Center estão disponíveis para download gratuito nesse site.

Financial Industry Regulatory Authority (FINRA)

1735 K St. NW Washington, DC 20006 Telefone 844-574-3577 ou 301-590-6500

Site www.finra.org

Esse site fornece informações e assistência para denunciar fraudes ou outros abusos por parte das corretoras.

National Consumers League's Fraud Center

Site www.fraud.org

North American Securities Administrators Association

Telefone 202-737-0900

Site www.nasaa.org

Securities and Exchange Commission (SEC)

Site www.sec.gov

A agência governamental que regula o setor de valores mobiliários.

Securities Industry and Financial Markets Association (SIFMA)

1099 New York Ave. NW, 6th Floor Washington, DC 20001 Telefone 202-962-7300

Site www.sifma.org

Securities Investor Protection Corporation (SIPC)

Site www.sipc.org

O SIPC tem a função de restaurar fundos para investidores com ativos nas mãos de corretoras falidas e problemas financeiros (certifique-se de que sua corretora seja membro do SIPC).

Apêndice B
Índices Financeiros

Considerando quantas catástrofes financeiras ocorreram nos últimos anos (e, segundo as manchetes atuais, continuam ocorrendo), fazer sua lição de casa a respeito da saúde financeira de suas escolhas de ações é mais importante do que nunca. Este apêndice deve ser sua seção de consulta ao encontrar ações que está considerando para seu portfólio. Ele lista os índices mais comuns que os investidores devem conhecer e usar. Uma empresa sólida não tem que passar por todos esses testes com louvor, mas, no mínimo, deve passar confortavelmente nos de lucratividade e solvência:

» **Lucratividade:** A empresa está ganhando dinheiro? Está ganhando mais ou menos do que no período anterior? As vendas estão crescendo? Os lucros estão crescendo?

Responda a essas perguntas observando os seguintes índices:

- Retorno sobre o patrimônio líquido.
- Retorno sobre ativos.
- Proporção de tamanho comum (demonstração de resultados).

» **Solvência:** A empresa está mantendo dívidas e outros passivos sob controle? Os ativos da empresa estão crescendo? O patrimônio líquido da empresa está crescendo?

Responda a essas perguntas observando os seguintes índices:

- Liquidez imediata.
- Dívida sobre o patrimônio líquido.
- Capital de giro.

LEMBRE-SE

Ao examinar os índices, mantenha estes pontos em mente:

» Nem todas as empresas e setores são iguais. Um índice duvidoso para um setor pode ser adequado para outro. Investigue e verifique as normas desse setor específico. (Veja no Capítulo 13 detalhes sobre a análise de setores e indústrias.)

APÊNDICE B **Índices Financeiros** 357

> Um único índice não é suficiente para basear sua decisão de investimento. Veja vários índices que cubram os principais aspectos das finanças da empresa.

> Olhe dois ou mais anos de números da empresa para julgar se o índice mais recente é melhor, pior ou inalterado em relação aos dos anos anteriores. Os índices podem dar alertas em relação às perspectivas da empresa. (Veja no Capítulo 11 detalhes sobre dois documentos importantes que listam os números de uma empresa — o balanço patrimonial e a demonstração de resultados.)

Índices de Liquidez

Liquidez é a capacidade de transformar ativos em dinheiro rapidamente. Ativos líquidos são simplesmente ativos fáceis de converter em dinheiro. O mercado imobiliário, por exemplo, é certamente um ativo, mas não é líquido, porque a conversão em dinheiro pode levar até anos. Ativos circulantes, como contas-correntes, contas poupança, títulos negociáveis, contas a receber e ações são muito mais fáceis de vender ou converter em dinheiro em um curto período de tempo.

O pagamento de contas ou dívidas imediatas exige liquidez. Os índices de liquidez ajudam a entender a capacidade de uma empresa de pagar seu passivo circulante. Os índices de liquidez mais comuns são o índice de liquidez atual e o índice de liquidez imediata; os números para calculá-los estão localizados no balanço patrimonial.

Liquidez corrente

A liquidez corrente é o índice de liquidez mais comumente usado. Ele responde à pergunta: "A empresa tem caução financeiro suficiente para pagar suas contas atuais?" É calculado da seguinte forma:

Liquidez corrente = Total de ativos circulantes ÷ Total de passivos circulantes

Se a Schmocky Corp. (SHM) tiver US$60 mil em ativos circulantes e US$20 mil em passivos circulantes, a liquidez corrente será 3, o que significa que a empresa tem US$3 de ativos circulantes para cada dólar de passivos circulantes. Como regra, é desejável uma liquidez corrente a partir de 2.

CUIDADO

Uma liquidez corrente de menos de 1 é um sinalizador vermelho de que a empresa pode ter uma crise de caixa e problemas financeiros. Embora muitas empresas se esforcem para que a liquidez corrente seja igual a 1, gosto de ver um índice mais alto (na faixa de 1 a 3) para manter uma reserva de caixa, caso a economia se desacelere.

Índice de liquidez imediata

O índice de liquidez imediata é frequentemente referido como índice de "teste decisivo". É um pouco mais rigoroso do que a liquidez corrente, pois você o calcula sem considerar o estoque. Usarei o exemplo da liquidez corrente discutido na seção anterior. E se metade dos ativos for estoque (US$30 mil nesse caso)? E então? Primeiro, aqui está a fórmula para o índice de liquidez imediata:

Índice de liquidez imediata = (Ativos circulantes – estoque) ÷ Passivos circulantes

No exemplo, o índice de liquidez imediata para a SHM é de 1,5 (US$60 mil menos US$30 mil é igual a US$30 mil, que são então divididos por US$20 mil). Em outras palavras, a empresa tem US$1,50 de ativos líquidos "imediatos" para cada dólar de passivo circulante. Essa quantia está ok. *Ativos de liquidez imediata* incluem qualquer dinheiro no banco, títulos negociáveis e contas a receber. Se os ativos de liquidez imediata, pelo menos, igualam ou excedem o passivo circulante total, esse montante é considerado adequado.

O teste decisivo que essa relação reflete está incorporado na pergunta: "A empresa pode pagar suas contas em tempos difíceis?" Em outras palavras, se a empresa não pode vender seus bens (estoque), ainda pode cumprir suas responsabilidades de curto prazo? Claro, você também deve observar as contas a receber. Se a economia está entrando em tempos difíceis, é preciso ter certeza de que os clientes da empresa estão pagando as faturas em tempo hábil.

Índices de Operação

Os índices de operação medem essencialmente a eficiência de uma empresa. "A empresa está gerenciando bem seus recursos?" é uma pergunta comumente respondida por esses índices. Se, por exemplo, uma empresa vende produtos, ela tem um grande estoque? Se sim, isso pode prejudicar as operações da empresa. As seções a seguir apresentam os índices de operação mais comuns.

Retorno sobre o patrimônio líquido (ROE)

Patrimônio líquido é o valor restante do total de ativos depois de contabilizar o total de passivos. (Também considerado como um índice de lucratividade.)

Patrimônio líquido é o resultado final do balanço da empresa, tanto geográfica quanto figurativamente. É calculado assim:

Retorno sobre o patrimônio líquido (ROE) = Renda líquida ÷ Patrimônio líquido

Renda líquida (da demonstração de resultados da empresa) é simplesmente a receita total menos as despesas totais. O lucro líquido que não é gasto, distribuído em dividendos ou de alguma forma usado aumenta o patrimônio líquido da empresa. Analisar o lucro líquido é uma ótima maneira de ver se a administração da empresa está fazendo um bom trabalho em prol de seu crescimento. Verifique isso observando o patrimônio líquido do balanço patrimonial mais recente e do ano anterior. Pergunte a si mesmo se o patrimônio líquido atual é maior ou menor do que o do ano anterior. Se for mais alto, qual porcentagem?

Por exemplo, se o patrimônio líquido da SHM for de US$40 mil, e seu lucro líquido, de US$10 mil, seu ROE será de robustos 25% (lucro líquido de US$10 mil dividido pelo patrimônio líquido de US$40 mil). Quanto maior o ROE, melhor. Um ROE que excede 10% (para simplificar) é bom, em particular em uma economia lenta e difícil. Use o ROE em conjunto com o índice de ROA na seção a seguir para obter uma imagem mais completa da atividade de uma empresa.

Retorno sobre os ativos (ROA)

O retorno sobre os ativos (ROA) é semelhante ao ROE, exposto na seção anterior, mas dá uma perspectiva que completa o quadro quando combinado a ele. A fórmula para descobri-lo é:

Retorno sobre os ativos = Renda líquida ÷ Total de ativos

O ROA reflete a relação entre o lucro de uma empresa e os ativos usados para gerá-lo. Se a SHM obtiver um lucro de US$10 mil e tiver ativos totais de US$100 mil, o ROA será de 10%. Essa porcentagem deve ser a mais alta possível, mas, em geral, é menor do que o ROE.

CUIDADO

Digamos que uma empresa tenha um ROE de 25%, mas um ROA de apenas 5%. Isso é bom? Parece bom, mas existe um problema. Um ROA que é muito menor do que o ROE indica que o maior ROE pode ter sido gerado por algo diferente do total de ativos — dívida! A dívida pode ser usada como alavanca para maximizar o ROE, mas se o ROA não mostrar uma porcentagem semelhante de eficiência, a empresa poderá ter incorrido em muitas dívidas. Nesse caso, os investidores devem estar cientes de que essa situação é problemática (veja a seção posterior "Índices de Solvência"). Melhor ROA do que DOA!

Índice de vendas para contas a receber (SR)

O índice de vendas para contas a receber (SR) dá aos investidores uma indicação da capacidade de uma empresa de gerenciar o que os clientes lhe devem. Esse índice usa dados da demonstração de resultados (vendas) e do balanço (contas a receber ou AR). A fórmula é expressa como:

Índice de vendas para contas a receber = Vendas ÷ Recebíveis

Digamos que você tenha os seguintes dados para SHM:

Vendas em 2019 = US$75 mil. Em 31/12/19, contas a receber = US$25 mil.

Vendas em 2020 = US$80 mil. Em 31/12/20, contas a receber = US$50 mil.

Com base nesses dados, vemos que as vendas aumentaram em 6,7% (as vendas de 2020 tiveram US$5 mil a mais do que em 2019, e US$5 mil são 6,7% de US$75 mil), mas as contas a receber aumentaram 100% (os US$25 mil em 2019 dobraram para US$50 mil, o que é um aumento de 100%)!

Em 2019, o SR era 3 (US$75 mil divididos por US$25 mil). No entanto, o SR em 2020 caiu para 1,6 (US$80 mil divididos por US$50 mil) ou quase metade. Sim, as vendas aumentaram, mas a capacidade da empresa de cobrar o dinheiro devido dos clientes caiu drasticamente. É importante observar essa informação por um motivo principal: É bom vender mais quando você não consegue o dinheiro devido? Do ponto de vista do fluxo de caixa, a situação financeira da empresa se deteriorou.

Índices de Solvência

Solvência significa que uma empresa não está sobrecarregada por seus passivos. Insolvência significa "Ops! Já era!" Você entendeu. Os índices de solvência nunca foram mais importantes do que agora, porque a economia de hoje está com muitas dívidas. Os índices de solvência examinam a relação entre o que uma empresa tem e o que deve. As seções a seguir discutem dois dos principais índices de solvência.

APÊNDICE B **Índices Financeiros** 361

Índice dívida/patrimônio líquido

O índice dívida/patrimônio líquido responde à pergunta: "Quão dependente é a empresa da dívida?" Em outras palavras, ele informa quanto a empresa deve e quanto tem. Você o calcula da seguinte maneira:

Índice dívida/patrimônio líquido = Total de passivos ÷ Patrimônio líquido

Se a SHM tem US$100 mil em dívida e US$50 mil em patrimônio líquido, o índice dívida/patrimônio líquido é de 2. A empresa tem US$2 de dívida para cada dólar de patrimônio líquido. Nesse caso, o que a empresa deve é o dobro do que tem.

CUIDADO

Sempre que a relação dívida/patrimônio líquido de uma empresa excede 1 (como no exemplo), é um mau sinal. Na verdade, quanto maior o número, mais negativa é a situação. Se o número for muito alto e a empresa não gerar receita suficiente para cobrir a dívida, ela correrá o risco de falência.

Capital de giro

Tecnicamente, capital de giro não é um índice, mas pertence à lista de aspectos que os investidores sérios olham. O *capital de giro* mede o ativo circulante de uma empresa em relação ao seu passivo circulante. É uma equação simples:

Capital de giro = Total de ativos circulantes − Total de passivos circulantes

A questão é óbvia: a empresa tem o suficiente para cobrir suas contas atuais? Na verdade, você pode formular uma proporção útil. Se o ativo circulante for de US$25 mil, e o passivo circulante, de US$25 mil, a proporção é de 1 para 1, o que fecha a conta. Os ativos circulantes devem ser, pelo menos, 50% mais altos do que os passivos circulantes (digamos, de US$1,50 a US$1) para ter caução suficiente para pagar as contas e sobrar dinheiro para outros fins. De preferência, a proporção deve ser de, pelo menos, 2 para 1.

Índices de Tamanho Comum

Os índices de tamanho comum oferecem comparações simples. Há índices de tamanho comum para o balanço patrimonial (comparação do total de ativos) e para a demonstração de resultados (comparação do total de vendas):

» **Para obter um índice de tamanho comum de um balanço,** o valor total dos ativos recebe a porcentagem de 100%. Todos os outros itens do balanço patrimonial são representados como uma porcentagem do total de ativos.

- O total de ativos é igual a 100%. Todos os outros itens equivalem a uma porcentagem dos ativos totais.

Por exemplo, se a SHM tem ativos totais de US$10 mil e uma dívida de US$3 mil, então a dívida é igual a 30% (dívida dividida pelo total de ativos ou US$3 mil divididos por US$10 mil, o que é igual a 30%).

» **Para obter um índice de tamanho comum de demonstração de resultados** (ou demonstração de lucros e perdas), compare as vendas totais.

- As vendas totais são iguais a 100%. Todos os outros itens equivalem a uma porcentagem das vendas totais.

Por exemplo, se a SHM tem US$50 mil em vendas totais e um lucro líquido de US$8 mil, então você sabe que o lucro é igual a 16% do total de vendas (US$8 mil divididos por US$50 mil, o que é igual a 16%).

LEMBRE-SE

Lembre-se dos seguintes pontos sobre índices de tamanho comum:

» **Lucro líquido:** Qual é a porcentagem de vendas? Qual foi no ano passado? E no anterior? Qual porcentagem de aumentos (ou diminuições) a empresa está experimentando?

» **Despesas:** O total das despesas está alinhado com o do ano anterior? Alguma despesa está saindo da linha?

» **Patrimônio líquido:** Esse item é maior ou menor do que no ano anterior?

» **Dívida:** Esse item é maior ou menor do que no ano anterior?

LEMBRE-SE

Índices de tamanho comum são usados para comparar os dados financeiros da empresa não apenas com balanços e declarações de renda anteriores, mas também com os de outras empresas do mesmo setor. Assegure-se de que a empresa não esteja apenas se saindo melhor historicamente, mas também como concorrente no setor.

Índices de Valuation

Compreender o valor de uma ação é muito importante para os investidores em ações. A maneira mais rápida e eficiente de julgar o valor de uma empresa é observando os índices de valuation. O tipo de valor com o qual você lida ao longo deste livro é o valor de mercado (essencialmente, o preço das ações da empresa). Você espera comprá-las por um preço determinado e vendê-las mais tarde por um preço mais alto — esse é o jogo. Mas qual é a melhor maneira de determinar se o que você está pagando agora é uma pechincha ou um valor justo de mercado? Como saber se seu investimento em ações está subvalorizado ou sobrevalorizado? Os índices de valuation, expostos nas seções a seguir, ajudam a responder a essas perguntas. Na verdade, são os mesmos índices que os investidores de valor têm usado com grande sucesso por muitos anos.

Índice preço/lucro (P/E)

O índice preço/lucro (P/E) pode dobrar como índice de lucratividade, porque é um termômetro comum de valor que muitos investidores e analistas olham. Abordo esse tópico no Capítulo 11, mas por ser um índice tão crítico, também o incluo aqui. A fórmula é:

Índice P/E = Preço (por ação) ÷ Lucros (por ação)

Por exemplo, se o preço das ações da SHM, por ação, for de US$10, e o lucro, US$1, o índice P/E será de 10 (10 dividido por 1).

LEMBRE-SE

O índice P/E responde à pergunta: "Estou pagando muito pelos lucros da empresa?" Os investidores em valor consideram esse número muito importante. Aqui estão alguns pontos a serem lembrados:

» Geralmente, quanto menor o índice P/E, melhor (do ponto de vista da solidez financeira). Um baixo índice P/E indica que a ação está subvalorizada, especialmente se as vendas da empresa estão crescendo e o setor também. Mas você sempre pode encontrar uma situação em que o preço das ações está caindo mais rápido do que os lucros da empresa, o que também geraria um P/E baixo. E se a empresa tiver muitas dívidas e o setor estiver em dificuldades, um P/E baixo indicará que a empresa está em apuros. Use-o como parte de sua análise com outros fatores (como dívida) para ter uma imagem mais completa.

» Uma empresa com um índice P/E significativamente mais alto do que a média do setor é uma bandeira vermelha de que o preço de suas ações está muito alto (ou que está crescendo mais rápido do que seus concorrentes). Se o índice P/E do setor está normalmente na faixa de 10 a 12 e você está avaliando uma ação cujo índice P/E está em torno de 20, evite-a. O índice P/E de uma empresa não só precisa ser considerado no contexto com seus concorrentes do setor, mas também com base em seu desempenho ano a ano.

» Não invista em uma empresa sem índice P/E (tem um preço de ação, mas a empresa experimentou perdas). Tal ação pode ser boa para o portfólio de um especulador, mas não para sua conta de aposentadoria.

» Qualquer ação com um índice P/E superior a 40 deve ser considerada uma especulação, não um investimento. Um alto índice P/E indica que a ação está sobrevalorizada.

DICA

Quando você compra uma empresa, está comprando o poder dela de ganhar dinheiro. Em essência, está comprando seus ganhos (lucro líquido). Pagar por uma ação com preço de 10 a 20 vezes o lucro é uma estratégia conservadora, que tem servido bem aos investidores há quase um século. Certifique-se de que o preço da empresa seja justo e use o índice P/E em conjunto com outras medidas de valor (como os índices expostos neste Apêndice).

Índice preço/vendas (PSR)

O índice preço/vendas (PSR) ajuda a responder à pergunta: "Estou pagando muito pelas ações da empresa com base nas vendas dela?" Esse é um índice de valuation útil, que recomendo usar como ferramenta complementar com o índice P/E (veja a seção anterior). Você o calcula da seguinte maneira:

PSR = Preço da ação (por ação) ÷ Total de vendas (por ação)

Esse índice pode ser cotado em uma base por ação ou uma base agregada. Por exemplo, se o valor de mercado de uma empresa (ou capitalização de mercado) for de US$1 bilhão e as vendas anuais também forem de US$1 bilhão, o PSR será 1. Se o valor de mercado deste exemplo for de US$2 bilhões e as vendas anuais forem de US$1 bilhão, o PSR será 2. Ou se o preço da ação for US$76 e as vendas totais por ação forem US$38, o PSR será 2 — você chega à mesma proporção, calculando por ação ou base agregada. Para os investidores que tentam se certificar de que não estão pagando muito pelas ações, a regra é a de que, quanto menor o PSR, melhor. Ações com um PSR de até 2 são consideradas muito subvalorizadas; mas, normalmente, procuram-se entre 3 e 4.

CUIDADO

Hesite em comprar uma ação com um PSR maior do que 5. Se você comprar uma ação com um PSR 5, estará pagando US$5 para cada dólar de vendas — o que não é exatamente uma pechincha.

Índice preço/valor contábil (PBR)

O índice preço/valor contábil (PBR) compara o valor de mercado de uma empresa com seu valor contábil. Valor contábil se refere ao patrimônio líquido da empresa (ativos menos passivos). O valor de mercado da empresa é ditado por fatores externos, como oferta e demanda no mercado de ações. O valor contábil é indicativo das operações internas da empresa. Os investidores em valor veem o PBR como outra forma de avaliar a empresa para determinar se estão pagando muito pelas ações. A fórmula é:

Índice preço/valor contábil (PBR) = Valor de mercado ÷ Valor contábil

Um método alternativo é calcular o índice por ação, o que resulta no mesmo número. Se o preço das ações da empresa for US$20, e o valor contábil (por ação), US$15, então o PBR será 1,33. Em outras palavras, o valor de mercado da empresa é 33% maior do que seu valor contábil. Os investidores que buscam uma ação subvalorizada gostam de ver o valor de mercado o mais próximo possível (ou, melhor ainda, abaixo) do valor contábil.

LEMBRE-SE

Lembre-se de que o PBR varia dependendo do setor e de outros fatores. Além disso, julgar uma empresa apenas pelo valor contábil é enganoso, porque muitas empresas têm ativos que não estão refletidos de forma adequada no valor contábil. As empresas de software são um bom exemplo. Propriedades intelectuais, como direitos autorais e marcas registradas, são muito valiosas, mas não são totalmente cobertas pelo valor contábil. Basta se lembrar de que, geralmente, quanto menor for o valor de mercado em relação ao valor contábil, melhor para você (principalmente se a empresa tiver um lucro forte e se as perspectivas para o setor forem positivas). Não deixe o PBR ser um "empecilho", porque há muitas empresas excelentes cujo PBR é de 5 (ou mais) para 1. Deixe o PBR confirmar sua escolha quando os outros índices mostrados neste Apêndice parecerem bons.

Índice

SÍMBOLOS

10K
- Formulário, 181
- Relatório, 94

10Q
- Formulário, 181
- Relatório, 94

A

Ação restrita, 280
Ação volátil, 243
Acionistas, 40
Ações, 9
- Análise, 351
- Beta, 246
- Beta, medida, 57
- Cíclicas, 317
- Comparando o rendimento, 129
- Compra por insiders, 283
- Comprar, 75
- Comprar na margem, 249
- Conversão da moeda, 259
- De crescimento, 110
  - Comparando, 113
  - Escolhendo, 111
  - Growth, 110
- De defesa, 124
- Defensivas, 124, 318
  - Crescimento populacional, 190
  - Novos mercados, 190
- De renda, 122
  - Desvantagens, 125
  - Inflação, 125
  - Solidez financeira, 126
  - Taxa de juros, 125
  - Tipos de investidores, 123
  - Vantagens, 124
- Desdobramento, 288
- De valor, 110
  - Value, 110
- Diversificação, 131

Ferramenta de triagem, 225
Ferramenta de Triagem, 228
Fundamentos, 114
Internacionais, 258
Intervalo de valores, 227
Mínimo e máximo, 227
Opcionais, 313
Ordinária, 9
Paciência e perspectiva de longo prazo, 112
Perdedoras, 188
Política, 212
Preferencial, 9
Principais fundamentos, 238
Recompra, 285
Seleção de Ações, 231
Small cap, 16, 201
Vencedoras, 188

ADR, 258
- Conveniência, 259
- Conversão, 259
- Proporção, 259
- Tributável, 260

Agência de monitoramento, 309
Ajuda Federal, 213
Alavancagem, 103, 250–251
Alta barreira de entrada, 312
American Depositary Receipts. Ver ADR, 258
Análise
- Fundamentalista, 138
- Técnica, 138
  - Desvantagem, 139
  - Tendência, 139
- Top line, 166

Análise fundamentalista, 114
Análise técnica, 12
- Fundos, 144
- Resistência, 145
- Suporte, 145
- Topos, 144

Aposentadoria, 38, 301
- Definir metas, 38

Aquisição hostil, 286
Assembleias de acionistas, 9
Ativo
Apreciação, 24
Classe, 234
Depreciação, 24
Tipos, 163

B
Baby boomers versus millennials, 333
Balanço
Análise, 24
Patrimonial, 16, 78, 116, 161
Preparo, 16
Balanço patrimonial, 177
Banco central, 217
Base de custo, 294
BDCs, 134
Bear market, 7, 15, 55, 316
Benchmark, 113
Blogs, 345
Boletins informativos, 118
Bolha, 332
Bolha imobiliária, 247
Bolsa de valores, 76
Bull market, 55, 67

C
Capital
De giro, 362
De risco, 202
Próprio, 116, 162
Capitalização de mercado, 11–12, 35, 157, 233
Categorias básicas, 11
Carga da dívida, 159
CCI, 221
Churning. Ver rotatividade, 99
Commodities, 39, 196
Ações, 196
Alimentos, 196
ETFs, 196
Fatores de oferta e demanda, 196
Infraestrutura, 196
Metais preciosos, 39
Veículos de investimento, 196
Composição de ganhos, 38
Compra coberta, 320

Conta
Aposentadoria autodirigida, 301
Aposentadoria individual. Ver IRA, 302
A receber, 166
De margem, 102, 103
De opções, 104
Em dinheiro, 102
Home equity, 22
Contabilidade, 78, 161
Conta de corretora, 9, 65
Conta discricionária, 98
Controle de preço, 216
Corretora, 95, 348
Corretores, 38
De desconto, 97, 100
Full-service, 97
Institucional, 96
Pessoal, 96
Covid-19, 219
Crash de 2008, 1, 290, 336
Criptomoedas, 197
Blockchain, 198
Crise de crédito de Wall Street, 45
Crise de energia, 197
Crise financeira de 2008-2009, 15
Crises monetárias, 335

D
Data de execução, 293
DCA, 276
Demonstração de resultados, 116, 158, 164
Derivativos, 49, 177, 336
Desdobramento
Ordinário de ações, 288
Reverso de ações, 289
Desemprego, taxa, 220
Despesas, 167
Diversas
Deduções, 300
Dinheiro, 325
DIP, 268
Diversificação, 16, 59
Diversificar, 323
Dívida
Empresa, 309
Excesso, 309
Garantida, 22

Longo prazo, 309
Margem, 49
Subprime, 130
Dividendo, 35, 88, 91, 122, 311, 316, 329
  Composição, 272
  Crescimento, 123, 311
  Distribuições pro rata, 122
  Impostos, 126
  Pagamento, 122
  Planos de reinvestimento, 121
  Qualificado, 293
  Rendimento, 123
  Taxas, 123
  Valor da receita, 126
  Versus juros, 40, 122
Dow Jones Industrial Average, 1, 49
DPP, 268
  Desvantagens, 271
  Investimento, 268
DRP, 123, 271
  Agente de transferência, 269
  Composto, 271
  Corretoras, 270
  Intermediários, 270
  Livro de registro, 269
  OCP, 271
  Prós e contras, 274
Due diligence, 66

E

E-commerce, 195
Economia, 79
  Monitorar, 84
  Oferta e demanda, 79
Economizar, 32
EDGAR, 180, 202, 280, 354
Efeito
  Não sistêmico, 216
  Sistêmico, 216
Empresa
  Avaliando a gestão, 115
  Capital aberto, 40
  Crescimento de mercado, 312
  Desenvolvimento de negócios. Ver BDCs, 134
  Fundamentos, 195
  Nicho forte, 114

Preço e valor, 310
Quem está comprando, 117
Rating, 130
Solidez financeira, 126
Tamanho
  Large cap, 35
  Mid cap, 35
  Small cap, 35
Tipos a escolher, 193
Empréstimo de margem, 319
Especular, 32, 50
Estouro da bolha imobiliária, 45
ETF, 63, 67, 233
  África, 264
  América do Norte, 264
  América Latina, 264
  Ásia-Pacífico, 264
  Banco de dados, 265
  Bear, 69
  Bull, 67
  De baixa, 328
  De consumo básico, 330
  Europa, 264
  Ferramentas de Triagem, 233
    Atributos, 235
    Despesas e dividendos, 235
    Emissor, 235
    Fluxo de fundos, 237
    Liquidez e início, 235
    Pontuações ESG, 236
  Global, 262
  Necessidades humanas, 68
Eventos terroristas, 334
Ex-dividendo, 92

F

Fechamento de capital, 289
Ferramentas de Triagem, 226
  Compreendendo o Básico, 226
Fluxo
  Caixa, 25
    Análise, 30
Fluxo de caixa, 121
Fontes de informação, 191
  Avaliar o desempenho, 191
Formulários, 297
Fundo

De emergência, 325
Fundo Templeton, 262
Investimento imobiliário. Ver REITs, 132
Negociado em bolsa. Ver ETF, 63
Fundo de alocação global, 263
Fundo de emergência, 18, 24
Fundo de investimento, 8, 132
  Setorial, 327
Fundo do mercado monetário, 17
Fundos negociados em bolsa (ETFs), 1, 8

G
Ganho de capital, 39
Ganhos e perdas
  Regras gerais, 296
Ganhos múltiplos, 90
Gráfico
  Barras, 147
  Candles, 148
  Gap, 151
  Linhas, 147
  Pontos e figuras, 148
  Topo e fundo duplos, 150
Grande Depressão, 38
Greenmail, 287
Growth. *Consulte também* Investimento em crescimento

H
Hedge, 328
Hiperinflação, 335

I
Impostos, 51
Indicador
  Tipos, 151
Indicadores
  Econômicos Principais. Ver LEI, 221
  Técnicos, 231
Índice, 64, 70, 168
  Confiança do Consumidor. Ver CCI, 221
  Dow Jones Industrial Average, 36
  Financeiros, 357–365
  Força Relativa. Ver RSI, 152, 231
  Mais comuns, 357
  Nasdaq Composite, 70
  Operação, 359

Pagamento, 129
Preço/lucro. Ver P/E, 169
Preços ao consumidor. Ver IPC, 221, 326
Preços do Produtor. Ver PPI, 221
Preço/valor contábil. Ver PBR, 365
Preço/vendas. Ver PSR, 172
S&P 500, 71
Tamanho comum, 362
Valuation, 230, 364
Vendas para contas a receber. Ver SR, 361
Wilshire 5000, 71
Indústria
  Categorias, 189
  Cíclica, 189
  Codependentes, 193
  Decadente, 192
  Defensiva, 190
  Definição, 188
  Florescente, 192
  Inovadores, 194
  Intervenções, 194
    Intervenção governamental, 194
  Líderes, 193
  Perdedora, 188
  Vencedora, 188
Inflação, 51, 126, 221
Informação privilegiada, 36
Insider, 117, 279
  Compra, 282
  Trading, 282
  Venda, 283
Inteligência artificial, 195
Internet
  Fonte de informação, 344
Investidor de renda, 91
Investidor de valor, 156
Investidores
  Peter Lynch, 109
  Warren Buffett, 33, 109
Investimento
  Abordagens de investimento, 34
  Agressivo, 42
  Commodities, 196
  Conservador, 41
  Consultores, 38
  Crescimento, 42
  Criptomoedas, 197

Curto prazo, 35
Dicas, 93
Especulação, 37
Estilo, 41
Estratégias, 323–329
Flutuante, 276
Imobiliário, 134
Lições da história, 119
Longo prazo, 38
Maconha, 196
Médio prazo, 37
Metais preciosos, 197
Propósito, 38
Receitas, 39
Valor, 142
Veículos de investimento sofisticados, 39
Investir, 32
IPC, 326
IPO, 199, 205
IRA, 302

J
Joint venture, 89
Juros, 35, 122
Fixos, 22
Variáveis, 22

L
Lançador da compra, 324
Lançamento coberto, 135
Large cap, 42
LEI, 221
Lei de Murphy, 23
Lei Real Estate Investment Trust, 133
Leis tributárias, 292
Lições de investimento, 53
Linha
Canal, 146
Tendência, 145
Liquidez, 18, 358
Liquidez corrente, 358
Liquidez imediata, 359
Loads, 64
Lucratividade, 357
Lucro, 167
Importância, 308
Múltiplos, 169

Tipos, 168

M
Margem, 25, 103
Chamada de margem, 251
Compra, 249
Juros, 103
Média de custo do dólar. Ver DCA, 276, 277
Megacapitalização, 229
Megatendência, 113–114, 314
Exemplos, 192
Relevância, 193
Meta financeira, 34
Método de dólar de custo médio (DCA), 267
Microcapitalização, 200, 204
Millennials versus baby boomers, 333
Moody's, 183
Motif
Categorias, 208
Investimento, 327
Motif profissional, 206
Tipos, 206
Motif investing, 199
Mundo financeiro
Obter notícias, 83

N
Nasdaq, 76
Necessidades humanas básicas, 37
NYSE, 76

O
OCP, 273
Oferta pública inicial. Ver IPO, 199
Opção
Compra, 135, 319, 324
Prêmio, 320
Venda, 136, 321, 324
Ordem
A mercado, 243, 244
Avançada, 249–250
Buy-stop, 255
Corretagem
Tipos, 240
Limitada, 242, 247
Relacionada a condições, 242
Relacionada ao tempo, 240

Índice   371

Stop-loss, 243–245
Stop móvel, 244
Válida até o cancelamento, 241
Ordens de stop-loss, 65, 82
Ordens limitadas, 13

P

Paciência, 140
Padrão
Bandeiras e flâmulas, 151
Cabeça e ombros, 149
Cabeça e ombros invertido, 149
Cunha, 151
Xícara e alça, 149
Pagamentos opcionais em dinheiro. Ver OCP, 273
Passivo, 20, 163
Total, 309
Patrimônio líquido, 17, 23, 78, 116, 158, 163, 359
Crescimento, 117
Payout, 40
PBR, 365
P/E, 158, 169, 364
Forward, 170
Índice, 90, 310
Trailing, 170
Penny stocks, 200
Pensão, 332
Perda de capital, 295
Perguntas importantes
Setores e Indústrias, 189–194
Periódicos e revistas, 340
Período ex-dividendo, 92, 93
PIB, 218
Planejamento financeiro, 339
Planos de reinvestimento de dividendos, 27
Política, 212, 313
Pontocom, 54
Portfólio, 323
Estratégias, 323
Fixos negociados como ações, 190
Investimentos, 38, 323
PPI, 221
Preço de exercício, 319, 324
Previdência social, 334
Produto interno bruto. Ver PIB, 218

Programas
Compra direta. Ver DPP, 268
Investimento direto. Ver DIP, 268
PSR, 158, 172, 365

R

Rating
Grau de investimento, 131
Junk bonds, 131
Título, 317
Títulos, 130
Realocação, 25
Receita, 121
Dividendos, 121
Opções, 122
Receita líquida, 78
Recessão, 220
Recompra, 287
Recursos
Associações e Organizações, 347
Benefícios e Obrigações Fiscais, 355–356
Câmbio de Ações, 347
Corretoras, 348–350
Fontes Pagas, 349–350
Fontes para Análise, 351–354
Fraudes, 356
Linguagem do Investimento, 340
Planejamento Financeiro, 339
Sites sobre Investimento, 344–347
Textuais sobre Investimento, 340–343
Regra
Wash-sale, 299
Regra de aumento, 256
Regra de lucro short-swing, 281
Reinvestimento, 38
REITs, 132
Relatório anual
Carta de opinião, 178
Carta do presidente do conselho, 175
Dados de identidade da empresa, 179
Dados sobre as ações, 179
Demonstrações financeiras, 177
Ler, 174
Ofertas da empresa, 176
Problemas de gestão, 178
Renda
Ganha, 302

Líquida, 360
Rendimento, 89. *Consulte também* Yield
Retorno sobre
    Ativos. Ver ROA, 360
    Patrimônio líquido. Ver ROE, 360
Risco, 43
    Emocional, 54
    Financeiro, 44
    Pessoal, 52
    Poder de compra, 51
    Político e governamental, 52
    Tipos, 44–54
    Tributário, 51
ROA, 360
Robótica, 195
ROE, 115, 360
Rotação de setor, 317
Rotatividade, 99
RSI, 152, 231

S
Sarbanes-Oxley (SOX), lei, 281
SEC, 280
Securities and Exchange Commission. Ver SEC, 280
Security
    Definição, 96
    Taxas de securities, 96
Setor, 188
    Avaliar, 38
    Crescimento, 191
    Definição, 188
    Saúde, 188
    Subsetor, 188
Short squeeze, 255
Small cap, 200
Sobrecomprado, 142
Sobrevendido, 142
Socialismo, 336
Solvência, 361
SR, 361
Standard & Poor's, 182
STOCK, lei, 290
Stop móvel, 13, 53, 55, 65

T
Tabelas de cotações, 86

Taxas de juros, 46
Tendência
    Duração, 145
    Tipos, 143
Tendências econômicas, 112
Título
    EE, 326
    Inflação, 327
Trade, 198
    Curto prazo, 198
    Opções, 198
Traders bullish, 150
Triagem de ações
    Ferramenta, 169
Triângulo
    Tipos, 150
Tributação
    Ganhos de capital de longo prazo, 293
    Renda ordinária, 292

V
Valor
    Contábil, 158, 311, 365
    Definição, 156
    De mercado, 157
Valor de mercado, 11, 35
Valorização do capital, 109
Valorizar
    Definição, 39
    Potencial de valorização, 41
Valuation, medida, 232
Value Line, 182
Venda a descoberto, 103
Vendas, 166
    Totais, 308
Volatilidade, 8, 16, 44, 50, 56–57
Volume, 88
Votação por procuração, 179

Y
Yahoo! Finance, 228
Yield, 40, 127
    Analisar, 40

Z
Zona de recessão, 334

Projetos corporativos e edições personalizadas
dentro da sua estratégia de negócio. Já pensou nisso?

Coordenação de Eventos
Viviane Paiva
viviane@altabooks.com.br

Contato Comercial
vendas.corporativas@altabooks.com.br

A Alta Books tem criado experiências incríveis no meio corporativo. Com a crescente implementação da educação corporativa nas empresas, o livro entra como uma importante fonte de conhecimento. Com atendimento personalizado, conseguimos identificar as principais necessidades, e criar uma seleção de livros que podem ser utilizados de diversas maneiras, como por exemplo, para fortalecer relacionamento com suas equipes/ seus clientes. Você já utilizou o livro para alguma ação estratégica na sua empresa?

Entre em contato com nosso time para entender melhor as possibilidades de personalização e incentivo ao desenvolvimento pessoal e profissional.

PUBLIQUE SEU LIVRO

Publique seu livro com a Alta Books. Para mais informações envie um e-mail para: autoria@altabooks.com.br

 /altabooks /alta-books /altabooks /altabooks

CONHEÇA OUTROS LIVROS DA **ALTA BOOKS**

Todas as imagens são meramente ilustrativas.

Este livro foi impresso nas oficinas gráficas da Editora Vozes Ltda.,
Rua Frei Luís, 100 – Petrópolis, RJ.